华为研发

| 第 3 版 |

张利华 / 著

RESEARCH & DEVELOPMENT OF
HUAWEI
(3rd Edition)

机械工业出版社
CHINA MACHINE PRESS

图书在版编目（CIP）数据

华为研发 / 张利华著. —3版. —北京：机械工业出版社，2017.8（2023.7重印）

ISBN 978-7-111-57752-2

I. 华… II. 张… III. 通信企业－企业管理－经验－深圳 IV. F632.765.3

中国版本图书馆CIP数据核字（2017）第194769号

《华为研发》是一本讲创业的书，其中有华为早期创业时的艰难、苦涩、屈身民宅的那段时光。这也是一本提供成功创业实践经验的书，从产品创新到人才激励、项目选择及融资方案。作为中国民营企业的一员，华为从学习标杆到走向自主创新再到世界上具有创新精神的企业，它的创业历程值得广大创业企业学习。这还是一本讲研发管理实践的书，读完此书，企业会对研发管理和科研创新拥有全面视角。比自己大1000倍的国际巨头不可战胜吗？书中介绍了早期的华为如何凭借执着的创新精神在较短的时间内战胜不少知名的国际竞争对手。任正非从一无所有到造就中国的世界级创新企业，他是怎么做到的？所有这些在本书中都会为你一一道来。华为精彩的创业、研发管理经验不容错过！

华为研发（第3版）

出版发行：机械工业出版社（北京市西城区百万庄大街22号 邮政编码：100037）

责任编辑：李 菡　　　　　　　　　　　责任校对：殷 虹

印　　刷：固安县铭成印刷有限公司　　 版　　次：2023年7月第3版第9次印刷

开　　本：170mm×242mm　1/16　　　印　　张：28.75

书　　号：ISBN 978-7-111-57752-2　　 定　　价：79.00元

客服电话：（010）88361066　68326294

版权所有·侵权必究
封底无防伪标均为盗版

| 前 言 |
RESEARCH & DEVELOPMENT
OF HUAWEI

我在哈佛、硅谷传播中国式创新

2013年3月，我受邀来到东莞松山湖，给一家和华为同年成立的易事特公司指导研发和创新。那时该公司一年不到10亿元的销售额，总裁何总早中晚都亲自驾车到酒店接我去公司。路上他略有惆怅地回顾，他当年刚创业时还跟任正非挤过一家县招待所彻夜长谈，聊天。没想到20多年后，华为市值已经几千亿元了！我很有信心地给何总打气，建议他好好学习《华为研发》这本书，好好听我讲授研发与创新经验，并甩了一句："完全按我们的建议去严格执行，相信易事特会像华为一样快速成长！"

一晃三年，易事特股市公告2016年净盈利达4亿元左右，成为最近三年东莞成长排前20名的企业，何总本人也当选2016福布斯中国最佳CEO，成为身家百亿的亿万富翁。

做企业就像爬山路，在科学的管理方法指导下，走对了路的企业发展会很快，作为有着十年管理咨询顾问经验的我，通过辅导上百家中小企业，对管理是一门科学深信不疑。华为遵循了管理科学所以取得了快速发展，而经我们咨询顾问过的上百家企业都在科学的管理方法的指导下取得了超越过去的快速发展。

  2016 年 9 月，芯片设计公司北京兆易创新科技股份有限公司（简称兆易）在 A 股上市就成为仅次于茅台的第二高价股，上市刚满月便以 65 亿元并购同行，上演蛇吞象。这令我想起，2013 年我去兆易时（公司销售额不足 10 亿元），公司正面临因为主要客户诺基亚业绩直线下滑而带来的巨大危机，公司必须在新产品、新市场上取得快速突破。芯片设计的门槛很高，具有很大的风险和不确定性。兆易的 CEO 召集了包括从硅谷回来的全体研发骨干听我谈研发与创新理论和实践经验，我边讲授边针对兆易面临的问题和挑战进行现场讨论。一年后的 2014 年，兆易因在短短的一年时间内快速突破芯片设计新产品 MCU 并于当年产生了 2 亿元的销售额，从而获年度最佳芯片设计奖。新产品 MCU 在短短的一年时间内攻克重大技术障碍，成为公司的主力产品。

  我非常高兴地看到有越来越多被我们指导过的企业上市，并成为上市企业里的绩优企业，还有很多企业在咨询顾问后市值大幅提升。

  云南白药的研究所副所长说《华为研发》是他的案头书，经常翻阅吸取智慧。在我到云南白药给研发人员培训研发管理过程时，一位研发经理给集团副总裁打电话，邀请他们过来听课，他说收获太大，不仅仅限于研发管理。

  恒远集团是生产环氧树脂等化工产品的企业，在去指导企业的研发管理和创新时，我惊讶地发现，老板已经把《华为研发》一书的内容烂熟于心，脱口而出 XX 页写的是什么内容。

  有很多从事研发和创新的企业找我做顾问，有的做大数据，有的做工业 4.0，有的做生物基因测序，有的做物联网，有的做汽车，有的做芯片，有的做家电，有的做互联网，有的做软件，有的做房地产，有的做黄金饰品，有的做医疗设备……它们都面临着艰难任务：突破自己过去的成功，面对更为激烈的竞争环境，快速突破研发和创新。有很多企业处于前无成功案例可追寻而后有大量竞争对手在苦苦相追的境地。事实上，无论在硅谷还是在中国，创新的失败率都高达 90% 以上。

企业都存在很多问题，但是在组织一起学习《华为研发》后，以及在我们咨询顾问耐心的指导下，企业都走在正确的道路上，超越了自我，很快地成为行业的领军企业。按科学的管理方法，管理体系建立起来了，以前失败多次的企业其创新和研发悄然取得了成功。

正如《华为研发》一书中的记载，过去 30 年华为就是在不断学习科学管理方法的基础上、在咨询顾问的帮助下，建立起先人一步的管理体系，从无数次失败走向成功，战胜了强大上千倍的国际巨头，创造了中国企业史上的标杆。华为用钱砸出来的经验和教训说明，管理体系对多数企业和行业都具有极强的借鉴意义。

管理是一门科学！

《华为研发》第 3 版在"华为怎么度过冬天"篇中有一节叫"华为为什么每年还要请咨询顾问"，在此节中写到，华为是中国引入培训咨询最多的企业，世上没有包治百病、一药管终生的灵丹妙药，管理的提升需要长期的积累，大量细节的打磨，咨询顾问的作用就是从各个角度以客观、严峻的视角给华为挑毛病，帮助改善华为的管理。华为直至今日都处于每一天不断改善的过程中。

华为前副总裁李一男因存在通过内幕消息炒股的嫌疑被一审判刑，有读者给我来信谈到他很崇拜李一男，但现在对偶像的崇拜破灭了！郑宝用、李一男及书中记录的早期华为研发的骨干，都是华为研发史上非常关键的人物，帮助华为度过了生死期。华为早期条件简陋，为什么能吸引、留下人才，让人才发挥出超常水平？这是值得企业管理者在阅读《华为研发》一书时认真思考的地方。通过外部咨询而不断打造的管理体系，让华为成为吸引人才的乐土、批量规模产生人才的富矿，发展起十多万名奋斗者……

我曾获得华为公司的创新规划金奖，装金质奖章的红木头盒上刻着"由必然王国到自由王国"：华为的发展将不依赖于人才，不依赖于资金，不依赖于技术，从人治走向管理治。这是华为多年来持续不断打造管理体系的目标，这句话也指引着我们这些年在从事管理咨询顾问时帮助企业打造吸引、造就人才但是不依赖人才的自由王国。有位企业家说，这是梦想。不，这不是梦想！这是已经在华为实现的事实，严格按《华为研发》一书去做，在我们咨询顾问的指导下已成为多数企业的事实。

有不少企业家，让我们推荐这个人才那个人才，但事实上企业管理是如此复杂，不是靠一两个英雄就可以获得长久发展的。这一点华为也是从教训中走出来的。所以任正非才致力于依靠外部管理咨询顾问打造不取决于某个英雄的管理体系。这些在《华为研发》第3版中有详述。

能成为一名研发与创新管理咨询专家，我深深地感谢曾经在华为工作的那些岁月，感谢华为的同事以及很多过去不认识的前华为人。我的两鬓早已花白，1998年20多岁的我被华为研发部破格提拔为两个产品的产品经理。《华为研发》一书中提到的1998年一个月6000元手机话费，每天收到雪片般飞来的救急传真就是我作为产品经理的亲身经历。

我亲历了华为突然由盛夏转寒冬，办公室里突然离职过半，生产线仅开工1/3的艰难岁月。《华为研发》第3版有"华为怎么度过冬天"篇，讲述了华为冬天产生的原因，华为是怎么度过冬天的，华为从技术创新到面对竞争对手的全面反思。这些内容并不是历史，而是当下也在时时上演。华为的冬天，是其竞争对手最兴旺的时刻，"任正非失误成就神一样的对手"，"比知识更重要的是想象力"这一行业技术新趋势被华为忽视。如今造成华为当年冬天的技术新趋势仍在运作，华为度过冬天的经验对各行各业的创新都具有很大的参考价值。

华为并非进入了完全的无人区，在手机、云计算、企业网、芯片上都有众多强劲的竞争对手。《华为研发》第3版讲述了华为是如何从冬天出发，置之死地而后生，从管理体系、技术、商业模式、组织运作等各方面重新出发，最终突破强大竞争对手的防线，克服企业到中年后的官僚主义等"高血压病"，成为全球通信第一的。

华为的冬天却是"不拘一格降人才"的时期，让我有机会身兼数职，深入参与重大变革，站在公司存活的高度去思考、建议、设计搭建及实践执行：通过产品创新以及组织运作模式、商业模式创新，突围不利的行业环境，同时让我对华为在冬天如何通过管理提升、决策下放、进攻代替防守打开新局面有深刻的体会。业务与软件产品线成立，从单一产品到面向客户的运营商解决方案部的成立，为技术商用主动购买样板局，华为手机申请六年被否在什么样的背景下十分钟被决策批准，终端主攻缝隙市场差异化靠小产品养活多年，华为手机从运营商到消费者从B2B到B2C等，这些在《华为研发》第3版中做了详细记录。在核心技术制胜章里也新增了在针尖领域发展凸起优势，将软硬件平台IC化、货架化，贡献开源是最快进步方式，管理创新比技术创新更重要等内容。

《华为研发》一书中既有我在华为的亲身经历，也有大量在我从事管理咨询后对华为的重新反思和总结。《华为研发》一书及我后来从事的管理咨询工作，也是我曾经在华为工作的延续：通过推动产品研发与产品创新、组织创新和商业模式创新而突破企业发展瓶颈。我很高兴能通过写作和咨询指导许多企业走正确的道路，突破自身发展的"天花板"。

华为不拥有任何稀缺的资源，更没有什么可依赖的资源，除了励精图治、开放心胸、自力更生，我们还有什么呢？最多再加一个艰苦奋斗，以此来缩短与竞争对手的差距。公司高层管理团队和全体员工的共同付出与艰苦奋斗，铸就了今天的华为。华为20年的炼狱，只有我们自己及家人才能体会。这不是每周工作40个小时能完成的。这是十几万人20年的奋斗，不仅仅是在职员工，也包括离职员工的创造。当任正非读到这段话时，真是热泪盈眶。多年的苦、累、委屈、牺牲（家庭、健康）……全在这句话中了。

2016年的夏天，一位刚带队参观过华为的美国波士顿马萨诸塞州大学管理学院终身教授 Raymond，送给我一份特殊的礼物。这是他上午在华为参观时，华为公司刚赠送给他的礼物——《华为文摘》，其中精选了这些年华为内部发表的文章。我十多年前写的"关注客户需求，我们做的有多少"一文仍然被收录其中。在第3版新增的"华为怎么度过冬天"篇中，也有部分此文的摘录。今天读来，观点仍不过时。感谢华为公司至今仍很重视这篇文章。

2016年3月和4月，我在美国硅谷哈佛大学等九个城市著名大学、互联网企业演讲交流十场传播中国式创新，受到了热烈的欢迎和响应，而这是我出发前所没有预想到的。

2016年4月5日，我在 IMAPS 2016 Workshop and Tabletop Exhibition 上做英文演讲，在演讲过程中，我回答了一些富有挑战性的问题，在被问到华为是否有中国政府的投资背景等时，我用英文谈了亲历的往事：早期华为的 GSM 和 3G 产品线累计投入40亿元后，历经数年仍在中国市场无法取得突破，华为曾面临破产的压力，最后在海外欧洲市场取得销售业绩证明自身实力之后，2008年华为3G和GSM产品线才在中国市场取得实质性突破。我在《华为研发》一书中以亲身经历的立场写了很多华为在发展历程中九死一生的艰难，特别是早期开拓中国市场的艰难，这些都是华为不存在中国政府官方投资的历史证明材料。而华为早期备受排挤，才磨炼出了坚韧不拔的团队精神、产品创新管理体系和研发能力。

我的英文演讲最终获得全场的掌声，国际组织 RF and Microwave Packaging 发给我一张奖状。在一片掌声中，我最后谈到企业的发展是一个长跑，很难出现光靠政府支持就可以跑赢30年的企业！从小交换机产品代理商跑到成为苹果的竞争对手，企业长跑中的取胜是靠一段一段的产品、技术、管理进步成就的，不可能仅靠单方面的因素。现场听演讲的主要是美国人，演讲后有企业技术高管专门跟我握手交换名片，我的演讲令他们对华为、对中国式创新有了全新的认识。

2016年3月30日晚上，我在哈佛大学演讲时有很多在校的博士生参加，MIT和其他大波士顿地区学校的学生也到场听演讲，有的听众从其他城市过来花了好几个小时。谈中国式创新，我回顾总结了几条创新法则，这些创新法则不仅总结了华为研发的成功，而且在乔布斯回归苹果推出iPhone系列经典产品上也有所体现。研发与创新管理是一门重要的科学，是有规律和公式可循的。这些在《华为研发》第3版中均有体现。

虽然有华为开拓美国市场遇到的不公平待遇，但是华为的创新与研发实力正为其赢得尊重。可以预计，未来一到两年随着华为消费者业务在销售额中占比超半，华为和苹果一样将是一家以智能手机为标签而不再以网络设备为标签的企业。《华为研发》第3版对华为手机的曲折立项及发展过程有大量反思。

中国早已是一个面向全球开放的全球优秀企业参与竞争的市场，我在中国观察并总结出的成功创业与创新法则，在《华为研发》一书中记载的研发与创新的经验，能完全适合美国创业企业，包括谷歌这样的大牌互联网公司。在硅谷演讲时，就有好几位谷歌的工程师来听演讲。而在谷歌、博通、微软交流时，我也深刻感受到了研发与创新管理经验的国际互通性。

在高通总部所在的城市美国的圣迭戈演讲时，本来当地很多技术讲座都在高通企业内部的高档会议室进行。那天高通方面听说我是前华为技术人员出身，虽然已离职多年，但还是被他们拒绝了。最后演讲安排在高通总部对面的简陋会议室里，高通的一些技术人员、华为美国研究所的高级工程师都过来听我演讲。《华为研发》第3版里讲述了高通的发展历史，以及高通与华为既有竞争又有合作的关系；高通的崛起是曾经造成华为过冬的一个客观因素，但是高通也曾出于利益主动为华为推荐客户，帮助华为突破欧洲市场。

《华为研发》第3版有对华为从盛夏进入冬天的深入反思，揭开华为"华丽袍子"下的各种问题，官僚主义问题如同人到中年的高血压，是不可能进行一次变革就从此杜绝了。这些问题在当下很多企业中都普遍存在，甚至在只有几十人的创业公司中也已经见怪不怪。相信大家看后会深有同感。

当然，借鉴并非是照着《华为研发》一书中任正非的讲话抄一抄就可以在企业里推广实行的。管理体系有很大的权变性，华为每一年都面临不同的外界环境变化、企业自身问题，因此需要请外部管理咨询顾问帮助设计相应的流程体系与时俱进。知道道理、理论、别人的样板是一回事，能在企业里从上到下地实施是另外一回事。不同历史时期的发展阶段，面临的内外部环境不同，需要的管理体系不同，并不是可以持守一个公式吃老本到底的。5200亿元年销售收入、17万人的华为是个庞大的体系，所以《华为研发》一书采取了时间顺序为主要脉络，详细记录了华为在过去30年中研发管理遇到的问题及它是如何突破的。

《华为研发》一书中重点阐述了创业期、华为过冬期、转型升级期在战略选择、文化建设、组织建设、人才培养和激励、技术攻关、竞争策略等方面积累的经验。很多企业都在内部组织了集体读书会，集体学习和讨论《华为研发》一书是如何提高组织的整体研发管理意识和研发管理水平的。像华为一样，整个组织能保持不断学习的心态，拥有自我批评与不断变革的文化是事业成功的基础。

有人以为我写《华为研发》一书和做咨询顾问赚了很多钱，在中国熬红了眼睛写一本管理书、操碎了心做老师的没有谁成为巨富，相反这是常常处于寂寞和误解种种压力下的职业。这完全出于一份责任心、使命和热爱：真实记录我眼中的华为研发和华为的成败经验，把这份历史和经验保留下来；用我在华为做研发、做创新、做管理的经验，帮助中国企业全面提升管理和创新能力。中国不能只有一个华为！中国如果有成千上万个像华为一样优秀的创新企业，中华民族就会面貌全新。帮助广大中小企业，使它们成为像华为一样优秀的企业，是我的愿景和使命，也是支撑我一版一版地在寂寞中坚持更新《华为研发》一书的动力。

任正非的话已成为鸡汤语录，写华为的书摆满了地摊和机场书店。《华为研发》一书没有把任正非吹成神话，而是如实反映历史，书中的视角和框架来自这些年在辅导企业中遇到的问题，并对照华为的回顾。

近些年，我深入上百家中国企业，围绕"业绩如何持续高速增长""变革管理""转型升级""产业创新、产品创新、市场创新""有竞争力的产品""高效率高执行力研发管理""企业文化与激励机制"等做了大量的培训和咨询工作，它们的高管和员工也是《华为研发》一书的热情读者。

这些企业包括中国电信集团公司总部（电信运营商）、亚信数据（大数据、软件）、金立手机、武汉烽火（通信）、方太厨具（家电）、朗诗集团（房地产）、电子部第十四研究所（雷达通信）、云南白药（医药）、中国家电研究院（家电）、奥克美特科技、北京兆易创新科技（芯片设计）、苏州旭创科技（光模块）、长沙科佳（商业地产）、思源电气（智能电网）、中联重科（重型机械设备）、长沙威胜（仪器仪表）、上海商用飞机发动机集团（大飞机发动机）、中国航天科技研究院（火箭、制导）、众地集团（农业及纺织业）、中讯集团（物联网）、优胜集团（卫浴行业）、北斗科技（电动车行业）、电子部第二十四所（IC集成电路）、国金黄金集团公司（黄金）、易事特集团（电源、太阳能逆变器）、中德美联生物（生物、基因工程）、理想科技（软件）、致远集团（新材料）、众诺（芯片）、新兴际华（特种汽车）、华扬通信（器件）、中国造币集团、恒翼能（新能源汽车工业4.0）、国家电网、中国烟草集团公司等。

很多前华为人无论是创业者还是高管，都很喜欢《华为研发》一书，有的前华为CEO还请我们做企业的咨询顾问。离开华为后他们都深深体会到在企业里创建管理体系的必要性，以及作为高管甚至CEO在企业里要冲破层层阻力创建管理体系的难度。

企业管理是多么深厚而博大的科学，差之毫厘谬以千里，大家悉心读《华为研发》第3版后应该会有体会。

《华为研发》一书成为不少企业高管及员工的案头书，常翻常有新感受。来自互联网企业高管对《华为研发》一书的喜爱反映出华为研发的经验不仅对传统行业制造企业产业升级有帮助，对互联网等新兴行业和创业企业也有较强的参考借鉴意义。

在写作本书前，我曾请一位在珠三角民营企业工作的朋友张震列出他对于华为研发所关心的问题。承蒙他的认真考虑，他给出了如下的清单。

（1）华为的第一桶金是怎么来的？

（2）华为在发展的初期有哪几个重要的研发里程碑？

（3）华为在几个危机时刻是如何转危为安的？

（4）华为在创业期与发展期是如何击败竞争对手脱颖而出的？

（5）华为的技术研发优势是如何一步步积累下来的？其内部管理机制是什么？

（6）作为一家一直飞速发展的企业，华为的财务和现金流是靠什么支撑的？在创业发展初期，华为是如何融资的？

（7）华为的用人方法有何特点？内部人如何降低内耗、一致对外？

（8）华为的企业文化与企业核心价值观是什么？华为的企业文化是如何沉淀和提炼出来的？文化对华为的发展起到多大的作用？

《华为研发》第3版主要内容围绕以下六部分展开。

第一部分是华为的创业期，主要回顾了创业期华为"第一桶金"的来源，以及华为如何从无到有开始自主研发；第二部分是任正非如何解决自主研发最关键的人才问题，并突破研发资金困境的；第三部分是华为的研发管理，如何发展核心技术，让新人上手工作；第四部分是华为如何挑战比自身强大的国际竞争对手的；第五部分是华为怎么度过冬天，在冬天实现励精图治、脱胎换骨的；第六部分是关于华为手机如何起步、如何成功转型从运营商到消费者、从

B2B 到 B2C 的。

这本书主要是写给处于初创期和成长过程中的中小企业看的，华为的早期研发和人才激励的细节，值得广大中小企业借鉴。本书也是写给一些增长停滞、创新艰难的大型企业看的，它们可对照借鉴，如华为如何度过冬天，华为手机如何成功实现转型等，都值得学习。

本书更是写给那些中年失意，甚至失业的人看的，同时也是一本励志书，它讲述了任正非如何从中年失意的挫折中站起来，带领华为从一次次的失败走向成功。华为公司如何从九死一生中坚持不懈地成为全球通信第一名。

希望今日身处"华为大厦"高处的员工，能记得华为九死一生的那些艰苦、屡犯错误的日子，记得华为是如何从艰苦奋斗中、从冬天中拼杀出来的。

感恩华为，感谢一切辛酸又美好的回忆。

本书不足之处在所难免，很高兴能得到大家的各种反馈和邮件交流，我的联系方式是 zhanglihua96@163.com，weibo.com/zhanglihua111，微信公众号是 cooboys。

张利华

目录

RESEARCH & DEVELOPMENT OF HUAWEI

前言

第一篇
创业篇

第1章 第一桶金 ... 2
    44岁被骗200万元 ... 2
    "吃亏是福、上当是福、挫折是福" ... 3
    资金不是创业者面临的最大问题 ... 5
    市场为先、客户为大 ... 7
    真诚打动客户加盟 ... 9
    从低端产品组装开始自主研发 ... 11
    没有技术怎么办 ... 15
    创造点燃激情的文化氛围 ... 18
    "做先驱不要做先烈" ... 21
    小结 ... 23

第2章 初尝败绩 ... 24
    企业活下来之后做什么 ... 24

产品刚推出就没有市场	26
要"满足客户需求"而不是"引导客户需求"	29
山路上的装机队带来市场影响	30
做好市场的深度是做好服务	31
理想再好，应止步于竞争对手	32
研发就像赌博	34
"因为我经历的挫折比你多"	35
孙悟空的"救命毫毛"	35
方兴未艾的电信市场	37
"资深"竞争对手是如何起步的	38
小结	39

第3章 首个里程碑 40

每天都有新面孔	40
竞争让通信产品如海鲜上市	41
研发部的"红宝书"	42
义乌大捷：客户的支持是公司存在的理由	43
七天就当上了高级工程师	47
屋漏偏逢连夜雨	49
小结	50

第4章 毕业歌 51

C&C08：华为技术的基石	51
培养自主研发是正道	54
C&C08万门机：在弯道处开始超越	56
"为谁干"是首先要解决的问题	56
竞争对手死在哪里	58
"游击队式"研发不可长久	60
"资深"竞争对手也开始腾飞	61
小结	62

| 第二篇 |

人才和资金篇

第 5 章　白条变股份 …… 64
　　企业家也是政治家 …… 64
　　高薪：一半是现金，一半是股份 …… 68
　　不离开就一直在欠华为的钱 …… 70
　　风险投资家加"知本家" …… 73
　　不拘一格降人才 …… 76
　　荣誉给员工而不给老板 …… 78
　　让人才敬业、乐业：集体奋斗的平台 …… 79
　　华为"虚拟股"之实 …… 81
　　小结 …… 82

第 6 章　谁给华为做风险投资 …… 83
　　如果失败只好跳楼 …… 83
　　资金解困方式之一：技术换市场 …… 84
　　中外合资：国外厂商经验 …… 85
　　资金解困方式之二：广泛吸引"风险投资" …… 87
　　融资平台的作用：联合发展实现双赢 …… 88
　　融资平台的运作方式：共同出资委托经营 …… 90
　　融资平台的意义：技术拥有方与市场拥有者相结合 …… 90
　　融资平台的结果：五年占据 40% 的国内市场 …… 92
　　资金解困方式之三：卖掉一块业务给竞争对手 …… 93
　　资金解困方式之四：在各地建区域的合资公司 …… 95
　　资金解困方式之五：首创高科技企业"买方信贷" …… 96
　　资金解困方式之六：拍卖代理权 …… 98
　　"利益共同体"是获胜的法宝 …… 98
　　小结 …… 100

| 第三篇 |

研发管理篇

第 7 章 中央研究部 — 102
- 分层式研发显优势 — 102
- 从"游击队"到"正规军" — 105
- 权力下放的同时分层控制 — 106
- 只有领跑世界的产品才能在世界级竞争中站稳脚跟 — 109
- 从初战告负到产生"黄金牛" — 113
- 没有先进的管理就没有先进的研发 — 115
- 中研部成为全球研发的"中央" — 118
- 霸主出世,思科的 1995 — 119
- 小结 — 120

第 8 章 新手也能做研发 — 121
- 不会做"满汉全席"怎么办 — 121
- 如何较快地突破新产品研发 — 124
- 跨部门项目组产生合力优势 — 129
- 如何确保跨部门的研发协作 — 132
- 从小处做起,从零突破 — 134
- 代码用刚毕业的年轻人名字命名 — 138
- 中兴通讯与矩阵管理 — 139
- 小结 — 140

第 9 章 失败的教训 — 141
- 从最失败到最成功的产品 — 141
- 教训惨痛:"闭着眼睛"研发 — 145
- 知识产权保护体系 — 149
- 对竞争对手估计不足 — 152
- 小结 — 158

第10章	**奖励去美国**	159
	在美国的技术"情报部":兰博公司	159
	花小钱,大收获	160
	国际同步,管理先行	162
	微软和思科成功在哪里	164
	小结	167

第11章	**研发不是赌博**	168
	"如何做科研"本身就是一门学问	168
	研发体系的"三驾马车"	169
	预研体系:研发的"千里眼"	172
	诺亚方舟实验室	175
	中试部:成熟产品的摇篮	177
	"搭积木"快速组装新产品	180
	对外合作:技术拿来主义	182
	"新开发量高于30%不叫创新,叫浪费"	187
	一杯咖啡吸收宇宙的能量	190
	小结	193

第12章	**赢在管理**	194
	"软"实力成就差异化竞争优势	194
	软件开发如何又快又好	197
	华为的研发管理体系	200
	技术管理的难度不亚于产品开发	203
	不因暂时的产品成败"论英雄"	205
	对人的评价不能靠主观估计	207
	小结	210

第13章	**花了波音的钱买的不是飞机**	211
	规模迅速扩张导致研发面临崩溃	211
	IBM如何从规模化后的无效率走出来	213

产品做成什么样，不再研发说了算	217
产品研发成为各部门都参与的一项投资	221
让"明争暗斗"的改革"暗礁"下岗	224
让管理如何成为"刷牙"一样的习惯	226
新员工求助不用再问师傅	228
从技术驱动跨越到市场驱动	229
企业富了之后买什么	231
站在巨人肩膀上才能看得更高	233
充分发挥各路英雄作用造就最强中国企业家	237
小结	242

第14章　**核心技术制胜**　243

如何既有成本优势又有利润	243
在针尖领域发展凸起优势	251
不断将核心技术转化成产品平台	255
产品平台需要与时俱进	258
将软硬件平台 IC 化、货架化	263
自主研发操作系统实现高性能与低成本间的平衡	265
贡献开源是最快的进步方式	270
有研发资源投入才有市场销售的持续成功	275
管理创新比技术创新更重要	278
小结	281

| 第四篇 |

竞争篇

第15章　**剑挑霸王龙**　284

第一剑：攻其不备	284
第二剑：改变游戏规则	288
后来者如何追上	291
第三剑："人民战争的汪洋大海"	293

第四剑：做大蛋糕华为只拿1%　　296
　　小结　　299

| 第五篇 |

华为怎么度过冬天

第16章　警示：巨人倒下时身上还有温度　　302
　　任正非失误成就神一样的对手　　302
　　比知识更重要的是想象力　　306
　　盲目骄傲自大导致华为的冬天　　315
　　老板勇于认错公司才能有救　　319
　　让明白事的人快速决策　　324
　　"帝国"崩塌前收到的处处是好消息　　326
　　小结　　333

第17章　最好的防守是进攻　　334
　　为什么叫业务与软件部而不是软件部　　334
　　否决了六年的手机十分钟决策上　　341
　　技术领域无法长期存在投机者　　348
　　从单一产品到面向客户的解决方案　　349
　　为技术商用主动购买样板局　　355
　　华为为什么每年还要请咨询顾问　　361
　　置之死地而后生　　371
　　小结　　377

| 第六篇 |

创新是革自己的命

第18章　靠缝隙市场养活自己　　380
　　手机终端多年靠小小的数据卡养活　　380

白牌定制手机之困局	386
曾差点作为富士康卖掉	389
小结	392

第19章 从运营商到消费者，从 B2B 到 B2C — 393

如何打破没有优势还要竞争的格局	393
华为手机转型的重要会议	399
选对人做统帅是所有事业的前提	401
是否应赔本赚吆喝地做大规模	404
以消费者为本而不再以运营商为本	405
分家是为资源到位能及时跟上	408
从主动 PK 小米走红到领跑中国互联网手机	411
没有人能够记住世界第二，只能记住第一	414
华为手机帝国起飞的引擎是巨大的投入	417
核心竞争力制胜	420
快速引入顶尖人才让短板成为长板	425
小结	427

鸣谢	428
参考文献	430
后记	432

第一篇
创 业 篇

RESEARCH & DEVELOPMENT
OF HUAWEI

| 第1章 |

第 一 桶 金

引言

　　本书主要从研发视角去看早期的华为。华为的起步普普通通，并无任何传奇色彩。华为的历史是任正非和众多人才创造的；华为的早期，除了人，别的什么也没有。这就是华为从无到有的创业故事。华为的研发也是被"逼上梁山"，当时再不自己出产品，公司只好关门。

44岁被骗200万元

首先让我们一起来读读华为前传。

任正非，1944年出生，居七兄妹之长，家境贫寒。正是少年时在艰苦环境下读书的经历，令成人后的任正非刻骨铭心。1998年，寒门出身的任正非一次性拿出2500万元，在各主要高校设立了"寒门学子奖学金"，资助家境不好、学习上进的大学生。后来改称为"寒窗学子奖学金"。

18岁，任正非通过自己的努力考上大学，学的是建筑专业；大学毕业后参军入伍。20多岁的任正非在军队里不仅是学毛选的标兵，而且勤学、爱钻研技术，他的技术成果曾获全军技术成果一等奖，并担任铁道兵某研究所的副所长。

1982年，38岁的任正非从军队转业到深圳，在当时深圳最好的企业之一南油集团下的一家电子公司任副总经理。正是在那里，40多岁的任正非遭遇了人生的第一个"冬天"：一次，任正非做一笔生意被别人骗了，200多万元货款收不回来。20世纪80年代末，200万元不是一笔小数目（按当时货币的实际购买力不亚于2009年的1亿元），当年内地城市月工资平均不到100元。

在这种情况下，任正非在令人羡慕的大国企南油集团待不下去了。此时的任正非上有退休的老父老母要赡养，下有一儿一女要抚养，还要兼顾六个弟弟妹妹的生活，正值所谓"上有老下有小"、青春不再、未来尚长的中年之际。

但是，任正非没有时间去感伤，家庭的责任、事业的急迫，令任正非走上了一条下海干实事的道路。就这样，处于中年危机之中的任正非被逼无奈开始创业，华为诞生了。就这样，深圳少了一个国企干部，中国多了一个高科技企业的"教父"。创业初始，任正非的所思所想并没有太多的理想主义；创业之初，任正非就是为了面包、为了糊口、为了家人而奋斗！这是一个逼上梁山、被逼无奈的创业故事。

"吃亏是福、上当是福、挫折是福"

任正非中年受挫这一因素，对任正非的经营风格和行事作风有着深刻的影响。创业可以分为两种：一种是受过挫折后的创业；一种是充满幻想、未经历挫折的创业。和现在很多年轻人的创业相比，饱受挫折对任正非的创业来说是一笔财富，为华为公司未来30年的发展定下了一种调子：低调而坚韧。这一点是现今很多年轻人创业所缺乏的。

今天的年轻人，面临众多的机遇，有的在大企业工作几年，捞得人生第一桶金，就开始不再打工而是自己做老板了；有的凭借市场经验或者研发经验，甚至只需编造一个好听的远景故事，就可以圈到一笔风险投资，在风险投资的推动下做公司了。这些出生年代好、职业生涯中又顺风顺水的年轻人"少年不知愁滋味"，一副"未当家不知柴米油盐贵"的样子，往往开公司花起钱来都是大手笔，办公要租最好地段的写字楼、搞最好的装修；一笔雷声大的广告费就把启动资金花得差不多了；动不动将"成为世界一流企业"的豪言壮语挂在会议室。很可惜，90%这样的中小企业都没有迈过生存的门槛。遇到挫折，多数人又往往会心灰意冷。

因此，如果你是一位职业生涯出现变故的人，当你正遭遇人生挫折之时，建议你对照华为的任正非去仔细地想一想，因为你可能不至于惨到任正非创办华为之前的境地。创业之初，任正非是没有什么可以幻想的，更没有任何资金可以用来进驻写字楼，也没有人想要去看他的创业白皮书和商业模式。他的脑子里唯有"生存"二字。

后来，虽然华为已成为年销售额上几百亿元的大公司，任正非还是经常强调"惶者生存""华为只是活下来了而已"；无论华为已经多大、多成功，任正非天天还是想着"活着"二字，这跟任正非40多岁如过山车般急转直下的早年被骗受挫经历分不开。任正非曾说"吃亏是福、上当是福、挫折是福"，如果你符合这三个条件，恭喜你成为"有福之人"。如果相对于44岁的任正非还年轻的你，你的企业关门了，你失败了，请不要灰心。总结经验教训，从头再来。失败、挫折，本就是成功的必经阶段。

受过挫折后的创业，让人更加务实，反而更容易摸到企业经营的门道。实实在在的行为，甚于空洞而不切实际的理想。做一个负责任的男人，一个能庇妻荫子的男人，这就是44岁时激励任正非从挫折中走出来的奋斗目标。

当华为成为几十亿元的大公司时，任正非在《华为基本法》中列入"华为人应树立的价值观"的，是"热爱家庭、为了追求家庭幸福而努力"这种普通人平实的追求。这里面包含了许多切实的感触，这就是经历了风雨的人的思维方式。

资金不是创业者面临的最大问题

44岁的任正非在1987年年底和五个志同道合的中年人合伙,六个人平分股份,共计2.1万元,在南油新村乱草堆中的一个居民楼里成立了深圳华为技术有限公司。那时租写字楼一个月至少好几千元,而居民楼则最多三四百元。创业初期的艰难清苦可见一斑(见图1-1)。

图1-1 华为1988年创业时的公司注册地,深圳南油地区的一民居:南油A区16栋

成功后的华为在龙岗坂田修筑了可与国外著名企业相媲美的豪华办公场所,有很多年轻人参观后,误以为做事业就该像华为这样有气魄、大手笔。但提醒你注意,这是成功后的华为。初创的华为是在一所破旧的民房里;初创的美国公司惠普和苹果为了节省资金,当年也起步于一间车库。

创业的任正非所面临的现实问题是,公司如何生存。华为公司现在是他的孩子,他必须让它生存下去。华为虽然名为技术公司,但开始做的都是贸易,也没什么方向,什么赚钱做什么,据说华为在初创的时候甚至还卖过减肥药。

一次，听说在深圳卖墓碑的生意很火，赚钱快，任正非还派人去调研过。但减肥药、墓碑也都不是长久之业；任正非为了使华为生存下去，尝试百术，绞尽脑汁。

创业从来不是一件浪漫的事。任正非人过中年，经历了从国营企业的干部到民营企业领头人的转变，人生充满了坎坷；华为公司的早期也有过投机和迷茫。40多岁的任正非如同每一位中年失业、失意的普通人，在茫茫人海中飘摇；起步阶段的华为更是一家只要有钱赚、能活下去就行的"小铺子"。一个偶然的机会，任正非经辽宁省农话处一位处长的介绍，开始代理香港鸿年公司的用户交换机产品（即单位里转分机的小交换机），算是走上了销售通信设备的道路。

那是一个装电话需要送礼、走关系还要排队特批的年代，代理商只要能在香港搞到用户小交换机，卖到内地去就可以获利100%。正是由于这种带点儿"倒买倒卖"色彩的代理业务，以及当时全国人民对电话通信的巨大需求，让华为在短短的三四年间，就积累了几百万元的资金，并在全国建立起近十个销售办事处。华为从农村空隙市场起步，通过代理香港鸿年公司的HAX交换机，利用差价获得了原始资本积累（见图1-2）。

一般的创业者都认为，资金是创业者面临的最大问题，就华为而言并非如此。虽然资金始终是个重要问题，但任正非从来没有让它成为唯一的、最主要的问题。因此，他总能在关键时刻做出正确的判断，至少是大方向正确的判断。

比如说信心和勇气。在不知道做什么的时候，你是否像任正非一样勇于尝试百业？你是否能像任正非一样不耻于向所有人打听

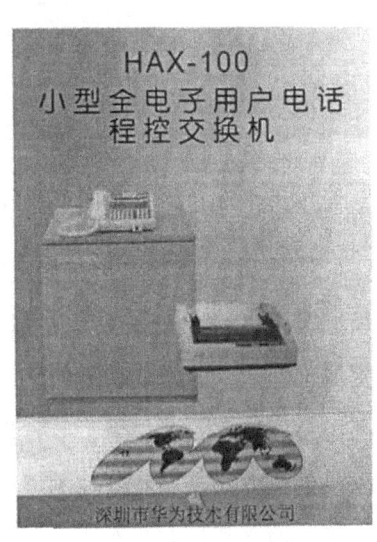

图1-2 为华为带来第一桶金的用户交换机HAX-100

做什么好？更重要的是，你要像任正非当年义无反顾地走出去，既然这是唯一的道路，哪怕颜面扫地也要走出去；自助者天助，你这些年积累的人脉资源、失败教训会帮助你发现新的机会。失意中，大家最需要的就是自信。从任正非的案例中大家可以看到，历经挫折的中年人去创业，更多的是靠人脉、靠资源，资金反而是第二位的。从任正非的案例中学到的最宝贵的应该是面对失败永不言弃的勇气。

如果此时此刻的你，正在茫茫失业潮里失魂落魄，请你想一想当年任正非的情形，无论如何，你起步的条件可能比当年的任正非要好一些、资金更多一点。然而很快你将会体会到，资金的作用远不见得是你的最大问题。事实上，人的因素往往更重要得多。

市场为先、客户为大

单位用小交换机市场，在当时是一个买家找卖家的市场，作为卖家的日子要好过得多。但是，"倒买倒卖"的事，除了胆识外需要的技能并不高，门槛低，于是各路好手纷纷进入单位用小交换机市场，仅深圳一地一个月之内就涌现出几百家。在越来越激烈的市场对抗和竞争中，"没有什么只有你会做，别人不能做的，关键是客户给不给你做"！一种对市场的感觉很快渗透到华为人的骨子里。

很多人分析华为公司的成功总是强调其对技术的追求，我们却觉得华为是一家从一开始就高度重视市场销售的公司，是客户驱动的企业。华为从不做没有市场研究的纯技术；华为从一开始就关注通信市场的风吹草动。每一个可能产生销售和利润的地方，华为一旦发现就会抢占先机，不惜一切代价拿下。这种敏锐地发现、捕捉并迅速拿下市场机会的特质，跟任正非从军时学习的军事战略是分不开的。

任正非曾任部队研究所副所长，乃副团级别，创立华为公司后，这个40

多岁的中年男人亲自做市场、做销售。想想看，这么一个人要跑到各地的偏远邮电局去俯身低头给客户说好话、拍马屁，没有点大丈夫能屈能伸的本色，是很难坚持下来的。任正非能从创业初期那种艰难的环境中生存下来，是其贫寒出身和艰苦军旅生涯赋予的坚韧性格所赐。

代理销售是一种主要靠人脉、价格、服务而没有自身技术差异化可讲的行当，"卑躬屈膝"地讨好客户争取订单的日子并不好受。任正非当年扛着用户小交换机，虎虎生风地走在乡村的小路上，他甚至到过四川大凉山地区的木里县，从成都过去要坐火车、汽车、拖拉机、牛车，最后靠两条腿翻山越岭才能到达的偏远贫困地区。

"当得人下人，方为人上人"，任正非在客户面前的屈伸能力是超强的。2001年，华为已经成为跨国大公司，任正非也成为中国IT界的"教父"。一次在公司见客户时，任正非一进门，屋里的省局移动公司局长、副局长一行人齐刷刷地站起来鼓掌，任正非很不习惯地摆摆手，憨厚地说："你们是客户，我应该向你们起立给你们鼓掌。"

任正非在公司的讲话中多次提到，"客户是我们的衣食父母""大家对客户再好一点，大家对客户的服务再好一点，客户给大家的订单就会多一点"。任正非对养活公司的客户充满着感激。而做代理出身的华为，对客户关系的重视也达到了极致，销售体系专门有客户经理的职位，所谓的客户经理的主要职责不是卖产品而是搞好客户关系，服务好客户，提高客户满意度。优秀的客户经理看见客户翻《易经》，自己也开始学《八卦》；从客户领导到工作人员的生日、太太和女儿的生日、节假日，凡是个日子就往客户办公室和客户家里钻。

如果一家小公司、小店铺正在为自己的销路一筹莫展，可以想想当年的华为公司和任正非，想想怎么能把客户关系和服务做得再好一点。

进入1989年，由于用户小交换机的市场太火爆，全国有200多家的国营单位进入了用户小交换机的生产和销售，国家限制信贷、控制设备进口，华为的代理业务走到了尽头。这应该是做代理的宿命。

做代理总不可避免地会遇到各种进出口政策的限制，以及来自原厂的各种风险。当时单位用户机（小总机）市场紧俏，一台500门的用户机开通，当地省级领导都要去现场剪彩。要订货，单位用户需要至少提前半年以上下订金给华为，华为再下订金给香港的原厂。但由于产品供不应求，香港的原厂经常会发不出货；产品出了问题，无法及时修理；在备板、备件等方面也不提供给代理商，这些使华为公司在为客户服务时非常被动。任正非意识到，没有自己的产品、没有自主研发，所谓为客户提供优质服务就是一句空话。当时的任正非已深受产品、客户、订单、公司的现金流、公司的命运都卡在别人手上的痛苦。

摆在华为面前的，是极度的交换机稀缺和国内设备提供商的空白。对那些因国家信贷政策收缩造成资金链濒临断裂的代理商来说，它们自然不会有勇气冒更多的资金风险来自己研制交换机。除华为外，联想也是走"贸易"之路起步的，所不同的是华为在做代理有了初步积累后迅速地走向了自主研发和自主生产之路。

真诚打动客户加盟

1987年8月，从重庆电信局辞职下海办公司的陈康宁，原本是华为的代理商客户。当时陈康宁在重庆办了一家公司，向重庆地区的单位用户推广程控小交换机。1987年年底，任正非在重庆开拓单位用户市场，经朋友推荐，和陈康宁第一次见面。初次见面，陈康宁就觉得任正非为人真诚、直率，而且任正非一回到深圳，就立即给陈康宁发来了成箱的交换机手册及其他资料。那时华为的产品宣传资料，是一本红皮的册子。因为是代理香港产品，资料都是繁体字的。这份资料给人印象最深的有两点。一个是封底上的一段宣传口号："到农村去，到农村去，广阔天地大有作为。"另一段话是："凡购买华为产品，可以无条件退货，退货的客人和购货的客人一样受欢迎。"于是陈康宁就成了华为公司在重庆地区的代理商。

当时交换机处于初期发展阶段，故障率较高，而当时的交换机又以进口的为主，备板、备件等技术服务很难跟上。电话一出故障，代理商受到客户的压力很大。但是，华为公司为了代理商维护和保修方便，除维修备件外，多发了一套小交换机，代理商维修时就在这台小交换机上测试或取电路板，最后还可将这台小交换机及坏的电路板全部返回深圳。

陈康宁装了几台华为公司发过来的机器后，越发觉得华为公司处处为代理商着想，是个与众不同的公司。华为公司一心为代理商着想，也保证了客户的售后服务质量，这些都是当时销售同类产品的其他公司做不到的。虽然华为在当时的通信领域还是一个不知名的小公司，但华为的诚信和优质服务，让陈康宁成为了华为的铁杆代理商。

1988年，陈康宁陪同客户一起到深圳考察华为公司和订货，到深圳才发现华为只有几个人，在其他地方也还没有办事处。谈好合同后刚好下班，任正非叫了华为公司唯一的一辆小车，安排客户和公司陪同人员去南头的南蓉酒家用餐。车开了，陈康宁坐在车上，看到任正非沿着路边一步一步地走回家。客户和陪同客户的员工坐车，总经理走路，这一幕令陈康宁终身难忘。

1989年，陈康宁陪同四川一位地区局的局长及几名科长到深圳去华为考察，住在深圳华强北附近的格兰云天大酒店。任正非白天在酒店向客人介绍情况并谈到晚上11点多，当时从任正非住的深圳南头到华强北，还没有今天深南大道这样的直通大路，只有一条两车道弯弯曲曲的土路，路边还是荔枝林和农田，开车要一个多小时（见图1-3）。大家原以为任正非第二天会晚点到，结果第二天早上7点多，任正非就已到了酒店大堂，陪客人下楼吃早茶了。这意味着任正非早上5点多就得出发，晚上最多只休息了4个小时。任正非对客户如此热情和诚挚，令所有在场的客户都非常感动。

"有这样的人做老板，公司一定会得到客户的认可，一定会有大发展。"陈康宁很快下定决心：离开重庆到深圳加盟华为。1990年3月，陈康宁向曾一起考察过华为的那位四川地区局局长告别。当时，该地区已向国内另一厂家订了一台200门的程控交换机，但一直未到货。这时局长就通知，对不重视客户、违反协议的厂家，合同取消，改订华为公司的HAX-100系列的200门交换机，陈康宁就代表华为公司签订了合同。

图1-3　20世纪80年代末从华为创业的深圳南油地区到市区华强北的土路

于是，带着这份合同，陈康宁于1990年4月1日到深圳华为公司上班了（陈康宁后在华为担任市场部、生产部、企业文化等多个部门负责人）。上班后的陈康宁发现，不仅是在只有一辆车的时候，就是在已经有很多辆车之后，华为公司最好的车也都是为客户服务，而不是为老板服务的。一直到1997年年底，华为已经做到了几十亿元的销售额，任正非都是一个人走半个多小时的路上下班。后来，华为基地离任正非住的地方远了，任正非也是自己买车，自己开车上下班，从未私用过华为公司的车。

从低端产品组装开始自主研发

任正非用了一年的时间学习法律，学习什么是市场经济，他悟出市场的运行机制对企业来讲有两件重要的事情：一是客户，二是货源。在这两个要素中，客户是不可控制的，企业唯一可能控制的是货源。1989年，深知做代理不能长久的任正非，开始决心走向自主研发。

自主研发，人人都想，可是没有技术、没有人才，从哪里开始入手呢？

当时邮电部下面好几家国营单位都已在生产34口和48口的单位用小交换机，华为的第一款打着华为品牌的产品叫BH01，其实是一款从国营单位买散件自行组装的产品（见图1-4）。华为公司将散件买回，做包装，写说明书，然后打华为的品牌，再到全国找自己产品的代理商进行销售。

图1-4　华为的第一款产品BH01

上面宣传资料用繁体字写着：电子通信是经济改革的催化剂。通信电路就像那些对工业革命产生过重大影响的铁路和运河一样促进您今天的事业。

华为的第一款产品BH01只是一个24口的用户交换机，属于低端机，这使市场很受限，只能在小型的医院、矿山使用。当时的华为也做不到买断，只能说是华为的BH01和别家的BH01同时在市场上销售。但是华为坚持打自己的品牌，把自己的优质服务注入功能、外观都和别家一样的产品中去。华为公司销售的第一款自主品牌的产品，就是把其他厂家的BH01宣传单上的厂家地址和品牌一抹，换成华为的，发个传真给客户就完成了。

自己控制散件的好处是自己可以控制设备的备件，这在提升对客户的技术响应度和服务质量方面大有优势。拥有自己的品牌，也不用像做别人的代理那样，还需要花钱买代理权，提前半年以上打订金去订货。自己的品牌做好了，还可以在全国发展自己的代理，自己收代理费，这些也可以缓解现金流的紧张状况。

但是订散件，需要向厂家提供更大量的订单。订整机还可以一台一台地订，订散件至少几十件起订，这也要求公司拥有更强的周转资金和市场销售渠道的能力。而且由于供散件的厂家也自己销售，华为的供货常得不到保障。没想到，由于华为公司的服务好，销售价格也低，第一款产品BH01在市场上供不应求。华为买的散件也被断了货源，收了客户的钱，却没有货可发。

1990年，华为被"逼上梁山"，必须在最短的时间内突破自主研发，实现自己控制生产、控制产品，否则客户追上门来要货、要退款，公司就会面临资金断流及关门的危险。1990年华为公司由莫军任项目经理，开始自己照着BH01的电路和软件，用复印机精确1∶1地复印印刷板，进行电路设计和软件开发。为了给客户以产品有延续性的印象，这次的型号叫BH03，也是从24口开始做。从客户的角度看，换了个更漂亮的机壳，别的功能差不多，但BH03里面的每块电路板的设计和话务台软件的研发都是华为公司自己做的。

BH03的项目组只有六个人，软硬件全在一起做，这几名工程师一边要负责电路板的设计，一边要负责全部软件程序的编写，还要进行整机的调试。没有任何测试设备，从外面加工回来的电路板上，有上千个焊点，工程师们用放大镜一个一个地目测检查有没有虚焊、漏焊或连焊。交换机的性能检测当时没有自动测试设备，也是由工程师用话机一项一项的测试。遇到大话务量这一项的测试时，就把全公司的人都叫到一块，一人两部话机，大家同时拿起听筒试（见图1-5）。

图1-5　华为早期员工用人工电话的方式测试大话务量下华为设备的性能指标

"公司在1991年收到的订货预付款也用完，公司账上已没有什么资金，再发不出货，公司就要破产了。"任正非说这句话时形势急迫。

经过接近一年从研发到试制的努力，华为公司终于自主研发出BH03型号自主产权的用户交换机（简称BH03），并通过了邮电部的验收，取得了正式的入网许可证。当初价值100万元的八台BH03，全部是经工程师们一台一台的调试、修改、再测试；测试通过了，再拿给公司其他人贴标签和包装，在华为公司的办公室里出货。

那时华为公司的办公室，既叫实验室，也叫生产部，总之是不分的。一层楼，中间隔成了几个不同的办公区。当时华为公司也没有专门的研发部，只有项目组，BH03项目组对研发、生产、测试都要负责。

由于持续几个月白天黑夜不停地干，吃、住、睡全在公司，工程师们连外面是刮风下雨都不知道。一位工程师在BH03研制成功之时，由于劳累过度，眼角膜都累掉了，不得不住院动手术。

图 1-6 是 1991 年华为首款自主研发产品的宣传资料，图中的繁体字为"每月 10~18 日在深圳举办用户学习班，月月如此，不再另行通知""生活费用自理，技术培训免费，无论是否订货，一视同仁"。最上方的广告语："祝您早日走上成功之路，电子通信是您发达的催化剂，一种优良的小程控交换机会使您的办公发生较大的变化。"

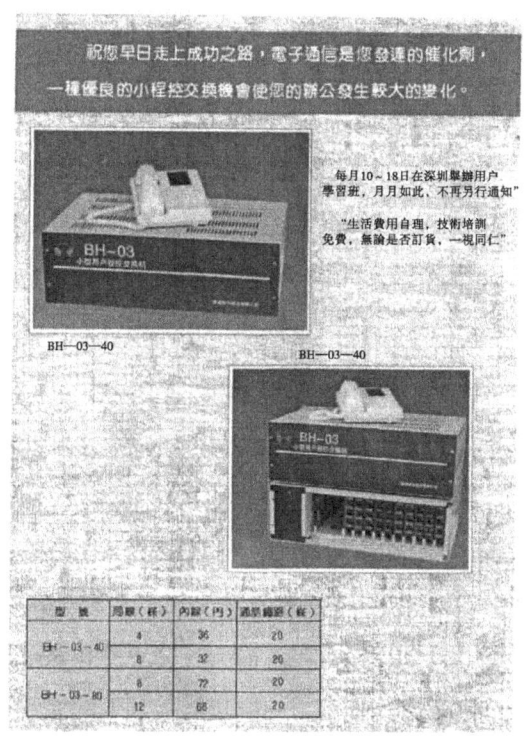

图 1-6　华为首款自主研发产品的宣传资料

没有技术怎么办

第一款产品照着别人的东西出来了，第二款、第三款怎么办？虽说要做自己的产品，但华为当时却没有更多的技术力量，于是任正非找到了华中科技大学、清华大学等高校，广泛邀请教授带着老师和学生到华为参观、访问，寻求技术合作的可能性。

一次，华中科技大学的一位教授带着他的研究生郭平到华为参观，当时郭平刚刚研究生毕业不久，留在学校当老师。年轻有为的郭平，一下子就被任正非身上特有的企业家做大事业的抱负、待人的热情和诚恳所吸引。任正非当即"拿下"郭平，一番激情洋溢的谈话让郭平认为21世纪非华为莫属，恨不得明天就到华为大展手脚。任正非立即把郭平留在深圳，让郭平成为华为公司第二款自主产品研发的项目经理。该产品即HJD48小型模拟空分式用户交换机，是一台机可以带48个用户的新产品（当时为了给客户以产品有延续性的印象，一开始叫BH03U，原来莫军负责的BH03，改为BH03K）。

郭平到华为公司之后，不仅担当起自主研发负责人的工作，而且成为华为公司吸引华中科技大学优秀人才的"猎头"。在郭平以身说教的示范作用下，郭平把同学郑宝用说动到华为公司看看。

郑宝用，也是在华中科技大学读的本科和硕士，毕业后留校当老师，1989年刚考上清华大学博士没多久。郑宝用来华为后，也立即迷上了华为，就再也没回清华大学，博士学位也不要了。郑宝用思维敏捷，为人随和，性格直率，大家都称他为"阿宝"。一开始在郭平的项目组里跟着郭平研发HJD48，成为HJD48的软硬件开发主力。HJD48项目结束后，郑宝用就成为华为公司的副总经理兼第一位总工，负责华为公司产品的战略规划和新产品研发。当时大家对战略规划还没有什么概念，郑宝用的职责被大家理解为"只要是不生产、不发货的产品，凡是没做出来的产品都归郑宝用负责"。

1989年，郑宝用到华为公司与任正非会合，在华为研发的历史上这次见面意义重大。郑宝用这位技术天才的到来，一下子拔高了华为的技术水平，以及华为研发的组织形式。在郑宝用才华的施展下，华为公司很快就推出了HJD48小型模拟空分式用户交换机，一台机可以带48个用户（见图1-7）。HJD48在技术实现上取得了新的突破，里面一块板可以带8个用户，比华为公司的前两款产品BH01、BH03一块板只能带4个用户，在产品的集成度上大为提高。相似的产品，同样的功能，减少了产品所占的空间面积，容量提升了，还大幅降低了产品的成本。该产品投入市场后，质优价廉，受到很多单位用户的好评。

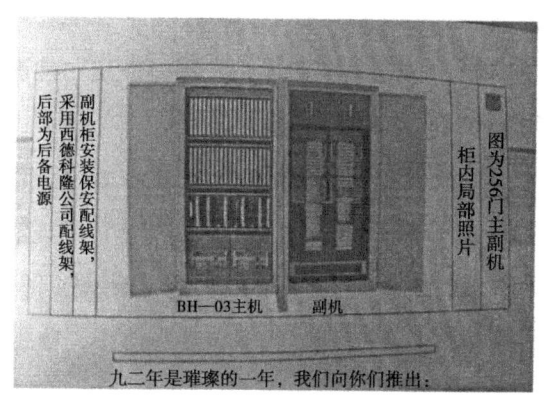

图 1-7　256 门的用户交换机 BH03（也叫 HJD48）的宣传材料

郑宝用作为技术带头人开发出的 256 门的 BH03 产品比起最初只能带十几门的产品不仅在产品性能指标上追赶上了原进口的香港鸿年产品，而且在外观上也漂亮了许多。图片左边用简体字写着"副机柜安装保安配线架，采用西德科隆公司配线架，后部为后备电源"。宣传材料正中间是大大的广告语"九二年是璀璨的一年，我们向你们推出："，宣传材料的右边是"图为 256 门主副机柜内部局部照片"。可以替代进口产品的用户交换机推出后，华为所有宣传材料都不再用繁体字，而改用简体字，强调自主研发概念。

1991 年，郑宝用主导开发的 HJD-04 500 门的用户机，一台机可以带 500 个用户，采用了光电电路和高集成器件，被邮电部评为国产同类产品质量可靠用户机。郑宝用还给华为公司做规划并带领研发人员成功开发出了一台用户交换机带 100 门、200 门、400 门、500 门等系列化的产品，填补了市场的空白。郑宝用带领下的用户交换机系列产品在 1992 年给华为带来年总产值超过 1 亿元，总利税超过 1000 万元的销售业绩。

1990～2008 年，作为华为公司首个追赶进口产品技术水平的产品，HJD48

持续销售和服务了市场近 20 年。华为公司当时全公司只有几十个人（含制造、研发、销售、人力资源），但自行开发和制造出来的产品，在细分产品领域却有如此高的技术水平，华为公司的冒出绝非偶然！

HJD48 产品的软件总体负责人是中国科技大学少年班的学生聂建林，其才华极为出众，是 HJD48 成功的关键人物，深得任正非赏识。之后，华为公司开始积极引入各大名校少年班尖子人才。

郑宝用对华为早期研发的贡献包括后来的 C&C08 交换机、芯片、传输、无线等多个产品，包括华为公司早期研发的组织架构的建设等。他成为华为公司早期研发的领军人物，也是华为公司系统化、规模化研发体系架构的总设计师。他负责建设了华为早期的研发队伍和产品体系，曾担任华为公司副董事长。

郭平对早期华为举荐人才有功，任正非发现了他身上适合做管理者的平和气质，在 HJD48 之后，郭平就被提拔为生产制造部负责人。从此郭平长期担任华为公司的高层管理岗位。光有技术不懂市场不行，光有市场和技术，不懂如何去经营也不行。高校是光有技术欠缺市场的机构，而很多专营销售、代理的公司，却是光有市场。任正非是最懂得如何让技术与市场结合，如何通过经营人才把这份事业经营好的企业家。20 世纪 90 年代初，华为凭借与高校合作带来的技术人才，任正非这个优秀的产品经理，低端用户交换机精准的市场定位，取得了自主研发从无到有的突破。任正非的果敢，不仅表现在他敢于踏入研发大门，还在于敢抢先一步引入高级人才。没有技术，人才造！

创造点燃激情的文化氛围

任正非从华为早期就开始主导的单纯正向的企业文化氛围，如业绩优先、人才优先的战略导向，是成就日后华为王者地位之基础。

郑宝用说：“华为公司是没有任何背景的，一切都靠自己奋斗。在这里工作,不需要拍马屁、拉关系,只要你好好干,公司就会给你回报。"

郑宝用能说出这番话,相信这也是他到华为后的亲身经历:一个还在清华大学就读的博士生,没有任何关系,靠自己在华为的业绩,做出了产品,成了华为的技术负责人之一、公司的二把手,同时也在很短的时间内积累起自己人生的一笔财富。不仅人才不需要拍领导的马屁,任正非还经常拍人才的马屁。任正非经常在会上会下说:"阿宝(指郑宝用)是一千年才出一个的天才。"

华为早期研发部的氛围是最开心、最充实、最令人难忘的,尽管那段时间最没钱、条件最艰难。大部分华为人都在公司周围租住民房,周围的南园村、南新村的房租因此不断上涨。工程师住的宿舍里除了一张床,就没有什么东西了。任正非把公司打造成一个家,公司食堂的早、中、晚饭菜都很丰盛,晚上9点后还有夜宵,周末也是如此。公司里有洗澡和看电视的地方,大厅还有一个乒乓球桌可以打球。所以那时候大家除了睡觉,大部分时间都待在公司里。

大家对华为印象最好的是食堂,那时候到食堂吃饭不用先付钱,也没有工卡,大家打完饭菜,在食堂师傅那里报个工号就可以了。食堂的饭菜丰富可口,比在学校时吃的饭菜要好得多。大家在排队打饭时经常看到一个微胖的中年人站在队伍旁边,一边看着大家打饭,一边大声地叫着:"我看谁打肉多的,谁就是新来的。"这个人头发乱乱的,脸上胡子拉碴,身上穿的衣服皱皱巴巴,新人还以为他是食堂做饭的师傅。后来才知道这个人就是任正非。

公司还给每个人买了床垫。任正非说:"你们开发人员搞累了,随时可以躺在地上休息一会儿。"大家有时候加班晚了,就睡在公司。华为公司"床垫文化"的由来是华为对开发人员的关怀。几乎每个华为人都备有一张床垫,卷放在各自的储物铁柜的底层或办公桌、电脑台的下面,外人从整齐的办公环境中很难发现这个细节。午休的时候,席地而卧,方便而实用。晚上加班,夜深人静,灯火阑珊,很多人几个月不回宿舍,就睡在这张床垫上,累了睡,醒了再爬起来干,黑白相继,没日没夜。可以说,一张床垫半个家。工作紧张而繁忙的华为人,干脆将"公司-宿舍"两点一线式的生活压缩叠合成一点。

深圳南油深意工业大厦,华为公司1989年后搬入的办公地点,就在五楼靠里的地方,华为用半截简易砖墙隔成小间的宿舍(见图1-8)。工程师们一出门就到了办公室,热火朝天地投入工作。开拓者们就是在这样的壮观场景下,完成了华为首个自主研发产品。

图1-8　深意工业大厦

之后,深意工业大厦办公楼装修完成,大家有些恋恋不舍地搬到外面租来的宿舍住,唯一留下来了一张张床垫。新来的员工一进华为就到总务处领一床毛巾被、一张床垫做家当,开始身体力行华为独特的"床垫文化"。"床垫文化"的兴起,以及华为人吃在公司、睡在公司,反映了当时华为人与公司共兴亡、同进退的决心。中午休息,在早期华为每间办公室的地上桌下,都躺着呈各式睡姿的华为年轻人。

20世纪90年代初华为研发部、总部办公室所在地就在深意工业大厦,当时深圳股市火爆,其一楼有半层是股票交易大厅,但是华为公司员工每天上上下下从一楼经过,却没有一个人进去炒股。

开发部的小伙子们都非常喜欢华为那时候的氛围,和大家在学校时的习惯相同,开发人员上下班不用打卡,完成任务就行。大家常常是晚上搞到很晚,早上睡到十一二点才起来,吃了中饭接着干。那时候大家目标明确,就是尽快把交换机搞出来。为此加班加点,凌晨两三点钟才回去是常有的事。加班也没有人强迫，都是大家自觉自愿的。

任正非经常到开发组来和大家聊天，有时晚上还请大家去吃夜宵。任正非真是一个优秀的鼓动家，每次听他讲话大伙都热血沸腾，那是支撑员工在华为干下去的精神力量（物质力量是每个月都上涨的工资）。就这样，在任正非温馨的"家文化"及"床垫文化"的带领下，华为公司踏上了自主研发的成功之路。

"做先驱不要做先烈"

华为转向了自主研发，而且是以市场为导向的研发，是华为日后成功的一个关键。任正非的市场销售经验让他明白：没有市场就没有研发，没有稳固的客户关系就没有稳定的产品研发。这种"市场为先，客户为大"的思想，是华为后来成功发展的一个重要法宝。

和后来很多做"技术先烈"公司不同的是，华为是脚踏实地地先做市场后做技术，完全依靠自主资金滚动发展。随着中国资本市场的活跃，不少初创企业从公司未成立起就拿着风投的资本大笔砸向技术研发，这与在创立之初没有家底所以"小心谨慎"做研发的华为完全不同。

后来，任正非一再提醒研发部"不要做先烈，要做先驱"，并且给先烈和先驱一个注解：领先一步是先驱，领先三步是先烈。应该说，华为当年走向自主研发之路时，并没有好高骛远，而是务实地从当时销售的畅销机——用户交换机最低端的型号开始入手；华为公司的研发队伍量力而为，从六个人开始；华为公司的自主研发从摸着石头过河开始，一款产品做好，成功了，赚钱了，再多做几款。

任正非本人虽然善于预知未来，善于把握时代发展的趋势，但毕竟不是通信专业的科班出身。任正非在华为走向自主研发之时，起了非常关键的作用，这个作用就是承担起几乎一切研发支持的责任。他充当的角色，涵盖了项目经理、市场经理、人力资源管理、财务、资料、服务等职责，而这些角色是一个成功的研发项目所必需的。在一个大家对商业开发项目都不了解的年代，老总亲自担当起一个精通市场、大胆起用人才、善于聚拢人心、懂得进度控制和各项管理的"项目经理"，会对项目的开发产生多大的促进作用啊！

任正非在华为刚开始走向自主研发道路的时候，承担的这些角色，是华为在通信产品和技术开发项目上获得迅速成功的关键。相比之下，有许多技术研发专家出身的企业家，虽有绝门之技，却带不好队伍，容不下技术能人；或者空有技术不懂市场；或者什么都会，就是不懂如何控制成本。任正非不是通信专家，但却是一位合格的产品研发带头人。

虽说已开始自主研发之路，但是华为并没有放弃代理香港鸿年公司的交换机。以华为当时的技术实力，只能研发出最多24门的用户交换机，而香港鸿年公司的交换机可以一台带200门、500门，在市场上供不应求，还要提前半年交订金预订货。华为"代理＋自主研发"两条腿走路一直走了好几年，"生存第一"始终是任正非心中的主线条。

1988年起家的华为，通过代理国外产品在全国建立销售网络，在单位用户市场站稳脚跟，然后通过自主研发和生产实现研发、生产、销售的一条龙。1992年华为的销售额首次突破1亿元。

华为公司，是任正非走投无路时的选择；华为自主研发，是华为生存下去之必需。华为早期，充满了为了"活下去"、为生存而战的故事，可能不光鲜，但却是当时的真实写照。华为的"第一桶金"来源于人脉资源和任正非的经验；早期华为的研发，除了能给人才创造一个良好的做事业的氛围，环境简陋得不剩下什么。本篇第5章里提到的任正非的人才策略，令华为像磁石般地吸引了郭平、郑宝用等一大批人才。经历坎坷的老板、勤奋而有才华的研发人才、华为的市场导向，这些构成了华为研发起步的基础。在20世纪90年代初，华为就是将这几项优秀的因子结合在一起，在任正非运作的华为平台下，开始谱写出一首格外清新而与众不同的研发交响曲。

小结

一家公司应该选择从哪里开始？哪里存在拿着钱排队还要走关系的现象，就是值得考虑最先进入的领域。小公司如何搞研发？切记不能贪大求快，从三五人开始量力而行；先有市场需求，再有产品研发，确保研发出来就立即能转化成销售额；从组织散件开始，先熟悉一个产品的生态链、供应链，再进入自主研发消化细节，最后再进入创新环节。这些都是华为宝贵的实践经验。

| 第 2 章 |

初 尝 败 绩

引言

　　刚刚开始自主研发的华为，步履蹒跚地在1993年步入了全新的领域：电信局用交换机。从"单位用交换机"到"电信局用交换机"，就差了两三个字，可无论是产品的技术要求，还是市场竞争的激烈程度，都有天壤之别。

　　"无知者无畏"，华为血气方刚的研发团队，刚刚在自主研发"单位用交换机"的胜利中尝到了甜头的华为年轻人，无畏地进入了"电信局用交换机"市场。

　　然而，一开始华为在这一全新的领域，却一败涂地。华为一意孤行，结果却是一败再败。

企业活下来之后做什么

　　在"天才"郑宝用的带领下，华为在1991年开发出了自己的HJD48系列产品，并利用已经建立的销售网络取得了一定的销售业绩。

　　1992年，凭借自己开发的HJD48系列早期的单位用户机产品，华为销售额首次突破 1 亿元。华为自主研发的决策被证明是正确的、有效的。

1993 年年初,在深圳蛇口的一个小礼堂里,华为召开了 1992 年年终总结大会,全体员工参加。当时员工有 270 多人,大家第一次目睹任正非满脸沉重、嗓音沧桑地流露真情。会议开始后,只见任正非在台上说了一句"我们活下来了",就泪流满面再也说不下去,双手不断在脸上抹着泪水。一个堂堂的中年男人,和一帮年龄只有他一半的年轻人,一起奔波在市场的一线、生产的现场,为了企业的生存什么都干过;他为了企业的生存所付出的艰辛、所承载的委屈之重可见一斑。

为了纪念"我们活下来了",任正非还特地到香港定制了 100 枚金牌,发给在公司最艰难时刻不离不弃、共同努力的 100 位优秀员工。辛苦归辛苦,钱已经挣到了,1993 年,公司不到 200 人就有了超过 1 亿元的销售额,华为下一步该怎么走?有人提出,大家辛苦了这么多年,该享受享受了,可以把挣来的钱给大家多分点奖金。

但英明的企业家总是能在自然选择之上,做出必然的选择。任正非没有把挣的钱分了,也没有简单地谋划将销售额再增加一两倍,而是做出了一个大胆、有挑战性的决定:开发局用交换机,进军公用电话电信领域。

事实上,自主研发局用交换机设备的工作,1992 年就已经开始了,对于当时只有 100 多人的小企业,这的确是一个非常大胆的决定。华为以前做代理的产品以及自主研发的 HJD48 都是用户交换机,主要面对的是各种事业单位、企业等机构,是电信网络的终端用户。用户交换机的客户是各种各样的个体单位,一个设备最多开通 1000 个用户,销售分布较广,单次销售数量小。而局用交换机的客户就是各级的电信运营商,客户数少但销量大,如北京海淀区一个地区的电信运营商至少需要开通几十万用户;交换机是按用户数来计算设备价格的,一个地区的电信运营商产生的销售量,就相当于几十家不同行业或地区的单位总销售量,因此,局用交换机的销售额远高于用户交换机。

但要进军局用交换机，不仅面临技术上的挑战，更面临市场关系要另起炉灶的难题。用户交换机的购买客户是各个公司或单位，而局用交换机的购买客户则是邮电部管理下的电信局。1992年以前华为没有做过电信局的生意，缺少客户积累，没有面向这种大客户的市场销售经验。

更为重要的是，在局用交换机领域里，华为面临的竞争对手与单位用交换机的竞争对手相比不是一个数量级的。这个领域里的竞争对手全是世界上最知名的通信巨头，如美国的AT&T、日本的NEC、法国的阿尔卡特、瑞典的爱立信、日本的富士通等，它们在1993年时已在全世界拥有几十万名员工，年销售额达上百亿甚至几百亿美元。在这个领域，华为将面临比自己强大数百倍的竞争对手。

综合评估，市场和技术的难度相当大，而资金问题更是火烧眉毛。20世纪90年代初，正值国家宏观调控时期，像华为这样的民营企业根本无法从银行贷到款。但任正非并没有就此止步，带领华为义无反顾地投入了局用交换机的开发。

这是华为的一个重大转折点，意味着华为正式进入电信设备供应商的行列。公司不但把这些年挣的钱全部投入到新产品的开发中，而且向其他企业以高利率拆借资金投入。现在回头看，如果不是任正非的这个果断决策，华为就会像许多当年生产用户机的厂家一样被淘汰出局。而这也立马让刚"活过来"的华为陷入了一场新的生存危机。本以为"我们活过来了"，结果又迈入了自找苦吃之路。不过，凭着一股初生牛犊的精神，那时华为还是"雄赳赳、气昂昂"的，并没有察觉到真正的风险。

产品刚推出就没有市场

1992年，在郑宝用的带领下，华为的十几个开发人员，因为以前只开发过模拟空分用户机，所以在开发局用机时，他们决定先开发模拟空分局用交换机。华为第一个局用交换机命名为JK1000，郑宝用总负责，徐文伟负责硬件，王文胜负责软件。徐文伟是从华为当时所在地附近的亿利达挖过来的，在硬件开发上有一定的经验，之后徐文伟成为JK1000的项目经理。王文胜是刚从中国科技大学毕业的学生，初生牛犊不怕虎，他一个人开发了JK1000的所有前台软件，在软件开发方面很有天赋，也深受任正非的赏识。

在技术上投入了巨额的开发费用和全部的开发力量后，历经一年艰苦奋斗，JK1000在1993年年初开发成功，并在5月获得邮电部的入网证书。而此刻在市场上，华为与20多家电信局合资的深圳莫贝克通讯实业股份有限公司（简称莫贝克）也在筹划成立中，华为与电信局的市场通道被正式打开。技术与市场的障碍同时扫除，公司上下做好一切准备，要在市场上大力推广JK1000。1993年5月，任正非亲自主持召开市场部经理会议，确定公司今后一段时间的工作重点是向市场大规模推销JK1000局用机。为打好这场销售战，各地办事处主任亲自挂帅，负责本地区内的促销活动；培训中心负责产品的宣传策划与展示活动，开发部也派若干精练的技术人员参与推销。通过这些安排，华为期待1993年在稳定用户机市场的同时，能够在局用机的销售上获得大丰收。1993年7月4日，江西乐安县邮电局公溪支局正式开通了JK1000局用交换机。

宣传材料上附有通过邮电部的进网许可证和机柜照片（见图2-1）。宣传材料的右上角用简体字写着："公司每月15～18日举办培训班，讲解HJD48用户程控交换机；每月20～25日举办培训班，讲解JK1000端局程控交换机。培训班月月如此，不另通知；无论是否订货，一视同仁。生活费用自理，技术培训免费。"

客观地说，华为推出基于空分模拟技术的局用交换机JK1000，80%的原因是1992年华为的技术实力雄厚，20%的原因是对中国市场短时期可能达不到向数字化转换的估计。1990年中国固定电话的普及率仅为1.1%，在世界185个国家中居113位，仅相当于美国20世纪初的水平，而同时期发达国家（如美国）在1990年的电话普及率已达92%。1992年，华为认为，从中国电信产业总体发展目标来看，到 2000 年也就是把电话普及率提高 5%～6%，因此通信业务仍以打电话即话音业务为主，对刚刚起步的非话音业务（如传真等），也主要在金融、铁路、电力、统计、国防等专门的部门或行业中使用。因此，推出先进的数字程控交换机，会给发展中的地区带来沉重的经济负担。

图 2-1　华为公司首款程控交换机 JK1000 的宣传材料

实际上，到 2000 年中国电信产业的固定电话普及率已达到 50%，而不是预测中的 5%，巨大的需求是其中的主要原因，而技术的快速发展也是一个重要原因。这注定了在技术方面 JK1000 必将生不逢时，在 1993 年推出来的时候，空分局用交换机已经走到末路。这时，由于计算机技术的发展，数字局用交换机在功能、性能、成本上都大大优于空分局用交换机。因此，数字局用交换机取代空分局用交换机已不可避免。

另外，在电信运营商的主战场上，华为面临的竞争对手是比原来向一家家单位推销用户交换机时的竞争对手更强劲的国外巨头。此刻的力量实在不对等，华为是销售刚刚过亿的小公司，而竞争对手已是上百亿的国际型大企业。这些国际型大企业也的确不是吃素的，它们向电信局提出的是"通信网建设一步到位"的思路，也就是说即使在广大农村，也开始逐步采用光缆进行传输，于是要求交换机与传输的改造同步，避免重复投资，以赶上通信业迅猛发展的潮流。这些国际型大企业的超前建设观极具煽动力和影响力，迎合了多数地区特别是发达省份的建设思路。"一步到位"的观点逐步波及全国，各地家庭用电话的通信网设备选型的首要标准就是要满足"一步到位"的建设思路，有的地方干脆认为用上了数字程控机就是"一步到位"了，这样，数字程控交换机与"一步到位"的思路之间便画上了等号。因此，1993年年中，华为的JK1000刚刚推出即面临没有市场的尴尬局面。

要"满足客户需求"而不是"引导客户需求"

华为显然不甘心自己耗费巨大力量开发出来的产品就这样被淘汰。技术部、销售部都拼命在各种场合为空分交换机造势。华为多次组织电信局人员（主要是农话的）来公司举行技术讨论会，并在自己的内部刊物《华为人》报上发表文章，宣传电信网络建设"一步到不了位""综合到位要量力而行"等思路，就是希望国内很多地方还是先上空分交换机，等到2000年后才过渡到数字程控交换机。

1993年9月《华为人》报有关于"有朋自远方来不亦乐乎——农村通信技术和市场研讨会在华为举行"的报道。其中，商丘地区邮电局农话科长张荣钧谈道："商丘地区也上了一些用户机，但是不尽如人意，尤其是雷击问题更是令人头痛。这几天来，看了华为的机器，觉得华为交换机的性能比较完善。"同时张科长又谈道："我们国家的通信正在发展，今后可能会采用数字微波，而现在我们用的是模拟中继板，到时不知可否换板，这样既可以更新我们的设备,又可以降低成本。"

任总听完风趣地说:"对于使用了一两年之后已经老化完毕的元器件,正好进入青壮年时期,又可以半价转让给其他地方,何乐而不为呢?或者也可以通过整个农话局的维修中心,在全省范围内调剂。另外,根据我们的市场预测,JK1000到2000年是不会落后的。目前,日本1/3的交换机还是纵横制的,英国也将近1/3。"

就这样,华为凭着自己反复地、锲而不舍地宣讲,通过一些市场关系在1993年还是卖出了200多套JK1000。

华为毕竟是第一次开发局用交换机,在很多技术上都不过关。而局用交换机对质量的要求比用户机要高得多,局用机不像用户机,如有中断故障发生,造成的影响将很坏,如果开不通局,那就更是玩完了。俗话说"好事不出门,坏事传千里",华为JK1000在电信局里使用出现的很多问题,逐渐被行业内人士所共知。最严重的问题是电源的防雷问题。打雷的时候,有好几台使用中的JK1000都起火了,差点把机房烧掉。这也害得好几个与华为关系比较好的电信局长丢了"乌纱帽"。因为邮电部有规定,电信网中断两小时,局长自动免职。好几次,华为的宣传部门刚刚在报纸上登载华为的交换机能防雷击,华为就收到了来自用户关于在打雷时华为交换机出事故的投诉。

山路上的装机队带来市场影响

JK1000大多开在农村地区,少数开的市话也只在县城一级,所用线路相对较差,导致调试设备很难。这些偏远地区所配的局机型五花八门,性能不稳,当地的维护技术较差,这些都给开局造成了很大的难度。为此,华为组织了一支技术力量、责任心都很强的装机队伍,直接面对用户,和用户相处好,做好用户培训工作,提供先进、优质的售后服务。任正非对装机队的要求是:"在外面就是华为公司的代表,一定要让用户对华为公司留下良好的印象,言行举动都要体现华为的风范。"

1993年年中到1994年年初,华为装机队全体员工不辞辛苦,走遍大江南北,开通了200多台JK1000局用机。正是他们,初步建立了华为人吃苦耐劳的服务形象:无论塞外高原、边防海岛,还是山区小镇、革命老区,市场部把战火点到哪里,哪里就有他们忙碌的身影。他们常年奔波,居无定所,忍受了孤独与寂寞,克服了饮食上的不习惯与语言上的障碍,让那些沉寂了千年的乡村第一次响起了电话铃声。他们代表华为给那些穷乡僻壤送去了文明的象征、致富的纽带,赢得了用户的信赖和广泛的市场影响。

做好市场的深度是做好服务

然而,新技术的发展是任何人都无法阻挡的。到了1993年年底,"一步到位"的思路取得了完胜,空分交换机已经没有市场了,取而代之的是数字程控交换机。JK1000还没来得及改进和稳定就被淘汰了,华为在这个产品上的投入都付之东流。

1993年的华为,是个非常年轻的公司,市场经济对中国来说还是个新生事物;整个国家对高科技产品非常陌生。从用户机的成功,到局用机的失败,一成一败,给华为带来的收获是巨大的。这个因技术上相对落后一步就成为失败品的产品,给华为上了沉重的一课。

要说JK1000还给华为带来什么收获的话,主要是无形的宝贵经验和服务口碑。一是在开发JK1000中的失败教训和在失败中成长起来的研发人员,为在下一步开发局用数字程控交换机打下了坚实的技术基础,以及对电信局用设备高质量要求的技术掌握。二是华为安装设备的优质服务,给各地电信局留下了深刻的印象,这后来发展成华为战胜国外设备的一项"独门绝技",要知道国外的设备厂商无论如何也是做不到组织一只"装机小分队"奔走于中国广袤的农村和艰苦的偏远山区的。三是华为优秀的售后服务承诺让各地电信局都大开眼界。

在华为推出电信局设备前，网上运行的主要是国外厂家的设备，这些国外厂家的设备在软件升级、设备备件以及维护等服务上收费高昂。而华为表示，只要是华为的设备，不管时间多长，软件升级全部免费提供。华为以省为单位建立一个培训中心，不论你买不买华为机器，都提供培训机会，做到每个县市最起码有一个维护人员。另外，建立一个备件中心，以提供充足的备件，如还有什么重大问题，可以与该省的办事处联系。华为公司的服务之所以享誉中国市场，就是因为在全国29个办事处的市场人员都是技术人员，可提供快捷的技术服务。

从1993年JK1000在全国的销售开始，华为建立了自己的服务体系和服务理念，并提出了自己的服务口号："切实保障服务质量，提高客户网络的整体效能，帮助客户树立网络竞争优势，优化网络性能，增加客户业务收入，协助客户培养优秀维护人员"。经多年努力，华为此后在国内建立起业界最为完善的客户服务体系；在国内29个办事处设立技术支援中心和备件中心，各分支机构通过各种数据专线互联；同时，客户问题管理系统、培训认证系统、客户信息系统、备件管理系统、经验案例系统等技术支持管理系统也趋于完善，给予客户服务以有效的IT支撑。此外，为进一步加大对客户网络的支撑能力，华为已将服务体系延伸至本地网，在本地网设立服务经理，负责协调公司资源，及时响应客户需求。服务好，已成为客户选择华为的重要理由。

理想再好，应止步于竞争对手

JK1000的失败使华为在实践中逐渐了解和学会了掌握市场的规律，而不是简单地做市场关系或推出一个自己认为先进合适的产品。"市场不相信眼泪；理想再好，应止步于竞争对手！"这可能是年轻的华为和年轻的华为人从这个失败的产品上得到的首个教训。在通信市场上，技术的更新换代是残酷的，本身就处于落后地位的中国企业，在辛辛苦苦引进或开发出一项技术时，可能国外已是将该技术淘汰之时。而国外公司往往利用其雄厚的技术优势，在网络建设及设备采购方面采取"拉动需求"策略，提前淘汰现有技术，让国内企业处于研发襁褓中的产品直接面临无市场需求的尴尬局面。在JK1000这个产品上，华为对中国经济发展水平，以及网络现状的理解都没有错，但是错在其对竞争对手力量的估计上。年轻的华为没有估计到在国外多家竞争对手的合围引导下，客户几乎全部转向提前采购更新、更先进的技术和设备。

同时，在深化华为对公用通信市场的理解，以及积累华为丰富的技术战略和战术方面，JK1000起了一个非常好的警示作用。JK1000产品之后，华为再也没有侥幸心理，再不做"临时抱佛脚"的事。也就是从这时起，华为专门组织优秀的研发骨干成立相应的部门，时刻追踪最新的技术发展做产品规划，并有过之而无不及地也采取了类似于国外公司的策略进行"拉动式"市场推广：宣传3G的产品是为了卖GSM，宣传5G的产品是为了卖3G。这相当于为客户铺就一条技术发展道路，而不是单一地、孤零零地销售当前的产品。这一招非常厉害，让越来越多的客户认为，华为是一个有着长期规划、具有长期发展能力的合作伙伴。一时间让竞争对手望华为兴叹！

这之后，华为也进一步加强了对国外发达国家和地区网络建设的学习，展开竞争对手产品信息的收集和分析。我和同期在华为共同奋斗的同事离开华为虽已多年，但当我们听到AT&T、爱立信、北电这些当时的竞争对手的名字时，我们还是备感熟悉。我们曾多次封闭在一个小房间里反反复复地讨论、学习它们的产品资料，甚至连一个符号、一个图标都做了深入透彻的分析。在找不到资料时，甚至在展会上看到对方的一张宣传彩页也会如获至宝地带回公司和大伙反复钻研。竞争对手规划的产品特性与规格，华为一个不落地全部做进自己的产品规划中并设法实现。不仅如此，华为还做到了"敌无我有，敌有我优"——对于竞争对手已有的技术规格，华为除了全部实现之外，还要力争在此基础上"生花"，生出点竞争对手没有的指标或功能来，打得竞争对手措手不及。

研发就像赌博

成一个，败一个，华为研发的结果是冰火两重天。此刻的华为，还没有从自主研发的用户机的丰收中高兴完，立即又陷入了局用机失去市场的局面。华为人不得不感慨：研发就像赌博，赌对了，就赢了；赌败了，就输了。这种体验对任正非来说是刻骨铭心的。如何才能驾驭研发，使研发成为成功的必然，而不是动不动拿企业的命运来赌博？这个问题是华为从1993年起就开始摸索和探讨的话题。（为此，后来华为在1995年和1998年针对研发系统进行了两次大的改革。）

"逆潮流去引导客户是无益的，远不如顺势而为！"相信这是华为以及华为研发团队得到的另一个教训。总以为市场销售的力量是无穷的，可以把黑的说成白的，白的说成银的，但事实上客户的需求只能顺势去满足，而不是逆潮流单靠"说"来说动的。

如果说JK1000这个产品给华为的研发团队上了深刻的一课，那么这一课必定包含"电信级品质"这个词。电信网络由于连着千家万户，肩负着提供一年365天、一天24小时不间断服务的重任，对产品可靠性和品质的要求远高于其他设备。从JK1000开始，研发设计前进行硬件及软件的可靠性设计，研发过程中进行可靠性分析和验证，这些已成为华为研发部的规范。

于是，质量成了一时的主攻点，华为公司整体也掀起了向日本公司学习的热潮。首先，华为学习日本著名质量管理专家田口玄一博士提出的产品质量的三次设计：系统设计（一次设计）、参数设计（二次设计）和容差设计（三次设计）；其次，华为专门组织研发部及生产部代表到日本进行参观学习，对松下电器、松下电工、松下通信、松下电子产品、高见泽等公司进行了考察，并参观了DDK的东京本部的一家仓库，之后全面推行日本式的品质管理。

与此同时，华为对刚刚在世界范围内流行起来的ISO 9000质量体系，也开始接触和了解，并于1994年开始推广ISO 9000质量体系，力图从体系建设上确保质量。

"因为我经历的挫折比你多"

"失败是成功之母"，如果没有JK1000的失败，就没有后来华为对技术领先性、产品可靠性、服务优质性永不松懈的追求。同时，华为进一步建立并加强了在产品规划的超前性设计，以及对竞争对手情报信息的收集工作。失败，激发了华为更强的斗志；失败，使华为学会了更加严谨！

我离开华为后，遇到很多企业在自主研发方面浅尝辄止，一遇到失败就缩回，或者全面否定自己。很多企业都望着今天已成为全球研发一流水平的华为兴叹，觉得自己缺少人才、缺少资金，什么都缺，永远也没有机会赶上华为了。其实，华为的自主研发之路也是在挫折和失败中一步一步走出来的。任正非说："为什么我的能力比你强？是因为我经历的挫折比你多，我善于从挫折中学习，因此我经历的挫折越多，我学到的东西就越多，我的能力就比你强了！"怕呛水永远学不会游泳，华为的研发之所以能成功，就是因为华为能顶住失败的压力，咬定方向，绝不因失败而退缩，失败只会激发更大的斗志！

"不是华为人不努力，而是对手太强大"，华为首尝败果，也首次领教了电信设备领域国外竞争对手的老辣与凶猛。然而"不经历风雨，怎能见彩虹"，之后的华为研发越挫越强，更有力量去迅速战胜失败，并逐渐形成了一套在失败中总结出的全新打法，通过更富有竞争力的产品快步走向胜利。

孙悟空的"救命毫毛"

其实，1992年全球的数字交换机的技术已经成熟，空分的模拟交换技术处于被淘汰的边缘。华为肯定是根据当时自身的技术能力，才决定开发模拟局用交换机。但如果沿着这个方向走下去，华为将很快被淘汰。

所幸这时出现了一个人——曹贻安。曹贻安原来是华为生产线的一名工人，不是做研发的。他多次向任正非进言，力主开发数字交换机。任正非被他的执着所打动，在模拟交换机还在开发的时候，就同时开始启动了数字交换机的项目。曹贻安因此从一名工人提升为数字机部的项目经理，后来还当过交换机产品部的副总工。这也是华为不拘一格使用人才的一个范例。1993年，华为从邮电系统挖过来的专家毛生江成为数字交换机的项目经理。

后来，在谈及华为的创业时，任正非曾多次说道："当时我们不懂事，误上了电信设备这条贼船，现在想下都下不来了。"看到华为发展得这么好，大家也许会觉得他这句话有些矫情。但华为一路走来，任正非受了多少磨难只有他自己知道。

尽管为了推广JK1000，任正非说空分交换机可以使用到2000年，但估计他也不会相信这样的话。因为在开始研发JK1000不久，华为就大力招兵买马，在1993年年初投入更大的力量开发数字程控交换机。1993年8月在华为举办的农村通信技术和市场研讨会上，华为向市场透露了它自己的数字程控交换机——C&C08。当时华为的总工郑宝用做了一场语出惊人的技术讲座，这场技术讲座的内容从1993年到2000年一直引导着华为交换机的研发上，其中内部光纤、智能化的思想已处于世界级领先水平。

华为不仅没有因为自主研发JK1000的惨痛损失而止步不前，反而是背水一战，将公司所有剩余的资金和人员全面投入到C&C08交换机的研发上。在最艰难的时刻，任正非也没有放弃过在产品技术上的追求，反而赌博似的加大投入。这正是他的过人之处。

任正非自幼所处的环境艰辛，读书、当兵、下海都曾有坎坷的经历，这使他能大度和宽容地去看待失败。JK1000项目组成员作为具有宝贵失败经验的种子后来又被撒向了其他研发项目组，曾经的项目经理徐文伟不仅后来成为华为研发部的副总裁，之后还担任了华为常务副总裁以及营销负责人。在失败面前，华为总是像传说中的孙悟空一样有三根"救命毫毛"，帮助华为转危为安，化险为夷。这毫毛不是别的，正是华为员工对企业的忠心耿耿、满怀热情！而任正非信任人才，关键时刻敢于让人才去放手一搏，这也是令华为总能逢凶化吉的重要因素。

初入局用交换机市场的华为由于对竞争对手的力量估计不足，对客户需求了解得不"精"，对公用电话通信市场技术更新换代的理解不深，刚刚"活下来"的华为在JK1000产品上初尝败果。但是华为并没有放弃自主研发，也没有放弃市场需求旺盛的局用交换机市场。在各方人才的共同努力下，华为很快转危为安，迎来了华为发展史上重要的里程碑。

方兴未艾的电信市场

20世纪90年代的中国进入通信行业的高速增长期，原来的中国电信分解为相互竞争的移动、电信、网通、联通四个运营商，固定电话资费从原来5000元一门的初装费发展到零初装费，固定电话的用户数从90年代初的全国1000万用户迅猛发展到2005年的上亿用户，90年代整体通信设备面临从原有的空分、纵模技术向数字技术的飞速转换。

同期国外发达国家和地区的电话普及率已达到90%以上，而当时电话普及率还不到0.5%的中国市场吸引了在程控交换技术上先行一步的世界各国交换机厂商来中国圈地，形成了中国通信史上有名的"七国八制"：日本的NEC和富士通、美国的朗讯、加拿大的北电、瑞典的爱立信、德国的西门子、比利时的BTM和法国的阿尔卡特。七个国家，八种制式，在中国的电信"地图"上涂满了各种"颜色"，全国交换机版图都被国外交换机厂商瓜分完毕。而这些来自不同国家和制式的交换机，凭借各自的技术壁垒，不仅使单用户价格高、软件升级以及售后维护服务费高，而且彼此之间技术互不相通，一度造成了中国通信市场的混乱，并让中国电信运营商为此付出了昂贵的成本。

进入20世纪90年代之后，邮电行业的投资发展迅速，仅1993年，整个邮电行业有账可查的投资就有 400 多亿元。这 400 多亿元的投资中有厂房、有管道，除此之外，大量的投资就是通信设备。50% 的钱用于投资设备，就有 200 亿元。由于这个巨大市场的诱惑，当时走在技术和市场前列的一批中国工程师和资本也进入了该领域。20 世纪 80 年代中后期诞生了大批程控交换机企业，它们大都云集在当时具有优惠政策的珠三角地区，主要针对技术含量相对较低的小门数用户交换机市场，以模拟空分程控交换机发家。这些企业规模较小，基本上是以民营为主的小作坊式运作。然而最终从模拟转向数字，能够及时推出数字程控交换机的，全国只有四家，号称"巨大中华"——巨龙、大唐、中兴通讯、华为。1991 年，年方 38 岁的解放军信息工程学院院长邬江兴主持研制出了 HJD04（简称 04 机）万门数字程控交换机，从而一举打破了"中国人造不出大容量程控交换机"的预言。

大唐电信于 1993 年成立，背靠原邮电部电信科学研究所，技术与人员均来源于此。1986 年邮电部一所研制出了 DS-2000 程控数字交换机，1991 年邮电部十所又研发出了 DS-30 万门市话程控交换机，并于次年投入商用。

华为在单位用户交换机阶段面临着几百位竞争对手，进入电信设备领域后面临的国内竞争对手变成屈指可数的几家，如巨龙、大唐、中兴、长虹通讯。而中兴与华为在通信业"华山论剑"20 年，成为华为国内"资深"的竞争对手。华为在"七国八制"的电信设备领域里一开始面临着国外竞争对手，在后面 20 年的竞跑长河里也慢慢落后于华为，最终只有美国的思科，成为今天华为在全球最强劲的竞争对手，也是国际"资深"的竞争对手。

"资深"竞争对手是如何起步的

华为在国内的主要竞争对手中兴通讯（中兴通讯 1997 年在 A 股挂牌上市后成为中国股市的最大蓝筹股之一，股价最高时曾达 70 元），1993 年以前叫中兴维先通，成立于 1985 年年初（早于华为三年成立）。当时处于内地的国有企业——航天系统的691厂决定到深圳经济特区寻找合作伙伴，"外引内联"以求发展，并派出当时的技术科长侯为贵（后成为中兴公司总裁，中国著名企业家）等到深圳进行联络筹备工作。1985年2月，深圳市中兴半导体有限公司正式成立，注册资金280万元，691厂占总股本的66%。1986年6月，在中兴公司扩展来料加工业务的同时，为寻求企业自己的产品和市场，摆脱来料加工的被动地位，公司决定组成八人研制开发小组，研制68门模拟空分用户小交换机。1992年1月，中兴通讯ZX500A农话端局交换机的实验局顺利开通，到1993年，中兴2000门局用数字交换机的装机量已占全国农话年新增容量的18%。

华为在数据通信领域的主要竞争对手是思科公司。1984年12月，斯坦福大学的两位计算机科学家——蓝·博萨克（Len Bosack）和桑迪·勒纳（Sandy Lerner）创建了思科系统公司。该公司的名称源自于旧金山，取自其英文名San Francisco的后几个字母，标志来自有名的旧金山金门大桥。博萨克和勒纳尝试连接彼此分立的网络，在斯坦福校园中的两个不同的建筑物之间铺设了网线，并用网桥（后来则是利用路由器）将它们连接到一起。1992年思科员工总数已达到875人，并在加拿大多伦多和日本东京开设办事处。1992年思科自主研发的产品有通信服务器系列、思科3000低端路由器平台以及路由器管理软件等。

小结

成功的最大障碍莫过于不断地取得成功。在不断成功之后，人们往往会认为自己已无所不能。很多小企业赚到一笔钱后，由于盲目自信，有的错误出击新领域，有的则故步自封而止步不前，还有的因为过度膨胀而陷入死亡危机。如何突破危机？一靠人才，让企业里的"孙悟空"能施展出才华，把团队带出困境；二靠管理，优秀的管理能让企业化险为夷，变"危"为"机"。

| 第 3 章 |

首个里程碑

引言

以为自己要死了，结果又活了过来。1993年年初，任正非正式宣布"华为活过来了"，但是1993年年中，华为很快又陷入了资金困境，甚至很多员工都认为华为会被JK1000的失败拖垮。在国际巨头云集的电信市场上，技术稍有落后，就会遭遇清盘的危险。JK1000失败后，华为乌云压顶，被迫孤注一掷地将宝押在C&C08交换机上。退一步，就是万丈深渊，这是一次只能成功不能失败的赌局！

每天都有新面孔

1993年年初开车由深南大道到蛇口，沿途可以看到一个巨大的工地，大片推平的黄褐色土地一派火热，那是正在建设的华侨城片区、科技园北区，科技园南区还是一个个小山丘和生长在海滩上的芦苇群。当时华为在南山深意工业大厦五楼，从深圳市区坐中巴到那里要一个多小时。那时没人知道华为，坐车到亿利达站下车，深意工业大厦就在前面。

在华为公司的销售业绩表中可以看到，销售额由 1988 年以前的 0 稳步上升到 1994 年的 8 亿元，华为员工由 1988 年的 6 人发展到 1994 年的 1000 人，各种枯燥的数字都在讲述着一家新兴公司发财致富的故事。电信公司不是发展，就是灭亡；为了生存，只有发展。华为公司除了在产品开发和市场推广上舍得花钱外，在其他方面则设法省下每一分钱以便满足公司发展的需要。在 1992～1994 年间，华为公司人数净增 800 人，是原来的 4 倍，在一年中近 60% 的人升了职。每天都有许多新面孔，也许某一天突然一个工程师得负责一个十几个人的项目，也有可能划归一个不认识的人领导。

整个通信领域的发展日新月异，每天华为公司都会改进产品，每年都会推出技术全新的机器。研制这些机器所需投入的工作量和费用极大，往往需要重新调整整个公司的组织架构，那时华为的工程师都习惯了两三个月就搬一次办公室。

竞争让通信产品如海鲜上市

在中国通信市场上，大型局用与用户交换机都由几个国外的电信巨头以及它们在国内的合资厂所占领，在 1992 年以前，国内厂商只在一些小型模拟局用和用户交换机上有一定的份额。如此广阔的交换机市场空间使得所有的厂家和科研机构都努力提升技术档次，进入大容量的数字程控交换机市场。

在通信圈子中的人非常清楚这个行业的风险，20 世纪 80 年代末上海一家生产纵横制交换设备的厂家年产量高达 30 万线，电信局要通过各种关系才能买到它的设备，仅过了短短一年，整个市场行情骤变，其销售量不足 1 万线，厂家到了倒闭的边缘。激烈的竞争已经让高科技的通信产品如海鲜上市，在早上热卖龙虾时如果没能及时出货，那么晚上贱卖也没有人要。一个看上去红火的公司在升级换代的大潮中稍晚一步，商机就会转瞬即逝；上一年还盈利几亿元，下一年可能就会被清盘关门。华为公司如果不能立即推出数字程控交换机，就也将面临市场急剧萎缩，甚至被清盘关门的命运。

1992年是华为公司财务状况很好的一年，也是房地产业迅速发展的一年，华为的财务部总监至今仍在称赞任正非对当时房地产业的发展形势估计得很准。但是华为公司在明知能在房地产业或股市上迅速赚一笔钱的情况下，在JK1000惨遭失利的情况下，却将全部资金投入到C&C08交换机的开发上。这显然是以华为公司全部资产为本钱的最后一搏，生死存亡在此一举！

研发部的"红宝书"

1992年，数字机开发任务落到了总工郑宝用和项目经理毛生江身上。郑宝用对各种技术问题甚至一些非常细微的技术细节都很关注，在数字程控交换机的设计和优化阶段，经过设计人员和他无数次的讨论、争论和辩证，渐渐形成了华为数字程控交换机的技术特点。

1992年年初，华为公司开始大规模招兵买马，除了个别是来自通信科研机构和邮电学院较有经验的人员外，其余的大都是搞计算机或刚从学校毕业的毛头小子。他们中许多人连通信的基本概念都没有，来了以后上司随手丢给他一叠资料，做一点简单的说明后就说"开始干吧"！这是怎样的混乱场面。很多开发人员都不知道交换机是怎么回事，就边学边干起来。每人手边都有一本程控交换机的国内规范，因为那本书是红皮的，更因为那是大家每天要看的书，因而大家称之为"红宝书"。

交换机死机是家常便饭，硬件上也没有人懂交换机，公司又没有钱买仪器，一开始就用万用表测来测去，对着维修的电路图把40门的小交换机测了一个遍。当时的硬件部经理徐文伟还写了一篇文章，题目叫"用万用表及示波器来认识交换机"。

如果当时华为公司仅打算做一个与其他厂家技术层次差不多的中等容量交换机的话，其难度还不算太大，但大家都明白，想要生存下去，只有研发具有世界先进水平的设备，所以无论在硬件或软件技术上，华为公司都是不遗余力地采用当时能获得的最新技术，这使得整个系统的设计工作异常艰巨。

原计划1993年春节前样机系统要问世，但到1992年9月还在反复讨论硬件的总体布线。为了赶进度，一边负责CAD做硬件布线的人员在加紧布线，另一边原理图还在不断修改，经常线路图刚布一半，从总体规划办的小房间又传来要求修改的指示，气得负责CAD工作的人哇哇叫。

硬件总体组讨论各种电路板放在什么位置，给人感觉像是小孩搭积木——左拼右凑；软件的负责人与大家正学习信令配合的基本概念。"这样能做出机器来吗？"大家也曾不止一次地怀疑过。

1993年，对华为来说是攻克数字程控交换机的一年，但对在华为工作的人来说则是动荡的一年：每天都有新员工进来，每天也都有老员工离去。

最大的问题是人心不稳。虽然说工资不低，但只能拿到一半，而且这一半还不知道哪一天发下来。华为那时候是发了这个月的工资，下个月的工资还不知道在哪里。很多员工私下议论最多的是公司哪一天破产，账上的那一半的工资能否拿到。一到华为公司发年终奖的时候，就有好多人辞职，在财务部门口排长队领账上的工资。华为尽管没钱，但也绝不拖欠辞职人员的工资和奖金。当时大家私下里问过几个辞职的员工，他们说拿到的钱比他们想象的还多。这一点对稳定人心起到了很大的作用。

当时大家怎么能在如此艰苦的工作环境下坚持住，甚至对很多艰苦都视而不见呢？当时的人都像着了迷，除了工作，除了把产品开发出来，周围的一切似乎都不能引起工程师们的注意。这正是华为公司创造的让大家能安心做事业、做技术的环境，是华为公司选择的富有挑战性和深远意义的事业，迷住了华为人。

义乌大捷：客户的支持是公司存在的理由

研发不是母鸡下蛋，反而像十月怀胎，C&C08 2000门交换机迟迟出不来，让任正非十分心焦。华为的销售人员在数字交换机还没开发出来的时候,就已经为第一个交换机找好了开局的地方——浙江义乌。原计划1993年5月或6月出去开局的,却因产品出不来一拖再拖。一向不拘小节的任正非好像一下老了十岁。项目经理毛生江每天都要嘟囔一句:"再不出去开局,老板要杀了我。"

1993年10月后,项目组人员在公司实在待不住了,尽管还不稳定,就将第一台C&C08 2000门交换机搬到浙江义乌开局了(见图3-1)。但第一台交换机非常不稳定,呼损大、断线、死机,经常发生打不通电话,或者电话打到一半突然中断,或者干脆就断线等现象,什么问题都出过。开发组的大部分人员(20多人)带着开发工具都跟着去,等于是把开发的战场搬到了电信局。

图3-1　C&C08 2000门交换机

1993年在华为深意研发实验室中正在调测的华为第一台C&C08交换机,可以带2000个用户,可当时由于技术难度比较高,问题不断,导致迟迟无法运出实验室。

在义乌,各方面的条件当然比不上在华为公司研发部这么好,交换机只有一台,又要测试,又要调试,时间特别紧张,只好24小时两班倒。1993年冬天,义乌天气很冷,凌晨时气温不到零度,而机房里没有任何取暖设备,许多工程师就穿两层袜子,身着两件夹克。有时候烧开水的电水壶坏了,大伙儿连一杯热水都喝不上。有的工程师实在累得顶不住了,就在机房地板上躺一躺,一会儿再起来接着干活。清早收工回旅馆，旅馆老板常常搞不清大家是上班还是下班了。义乌开局，华为公司上下都很重视。总工郑宝用亲临现场指挥；任正非也不远千里来到佛堂多次看望员工，与开局的华为工程师住在一起、吃在一起，给弟兄们以极大的鼓舞。

当时C&C08 2000门交换机软件遇到的主要问题有：实时多任务调度问题；主机板主控程序与各功能单板软件邮箱通信问题；关键单板进行主备用倒换的软件方案；主机板最先是工作在16位指令的实模式，只能访问1MB内存，很快就不够用了……这些问题令当时C&C08 2000门交换机软件部的工程师们头疼不已，软件项目经理李仪也多次与2000门信令负责人郑树生等一起讨论，有时两个人嗓门越来越大，开始高声争论。不过，真理往往是越辩越明，在多次声嘶力竭的争论后，他们最终形成了一个可靠、高效、实时性好的方案。软件项目组通过将主机软件从Turbo C改为High C（支持保护模式），使主机板得以支持32位指令的保护模式，而系统初始化后通过支持保护模式，解决了内存访问的问题。就这样，虽然问题总是恼人又貌似无解、吓唬人，但不知不觉在项目组的群策群力下，现场问题都一一得到了解决。

电信局用户也诚恳反映了一些问题，提出了一些改进建议，如机架不够美观、安装固定方式有待改造、不支持远端用户等。

这个局足足开了两个多月才完成，后来还经常出毛病，经常需要开发人员去维护。直到几年后，华为把义乌局里的交换机全部换成了新版本的交换机，才算稳定下来。浙江义乌这个在华为发展历史上、中国通信产业发展历史上具有里程碑意义的电信局叫"佛堂"支局，当时的局长丁剑峰给了华为以非常大的支持。

以下是在设备验收时义乌局对C&C08 2000门交换机的评价："我们以前安装的是上海贝尔公司生产的1240交换机。贝尔的同志早就说要开发每板16个用户的用户板，但直到目前还没有推出。想不到你们公司这么快就推出来了，而且工艺水平这么高，你们是走在了前面。""终端采用全中文菜单方式，支持鼠标操作，并设计有热键帮助系统。界面清晰美观，操作方便，简单易学，使得操作员免去了培训之辛苦，也减少了误操作的可能性，他们十分高兴。""终端软件的安全性考虑十分充分。""计费可靠性强，准确率高。""维护测试及话务统计功能丰富而实用。"

义乌局客户朴实而热烈的评价，道出了C&C08 2000门交换机不仅技术定位高，领先于上海贝尔推出每板16个用户的设备，而且在附属功能上满足了中国电信局在话务统计、终端操作、计费等方面的特殊要求。而这就是C&C08交换机深受中国农村市场欢迎的主要原因，国外的交换机是无论如何也做不到现场去响应中国市场某一地在计费、话务统计、操作等方面的特殊需求的，虽然这些附属功能的开发难度并不高。

义乌局首战成功，任正非在公司上上下下兴奋之余冷静地说："交换机的优化工作要持续八年，要不断地接收用户的反馈信息，不断地改进我们的交换机，使它长期居于最先进交换设备的行列。"华为的数字程控交换机真的在以后的岁月中足足优化了八年：公司请德国最优秀的设计师来设计机架、机柜，解决了外观问题；支持远端用户的功能在C&C08交换机后续的版本中陆续得以实现。

C&C08 2000门交换机开局的成功离不开意识超前的义乌局的支持，佛堂支局局长后来不无自豪地说："我们的两代交换机都拿回华为博物馆了。"当时佛堂支局用一种叫"青柴滚"的自酿的、喝起来甜丝丝的酒，招待那些曾在雪夜里睡在电信局地上加班加点维护机器的勤奋的年轻华为人。这段日子给开局的工程师们留下了自主研发最终成功后苦中有乐、甘甜的回忆。

华为首个里程碑式的产品C&C08 2000门交换机，在一个个惊心动魄、百折千回的故事中诞生，让每一个曾亲身奋斗在那段艰苦岁月的人备感痛快！那些参加过C&C08 2000门交换机研发及开局的人员，后来回忆说："我们在华为参与研发过很多其他产品，离开华为后也参与过自主产品的研发，但其刺激和惊险程度都无法和C&C08 2000门交换机的研发相提并论。"

一方面，这的确是华为的一个巨赌，只能成功不能失败；另一方面，当时这支由29岁的总工郑宝用带领的平均年龄25岁、最小年龄18岁（少年班大四来华为实习的18岁少年）的工程师研发"游击队"毫无经验，也无可借鉴学习的对象，全是凭一时之勇，冲出去一搏，以"前无古人，后无来者"来形容也毫不夸张。

什么叫作创业？C&C08交换机的出台生动地说明了一切。没有人懂什么叫数字程控交换机，正是那些"无知者无畏"的年轻人，勇于挑战国外竞争对手的技术高度成就了经典之作！依靠集体学习、集团奋斗，没有攻不克的难题。

1993年3月（华为第一台程控交换机是10月开局）华为的销售宣传部门已经提前向世人宣布了这即将诞生的骄傲：紧跟世界最先进技术水平，华为公司为研制开发新一代数字程控交换机，集中优势兵力，对研制队伍实行了分层结构、目标管理。近300名研发人员，在50多个分项目负责人的管理下，有条不紊，十分细致地进行了设计研制。历经一年多的时间，在研究掌握了国际上最新技术和器件成果的基础上，严格按国标、部标要求，自行开发设计了新一代数字程控交换机C&C08。

要向所有为第一个C&C08交换机开局奋斗过的朋友们致敬！

七天就当上了高级工程师

1993年年初，华为所有的开发力量都放在C&C08 2000门交换机的开发上，但是总工郑宝用已经在组织李一男等人员考虑万门机的方案。李一男是华中科技大学少年班的学生，15岁就上了大学。李一男开始是在华为实习，1993年进入万门机方案组时研究生尚未毕业，还不到22岁。

一边是C&C08 2000门交换机在紧张地进行着，另一边万门机的方案设计正在讨论着。大家首先分析了竞争对手的技术方案，从2000门向万门机的扩展，在当时的主要做法是用内部的高速总线将多个2000门交换模块连接在一起，像上海贝尔的1240交换机、富士通的交换机都是这种结构。但经过几个月的讨论，大家又发现不可行。

郑宝用和李一男都是华中科技大学光学物理专业毕业的，这时候他们想到了自己的专业：能否用光纤把多个模块连接在一起。这是一个大胆的想法，因为当时光传输技术还不太成熟，在交换机中采用光传输技术的只有AT&T的5号交换机。

出于结构和技术先进性的考虑，各模块采用光纤技术连接是最优方案，但是具体采用什么方式能实现这么复杂的交换结构和多处理机控制结构呢？当李一男经研究发现采用任何现有的光纤传输或光纤网络技术均无法满足要求时，便提出了采用准SDH技术（准SDH技术是当时业界比较先进的一种光纤传输技术，后来广泛应用于通信传输网络）的设想，后来的事实证明，华为公司当时采用准SDH技术是一项创举，不仅在中国，就是在国际上也是最先进的一种实现方式。

李一男仅凭着看了几本书，提了一点想法，虽然还只是一个刚走出大学校门的学生，但却得到了任正非、郑宝用和项目经理的充分信任：李一男还没毕业，只在华为上班七天就升职为高级工程师，并做了项目负责人，开始召集人员进行万门机方案的研究工作。像李一男这样快速获得提升在华为早期是普遍现象，给有冲劲的人以充分的信任和责任，让更有能力的人上，让更有勇气承担责任的人上，这种能够客观评价人才的氛围对华为早期用好人才、留住人才发挥了很大作用。

并不是说华为只重视像李一男这样的少年天才，事实上，华为早期研发部是不面向毕业生招聘的，华为一直到1996年才开始面向高校招聘研究生以上学历毕业生。早期华为研发部以经验丰富的社会招聘人员为主，如毛生江、李仪、刘平、洪天峰、徐文伟、余厚林等多数骨干都是有过丰富工作经验的"熟手"，华为各部门主管也都以能把有竞争力的队伍"拉起来"为重要使命，部门主管亲自上阵四处"挖人"。七天就高升的少年班天才李一男仅是个案,当然,早期的华为研发部强调"有功则必有奖",注重以业绩为导向,树先进立榜样是当时常用的激励手段,李一男就是个被树起来的榜样。

屋漏偏逢连夜雨

1993年研发部的另一侧,万门机硬件设计工作也正在紧张进行,这时刚完成光传输的模拟电路和码型电路设计,对整个高速32Mb/s系统能否在技术上实现谁都没有底。万门机硬件负责人余厚林和几位工程师整天在摆弄着可编程器件和示波器,用尽各种办法去除高速时钟和信号线的干扰。但初步的结果非常让人沮丧:整个C&C08交换机的母板像一个巨大的天线,将各种干扰源都引入了,高速信号无法有效地再生。余厚林几个星期一直苦思冥想也没想出个有效的办法。

在C&C08交换机的控制结构上,李一男最初做的万门机方案是考虑采用类似于上海贝尔、日本富士通的总线的方式,那时候公开的总线标准速度最快的是美国英特尔公司的Multibus II总线,所以李一男决定用Multibus来实现万门机。由于最初方案采用了美国英特尔公司总线产品,华为研发部因此第一次订了近20万美元(相当于当时200万元人民币)的开发板和工具,为了赶时间,华为公司全权让研发部订货。但后经研发部再次会诊和进一步研究,大家又认为采用该产品不合适,因为华为根本就没有技术能力来实现这么快的总线。20万美元的开发板和工具全白订了!

在1993年年中,正是华为公司财务状况非常紧张的时期,许多急需的元器件都因为没有资金而无法马上进货,为了一批已经没有太多用的开发板和工具再花费这多钱已不可能。每天上班年轻的李一男听到电话铃声就紧张,产品尚未成功却已让公司负债,他心里背上了沉重的负担。后来,在郑宝用的努力下,仅赔偿了供应商20万元人民币,为公司挽回了不少损失。

华为公司各级主管都深知项目组承受的巨大压力，大家在不同场合为项目组打气，没有丝毫责备或惩罚订错了开发板和工具的李一男和其他工程师。这种敢于承担风险的精神一直贯穿华为公司的发展史，即使有些项目不太成功，华为公司也会继续在各方面给予支持，从不以一时之成败论英雄。

华为公司为工程师提供了一个很好的开发平台，目标就是要做出实用的产品。在C&C08交换机开发的时候，尽管华为公司穷得都发不出来工资，但在产品开发的投入上是大把大把的花钱。上百万元的逻辑分析仪、数字示波器、模拟呼叫器等最新的开发工具应有尽有。

令工程师印象最深的是电路板的开发。很多单位开发电路板，为了省钱，电路图做好后，先要用面包板搭一个试验板，测试好后再投板。但在华为，为了赶进度，电路图设计好以后，马上就拿到香港，以双倍的价格加急投板，一个星期就拿回样板。调试修改后又马上投第二板。就是这样，不计成本快速聚集所有的力量在一个产品开发上。

当时C&C08万门机系统基本试验都未通过，整个开发部的工程师都忧心忡忡。晚上在大家的住处，任正非经常来跟工程师聊天，聊到兴起之处，任正非激昂地说："十年后，华为要和AT&T、阿尔卡特三足鼎立，华为要占1/3的天下！"当时大家哄然大笑，心想"老板真能吹"。

小结

一家公司应能及时把握住历史的发展机遇，要及时突破困难，关键时刻勇于"亮剑"，冲出重围。"狭路相逢勇者胜"靠的是什么？一靠人才，二靠发挥集体的拼搏精神。企业家的作用在哪里？在于关键时刻能调动起集体奋斗的昂扬斗志，带领队伍雄赳赳、气昂昂地朝着胜利的目标前行，而让大家忘记了其实正身处漫漫的黑暗。

| 第 4 章 |

毕 业 歌

引言

  20世纪90年代华为公司每隔一年会举办一次全公司的大合唱,先在深圳大学的会堂,很快会堂装不下又改到体育馆,之后又在深圳市体育馆;从现场唱到对着大屏幕电视全球联网地唱。大合唱开始时,生产部一般唱"嘿,咱们生产有力量",市场部是"雄赳赳气昂昂跨过太平洋",研发部第一首歌则是抗战时期大学生们唱的《毕业歌》。相比其他华为部门,研发部好像总是毕不了业。这可能反映了任正非对研发部的热望和严格的要求,事实上C&C08交换机的胜利,对华为公司和中国通信业都具有极其重大的意义。

C&C08:华为技术的基石

  C&C08对华为来说,绝不是一个简单的产品,它是华为公司未来发展的基石。华为后来的一切都是从这里发展起来的。1988年成立的华为至此终于踏实了。

  最早的C&C08 2000门交换机也叫C&C08 A型机,是容量为2000门的独立局，既有用户线又有中继线，可以独立安装在一个地方工作，独立成为一个电信局，该交换局只能带最多 2000 个用户。C&C08 A 型机的研发是为了适应单位用户，适于一个单位 2000 个用户以下，或者农村用户几个村不到 2000 个电话用户的市场。但是随着电话资费的降低，一个端局用户数飞涨，C&C08 A 型机已不能满足需要。

所以华为又出了 C&C08 万门机，也就是 C&C08 C 型机，用中央 AM/CM 控制和负责通信模块（相当于人的大脑中枢）连接各个用户模块或中继模块，各个用户或中继模块无法独立成局，必须经过中央电脑指挥，才能跟其他局进行联系。一开始一个中央模块可以同时连 8 个用户模块或者中继模块，这样一个 C&C08 C 型机就可以带近万个用户，所以叫万门机。采用万门机的电信局，已不是几个村而至少是一个县了。华为交换机设备的研发就是这样伴随一个电信局的容量从 2000 个用户到 10000 个用户的扩张，从电话数稀少的农村发展到县城。

同以往华为用户交换机的宣传资料相比，参考了国际同行资料风格的技术手册也走上了简约风格，少了曾经的土气，但是大大的字符和大大的间隔还是透露着当时华为公司整体上下的热情、激情和士气（见图 4-1）。

C&C08 A 型机是华为公司 1993 年年中开始自主开发的第一代数字程控交换机，并在 1994 年至 1995 年大规模投入生产。C&C08 A 型机定位是 C5 农话局，容量较小只有 2000 门，但是可完成基本通话和少量新业务功能。功能比国外进口设备要多，但价格只有同类产品的 1/2，可谓质优价廉，由于定位明确，迅速获得市场反应，在较短的时间内就取得了当时一大半的农村市场。

华为的 C&C08 A 型机是华为背水一

图 4-1　1993 年华为公司所出的首版 C&C08 交换机技术手册

战的"常规武器",而C&C08 C型机则是华为"急行军"出的"核武器",C&C08 C型机使华为实现了对市话的突破,成功地从农村进入到城市,是华为将国内的竞争对手远远抛在身后的标志性产品。一群本不知交换机为何物的年轻人,硬是把具有世界级先进水平的交换机做出来了,在危机时刻挽救了华为,开创了中国通信史上的华为时代,C&C08交换机时代。依靠人才,凭借敏锐的市场嗅觉,勇于向技术最高峰冲击的无畏精神,华为的C&C08交换机大获全胜。

华为充分借鉴了各家的优缺点以及国外最新发展趋势,使C&C08系列推出时就处于一个非常高的起点。C&C08交换机的成功推出,使华为首次站在了世界级通信技术的最前沿,是华为首个里程碑式的产品!

C&C08更是华为第一个大规模进入电信市场的产品,为华为带来可观的收入。华为的C&C08交换机一经推出就所向无敌,1994年销售达8亿元,到1995年销售近15亿元,此后以每年超过100%的速度增长,到2003年已累计销售额达到千亿元,成为全球销售量最大的交换机机型!

华为的销售部门则天天根据公司的技术发展,给用户算省钱的账(见表4-1)。

表4-1　1994年华为对比电信局机房设备及华为C&C08交换机的表格

项　　目	目前机房设备	换成华为设备	采用华为设备好处
机柜数	……	……	节省一半
耗电指标	……	……	节省一半
运维人员	……	……	节省一半
新业务收入	……	……	增收1/3
预计收回投资的年数	……	……	减少一半
总收益	……	……	增加一倍多

最后总体计算下来,华为的C&C08交换机竟然比国外某些机型综合成本节省了2/3。"七国八制"的国外机型不仅成本高而且功能不灵活,对此各地电信局头疼不已,C&C08交换机的实惠迎合了客户的普遍需求,使C&C08交换机一经推出就成为畅销机型。华为凭借C&C08交换机一举打破国外的市

场垄断，进入国内一线交换机技术前列，并通过后续系列化的升级产品不断领跑，逐步将国内的竞争对手如中兴、巨龙、大唐等远远抛在身后，并不断地蚕食国际上的竞争对手如北电、西门子、阿尔卡特等的市场份额。

当时到华为的人才年龄最大的也不过 32 岁，平均年龄不到 30 岁，多数来自高校及相关邮电研究院所。在任正非这样卓越的领头人的带领下，他们的勤奋、激情、才华，在一夜间被激发出来，在华为创造了一个又一个奇迹。尽管华为早期奋斗的日子是艰苦的，但是那种在任正非创造的氛围下，依靠集体的力量，创造着一个个中国第一、世界一流的岁月，其中的快乐却是参与其中的人一生中只有一次、难以再求的。

对一个创业型的公司而言，资本固然重要，市场也很重要，但是人才最重要！有了人才，资本会被创造出来，市场会被开发出来，有竞争力的产品会被人才从无到有地研发出来。是这些人才和任正非创造的华为平台，一起创造了历史。

培养自主研发是正道

20 世纪 80 年代初期，为了适应飞跃的中国市场销售和发货需要，爱立信、西门子、AT&T 都在中国建立了合资公司，这些合资公司本着"市场换技术"的思路进行，被当地政府视为本地企业而不余遗力地支持，一时间其前景被描绘得无比美丽。如今它们安在哉？结果通常是市场换到了，核心技术却往往没有真正引进；这些合资公司起的作用主要是在一段时间里活跃了市场。最终通信设备核心技术在华为公司这样的民营企业中产生，通过公司上下自力更生、艰苦摸索而产生。

华为公司在数字程控交换机 C&C08 的更新换代上还采取了多种软硬件兼容性的设计，这对做技术的人，特别是做技术维护的人来说至关重要。例如，你家里的大衣柜要升级换代了，不需要整体抬走。交换机的升级主要更换里面小部分的板及软件升级，你就可以享受最新的业务和功能。这种策略对电信运营商的诱惑是具体而实在的，也是国外厂商所无法达到的实惠！在华为公司做出交换机之前，一个小功能、一个软件升级，国外厂家都会收中国的电信运营商一大笔钱。

中国通信产业的发展史证明了，只有当中国企业拥有自己的核心技术，中国的老百姓享受高技术所要付出的价格才能降下来。华为公司先进和成熟技术的C&C08交换机在中国市场的大规模应用，终结了中国通信史上装电话机难、装电话贵的历史。老百姓从排队还要花5000元的装机费，到免装机费且不用排队，这期间大致经过了五六年的时间。而这五六年在中国通信史上发生的大事就是华为C&C08交换机等具有中国自主知识产权和核心技术通信设备的诞生及其规模化应用。

以前，中国电信要订购国外的设备，需要提前一年预付订金，要等待一年的时间才能到货，很多先进的通信设备还会被国外卡着无法进口。大量的合资公司经过多年的实践，最后只是得到一个结果：我们只是引入了简单的制造，而离核心技术相距甚远。国家过去在建设合资公司上投入大手笔，很多情况下只是花了大价钱引进了一些落后的生产线设备。这不得不值得某些热衷于中外合资的地方政府深刻反思。

20世纪90年代初，电信局需要事先交钱，开着卡车在国外厂商的合资公司上海贝尔的门口排队等上半年才能要到货，而且交换机设备每线通常是两三千元钱的设备投入。但正是由于华为公司等自主知识产权的企业实现了对通信高科技的突破，交换机设备才由"贵族价"被卖成了"白菜价"，中国的老百姓才能享受到廉价的通信服务。由此可见，如果没有华为公司这样依靠自主研发实现高技术产品突破的民营企业存在，中国的通信产业不知还要落后多少年。基于中国通信产业的发展经验，政府在产业发展方向上应更多地着眼于扶助具有自主核心知识产权的企业，这样才会对产业发展和繁荣起到根本性的支撑作用。

C&C08 万门机：在弯道处开始超越

C&C08 万门机的成功推出，彻底改变了华为与中兴的竞争态势。自此一役，华为在通信技术上开始超过中兴并领跑中国通信业，成为销售额最大、利润最高、技术最领先的国内通信厂商。华为这一领跑，一口气就是 15 年，令所有的竞争对手望尘莫及，至今还没有放慢脚步的迹象。

中兴从 1993 年年底开始启动万门机的研发，比华为的启动时间晚了半年，1995 年 3 月才开始投放市场，7 月通过邮电部的评审，比华为整整晚了一年。而这一年华为已通过 C&C08 万门机大举入城，迅速由农村市场转向城市市场，在销售额上 1994 年达到 8 亿元，1995 年达到 15 亿元，连续两年的翻番，彻底将中兴抛在身后。

从 1989 年到 2009 年，华为成立了多少年，华为和中兴就竞赛了多少年。华为和中兴的赛跑，1992 年以前是中兴领跑，1993 年并肩跑，1994 年华为凭借 C&C08 万门机及市话市场的突破，弯道加速，从此开始领跑，再也没有被中兴超越，而且差距越来越大。在巨大的市场机会面前，在激烈的竞争中，高手对招可真是容不得有半点闪失，否则一旦被对手超越，就再没有追回的可能。

华为开始是与邮电十所合作开发交换机，后来把合作人员都挖过来了。那些邮电十所来的人每年回去过年的时候都有一个任务，就是带几个邮电十所的同事到华为来。

除了邮电十所，华为公司积极地从其他相关企业挖人。邮电部在西安举办一个程控交换机学习班，全国从事交换机开发的单位都派技术骨干来参加，这正好是华为挖人的好机会。华为去的人，白天学习，晚上就到各个宿舍去招人。

"为谁干"是首先要解决的问题

华为 C&C08 交换机在奋战的研发人员手中、在期待的邮电老同志的眼光中、在外国人的惊叹中一波三折地取得了自己首个"毕业证",从此成为中国通信界的"老大",唱响了一首"毕业歌",而与此同时,几百个华为曾经的竞争对手却纷纷倒下。

不得不提的是中国数字通信的"先烈"巨龙的悲剧。1991年,巨龙的04机出台,意味着国产万门数字程控交换机一举打破了国外厂家对大容量程控交换机的垄断,此时中兴与华为仍处于2000门交换机的水平。巨龙04机投入商用后,技术授权给了8家交换机企业,它们同时进行04机的生产。中国大地上刮起了一股"04旋风",凭借低廉的价格和政府支持,从被"七国八制"分割的市场中虎口夺食,一度打下了程控交换机的半壁江山。

1995年3月,由04机技术持有方与另外8家04机生产企业共同出资组建的巨龙通信设备有限公司在北京正式注册成立。04机在短短3年之内,其累计总销售额高达100多亿元,销售超过1300万线,红遍中国。然而,成也萧何,败也萧何,巨龙公司很快就陷入了04机打04机的"市场危机"。而且由于股东方的利益之争和扯皮,04机更产生了没人主导技术、没有新产品升级换代的"技术危机",以及由此而来的技术问题得不到及时解决的"维护危机"。

巨龙公司曾经获得政府支持的力度最大,占有客户方即运营商的资源最多,但是却在短暂的辉煌后很快退出了历史舞台。1998年市场上又开始出现用华为的C&C08替换巨龙04机的情况,加速了04机退出历史舞台的步伐。巨龙通信最终破产关闭。

深究其因,还是所有权与经营权的掺杂导致管理失措,控制无力,使得企业经营陷入短期利益导向,严重制约了巨龙的发展。各方利益分配的问题解决得不好,导致研究所(技术拥有方)与8家生产企业之间彼此配合不紧密,还经常各自拆台,企业内部体制僵化,甚至研究所内部及生产企业内部的管理也非常混乱。由于企业的体制完全由政府控制,企业管理层习惯出了事就去找政府,由政府大包大揽,包括通过政府渠道拿订单,这样渐渐使企业丧失了在市场经济中自主求生存的能力和服务意识。服务和售后跟不上,在竞争中劣势越来越突出,运营商客户慢慢地对其失去了信心。

巨龙和华为的对比有点意思,因为这两家企业在拥有的资源、销售模式、管理等各方面都相差很远,可以说巨龙有比华为多很多的优势。巨龙可以得到很多方面的支持,而华为没有什么背景;巨龙的04机当时是由鼎鼎大名的邬江兴领衔主持的,而华为的C&C08交换机可以说是由一群连交换机都没听说过的年轻人"整"出来的;巨龙有成熟的渠道,甚至可以直接拿订单,而华为销售人员千辛万苦才能和大客户见一面……而最后的结果也是相差很远:巨龙消失,华为跻身世界前列。其中的原因应该有很多很多,一个很重要的原因就是华为很快发展起一套吸引人才和发挥人才效用的公司管理体系。

比一比总是有教益的。再比如,当时在深圳有好多家研发程控交换机的,搞得最好的是长虹通讯(不是四川的长虹)。长虹通讯是深圳市政府和长春邮电学院合办的公司。在华为刚刚开始研发数字程控交换机的时候,它们的产品就已经卖出1亿元了。可惜它们只研发出了2000门数字程控交换机,赚了一点钱,内部就产生了矛盾,后来也就没有再发展。

作为民营企业的华为在技术、资金、政府支持等各个方面都比别人落后很多,但华为公司一切都必须靠自己加班加点、拼死拼活,反而渐渐理顺了企业与客户、企业与员工的"利益共同体关系",树立了企业内部管理为上和人才为先的观念,而且始终围绕客户做好优质的服务,渐渐积累成巨大的发展能量。这是政府始料未及的,也是值得政府深思的问题:如何帮扶产业发展和帮扶企业,如何创造将民营企业的活力发挥出来的土壤与环境。

竞争对手死在哪里

在国有体制下,领先的巨龙成为了"先烈";在民营体制下,华为从跟随到领跑,成为"先驱"。这充分展示了民营经济、股份制经济的活力,以及企业家在整合资源、带领企业发展中的巨大作用。搞技术、办企业是马拉松长跑，在这漫漫的长跑过程中，企业家的远景、企业运营机制、人才激励机制在企业的发展后劲中起了至关重要的作用。

曾经有人说 2 亿元是一家中国企业发展的"天花板"。至少在通信史上，我们目睹、经历了长虹通讯等多个早期掘到金却止步于 2 亿元的企业。和华为公司同期做用户交换机的有几百家企业，数量非常多，但是多数企业走到后面就不行了。有的是对市场的敏感度不够，市场已经转向，却还抱着老产品而没有新产品推出。有的眼光短浅，搞到点钱就开始享受生活，而舍不得或不敢在技术上持续投入。

在细分的狭小市场中，企业在逐利的驱动下能够在国内市场取得一定的份额从而达到 2 亿元的销售额。但在略有利润的情况下，企业的分配机制不明确或不合理，就算是民营企业也会遭遇"分配门"。企业从单一产品向多产品进展时，没有持续的技术升级能力，导致扩展产品失败从而止步不前，遭遇"产品门"。当然还有当企业发展到收入 2 亿元略有名气时，竞争对手的挖角、人才的自我膨胀及缺乏制约，也会导致人才的快速流失，产生"人才门"。这些都会成为企业向前继续发展的"天花板"。

企业内部运营机制解决了短期利益分配问题；企业家的追求解决了企业的长远发展目标问题；具有正向激励政策的人才机制解决了企业的发展驱动力问题。企业的运营机制、企业家和人才激励机制，在华为超越众多竞争对手的过程中发挥了重大作用。华为公司在任正非的带领下，本着利益均沾、"有钱大家分"的财散人聚策略，没有遭遇"人才门"，而且华为尊重人才、重视人才，人才的增长优先公司财务的增长，形成了"人才汇聚的涡流"。华为源源不断地从社会上、竞争对手处吸引大量的人才加盟，人才在华为创造的良好内部环境下夜以继日地为华为的发展以及个人的命运奋斗。

华为很早就将个人的"钱程"和个人在企业中的发展前程与企业的成功、产品的成败绑在一起，解决了人才为谁而奋斗的问题。任正非，这位杰出的企业家，在华为早期就建立起一套企业运营机制，从而能够吸引人才、用好人才，应该说这是曾经弱小的华为能在关键时期成功推出里程碑式产品C&C08交换机的根本原因。

"游击队式"研发不可长久

研发有的成功有的失败，C&C08交换机非常成功，同期的EAST 8000交换机却被归罪于名字取得不好，成了"易死的8000"。产品获得成功具有一定的偶然性，早期华为研发依靠的是"个人英雄"。

由于早期的华为研发总是处于赶时间、赶进度的状态，因而来自市场的雪片般的客户需求，迫使维护人员都熟悉了华为研发部"这个版本不是最新的，最新的版本已经解决了这个问题"这句老话。产品功能的开发几乎完全取决于"高手"的技术发挥，工程师在几个产品中切换着开发任务和角色，倒是具有"游击队式"的灵活和机动。由于项目进度目标及计划往往流于形式，"救火队员"反而比项目经理受欢迎和受尊重。特别是早期的华为研发，都是由工程师单枪匹马现场作战，在现场调测出一个临时版本，而版本管理混乱；由于事先没有充分考虑版本的特性，以及所开局点所处的地理位置特点等因素，早期交换机出现的技术问题真是千奇百怪，如广东地方潮湿，交换机的硬件工艺文件上没有注明涂防潮保护漆，导致雷雨天广东地区的交换机也和天气一样返潮。于是公司责令硬件部的经理带着工程师一个一个局、一个一个单板地去亲自上漆。

为了批评研发人员一些不成熟的设计表现，在华为公司的"研发人员反幼稚大会"上，每位研发猛将都被发放一个特殊的纪念品，装在镜框里因设计有误导致生产过程中作废的单板！将呆滞物料打包作为"呆滞物料奖"发给研发部，将飞到客户处救火的机票打成包给研发部作为"浪费奖的奖状"以警示研发工程师。

任正非很早就意识到了这种"游击队式"的研发模式不能长久，他也希望能形成可持续的研发体系，所以一直不懈地带着年轻的华为研发队伍进行各种方式的尝试，构建了一系列的体制去兼顾研发的速度和对品质的追求。

所以，尽管C&C08交换机的毕业证在1995年就拿到了，可是华为并没有停止研发体系的建设。华为研发体系的毕业证，却直到1998年之后华为全面推行从IBM引进的集成产品研发管理IPD，并在企业里形成自觉的流程化管理的习惯，才算真正拿到。

"资深"竞争对手也开始腾飞

就在华为1994年为第一款数字交换机通过毕业考试而奋战时，美国思科开始扩大自己的部署，国内的竞争对手中兴也开始了新的征程。

1994年思科在美国加州圣何塞的新总部启动，在巴西圣保罗、中国北京和美国得克萨斯州奥斯丁设立办事处。1994年，思科员工达到2269人，财务年度的收入突破10亿美元，达到13.34亿美元，是华为1994年销售额的20倍。1994年1月，思科成为第一个通过ISO 9001认证的主要多协议网络互联产品供应商；7月，收购了一家提供拨号接入解决方案的公司；10月，收购了一家在以太网交换技术领域有所创新的公司；12月，收购了一家擅长园区ATM交换技术的公司。思科通过一连串收购，快速形成了在数据通信产品领域的全面产品系列。

1993年3月，国有企业691厂、深圳广宇工业集团与一家由侯为贵、殷一民等33名自然人组成的民营企业维先通实施了第一次重组，注册资金300万元，共同投资创建了深圳市中兴通讯设备有限公司。两家国有企业控股51%，民营企业维先通占49%，由维先通承担经营责任，在国内首创了"国有控股，授权民营经营"的混合经济模式，明确公司的人、财、物的经营权全部归经营者，经营者必须保证国有资产按一定比例增值。如果经营不善，经营者必须将所持股本和分配权益抵押补偿；如果超额完成指标，则经营者获得奖励。补偿和奖励幅度均为不足和超额部分的 20%。侯为贵等创业的 33 名自然人作为股东的民营企业维先通，一直是中兴通讯的大股东，侯为贵一直为中兴通讯的总经理，形成以侯为贵为首的稳定的经营管理团队。如果没有这次重要的"国有民营"化的产权改革，中兴很有可能像国有企业巨龙一样消逝。

1993 年，解决了经营机制问题的中兴开始腾飞，1993 年 10 月成立南京研究所，从事核心网络及数据产品的研制工作，1994 年 8 月成立上海第一研究所，以无线和接入为主要研究方向。

小结

民营中小企业力量的加入，为中国的通信产业注入了活力，这是值得政府仔细思考的。民营企业把机制的灵活性、对人才的重视、市场的敏锐这三点优势发挥出来，敢打敢拼，重新制定行业规则，完全可以对抗貌似强大数百倍的外资、国企，中国的民营企业大有可为。处于弱势的中小企业取得突破的捷径，不是资金，而是技术。而一家大企业往往死于"安乐"而非死于"危机"，这也是通信行业纷纷倒下的大企业给我们的启示。

| 第二篇 |

人才和资金篇

RESEARCH & DEVELOPMENT
OF HUAWEI

| 第 5 章 |

白条变股份

引言

　　华为曾是一家不起眼的初创企业，深圳比起北京、上海等大城市来，也不是条件很好的地方，但是华为却能够通过各种方式吸引到人才，通过企业优越的用人机制将人才的潜能发挥出来，通过集体的力量创造了一个又一个令人瞩目的高科技产品。在破草堆的民房中成立的几个人的小公司为何能引来无数英豪，献身华为的事业一二十年呢？早期的华为是怎么经营人才的？

企业家也是政治家

华为的成功归根到底是华为能吸引、凝聚、用好人才！

1995年6月，国家科技系统领导人宋健同志参观完当时华为在新能源大厦的部分研究工作后，在开往华为公司总部深意工业大厦的汽车上，让任正非坐在他的旁边。

宋健问任正非，怎么到深圳来的。任正非回答："是军队转业过来的。""你们有几个副手，都叫什么名字？人是非常重要的，你很团结。"宋健又问。

任正非说:"我们 1000 多人都很团结。"宋健说:"这就是政治,企业是应由政治家来领导的。"

宋健的总结是非常精到的。的确,中国从来都不缺少优秀的知识分子,而是缺少有效地把他们组织起来去实现一番事业的"政治家"。任正非能从 6 个人起步,到领导 17 万人之众的高学历群体,实属难得。一个重要原因就是任正非具有如政治家般广阔的胸襟和整合人才资源的能力,这种胸襟和能力,使他建设企业犹如带军队般严谨。任正非擅长内部的组织运作,他建立了一种让所有参与企业建设的知识分子共享企业发展果实的激励机制,有效地把知识分子的积极性调动了起来。

中国的"两弹一星"、航天飞船、航天技术,都是在国家大规模有效组织下,由"又酸又臭"的知识分子有效进行分工协作、团结一致,在极其艰苦的环境下创造出来的。在那种科研条件下,没有任何可借鉴的国外资料或产品,弹道轨迹是先由中国自产的物理学家通过"坐禅式"推导出来,再由中国的数学家精准计算的。这些高难度的国防科技的设计集成了大量的物理学家、数学家、各种领域的工程师、材料分析师等的集体智慧。在"一穷二白"的物质和科研环境下,在没有任何可参考的技术条件下,"两弹一星"这样领先全球的超高科技,中国的知识分子都能造出来。从原则上讲,中国的知识分子,什么高科技都能创造出来,更何况通信设备。人才只要有效地加以组织,其产生的生产力是惊人的。早年曾任铁道兵某研究所副所长的任正非对此深有体会。

任正非从亲身经历中能深切了解知识分子之苦。任正非是寒窗苦读出来的知识分子中的一员,他曾大冬天饿着肚子,苦读求知,还曾无数次地写建议、提报告,希望能降"大任"于自己。任正非深知中国知识分子的优势与缺点,以及知识分子做事业的抱负与做人的各种需求和想法。任正非更深知如果中国的知识分子能被有效地管理好,其爆发力就是惊人的。任正非领导下的早期华为所做的努力就是,不惜一切代价地抢夺人才、积聚人才,他通过企业的内部运作机制把人才组织好,将人才牵引到共同的、超越自身的、更高远的企业与国家的目标中去。他也始终瞄准世界上最先进的技术、最先进的产品，做中国自主研发的最优秀的技术，因为他深知，这些人才在良好的组织、管理下，是一定会有所作为的。

任正非在实践过程中逐步建立起一整套方法和手段"拿下"优秀人才，逐渐建立起用好人才的组织架构和制度。如华为公司常常"拉""夺"人才，如邮电部开个普普通通的培训会，有各地来的学习交换机方面的人才，华为派骨干一一去敲门挖人；从邮电研究所出来的华为员工，春节回家过节，顺便担负着挖几个同事、引荐几个同学的额外任务，凡举荐人才的"内部猎头"都有奖励——"人才推荐奖"；华为还安排人员专门在目标研究所对面宾馆驻扎，寻找人才；任正非参加展览，也经常"带回"几个在展会现场"面试"的人才。

中国的优秀知识分子能够一个一个地被华为这家起初只有6个人的小公司所吸引，离开曾经有稳定工作和升职通道的大国企、高校、科研院所，离开北京、上海等大城市，像铁钉奔向磁石般坚定地投奔到华为的大旗下，这里面有短期金钱利益因素，但更是被任正非这个真正尊重人才的领导的真诚所打动，被华为公司整体一心一意做事业的文化氛围，以及华为远大的发展目标所吸引。特别是华为将个人的利益与集体的成功紧密相扣，任人唯才，用高薪对待有功人才。任正非不断地打造着、优化着企业内部的文化和组织运作机制，把人才的热情调动起来，通过华为这个集体奋斗的平台，把人才的能力充分地发挥出来。

这个社会有许许多多有事业雄心的老板，他们都拥有和任正非一样把企业做大做强的心愿；他们像任正非一样，勇于捕捉机会，见到市场机会就像"狼"扑向猎物一样绝不放过。他们勤勤勉勉，为企业的发展披星戴月，辛苦操劳。但是如果他们除了发动自己之外，还能做到像任正非那样自始至终着眼于在企业内部建立起一整套人才激励机制，去发动更多的人才，企业的发展前景会更开阔。如果他们能像任正非一样擅长吸纳人才，见到人才也如同见到客户一样绝不放过，如果他们能像任正非一样将手中的人才资源调动起来，形成大齿轮带小齿轮，形成华为那样"头狼"带"群狼"的组织发展机制，而不是老板个人在奋斗，靠老板个人的微光照亮漫漫长路，那么企业会更容易做大，也从而能突破企业发展的天花板。在中国改革开放的 30 多年中，年增长 50% 发展机遇的行业和机会比比皆是，不能说任正非只是当时抓住了改革开放的机遇，而今天再没有这种发展机遇了。应该说机遇始终存在，只要你能像任正非一样成功地以"政治家"的谋略经营人才。政治家是什么人？不亲自带兵打仗，不是将军；政治家最重要的使命和职责，就是把人号召起来，把人组织好，调动起来，然后让勇于当将军的人才带着士兵们冲锋陷阵。政治家的一句击中人心的口号胜过千军万马；政治家以能降人心之术，不战而屈人之兵。

任正非就是这样的"政治家"，他的一场场精彩演讲点燃多少工程师心中的激情；他通过一项项击中人心的人才策略、一条条让人才看得到实惠又看得到远景的制度把人才运作好了，让人才死心塌地做研发、做市场，攻克一个个早已超出任正非本人才智的困难，华为的事业才像滚雪球一样越滚越大。华为的事业在"众人拾柴火焰高"的合力推动下，才燃起越烧越旺的熊熊"大火"。任正非的身后，从几个人很快聚起了几千人，现在是 17 万人！任正非懂人性识人情，任正非是企业界的卓越"政治家"！

任正非能成功驾驭人才，还在于他"不自私"，愿意共享华为发展的财富。客观地说，在 20 世纪 90 年代初华为的销售额已经过亿，倘若他在公司的股份大一些，给自己多分一些，早已成亿万富翁。但是他没有独享企业发展的成果，而是采取了"利益均沾"的原则，从 90 年代初就开始率先采取了"知识转化为股份"的风险投资家的做法，将企业中人人都视为创业者，采取风险共担、成果共享的风险投资机制，让人人与华为共命运！

任正非洞悉了知识分子所有的需求，衣、食、住、行、养家糊口。进华为工作，吃在食堂，任正非从公司成立之日起就和员工同吃一锅饭，早年还亲自带队去香港学习如何做好食堂的服务；住，华为是免费住，还曾经搞过免费分房；行，早期的华为有班车接送，甚至有接送加班人员的 22∶00 后的晚班班车。

早期的华为作为民营企业，深圳户口指标很难申请到，但是华为对引进的人才，有专人设法解决其户口指标问题，在住房上，还有公司的内部住房分配，甚至关于人才的小孩入学等问题都有专人帮助解决。早年研发部交换机业务部还有一本"光棍人才簿"，把因为工作繁忙而无暇谈情说爱的大龄工程师记录在册，研发部领导还要帮助解决人才的"个人问题"。

早期的华为，任正非将每一位员工视为创业的合作伙伴，同吃同住，亲自为员工打饭打菜。多数人才都觉得，在华为有高薪，有吃有住，有如此礼贤下士的领导，还有为民族通信产业腾飞做贡献的高尚事业，真是幸福的天堂！

高薪：一半是现金，一半是股份

薪水高低、赚钱多少，是几乎所有人心底认定的自己社会价值的体现。华为从创业之初就远远高于业界平均水平的高薪，对人才的吸引力无疑是非常重要的。任正非掌握了知识经济时代一个根本的东西，那就是价值分享，就是在用知识创造财富的同时，也要与财富的创造者分享财富和事业的价值。

高薪也体现了任正非的用人之道——对知识分子的管理，管住脑不如管住心。中国的知识分子，并不甘心做穷书生，内心渴望财富。人才，最受用的是对自己的信任和重视，这种重视不是挂在口头上虚伪的称赞，而是能够体现在物质财富上，让人才觉得自己不是在被忽悠。

1993年年初，某软件工程师之前在学校当老师，在学校的工资是400多元一个月，这还是工作八年的硕士研究生的待遇。进华为后1993年2月的工资是1500元，比学校校长工资还高；2月只上了一天班，结果还拿到了半个月的工资！

早期的华为招聘，面试不上没关系，人才到华为面试，免费坐飞机往返。人才到岗后，先领一个月工资作为安家费，以解决人才现实之窘迫。这种高薪，实实在在地体现了任正非视人才为创业合作伙伴，甚至如家人般信任和体贴，怎么不叫人才肝脑涂地呢？相比起那些视人才为成本、能省则省的老板，视人才为"打工仔"吆来喝去的老板，任正非是天下最好的老板！"士为知己者死"，人才最受用这种信任了。

工资第二个月就从1500元涨至2600元，一个月的光景又能做出多少惊天动地的成果呢，华为当时的做法全凭从人才的潜力以及在当时对企业的贡献出发；但其结果对人才的激励是巨大的。人才在这种信任和激励下，的确很快就做出了超水平发挥的成果。之后，每个月工资都会上涨，从1993年2月的1500元到1993年12月时，工资已经涨到6000元，一年的时间随着对企业的贡献和企业效益的提升工资翻了数倍。

在此有必要对比2009年的物价水平、工资水平、人民币的购买力，重新解释一下上面的数字，便于没有在1993年拿过工资的人理解：如果其在大学工作8年的月工资是4000元，去华为第一个月就是1.5万元，不到10个月已涨到6万元一个月，是社会平均工资水平的数倍。

应该说1993年是华为资金上最为紧缺的一年，JK1000刚刚开发完成，正处市场验证阶段，还没有开始为企业创收；C&C08 2000门、万门机已同时启动研发，耗资巨大，任正非为此四处举债。任正非此时的高薪，更为难能可贵！一方面，他已将产品和企业的命运赌在了这些人才身上，另一方面，他真正懂得什么叫"以诚待人"，什么叫"重赏之下必有勇夫"！企业可以高价买元器件，买机器，也可以高薪买人才！

不过，那些高薪员工的工资并没有拿到手，每个月只能拿到一半的现金，另一半只是记在账上，成为白条。任正非承诺留下一张白条，今后再偿还。任正非跟大家聊天说："我们现在就像红军长征，爬雪山过草地，拿了老百姓的粮食没钱给，只有留下一张白条，等革命胜利后再偿还。"这些账上的工资后来变成了华为的股份，最后都得到了回报，任正非实现了他的诺言。任正非的高薪一半是现金，一半是股份，牢牢地捆住了人才的心！

一位工程师，1996年研究生毕业后在上海一家外企工作，初期工资是1400元，转正后是1700元，1997年年初到华为首月工资4500元，到年底涨到6000元。这是期初薪酬的落差！且不说研究生毕业进华为，就是本科生进华为当秘书在1997年都拿到4500元的高薪，以至于离职后无法再找到类似薪水的工作（当时深圳的秘书平均月薪不到1000元）。

"华为公司保证在经济景气时期和事业发展良好的阶段，员工的人均收入高于区域行业相应的最高水平。"1996年华为还将此承诺写入《华为基本法》中。

不离开就一直在欠华为的钱

早期华为的内部股票，是华为制胜的"核武器"，使早期华为人成为纸上富贵拥有者，将所有人才的"钱程"都和企业的发展捆绑在一起，"一荣俱荣，一损俱损"。

1993年的华为是白条变内部股份，1994年之后，华为年销售额达到8亿元，资金面大为改善，白条就再没有打过。之后，可以说是每年员工自己出资购买股票。主要是将员工的奖金转为股票，另外的差额可以由华为公司带息地借款给员工。员工可持股份额根据"才能、责任、贡献、工作态度、风险承诺"等标准决定。

如1998年时拿到1997年一年的奖金4万元，但分得股票8万元，人才还要借钱倒贴4万元给华为买股票；没钱买可以向公司借贷买股票，结果1998年算下来反而欠公司4万元！到了1999年，8万元的分红达60%，分红就只能还公司贷款落不到自己钱袋里了；分得上年的奖金8万元，但又分得股票18万元，因此人才还要反交给公司10万元！这10万元基本相当于人才1998年和1999年在华为两年的工资总额；因此累积两年下来，奖金没拿过一分，还欠公司10万元，或者把两年的工资又全上交给了华为！但人才因此拥有总计达 26 万元的股票！如果这位工作才两年的人才于 2000 年年初离职，他可以拿到 26 万元 1∶1 股票折合的现金，相当于 5 年的年薪！

如此的待遇不要说是 2000 年，就是到了 2009 年也可能无处寻觅。再加上 2000 年中期，华为对 1999 年的奖金和股票分配又开始了，再等半年可以拿得更多！当然，这个办法也让华为的人才就这样被拴牢，一年一年地等下去了。

如果不离开华为，人才其实一直在欠华为公司的钱，或者倒贴给华为公司辛苦赚来的工资，如果一旦华为停止成长或关门，所有员工投入到华为的钱都会血本无归。华为的早期就是采取这种利益捆绑方式将人才紧紧地拴在公司的大船上，将人才导向公司的整体利益和发展。华为一旦破产，所有华为人将一无所有。

华为公司分配给人才内部股票，每位人才分 18 万元的股票。有第一年出于谨慎考虑不买或者只买一部分华为股票的员工，结果第二年只能看着周围的同事分红。因此，第二年再分股票时，他们就会坚决吃进！

华为内部股票的分红比例，1992～1996 年都高达 100%，1997 年为 70%，之后递减到 2002 年的 20%，一年发一次红利，红利自动滚入本金。华为的内部股制度对捆住人才的作用是非常明显的，过去华为有"1＋1＋1"的说法，即员工的收入中，工资、奖金、股票分红的收入比例相当。

尝够了高分红比例的不少华为人每年都想方设法地想多挣一些股票，而多挣一些股票的唯一办法就是多给公司创造价值！因此大家都一心放在工作上，一心想公司的发展、部门的发展以及个人在华为的发展。

有很多人才虽然因某些原因想离开华为，但每年华为公司都给其配了不少股票，如果现在走了就会亏一大笔钱，离开的成本太高，算算也就在华为安心待下去了。由此可见，华为公司早期的内部股票政策多么厉害。一年又一年，现在华为研发部门或者从华为研发部到华为公司其他部门的员工中，有不少都已经在华为工作了 15 年，甚至更长的时间。

这其实就是风险投资！任正非让华为的每一个人都跟他自己一起向华为公司做风险投资，把钱投进去，把自己投进去，利益捆绑，风险共担。没有钱，公司"给"你钱投进去。你怕风险，不敢去投，那你就只好干看着别人在前途和"钱途"两方面的发展，沦为其他人的打工者、企业发展的旁观者，而不是利益的分享者。

后来，华为的内部银行被取消，华为的员工若想买华为的内部股票又没有钱，就由华为公司担保，由华为的员工向商业银行贷款购买华为的内部股票。这一招就更厉害，将华为公司的前途与员工和商业银行都紧密地绑在了一起。如果华为公司的发展出现问题，按法律，员工个人欠商业银行的钱是要还的。任正非就是通过这种方式将公司所有人的前途紧紧地打包在一起，指向共同的前程，共同促进公司快速发展的目标。

华为公司始建于1987年年底，我们看看其股权结构的演变：1987年9月任正非等6人在创建华为公司时，6人均衡持股各占1/6的股份，资本金21000元；1989年员工发展到14人。1990年，华为实行员工全员持股制度，不发行股票，在企业内部持股，以股权形式体现。股份公司的员工集体所持的股份由华为工会持股，任正非作为自然人股东占1.1%。

华为的内部股票制曾做到连华为的前台、秘书、司机都拥有华为的股票，无疑，华为也拥有最敬业和素质最高的秘书、司机等基层员工。2002年，成长起来的华为并未抛弃曾经支撑其高速发展的内部股权制，而是换成了相似的期权制，也叫虚拟股。其核心还是要让员工将个人身家和前途注入公司。华为人工资比中国行业平均水平略高但远低于国外竞争对手，不过多数员工在华为基层工作五年就能实现买名车买房的目标，成为"百万富翁"，这全靠股票分红。任正非通过让出98.6%股票收益，使华为成为拥有中国最多中产富裕阶层员工的公司，稳定了人心。这与很多公司"老板巨富，基层员工清贫，人才频频流失"的状况形成鲜明对照。这种将个人与公司捆绑的"全员持股"方式使华为能快速积聚人才、实现高速增长，非常值得大部分中小企业借鉴。

风险投资家加"知本家"

从某种角度讲，任正非是最优秀的风险投资家，他很早就将企业发展的风险同员工的利益紧紧地捆在一起。任正非从经济学的角度分析过，企业的发展和取得的收益（利润）来源于四个方面：工人的劳动、知识的创造、企业家的管理和风险资本的推动。企业由于这四方面的作用，赚了钱，取得了收益，如何去分配？他认为，不能把创造出来的收益和利润全部都分光了，而是应该积累成资本，再投入到企业的经营活动中去。由工人的劳动、知识的创造、企业家的管理和资本的推动所带来企业利润的累积，不能当期全部回报给其创造者。华为把这四个要素的增值部分转化成资本，使各自的努力在华为公司的股本金上有所体现。

举例说明，由于你个人的努力，过去一年给企业赚了100万元，企业应该除工资外分给你20万元的报酬，但是华为不在今天把这20万元分给你，而是将这20万元应该给你的报酬，折算为华为公司的股本金，投入到华为的资产中去。你应该分得的20万元奖金转化成你持有华为20万股的股票。华为在收益分配中，使本应该给企业家的报酬如1000万元，作为企业家对华为公司的股本增资1000万元，又重新注入华为的资本金中。就像证券市场上，有的企业分红，有的分股。这样，你捏了一手股票，而不是捏了一手现金。

华为采用这种将本应给华为员工的收益转化成华为发展资本金的方式，使企业家、人才对企业的贡献和收益在华为的股本上得到体现和报偿，使之对企业的发展持续发挥作用。一方面，人才只要对华为有所贡献，他对华为公司的资本金就有积累；另一方面，新加入者有特殊贡献，也会得到合理的体现和报偿。比如说，李一男是后加入华为的人才，在他之前有几十位资格更老的员工，他的股份相对于那几十位员工而言，正常情况下只会更少。但是由于李一男的杰出贡献，给华为创造了很多财富，华为把当年应分给李一男的100万元奖金转换成李一男持有的华为股票100万元，记入华为的资本金。这100万元可能就已经超过了多数比他来得早的员工，在华为公司的总股本中占的比率远大于其他很多人。后来，经过李一男几年来对早期华为的贡献和创造财富转股本的累积，李一男在华为的总股本占有比已仅次于任正非、郑宝用几个人，远远超过其他华为人。

华为这样把分给人才的奖金，甚至工资又转成人才对企业进行风险投资的股票，又回到企业，成为企业的经营和运作资本，使华为获得了源源不断的进一步发展的资金。华为的工资白条变股份，以及人才用奖金和贷款购买内部股票，都是将人才的知识资本转变成风险资本的一种有效方式。任正非曾多次说过，高技术企业的资本要考虑知识资本和风险资本两个方面，知识资本要转化为风险资本，风险资本才能滚大，否则不能保证企业的长期运作。

按《中华人民共和国公司法》规定，像华为这样的有限责任公司，由利润转增的资本归属于最初的出资者，前提是出资者不同意吸收新的股东。但任正非不这样认为，他说，其他公司更多考虑的是创业者的利润，而华为公司更多考虑的是共同奋斗者的利益，这是二者的主要区别。如果我们坚持全部资本归属出资者，我们就否定了劳动创造的剩余价值，否定了智力（或知识）投入创造的剩余价值，公司就很难吸引并留住优秀的技术人才和管理人才，这样不利于公司的发展，尤其不利于华为这种高科技公司的生存和发展。

华为公司利用股权的安排形成公司的中坚力量保持对公司的有效控制，劳动、知识以及企业家的管理和风险的累积贡献通过转化为资本的形式得到体现和报偿。华为公司股权安排的原则，有利于保持企业家群体对公司的有效控制和形成公司的中坚力量，使企业可持续成长，而不是使创业者的收益最大化。

任正非曾经说过，对一些高新技术产业，人的脑袋很重要，金钱资本反而有些逊色。应多强调知识、劳动的力量，这就是知识资本，我们称之为"知本主义"。任正非在不同场合讲话中对"知本主义"有精辟解释：传统上，职工参加了劳动就不能"所有"企业，而资本只能雇佣劳动，不能反过来；早期的华为把"按劳分配"和"按资分配"连起来了，华为的突破是在二者之间找到中间联结点，把知识和产权连起来，而且在不断变动。

如果你昨天贡献了知识，就可以得到相应的出资权；而今天你不行了，就没有了出资权。企业里面是能上能下的，你贡献了知识，我已经给了你出资权了。而企业总的出资权不变，这样便使拥有知识的人掌握着企业的出资权，从而使企业的凝聚力加强，活力越来越强，向企业输出知识的人永远是企业的核心，并管理着企业。过去的人也就过去了，其比例越来越小，会逐渐被稀释掉。

如果按资本的方式来分，那么初始的出资者和投资者永远是比例越来越大，后来的员工则贡献最大、收获最小。华为用一种比较灵活、不断变化的产权结构，再加上一种内部经营管理的变化，最终结果是实现了企业的持续成长，解决了企业的发展动力问题。这个动力问题解决了，华为才能成为一个无敌的企业。同时，华为总是把最具有竞争力的人、最具活力的人放在企业的中心，这样企业就可以被不断推向前进。

如果按劳动时间来量化，那么劳动时间长创造的价值就高（按简单劳动来说）；如果用简单劳动的途径和方式去同西方企业竞争的话，那么华为必败无疑，华为将需要很多时间去工作。但抓住知识这个角度，并取得突破，华为就可能赶超西方企业。因为这种知识的创造和思想的创造，与时间没有任何关系，这样华为用很短的时间就可能超过世界先进的通信公司。而这样的成功是建立在知识积累和创造的基础之上的。

关于知识和钱的概念，比如我投资10000元，从这个地方投资到那个地方，你利用10000元赚了一点钱，你就分给我100元作为分红或者股息，这只不过是钱在空间上的换位，通过进行一种交换就可以体现。而知识就不同，放在图书馆时叫书籍，书籍是不能创造价值的。在华为，知识为每一个员工共享，但并不意味着损失了什么。只要你奉献一点，华为知识平台就扩大一点，这使得华为公司源源不断地发展。这种方式就是出"知"，是把"知识"转化为"资本"，而不是物理上的"换位"。你出知识，我给你相应的工资，同时根据你的贡献，我给你出资权。通过这种产权，将你和企业形成"命运共同体"，把你的知识不断地贡献给企业。

反过来，"资本"也可以转化为"知识"，公司投巨资去培养人才，把优秀的职工培养成人才，这些人才再在企业内循环，两者之间互为转化，把"有形"变为"无形"，再把"无形"变为"有形"。针对如何进行价值分配，并使分配能够基本合理，华为公司提出了以下四种方式和标准。

（1）遵循价值规律，也就是按外部人才市场的竞争规律决定华为的价值分配政策。

（2）引入内部公平竞争机制，价值分配的合理不是数量的均等，而是机会的均等。

（3）树立共同的价值观，有共同的价值观才可能使员工认同公司的价值评价标准，不同价值观的价值评价标准是不一样的，不可能得出一致的合理性判断。

（4）用公司的成就和员工的士气作为衡量价值分配合理性的最终标准，市场竞争是对价值分配制度的最好检验。

价值分配制度是企业最敏感、最复杂也是最关键的政策，华为公司在成立初期就解决了价值分配的制度和运作，这是华为早期能用好人才的根本。

不拘一格降人才

在华为看来，机会、人才、技术和产品是公司成长的主要牵动力。机会牵动人才，人才牵动技术，技术牵动产品，产品牵动更大的机会。在这四种牵动力中，人才所掌握的知识处于最核心的地位，这是一种迥异于我国传统企业的人才理念、市场观念。

任正非曾介绍华为的用人之道："我们既要尊重知识、尊重人才，又必须让他明白他只能是奋斗的集体中的一分子，绝不迁就。任何人的学历在进入公司的一星期后就自动消失，根据实践谁能更好地发挥谁就被提升上来。""我们也不是只凭资历作为提升的依据，比如我们最年轻的高级工程师才19岁，最快被公司提升为高级工程师是工作后的第七天。"任正非指的就是年轻的李一男。李一男1992年到华为，七天后被评为华为的高级工程师，几个月后任万门机的项目经理，不到一年的时间就成为华为交换产品的总经理，之后稳居华为研发二把手的位置。1995年，李一男到华为还不到三年，已成为华为公司副总裁，1996年李一男升为华为研发的一把手，不足25岁就开始统领上千人的研发团队，而他领导的工程师的年龄普遍都比李一男大几岁，还不乏名校博士、硕士。李一男的成长，是华为早期敢于用人的人才战略的最好范例。

华为早期还有读函大的高中生，经多年工作积累成为项目经理的，也有许多的普通打工仔、打工妹在实践中不断学习提高成为工程师的。华为研发的重点还是培养高中级科技干部，但强调在所有领域里公平竞争，其含义就是不唯学历。所有进入华为公司的人，不管有多高学历、多高资格，都得从工人做起。华为认为这是了解公司、培养集体奋斗精神的第一步。这有两个作用：一是华为坚信实践改造人是永恒不变的真理，通过实践改造他的知识结构、思维方式，还要改造他的思想品德。再多的理论知识、再高的学历，没有实践经验都是空谈，成不了真正的专家。二是这些在实践中锻炼的人，为企业发展所需的领导干部提供了后备力量。博士生一进公司时，可能实际工作能力还没有本科生强，但经过实践的磨炼，一旦适应了公司的特点，他可能上升得比别人都快，可以做高级的领导干部。因为多年所学知识毕竟使他的内涵比别人丰富；而通过实践，他的实际工作能力和责任心都会很强。

早期华为从1992年起在全国各名牌大学都设有奖学金、奖教金、贷学金，有些家庭条件差、成绩又很优秀的学生，华为还设有"寒窗学子奖学金"。任正非认为，振兴中华的根本在于振兴教育，否则修再多的高楼大厦，里面的人思想空虚也没用，因此早期华为每年拿出大量的资金用于人才的培养。全国各名牌大学与华为的关系都很好，1994年就有70多位中科大少年班的学生到公司参加科技夏令营，华为公司给每人配一台计算机，所有的交通费、工资、奖金都由公司出，这让学生们感觉像中了大奖一样兴奋，要知道当时在学校用一下机房里的老旧电脑都需要排老长的队啊。这其中就包括后来多位研发部的技术骨干，这些从大学四年级起就开始在华为公司工作的少年天才们，也参与了把华为公司研发的产品技术做到世界最顶峰的工作。

华为公司实行按劳取酬的分配原则，同班同学，同样的学历，同一天进入公司的人，他们的工资可能相差好几倍，这就是根据贡献大小实施的按劳取酬。早期的华为认为知识是中国振兴的根本，坚决反对利用廉价劳动力搞人海战术，华为发展的口号就是减人、增产、涨工资，就是要大规模搞自动化，大量使用计算机，大幅度提高产品质量。不惜投入大量的资金用于科研开发，科研是无预算、无计划的，只要有一点钱，就往科研里投。这无疑对天天梦想科研经费、科研报国之心的知识分子有极大的吸引力。若以1995年华为超过2亿元的研发投入来比较的话，这个数字已极为接近当时两个重点大学一年的全部科研经费。"华为的老板极有远见！"这是教授们向学生推荐华为时所说的发自内心的感受。

荣誉给员工而不给老板

早期的华为从不吝啬于给员工荣誉，而且不仅仅是公司内部的各种奖励，还包括各种社会上的荣誉。各种来自公司内外的精神层面的认可，能给工程师以极大的鼓舞，因为这种荣誉对很多知识分子而言胜过给他们发奖金。研发主管部门通过各种方式对工程师的良好表现和进步进行认可和表扬，评比发放奖牌和奖杯，如创新奖、协作奖、攻关奖等，并进行各种公开的表彰。华为从1995年起每年都会评选"华为公司十大杰出员工"，公司的表彰大会一般会向公司全体人员普遍宣传，四处张贴事迹，让当选人都被各种方式表扬得不好意思，为此任正非在表彰先进的会上往往还要做"反骄破满，在思想上艰苦奋斗"的重要讲话。

早期的华为还主动送核心骨干去参选各种社会上的荣誉，而这是所有知识分子最看重的。郑宝用 1997 年荣获第五届"中国青年科技奖"，这是中国科技界的最高奖项，是中国面向全国青年科技工作者对跨世纪学术和技术带头人的一项奖励。很多获此殊荣的人都在科技战线上奋斗了几十年，领奖时已年近 50 岁，而 1994 年的郑宝用也才 30 岁。华为让年仅 30 岁的郑宝用就圆了许许多多知识分子一生的荣誉梦，这让他感动不已。

任正非本人从未主动参加过任何对外的奖项评选，甚至没有代表华为上过领奖台。任正非淡泊地看待名誉，却将荣誉都给了手下的年轻人。再看看其他很多企业，通常都是老板一手将荣誉包揽，频频上领奖台，真谓"名""权""利"一个不差。与任正非相比，他们做老板的境界高低可以说一目了然。

让人才敬业、乐业：集体奋斗的平台

华为早期虽然很小，但研究课题全部是瞄准世界尖端技术，这种挑战性对优秀人才产生了极大的事业吸引力。而华为也提供了一种集体创造的机制和平台，其科研经费投入无止境（公开公布的数据是销售额的 15%，实际远不止）。

华为做科研是直接面向市场需求的，目标是能让技术立即产品化，能使科研成果迅速转化成市场优势以及财富，这种科研方式给个人很大的发展空间和成长机会。当研发人员看到自己辛苦研制的产品能立即获得在市场上的成功，这种兴奋和成就感是金钱所不能代替的。当然，正是因为华为敢于在科研上持续投入，华为也收获了科研所带来的高回报。

华为每个课题的高层研究、总体规划都做得很细，数据库资源共享，两三个人一个小项目组，上百人一个大产品攻关。这就使得负责每个模块开发的人员容易达到目标，奋斗者有成就感，特别是年轻人，不断的成就感会使他对自己、对企业越来越有信心。这种集体团结协作、共同奋斗的氛围也吸引了大量人才愿意来华为公司，有些人甚至放弃别的物质利益来华为工作。

精神鼓励与物质激励的紧密结合极大地提升了公司人才素质和企业的活力。华为在打造集体奋斗的平台上采取利益一致原则，"利益均沾"和团结的问题解决好了，无论遇到多大的困难，人才的智慧也会帮助企业解决；而且企业遇到的困难越大，大家越是奋勇争先。

任正非曾经讲过一个故事：一路人见两名工人在干活，便上去问他们正在忙什么。一人答道正在堆石头，另一人答道正在修教堂。多年后，答堆石头者依然从事类似的活计，而答修教堂者已经成为净化心灵的教士了。任正非希望其员工在"堆石头"做日常工作的时候，一定不要忘了"修教堂"，把平凡的工作和伟大的理想结合起来，努力奋斗，普通人也可以在平凡的岗位上卓有贡献和成就。任正非帮助员工在平凡的工作中看到意义，看到做大事的精神，以及树立崇高的理想，培养员工发展民族高科技企业的自豪感，在企业中树立一种民族精神、时代精神，一种热爱祖国、富强祖国的精神。

这种集体奋斗"修教堂"的精神也给华为人集体奋斗带来更高境界，很多的优秀人才正是为这种精神所吸引，聚在华为共创事业。这也是在早期华为艰苦的条件下，华为的员工个个敬业、乐业、愿意为企业奉献青春的精神之源。华为企业文化中"胜则举杯同庆，败则拼死相救""绝不让雷锋吃亏"等，也给华为的集体带来一种大家休戚与共、同荣共辱、并肩作战、为共同奋斗的事业而努力等正能量氛围，使人才们更加爱恋这个集体。

华为公司宣传企业文化的工具有《华为人》《管理优化报》《华为文摘》等，华为文化宣传的重点，一方面是深入学习任正非讲话，另一方面就是宣传公司内部刻苦工作的一个个动人事例。这些都激励着研发人员在困难的条件下努力钻研，一代代传奇的攻关故事激励着年轻的工程师们。他们在这种奋斗精神的激励下勤奋钻研，靠着团队的努力，攻克了一个又一个技术难题，并借助华为的市场销售网络，把自己的技术成功地转化为商业成果。工程师们看到自己研发的东西在市场上被大量的销售，国外的竞争对手各大通信巨头节节溃败，而国内的用户用上越来越便宜、性能却越来越好的国产货时，一种强烈的民族自豪感油然而生，他们的工作干劲就更大。

华为"虚拟股"之实

2011年柳传志卸任时所说："杨元庆贷款30多亿元买了联想的股票，我放心了！"（2011年联想集团新任CEO杨元庆从银行贷款31.5亿港元购买7.97亿股联想股权）。柳传志让杨元庆从银行贷款买联想的股票，与任正非让数万名华为员工贷款买华为的股票期权，其本质都是将员工未来收益与企业发展命运捆绑在一起实现荣辱与共，而由于数额众大，两者都涉及了从银行贷款购买的行为。

华为的虚拟股票制度是让员工能分享企业发展利益的管理创新，而并不是所谓的"庞氏骗局"。首先，金融市场上的骗局，都有一个共同性：会给你分红，但是不会还你本钱。在过去的20年，华为从未限制过你赎回你的股票，要求还本。事实上，只要你选择离职，华为会在你办完离职手续不超过三个月的时间将你的股票价格结算好，不少一文地打到你账户。曾有不少跨国公司、国企老总、民企老总都问过我一个相似的问题："为什么这么多离职的华为员工都说华为的好话？"我的回答是："华为的诚信，特别是在利益问题上、在金钱问题上对员工的诚信，让离职员工感动！"在华为最为艰难的年代有不少华为人动摇了，不少人当年没有买华为的期权，甚至出现集体离开华为的情况，华为的现金流达到历史上的最低点，在这种局面下，华为都以不超过三个月的速度（据悉目前已改为不到一周时间）全额兑现了对所有离职员工赎回股票的承诺。

通过员工虚拟股票激励制度，华为成为收入最具竞争力的公司之一。在华为工作五年以上的员工将按部就班进入百万富翁行列，华为员工的收入远远高于当前中国任何中产阶层标准，任正非通过让出99%的华为股份为中国创造最大"中产阶层员工"。虽然内部股后来叫虚拟股，但是过去的20年间华为员工得到的却是实实在在的真金白银，半点也不虚。

华为从2001年实行的虚拟股期权，对员工而言，是可以选择不买的！员工选择不买并不会被开除，此外员工还可以分批购买；这次不买，华为可以保留你的权利，下次再购买。购买虚拟股期权，不是强迫，而是可选择的。华为给员工保留了足够多的选择权和弹性。

华为的虚拟股期权制对中国可能还是一种新生事物，但要看到在国外，在美国硅谷早已不是创新，而是普遍采用的激励方式。Facebook等美国IT企业在公司上市前，员工可以灵活地向企业外部资源转让手头的股票期权，当然员工之间也可以私下交易股票期权。

国外向银行贷款买股票期权，也是常见的事。事实上，未上市的华为公司的虚拟股，更难有被做投机的余地，因为它已被严格地限制了范围：只能卖给华为公司。华为并没有将募集的员工资金挪为他用，而是全部地投入企业的经营活动中。这也与金融市场上的各种骗局完全不同。

小结

对于刚步入社会的年轻人而言，如何正确选择一家像华为一样有前途的好企业？第一，要选领头人，领头人的胸怀、气魄决定了企业能走多远。第二，要看企业的机制，好的机制才能造出好的氛围，造出未来。第三，要勇于去能发挥自己最大才华的地方。历史证明，勇于主动选择迎接挑战的年轻人，成长最快、人生收获最大，而企业的困难往往只是暂时的。

| 第 6 章 |

谁给华为做风险投资

引言

　　进入自主研发的华为，像很多初创研发型企业一样，很快陷入了资金困境。1993年是最吃紧的：高额研发成本无法迅速变现，资金链经常面临断裂的危险。那么，华为是如何走出研发资金困境的？有什么样的融资手段？今天的华为在资金方面已进入了一个非常高的境界，早期的做法已不再需要。但是，对于广大中小企业，华为早期的经验和做法却是最有借鉴价值的。

如果失败只好跳楼

企业搞研发，不像听起来那么简单。像华为所在的通信行业，研发电信级局用的通信高科技产品属于典型的高风险投入，研发投入大，多则上亿，少则几百万；产品周期长，多则三年，少则一年；产品和技术的更新换代快，一个产品和技术刚刚开发出来，还没有开始应用可能就已经面临淘汰；产品质量要求高，一旦产品品质无法和预先承诺的一致，退货、退款甚至罚款都是常有的事；产品的升级维护成本高，产品的验收交付往往意味着维护工作的开始，而客户分布地域广泛、需求多样化的事实，使得公司必须付出的售后服务的维护工作量和维护成本居高不下。

从 1992 年起，华为进入运营商市场，使原本还能滚动发展的公司资金链不时地面临困难。1993 年的艰苦和动荡，其实都比不上资金链面临断裂危险带来的紧张。好不容易开发出来的局用设备 JK1000 还没有进入销售，仍处于花钱阶段，华为又孤注一掷地在 C&C08 数字程控交换机上下注。同时进行两条战线的自主研发使公司的资金需求陡然增加，资金周转首尾不能相顾。C&C08 交换机的硬件开发成本就需好几百万，加上整整一年的开发时间，整个研发团队人员的开支不菲，整体投入上千万，用"岌岌可危"来描述那一年的华为，一点也不为过。

任正非在 1995 年的一次谈话中对此略有总结："高投入才有高产出，我们的成本比兄弟厂家高，因为科研投入高、技术层次高。科研经费每年花掉 8000 万元，还要花 2000 万元用于国内、国外培训和考察。"

当年的华为是弱小的民营企业，向银行求贷无门，公司于是展开多种融资方式以求自保：民间借贷，员工只要能给公司拉来上千万元借款的，可以白拿工资；针对运营商收款困难的，成立以秘书、行政人员组成的收款队，经过短暂培训后奔赴市场；实在逼得紧了，还借过高利贷，拆东墙补西墙。1993 年的任正非还不到 50 岁，却一下子多了许多皱纹，常焦急万分地在实验室里辗转，察看研发进度。情急之下，任正非不止一次地在实验室对研发人员说："如果交换机开发失败，我就只好从 5 楼上跳下去。"

资金解困方式之一：技术换市场

1993 年下半年，正值 C&C08 交换机开实验局的关键时期，许多物料都没有资金买入，迫于资金压力，华为决定公开向社会转让电源技术，期望以转让技术的方式缓解短期资金之困。

技术转让的文本向社会明码标价地公开了转让细节，条件诱人：每种电源的技术转让费用为20万元，公司向接受转让的单位提供全部技术文件、生产工艺文件。接受转让的单位可派3～5人来公司学习有关电源的技术，并可到公司生产线上实际学习电源生产技术及电源物料采购。而且为了使转让单位在人员流动的情况下能够保证生产的连续性，公司可代为再培训人员，培训费用为每人每月3000元。还可以向有关单位按接近成本的价格提供电源自动测试系统，无保留转让其技术。

华为通过《华为人》报的宣传、销售队伍一对一的沟通，寻求电信局的反馈。这种公开叫卖开始时成效不是很明显，但是打开了一扇窗，让各地电信局看到了华为的技术优势，加之陆续开局的JK1000和正在研发的C&C08交换机技术上的特点，使华为的技术实力和未来的前程无限成了业绩的新发现。

因此，1994年之后，华为电源的技术转让在全国遍地开花，华为通过转让电源技术与当地的电信局合资生产，即"技术换市场"的模式，使华为的电源设备迅速渗透到各地。尝到甜头后，1994年10月，为了能迅速打开市场、回笼资金，华为还将单位用户交换机拿出来做"技术换市场"，不仅缓解了资金压力，同时也通过技术受让方扩大了市场优势，可谓一举两得。

中外合资：国外厂商经验

20世纪90年代初，国外的交换机厂家纷纷通过技术转让、与邮电系统甚至当地政府合资的方式进入中国，如比利时的贝尔与上海邮电系统合资成立上海贝尔，共同生产和销售交换机等设备；AT&T在青岛与当地邮电系统合资成立青岛朗讯；北电在广州与当地邮电系统合资成立广东北电。这些合资公司技术、设备和企业管理方面主要由外方输出，资金和地皮国内出；领导人由邮电系统外派骨干来担任,如上海贝尔的董事长就是由上海邮电管理局副局长奚国华担任,奚国华在上海贝尔任满两年后,调任职位信息产业部副部长、中国网通的新掌门人,负责包括运营商对设备厂商的采购的管理工作。

通常,一个地方成立了某外商合资企业,该企业自然就受到了当地的保护。如上海的交换机主要以上海贝尔的 1240 为主,青岛的交换机以青岛朗讯的 5 号机为主,而北京的交换机则以西门子的为主,广州的则以北电的为主,各有各的利益地盘。而国家邮电系统初期总体的选型政策也是将国家队(大唐、巨龙)、合资队、民营队(华为等)放在一起,并没有给予民族的交换机产业(如大唐、巨龙、华为、中兴等)特别保护。合资的交换机生产厂商在技术上就领先中国民族的交换机厂商 10~20 年,在市场上也能享受到邮电系统的相应待遇,因此 20 世纪 90 年代初外国的交换机一直处于技术和市场的双领先地位。

在完全市场化的市场结构下,邮电系统既是买方,又与供货方成立合资公司生产设备给自己供货,这是当时受鼓励的"产销一条龙"做法。中国当时的国情是,邮电系统是国营的,属国家所有,合资供应商公司是国家持股的,也属国家所有,合资厂商如上海贝尔的干部也属于国家级的领导干部。这些在中国国营的背景下都是合理的。当然,除了在电信设备领域,在中国其他行业也有类似情况出现。

在这种形势下,纯粹民营的华为就显得有些孤助无靠。任正非深深体会到,如果华为完全不与邮电系统沾边,就会处于既不是国营又不是邮电系统合资的"圈外人"的尴尬境地。完全国营的大唐、巨龙拥有最多的政策优势,合资的上海贝尔等外资企业其次,而完全民营的华为相比较而言,拥有的政策优势最少。当年的华为今天成为了中国自主研发的名片,这一点是值得地方政府反思的。应该说 20 世纪 90 年代的这种完全民营的公司容易受到歧视的局面,到现在得到了或多或少的改善。但是,政府应该对民营经济,以及民营的中小企业给予更多的专项支持,以利于更多的自主创新企业发展。

资金解困方式之二：广泛吸引"风险投资"

既然外资可以用技术换中国的市场、邮电系统的资金，那么华为这样的拥有自己核心技术的民营企业为什么不可以呢？华为也可以用技术换市场、技术换资金，并且可以向合资公司输出管理。华为很快学到了这一点，而且任正非做得很绝：华为不是只与一个地方的邮电系统合资，而是与全国的邮电系统合资，广泛吸收股份。

更绝的是，华为不是吸纳通常意义上只给予资金支持而没有业务往来的纯资金，而是将风险投资的目标主要集中在各地既有资金又拥有市场的客户群即邮电系统。华为吸引的是来自客户方的资金。华为是将主营的交换机业务的生产和销售，与各地的邮电系统单位合作，重新组建一家公司，而华为公司入股并主导经营。1992年华为开始运筹与邮电系统的合资企业，1993年正式开始启动，这便是华为与邮电系统成立的合资公司——莫贝克。

莫贝克宗旨是：以程控交换机生产为主，积极研究、开发先进的通信产品，发展多元化的高科技实业，充分利用深圳经济特区的优势，依托国内，拓展海外，逐步建成国际上具有竞争力的综合性跨国集团公司，以提高经济效益为中心，实行科学的企业管理，运用灵活的经营方针，使股东获得最大的经济利益。莫贝克的主要经营范围包括电子通信设备和器材，以及与其相关的高新技术产品。经营方式包括研究、开发、生产、销售、投资、咨询和服务。

应该说正是这笔主要来自邮电系统的8881万元的"风险投资"资金，拯救了1993年高研发投入下处于资金饥渴中的华为。要知道这笔近9000万元的投资对当时的华为而言是非常大的一笔资金，1992年华为全年的销售额也才刚刚过亿元！莫贝克是早期华为重要的融资、筹资平台，莫贝克的股东，即各地的邮电系统，也是华为的客户投入了支持华为创新的第一笔风险投资！此后，华为通过莫贝克平台持续融资，进一步改善了华为的资金面。这就叫风险投资！华为当时的C&C08交换机正在研发当中，没有人能保证一定可以研发出来，虽然融资时华为给股东的年分红承诺高达30%，但是没有人能保证华为一定能做到。

在莫贝克中，华为不是绝对控股方，只是相对股份较大的一方，华为持有的绝对股份一开始低于其他邮电系统的股份总和。华为是经营管理方，莫贝克当时的主营业务是华为公司交换机的生产和销售。至此，华为与电信局客户间的资金和市场的紧密联盟形成，华为在电信市场的市场通道正式打开，这对早期的华为突破市场及获得资金支持起到了至关重要的作用。莫贝克筹建于1993年，正式成立于1994年，其中华为的销售额从1992年的1亿元突破到1993年的4.1亿元，1994年年底的8亿元，而1995年则升至15亿元，1996年又达到26亿元。从莫贝克成立开始，华为的销售额开始了不低于200%的井喷式增长（见图6-1）。

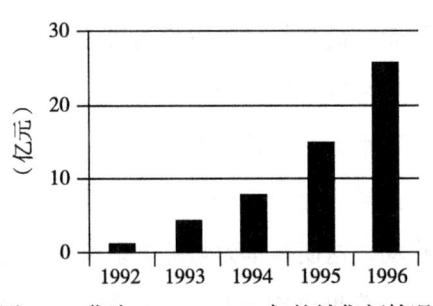

图6-1　华为1992~1996年的销售额情况

融资平台的作用：联合发展实现双赢

参股莫贝克的邮电系统的股东，和参股上海贝尔等合资公司的股东一样，不仅在华为面临研发资金紧张时，给华为解了困，而且对华为早期交换机的销售起了一定作用。在合作过程中，华为在技术换市场、技术换资金上所透露出的管理和技术能力，令邮电系统的很多运营商看到了华为公司的潜力，扩大了华为在业界的知名度和信任度，具有多重作用。可以说，如果没有莫贝克这种集市场销售渠道于一体的合作方式，华为公司早期领先的技术有可能找不到出路，至少不会这么快形成市场规模。

从1994年年初开始，莫贝克的重点是，一方面通过股东开展股东市场的华为交换机的销售，另一方面继续在全国邮电系统招募加盟单位。南宁、济南、成都、重庆、太原、西安、乌鲁木齐等莫贝克股东所在的电信市场，为华为公司的产品进入打开了方便之门，尤其南宁、成都、济南等是华为产品销售工作开展较好的市场。南宁局与华为公司办事处成立联合销售，一方谈技术，一方做市场销售，很好地控制了交换机市场。成都局成立了专门的组织销售队伍，生意不仅在本地区有所发展，而且还跨界带动发展。济南局利用发展本地通信网时机，适时推广应用华为公司的产品，这样不仅有了可靠的技术维护，而且更加匹配电信大网的运转。1995年，莫贝克的股东之一辽宁省邮电管理局已将华为公司开发、生产的C&C08交换机列入辽宁省本地网建设的优选机型，并与华为公司合作生产新一代智能电源。

1994年虽然是国内交换机行业竞争环境、经营环境较为紧迫的一年，但是华为的C&C08交换机在国内已有一定的知名度，有20多个省将C&C08交换机选型进网，对莫贝克销售C&C08交换机带来了有利的形势。此外，政府、邮电部、电子部、广东省对华为与各地邮电单位组建的莫贝克给予了极大的关注，认为以莫贝克牵头聚集起电信设备"生产、研发、销售"上下游企业共同参与的C&C08大集团，将促成国内交换机行业的突破性发展。

莫贝克这种利益均沾，打通市场销售、厂商供应、高效运作的模式，受到了电子部、邮电部、深圳市政府、国家领导人的共同认可。由于华为的交换机能够通过莫贝克的渠道迅速在中国打开市场与国外同类产品竞争，因而从1993年到1995年，交换机的销售价格从每线200～300美元下降到每线80美元，莫贝克的股东邮电系统也因通过大幅降低的交换机采购价格而将电信业务迅速推广而受益。实现了双赢！

并不是与客户合资了，华为的产品就不愁销售了，当时巨龙、大唐是邮电部直属企业，各地还有众多的邮电部与外商的合资公司，中兴也有类似的合资企业，市场销售能力和客户服务能力以及技术水平是在同等条件下竞争的关键因素。在国内企业中，华为是将与客户联合发展运作得最好的企业。

融资平台的运作方式：共同出资委托经营

莫贝克委托华为经营，历时三年。1993~1996年三年内，华为公司完成了"委托经营协议"确定的各项指标，培养了一批高素质人才，开拓、巩固了全国范围的市场网络，建立和完善了一套按股份制设置的公司经营管理机制，并在1995年根据第三届董事会精神，确立了莫贝克以通信电源为中心，集电源产品开发、生产、销售、服务为一体的新的经营体系。莫贝克逐步走上了一条具有一定产业优势、稳定发展的高科技企业发展之路。莫贝克的发展除了依托于华为特有的经营体制、人才资源、经营方式外，与各股东方、各位董事的支持配合是分不开的，是大家共同配合、努力的结果。

华为完成三年委托期后，由董事会商议决定：莫贝克应在良好条件和基础上，从加工型、依附型坚定不移地转为自主的、有自己主流产品的高新技术企业。同时，为了更好地运用华为的企业形象、品牌知名度，经股东提议，莫贝克更名为华为通信股份有限公司。

1996年在第四届股东大会上，莫贝克总结了自1993年成立后由邮电系统和华为共同出资、华为经营管理的成果，并正式宣布了莫贝克的转型——华为注入了电源事业部的研发、生产、销售，并确立了莫贝克还要继续支持华为交换机和智能网等产品的销售。同时宣布莫贝克将继续扩大对外合作，扩大投资股东数量，扩大合作的邮电系统单位的数量，进一步扩大在全国的影响力。

融资平台的意义：技术拥有方与市场拥有者相结合

关于莫贝克，这个给华为提供风险资金和销售支持的融资平台，任正非出于一片爱国之心，曾多次向国家表示以此为龙头，组建由中国主要邮电系统单位共同参加的C&C08大集团，华为以及华为人作为经营团队愿意做最大的牺牲。

1995年3月电子部徐顺成副司长视察华为时和任正非谈道，电子部在抓大公司战略，华为公司如何联合国内的几个主要厂家，如何合作，请任正非提个方案。电子部几位随行的处长都表示，对华为公司牵头邮电系统里的主要单位和企业组建C&C08大集团给予大力支持。

1995年任正非在上海的公开讲演中谈道："华为公司下阶段将'切块上市'，把生产和销售一部分产品的公司转成上市的公众公司，以募集到更多的发展资金，建立现代化的生产线，大规模地复制技术，产生利润，降低成本。华为公司将在1996年首先将莫贝克推向市场，转化为上市公司。接着经过产权清理后，开放华为，让社会资金进入华为，扩充成C&C08大集团，在运行稳定后，同样转化为上市公司。由华为公司牵头成立C&C08大集团的事，中央及地方政府十分关注。华为公司仍一如既往地欢迎广大的邮电部门、工厂、三产职工投资。在利益均沾的基础上，合作起来。"

1995年5月，在莫贝克的股东会上，莫贝克的股东们对莫贝克运作的模式进行了很好的总结：莫贝克公司经过两年的磨合，股东们已完全认同了市场与产业合作发展的模式，认识到了这种合作所带来的巨大效益和深远影响。与会代表们认为，团结就是力量，莫贝克公司发展到今天已取得了相当大的成绩，今后莫贝克必须进一步走技术与市场相结合、人才与资源相结合的规模化发展道路，联合一切有市场、有技术、有人才的单位加盟莫贝克。莫贝克的指导思想是重在参与，不在投资多少。在经营管理上，莫贝克将按照国际惯例办事。

董事会根据莫贝克两年来的良好经营业绩，做出如下决定。

（1）莫贝克将继续扩大合作伙伴范围，欢迎电信职工与第三产业投资莫贝克。

（2）华为公司将大功率开关电源全部转入莫贝克生产，并建立集研究、销售、生产于一体的大型电源公司。

（3）为了吸收更多的资金，扩大生产规模及提高装备水平，公司在1996

年年底转为公众上市公司,公开向社会募集资金,增加管理的透明度及投资的安全性。

应该说,莫贝克是相当有上市基础的,1996年莫贝克确立了独立发展和独立上市的目标后,聘请了原四通集团的副总、职业经理人李玉琢,进行独立发展的运作。

融资平台的结果:五年占据40%的国内市场

吸纳客户方作为股东,不仅是在资金方面,而且在市场方面对华为的促进也很大。以莫贝克为例,1996年莫贝克正式确立独立化运作,只做华为电源产品的研发、销售和生产,此后华为电源在短短五年的经营时间内迅速占领了中国通信及IT电源市场40%以上的份额,这种发展速度令业内其他企业惊讶。这就是正确的经营模式带来的好处。

第一,莫贝克选择了一个相对薄弱的市场突破口。电源市场潜力巨大,方兴未艾,竞争对手尚不十分强大,而当时华为分析只要是莫贝克战略正确,集中力量,努力拼搏,占有一席之地不仅是可能的,而且是有把握的。

第二,莫贝克当时的实力在国内首屈一指,依托华为的经营水平,莫贝克的开发能力、生产规模、资金实力、经营系统,应当说国内尚无出其右者。

第三,莫贝克的几十名邮电系统的股东遍布全国,在通信领域相当有影响,充分利用这个有利条件,就会有相当大的收获。

第四,莫贝克有雄踞国内前列的华为公司作为自己的后盾,可以利用其影响、其平台及其消化能力,这是国内其他任何电源厂家所没有的先天优势。

为了沾华为名气的光,莫贝克之后改名为华为通信,后来又因为其不再做华为电源以外的产品,所以改名为华为电气。在1998年公布的华为电气的财报中已没有出现与电源外产品(如华为交换机等)相关的销售内容,已全部是电源产品的销售。华为电气作为华为最大的子公司,仅2001年的市场销售总额就达到 26 亿元，实现利润为 5 亿~6 亿元，拥有 48 项国家专利，成为中国市场份额最大的通信电源销售公司。

资金解困方式之三：卖掉一块业务给竞争对手

由于各种原因，1996 年后就朝着上市目标进行经营改制后的华为电气并没有实现在 A 股上市的目标。1999 年年底，任正非认为，国内电信器材供应商之间的竞争日益激烈，华为必须集中所有能量与对手竞争。为此，华为公司决定转让或剥离所有与核心业务、主流设备不相干的产品线，把主要精力、资源从非核心业务抽出来。此时，华为电气成为被剥离的首选，原因有如下几点。

（1）华为电气是以电力电子及其相关控制技术为基础的，与华为的核心发展方向不同，为了华为的长远发展，应该把华为电气卖出去。

（2）对华为电气而言，其业务以电源为主。成立以来一直是中国这一领域里的领头羊，市场占有率较高，其中电源占 40%，监控设备占 50%~60%。要想得到更大的发展，必须跨越领域，而华为在一定程度上限制了华为电气的进一步发展。

（3）华为不是上市公司，不能通过证券市场获得融资，所以在坚守核心业务的前提下，将从事非核心业务且运作良好的华为电气剥离可以融来资金。

经过几个月的股权结构调整，华为公司在 2000 年 4 月将华为电气更名为"深圳市安圣电气有限公司"（简称安圣电气），将其正式从华为公司的一个"事业部"（之前华为电气虽为独立的公司，但是由华为经营，华为在管理上采取了事业部管理方式，即采取的管理平台、管理制度等均与华为公司其他业务部一样，连办公系统都是同一个，干部也与其他业务部有交流），转变为一个独立核算的公司，为出售安圣电气做好了铺垫。同时，华为领导层制订了一个详细的出售方案，列出了执行该方案的职责和时间表。

2000 年下半年，华为公司开始为安圣电气物色新的股东，并对几个潜在买家进行尽职调查。尽职调查分两块：一块是法律和公司的基本情况，还有一块是财务。华为负责此次销售的人员还详细了解了各大潜在买家的购买要求，比如规模、出价、财务，主营业务等，并将这些指标量化确定下来。在前期尽职调查的基础上，华为自己制定了一份详细的信息备忘录。信息备忘录主要记载安圣电气的详细业务信息，以使潜在的投资者明确购买意向。然后，销售人员开始推荐安圣电气业务的优势，并列出潜在投资者关心的问题。

投资者所关心的问题，大致有这么几点：一是出售的原因，即如果这个业务本身很赚钱的话，为什么要卖；二是价格，即华为技术出价的依据是什么；三是风险，即这个项目的风险在哪里，投资人一般会关心买入后政策、市场、技术、知识产权、财务、环保等方面的风险；四是未来收益如何；五是投资及管理架构，包括未来董事会的组成、决策层的组成、是否派人进入管理层等。

经过前期对潜在买家的尽职调查，华为公司负责此次资产销售的人员掌握了各买家的意向，初步确定美国艾默生公司为优质买家。这不仅因为美国艾默生公司相比其他买家在出价上有优势，而且在投资结构上也大致能够符合华为公司的要求。

2001年1月，华为公司最终确定同美国艾默生进行谈判。华为公司向艾默生公司提供了包括整个项目全面的财务、技术、法律和业务文件等信息，以便艾默生公司对安圣电气有更真实的了解。国内传统的企业并购估值一般采用净资产溢价法，有时候也采用内在价值法。对此，华为负责谈判的人员为艾默生的谈判人员算了一笔账，根据深圳证券交易所和上海证券交易所公布的数字，上市公司平均市盈率约为42，绩效好的公司市盈率会更低些，一般在30左右。如果安圣电气是上市公司，根据其绩效，假设其市盈率为30，现金流贴现率为3.3%，如果未来20年，安圣电气将为艾默生带来每年稳定的4.15亿元的收入，则这些收入的净现值正好就是60亿元。如果市盈率按20倍计算，则每年稳定收入应为4.82亿元。事实是，安圣每年的利润都有4亿~5亿元，因此，如果按当时的盈利水平，60亿元售出价还是比较合适的。

2001年5月24日，艾默生电气有限公司正式以7.5亿美元收购安圣电气100%的股权，并承诺收购后将进一步加强安圣电气对中国客户的服务支持、技术支持和产品支持，承担安圣电气既有的债权债务。

从1993年到2001年，给华为进行"风险投资"的邮电系统的股东们，在莫贝克这个项目上除了获得连续几年的高额分红外，最后还按每股4元钱得到了风险投资后的高额回报。

资金解困方式之四：在各地建区域的合资公司

1994年开始，华为相继在四川、浙江、山东、河北、安徽、新疆等地成立当地的华为与邮电局的合资公司，进一步打通市场销售渠道，进行强强联合，同时也为了进一步地解决发展资金问题。几年内，华为公司与各地邮电部门联合建立27个合资公司，通过建立利益共同体，达到巩固市场、拓展市场和占领市场之目的。这些合资公司大量吸纳邮电系统企业入股，缓解了华为发展期资金匮乏的矛盾，有的合资公司的注册资金都高达2000万元，全国各地的合资公司初期就提供合计达5.4亿元的"风险投资"基金，这给华为的高研发投入提供了源源不断的资金支持。

1994年年底辽宁省邮电管理局与深圳市华为技术有限公司合作生产高频开关电源，由此迈开了辽宁省管局与华为公司全面合作的第一步。1997年3月14日，四川华为通信有限责任公司由深圳市华为技术有限公司、四川省邮电器材厂（702厂）、四川省通信发展总公司三方合资成立，在四川雅安注册，注册资本2000万元。当年，华为公司的会议电视系统和SDH光传输系统相继在四川南充和重庆开通，不久华为又与四川邮电签订了成都2.4万门市话合同。1997年4月华为通信股份有限公司与江苏省邮电通信设备厂合作生产智能高频开关电源。

2000年1月，安徽华为通信技术有限责任公司第一次股东大会隆重召开，参加会议的有安徽华为全部 21 个股东单位的代表,安徽省邮电管理局副局长及 16 个地市电信局局长作为特邀代表出席了会议。由深圳华为委派的和由安徽电信委派的人员分别出任正、副总经理。2000 年 1 月,在浙江省邮电管理局的委托下,浙江省电信技术支援中心和浙江南天邮电通讯发展集团股份有限公司与深圳市华为技术有限公司共同成立了电信运营商和网络供应商的强强联合体——浙江华为通信技术有限公司。

截至目前,华为在全国已有几十家与当地邮电系统成立的当地华为公司,华为很早就和跨国公司一样,实现了以技术换资金、换市场、换土地,四处建合资公司的资本运营。

资金解困方式之五:首创高科技企业"买方信贷"

华为与客户电信局之间是 B2B 模式的销售,时间较长,从电信局正式订货,到生产、发货、安装调测、验收合格,国外厂商往往需要一年左右的时间,而华为虽然采取了各种备货等方式,将周期缩短到 6~8 个月,但是从华为订购元器件对外付款到华为从电信局收款之间的周期可能长达一年。加上华为早期的市场都是在农村及偏远地区的电信局,电信局的资金也存在因机房建设支出等压力而无法及时支付给华为设备款的问题,这些都给华为的资金周转造成了极大的压力。

早期,华为就成立了一支浩荡的由行政人员组成的"催款队"到全国四处"催款",但这终究不是解决之计。后来,华为积极争取在国内首次采用了各种金融创新方式,争取最短的回款周期,以解周转资金之困。

1994 年,华为公司向招商银行总行营业部提出了开展国内"买方信贷"业务的意向,招商银行为此派出了调查小组,深入多个省邮电管理局及一些地、市、县邮电局,对各局的发展状况、建设规模、资金状况做了详细的了解和分析,调查了开展买方信贷业务的可行性。经过双方努力,1994 年 11 月,华为公司和招商银行签署了"买方信贷"协议，开始了银行、企业、用户三方团结合作，金融资本与产业资本相结合的新尝试。

湖南怀化地区邮电局、湖北荆州市邮电局一直是华为公司的老客户，也是采用买方信贷的方式购货的新用户，两局分别采用部分贷款的方式购买C&C08交换机设备，这两局的贷款额在全年订货总额中只占很少一部分，但在一定程度上缓解了两局的资金压力。

在1994年度开展买方信贷业务的经验基础上，1995年招商银行扩大了买方信贷资金规模，使更多的用户从中受益。在1995年黑龙江农话订货会上，很多购买华为设备的用户使用了"买方信贷"方式支付货款。随着买方信贷业务的逐步开展，华为公司在发货后不久就可以从招商银行处拿到款项。这项由招商银行在全国首创的"买方信贷"业务解救了早期华为周转资金之围。

买方信贷业务自开展以来，显示出强大的生命力，一年来共有5个省30多个市、县局受益。1996年7月，建设银行深圳分行向华为提供5亿元综合授信贷款意向、招商银行向华为公司提供2.5亿元买方信贷。像当初华为这种没有什么固定资产的高科技公司，除了电脑和人之外，没有什么资产做担保和抵押，不仅是在当时中国的金融改革尚未开始的情况下，就是在2009年的中国银行业也是很难得到贷款的。

华为首次应用的国内买方信贷业务，得到了国家领导人、深圳市政府的大力支持；而华为这样的高科技企业的发展也给国家、深圳市争了气。周转资金是一家企业的血液，华为不仅是靠自主研发和技术创新发展起来的，也是靠金融创新、灵活融资支持发展起来的，如果没有为了企业的成功不断地勇于尝试各种金融创新，就没有华为的健康成长。

解决了资金流的华为，1994年后开始在高科技研发之路上狂奔，获"1994年度深圳市开发型高新技术企业综合排序第一名""1994年度深圳市开发型高新技术企业销售额排序第一名""1994年度深圳市开发型高新技术企业年利税排序第一名"。华为公司是当年唯一获得三个排名第一的企业。

资金解困方式之六：拍卖代理权

早在 1994 年 10 月，已成功进入电信运营商市场的华为，就将赖以起家的单位用户小交换机产品拿出来拍卖，找代理商经销。当时拿出来做代理的产品是 HJD48 空分用户程控交换机，以及 EAST8000 数字程控交换机。

当时一个地区的代理权，华为就已拍卖到了 100 万元；后来生意太火，华为除了按区域，又按行业用户划分出了代理权。最后，除了单位用户小交换机，华为针对行业用户，如电力、石油、煤矿等，把华为的交换机以外的产品如传输、会议电视、数据通信等产品都发展为代理商销售。由于前景好，代理商最高甚至需要支付 1000 万元，才能取得某个行业内某个产品独家销售的代理权。

"利益共同体"是获胜的法宝

在营造企业生存的外部环境上，华为擅长把客户、供应商、合作伙伴、竞争对手等价值链上的利益相关体一同"拖下水"，在竞争与合作中共享发展的利益，形成"共赢"的生态圈。

华为的专家组在解读《华为基本法》之"在顾客、员工和合作者之间结成利益共同体"时认为：

利益共同体的思想不仅是华为的核心价值观，而且是华为的大战略。我们必须广泛地理解员工、顾客和合作者的含义。员工的范围，不仅包括公司员工，还包括公司的股东和证券持有者；凡是我们向其提供产品和服务的人和机构，都是我们的顾客；凡是与我们利害相关的供应商、外协厂家、研究机构、金融机构、人力资源供给机构、各类媒介和媒体、政府机构、社区机构，甚至现在的一些竞争对手，都是我们的合作者。任总讲过，有利益共同体又有利益驱动机制，我们就能激活这个组织。利益共同体的宗旨是华为赢得世界的法宝。

《华为基本法》中关于"资本经营"的内容如下：

第三十八条　我们在产品领域经营成功的基础上探索资本经营，利用产权机制更大规模地调动资源。实践表明，实现这种转变取决于我们的技术实力、营销实力、管理实力和时机。外延的扩张依赖于内涵的做实，机会的捕捉取决于事先的准备。

资本知识化是加速资本经营良性循环的关键。我们在进行资本扩充时，重点要选择那些有技术、有市场，以及与我们有互补性的战略伙伴，其次才是金融资本。

资本经营和外部扩张，应当有利于潜力的增长，有利于效益的增长，有利于公司组织和文化的统一性。公司的上市应当有利于巩固我们已经形成的价值分配制度的基础。

任正非曾经在1996年"华为通信股份有限公司与云南电信器材厂通信电源合作签字仪式上的讲话"中对与客户"利益均沾式的合作"给华为研发带来的支持做总结：

我们这次与云南省的合作，就是一种利益均沾的方式。回顾我们这些年来走过的道路，我认为我们就是本着一种真诚、互利的合作态度，所以我们的合作伙伴越来越多，我们的销售额也越来越大。我们感谢云南省的各位领导、各位专家给予我们这次机会，感谢这些年在我们艰苦奋斗的过程中给予的支持和帮助。没有你们的帮助，没有你们给我们提供的利润，我们不可能在科研上有大的投入，也不可能有这样的状况，更不可能取得什么小小的胜利。与电信器材厂的这次合作只是迈开合作的第一步，希望将来我们在云南会有一个比较好的中等规模的工厂！

任正非非常重视这种与客户"利益均沾"的合作思路，认为这是支撑华为研发投入与市场输出的重要途径。

进入1993年，华为通过自主研发电信局用设备，一举进入电信运营商市场；通过与邮电部门成立合资公司解决早期市场渠道和发展资金问题。1993

年后，华为进入了大飞跃阶段，1994年销售额就从1亿元翻了7倍到8亿元，1995年又从8亿元翻番到15亿元，1996年华为一举实现25亿元的销售额。华为用4年时间从1亿元的销售额快速发展到25亿元，创造了令业界瞩目的发展速度。早期的华为，针对客户采取了利益均沾的思想，与客户一起成立了合资公司；采取了"白条换股份"的方式牢牢地拴住人才。这种与众不同的人才战略、客户战略、产品战略、研发战略，使华为从1亿元突破到25亿元，如囊中取物。

对研发型企业来说，资金与市场是发展的大问题，来自客户的一笔风险投资解救了早期深陷资金危机的华为。华为作为技术的拥有方，通过与市场的拥有者合资的方法，解决了资金的同时，依靠股东的力量还解决了初期市场开拓的难题。由于华为的快速发展，除了给股东带来了较高的回报，也令股东——市场拥有者得到了低成本的产品供应，实现了双赢。与客户利益捆绑，与客户利益均沾，是华为发展的重要战略。在发展中长期面临资金困境的华为，还通过各种资金解困方式度过了一个又一个面临倒闭的危险期，练就了一身"求生"的本领。当然，无论是技术换市场，还是与客户合资，这其中的基础是华为强大的研发能力。

小结

研发型的企业，资金问题始终是悬在头顶的一把剑。一把手应该做什么？不是亲身做研发，不是亲自拉订单，一把手的首要职责是盯着现金流，解决资金问题。企业应该将融资问题放到与打市场、做研发同等重要的高度，并能灵活地运作各种方式，能将企业的技术优势提前转化成资金。勇于与别人分享发展收益的企业，才是有前途的企业。

| 第三篇 |

研发管理篇

RESEARCH & DEVELOPMENT
OF HUAWEI

| 第 7 章 |

中央研究部

引言

1995年是华为全面超越对手巨龙、大唐、中兴的一年,之后华为笑傲中国通信产业,开始了此后十多年的领跑,并与竞争对手的差距成指数倍的拉远。这一年究竟发生了什么大事?

但凡搞过开发的人都明白,要取得一款产品的胜利、研发一个有竞争力的产品,可能性是存在的。但现实中多的是很多公司在迈过起始阶段后,却难以实现多个产品的研发突破以及研发的持续成功。华为是如何组建和管理研发队伍以实现别的大多数企业无法实现的成功的呢?

分层式研发显优势

华为自主品牌的首款产品BH01从组装散件开始,所有项目组是挂在生产制造部下面的;后来华为首个自主研发的BH03,也是挂在制造部下面的,那时华为的发货量小,造出一台发一台,项目组负责研发的工程师也不过六七位,研发、制造的结构分得并不很清晰。

1992年华为研发全部挂在制造部下，组织架构为如图7-1所示。

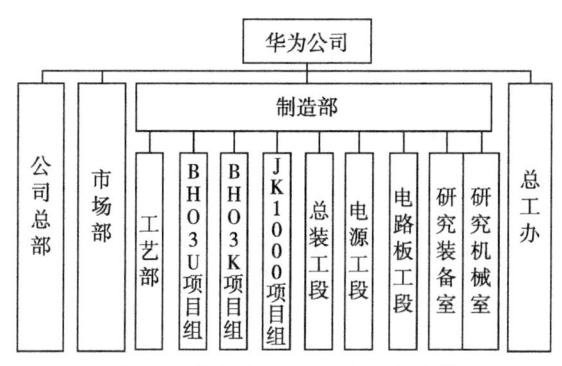

图7-1　华为公司1992年组织架构

当时莫军是BH03K（BH03）的项目经理，郭平是BH03U（HJD48）的项目经理，徐文伟为JK1000的项目经理，总工是郑宝用，负责产品规划和总体设计。

华为开始做C&C08交换机时，一开始数字机也挂在制造部下，但是效果不好，由于C&C08交换机的技术复杂度远超过之前的用户机，所需的工程师人员规模也远超过华为之前做过的所有产品。在技术管理和人员的管理难度都较高，这些远超出了早期华为的研发管理经验。

郑宝用到华为后，整体提升了华为研发的层次。郑宝用眼界开阔，具有较强的收集和消化国内外技术信息的能力，在通信产品及网络规划等领域都具有宽阔的知识面。郑宝用为人厚道，具有很强的人格魅力，对华为早期研发部吸纳高端人才方面也贡献颇多。

总工郑宝用从一开始只负责技术规划，但很快就主导了技术团队组织建设和人员规划工作。1993年郑宝用经任正非首肯和支持，将数字机项目从制造部拉出来，成立了并行于制造部的数字机组。1993年5月，郑宝用又对数字机组进行了较大调整，采用了类似于C&C08交换机一样的分层技术管理和控制的组织模式。

调整后的数字机组采用分层式组织结构，由总体组负责数字机总体方案的制订、技术评价、技术协调等工作，总体组下的七个总体组，分别是终端、DU2000局用软件、ISDN、DU2000、局用硬件、DU2000用户、DU40与器件室，各总体组之下又分项目组。总体组为技术负责，主要管技术方向和技术规划；项目组的项目经理为项目的进展负责，主要管人，管项目进度，在项目运作方面，则通过不断细分的项目组来实行目标管理（见图7-2）。

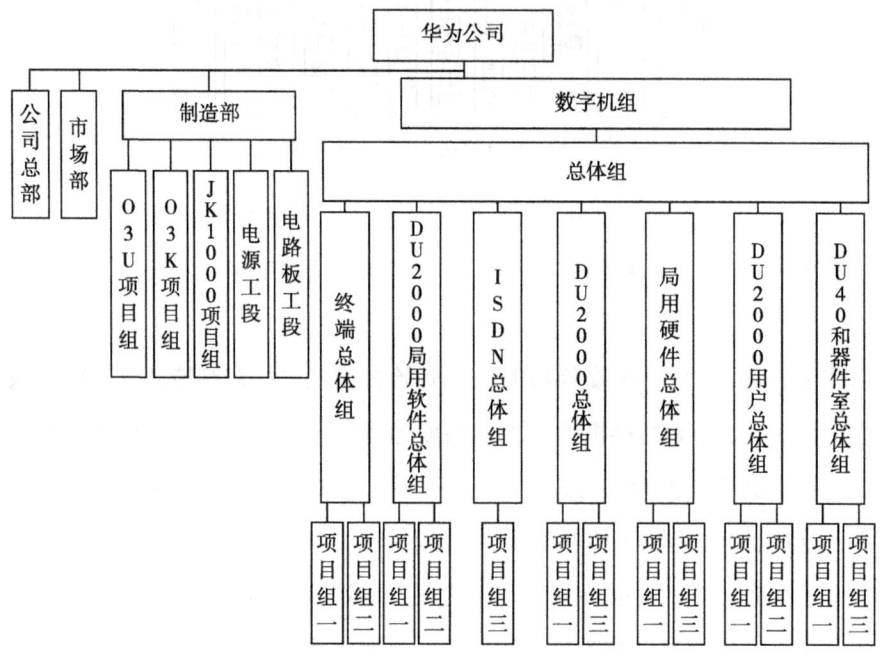

图7-2　郑宝用数字机组改革后的组织架构

到1994年，数字机组已经发展到100多人，50多个子项目。两三个工程师负责一个小项目，这样便于管理和发挥人员的积极性。

这种总体组加项目组的运作方式的组织架构图比较复杂，但却是大规模进行复杂技术产品研发的一种最优秀的组织形式。这种分层式强调总体技术规划下的组织架构，加强了对数字程控交换机的组织运作，同时结合正在推行的目标管理，整体提升了产品开发的工作效率。如果当时没有郑宝用的出现，或者华为没有采用这种先进的研发架构的话，华为的数字程控交换机还不知何时才能研发出来。也许华为的发展又是另外一种进程。

分层技术管理的架构被证明是有生命力的，此后，华为公司研发的组织架构就保留了总体组和项目组共同运作的组织架构，并在此基础上进行发展、壮大，直到今天。

从"游击队"到"正规军"

1994年年初到1995年年初，是华为研发格外繁忙的一年。这期间，华为的C&C08万门机成功开局，华为开始为大规模生产和销售C&C08交换机做准备。C&C08交换机的开发人员开始分流到市场部、生产部、采购部等部门，并成为这些部门的骨干力量。

华为公司从有产品研发的那一天起，就建立了一种产品人才流动的机制。研发的新产品出来了，原来的项目经理就流动到生产部去负责生产，或者到市场部去负责该款产品的销售。像最初的HJD48的项目经理郭平，项目结束后，就做起了生产部的负责人，后来又成为采购部的负责人；C&C08 2000交换机成功了，项目经理毛生江也流出研发，到生产部做起负责人，后来又到市场部做负责人。这种企业内部按照产品流向进行人才的流动，对华为公司的生产、销售都起了较大的推动作用，使华为公司各个部门如销售、生产都拥有较多来自研发的懂技术又懂管理的干部，不至于出现人才短板情况。

与此同时，由于李一男在C&C08万门机中有技术突破，采取了准SDH的光接口技术，使华为公司可以在此基础上，发展交换机的远端模块新产品，以及SDH传输新技术。华为公司1995年在C&C08交换机的技术和人员基础上，开始了不少新的业务单元。

1994年到1995年期间，华为同时开展的研发项目还有智能平台、无线接入、芯片设计等多个方面，这些人也都无法再返回到原有的数字机组下。当时，总工郑宝用无疑是最忙的一个人，因为他所负责规划的新产品研发已有近十项：C&C08 万门机、C&C08 2000 门交换机、C&C08 智能平台、C&C08-Q ISDN 排队机、EAST8000 数字程控用户交换机，以及无线接入产品、芯片设计等。

1995 年，华为公司将分散在制造部、数字机组的各路"游击队"式的研发力量会聚起来，进一步整合全公司的研发资源，优化研发部的管理，形成了华为公司规模化、集中式的研发"正规军"。1995 年 3 月，经过分流后的开发人员还不到 100 人，却取了一个很大的名字——中央研究部，简称中研部。中央是相对于地方一词的，那时候郑宝用心中已经有了未来研发的蓝图，将在全国乃至全世界设立众多研究所，深圳总部自然就成了"中央"。事实上，郑宝用 1995 年年中就开始安排人员去北京和上海着手筹建北京研究所和上海研究所。郑宝用所具有的战略眼光，在华为公司研发组织的建设上起了非常关键的作用。1995 年，华为公司建立起自己的"红军"——中研部，从此华为的"战斗力"就更强了！

权力下放的同时分层控制

中研部的第一任总裁是郑宝用，下设交换机业务部、智能业务部、新业务部、无线业务部、基础研究部、总体办、干部部、计划处软件工程部（见图 7-3）。

其中交换机业务部、智能业务部、无线业务部是面向产品的研发，产品是卖给华为外部客户的；基础研究部是面向这三个部门做芯片的自主化设计，客户是内部的研发各业务部。划分业务部的一个主要依据是看其是否形成了生产和销售。1995 年 3 月，华为研发系统形成销售的主要有 C&C08 交换机、C&C08 智能平台、无线业务部三个业务部，而新业务部主要是几个未形成销售的新的业务的产品化。划分业务部的另一个主要依据是产品之间的相关性、核心技术点。成熟一个产品，独立一个部门，当然公司也会赋予每个业务部较多的资源和独立运作的研发决策权。

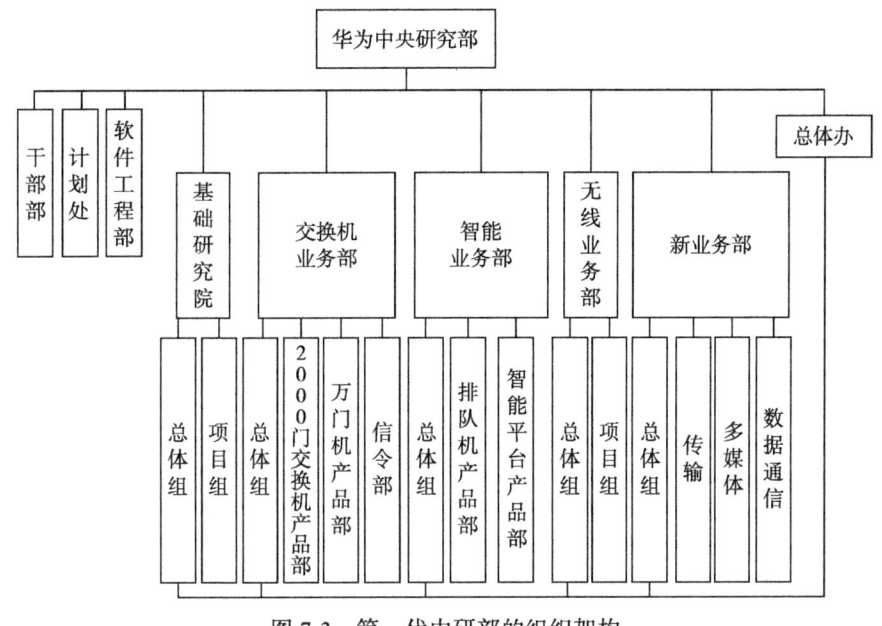

图 7-3　第一代中研部的组织架构

在每个业务部下面，设立有各个产品部，中研部成立以前是叫项目组，现在升格为产品部，如交换机业务部下有 2000 门交换机产品部，也有万门机产品部，智能业务部下有智能平台产品部，排队机产品部。在产品部下面又设立有项目组（很多情况下是以版本来划分的）。

中研部的每个业务部除了要为产品的销售成功负责外，还要致力于使华为公司的产品技术在所属领域居于业内领先地位，做该领域的前瞻性的技术研究工作。为此，在各个业务部下面又设立有二级的总体组，致力于该领域的总体规划和技术研究工作。在各个业务部下，还有一些特色的，属于本业务部各个产品都会用到的共同平台技术研究的专门部门，如交换机业务部下的信令部。中研部成立后，原华为公司的总工程师郑宝用升为中研部总裁。

干部部是中研部专有的人力资源部，由于研发人员发展太快，研发人员在管理方面也有较多特点，与其他部门相比有较多的特殊性和复杂性，如研发工程师的薪酬更高,一个工程师的薪酬可能比其他某个部门的经理还要高。因此,中研部干部部的成立对中研部研发人员的选拔、培训、薪酬机制、工程级的晋升培养等方面起到了重要的作用。中研部的干部部也是从各业务部的技术负责人中抽调专职担任,以体现对研发人员管理工作的专业性。

计划处是统一审核、统一调度、申购实验室仪器、设备,做实验室物料计划、管理和控制的部门。华为中研部很早就成立对研发实验室物料和仪器进行统一管理和控制的计划处,这在研发管理中也是比较先进的。很多中小企业的研发物料、仪器设备都是产生巨大呆滞物料的地方,一时心潮申购的仪器设备常常是每个部门一个,这些都是在研发管理中容易产生浪费和资金沉淀的地方。

新业务部的总经理是电子科技大学毕业的刘启武,刘启武长期担任华为公司新业务产品化和新技术预研的负责人,曾带领华为的预研团队做了近百个新技术的预研项目。

首任基础研究部的总经理是叶青,叶青也是在华为最早开始搞芯片设计的人员之一。在叶青的带领下,华为芯片设计团队用了三年时间从几个人发展到300人。

首任无线业务部的负责人是钟战平,之后徐文伟兼任过无线业务部总经理,1997年后由陈朝晖负责。早期无线业务部存在不少的问题,突出的是:射频技术问题难解决、缺人才、无技术积累;系统软件和硬件方面"原创"意识太浓,不愿继承成熟的交换机产品;终端产品的合作方问题较多;项目组在项目管理、产品系统设计和测试等方面较为混乱,这些都导致开发进展缓慢。

在中研部成立之后,中研部从交换机业务部抽调不少技术骨干前往无线业务部,如电子科技大学毕业、曾任交换信令组主力的唐东风任无线业务部总工。中研部要求无线业务部要充分继承交换机的软硬件,按统一规范部署加强项目管理及总体办建设;此外,中研部也要求其在射频技术上不能迷信个别项目成员的偶发经验,而要走理论和实践经验相结合的道路。在中研部于管理和人才方面大力"拷贝"成熟业务部和成熟项目运作经验的基础上，无线业务部很快地发展起来。

1994年在一次出差中，任正非突然对同行的郑宝用和李仪说："李仪以后去负责软件工程吧。"电子科技大学毕业虽然曾任软件项目经理的李仪在C&C08 2000交换机项目组中提出制定软件编程规范、写软件文档以及重视软件测试等工作，但老板如此高度的重视也让他吃惊不小。当时各个产品项目组都忙于快出产品，不在乎质量，出了问题，"救火"就是了，这不仅能产生英雄，还能受到公司重视，所以当时他搞的编程规范与测试工作很难推行。不过，在任正非的坚持下，华为公司还是在1995年组建中研部时成立了软件工程部。而李仪从华为公司管理各种机型的单板软件室负责人，被调到中研部成为第一届软件工程部负责人。1997年，软件工程部改为中研测试部。

1995年国内几乎还没有人懂得什么是软件工程，华为中研部就已经开始了软件质量的规范和控制工作，这在国内研发管理中居领先地位。

新产品的扩张，并不只是需要技术能力的扩张，还需要技术管理能力的提升，而中研部的建立正是为了进一步加强华为在技术管理方面的队伍建设和组织保障，以及技术管理的经验和能力，它的成立正当其时。

对于中研部新开展的体系架构，中研部首任总裁郑宝用做过以下几点总结。

（1）权力下放，谁最清楚的事情，谁就应该有较大的发言权。

（2）分层控制。从上至下分为规划层、管理层与控制层。

（3）线条清晰。从组织结构上保证不要产生官僚主义。

应该说，华为中研部的组织架构的建设和发展很好地围绕着郑宝用在1995年提出的这几个重点上，并在不断地加强和完善。

只有领跑世界的产品才能在世界级竞争中站稳脚跟

1994年陈硕还没有从中国科技大学本科毕业，就和同学何小祥一起来到华为公司报到。上班的第一天，陈硕就被派往甘肃省永安县开局一个月，那是华为公司刚取得突破的、当时为数不多的县级局。从 1994 年到 1995 年，陈硕做了整整一年的 C&C08 A 型机（简称 A 型机）技术维护工作，足迹遍布偏远地区县城及像武汉空军司令部、广州海军舰艇、天津天安煤矿这样的城市专网。1996 年，从市场一线用担架被抬回来的陈硕被任命为 C&C08 B 型机（简称 B 型机）的产品经理，他开始领导 B 型机的研发。当时华为研发部刚从深意工业大厦搬到科技园用服大厦，B 型机项目组刚搬完办公室就立即投入紧急开发。

1996 年华为紧急启动 B 型机开发的原因主要为适应电信综合业务的发展，全面提升华为交换机的业务功能，而不只是在容量上的突破。

随着技术的发展，从基础语音向综合业务的支持提上了日程，当时的技术就是 ISDN，所以对于 ISDN 的支持以及相应的七号信令的 ISUP 支持就是 B 型机的一个重要工作。随着中国通信网络的发展，对于县、乡等电话支持，最好的方式是采用光纤，用 V5 协议，灵活组网。让 B 型机支持 V5 协议，接入层组网会更灵活。此外，在产品稳定性上还要取得重大突破。B 型机是一个在当时国外厂家都不具备其领先性的而且是品质稳定的产品，从软件和硬件架构上是完全重构的，后台管理也是完全重新构建的；同时在硬件部分采用光纤，这样不光是中心局，远端模块都可以灵活组网。在华为内部开发实现上，B 型机继承了华为第一款数据程控交换机 A 型机的核心软件思想和万门机的光纤组网的硬件架构，经二者的完美结合加以提升。

B 型机这款优秀的产品是在华为中研部优秀管理基础上全面依靠刚毕业学生完成的。1996 年是华为研发首次面向高校毕业生"大跃进"招聘的一年，足足招聘了近千人，而那时华为整个公司也才千人。当时多数高校最优秀的研究生、博士才能被华为选上，而中国科技大学（简称中科大）比较特殊。由于任总特别欣赏中科大"以学为乐，以学为傲，以学为传统"的单纯学风，从 1992 年起华为就从中科大选拔大四没有课的学生到华为做毕业设计。说是毕业设计，实际上完全是一视同仁地参加研发工作。而同学们的毕业论文则需要利用研发或开局的间隙时间赶制。

交换机业务部是当时接受中科大学生最多的部门。很快新产品 B 型机部门就成为刚从中科大毕业的产品经理陈硕，带领尚未毕业的中科大大四学生们技术攻关的乐园。他们带来了浓厚的中科大风格：爱学习爱攻关，更热爱进球。无论开发任务多紧急，陈硕都会带着大家下班后先去深圳科技园附近的足球场踢上一场球，过两个小时瘾后，再浩浩荡荡地回实验室加班到深夜，经常干到凌晨。他们都不擅言语，爱干活不爱说话，其中还有不少是业余段级围棋高手，游戏攻略高手。由于 B 型机项目进展顺利，他们中的很多人几乎一毕业就成为开发部的老员工，并很快成长为部门经理。有位刚毕业的项目经理，在管理部门其他刚毕业的学生方面颇具特色：一次坐在办公室最后一个座位的他发现某人下班时间在打游戏，没有在做今天尚未完成的软件；于是，他悄悄地通过局域网潜入对方电脑游戏中，害得对方当日游戏攻关略攻不破，只好兴致全无地转回去做程序了，而他在后面嘎嘎偷笑。

由于中科大学生表现出色，任正非当时还请了当时中科大的退休班主任到华为上班，以方便与中科大的合作；华中科技大学负责学生工作的一位老师也被请到了华为公司负责毕业生学生的招聘工作。1996 年华为开始的大规模引入全国毕业生"新鲜血液"工作，使华为开发部处处洋溢着来自全国的刚毕业或尚未毕业的年轻人的热情。

以这帮爱攻关的学生兵为主体，以及中研部不断加强的研发管理工作（1995 年后有一定工作经验的开发骨干都被纷纷调到中研部做技术管理工作，并开始持续进行国内最大规模的研发管理平台建设），1997 年华为成功推出了 C&C08 B 模块。单个 B 模块容量达到 6688 线，可以单独成局，也可以与中央模块配合组成大型交换机局。而中央模块也从同时带 8 个模块发展到同时带 16 个 B 模块、32 个 B 模块、最后 128 个 B 模块，这样一个由华为 C&C08 交换机所构建的单个电信局可以发展的用户数分别达到 10 万门、20 万门、100

万门。1997 年技术先进的华为 C&C08 B 模块还成功进驻了北京的长安街，香港的中环等繁华地带。

华为的 C&C08 128 模块可以支持带百万门用户，在 1997 年华为研发部不敢做技术规划到 100 万门，因为当时包括 AT&T 在内的业界最先进的程控交换机一个局 20 万门已是最大容量，华为原技术规划是最多支持到 40 万门。做能支持 100 万门用户数的交换机，是业界超先进的交换机了。100 万门的规划是最后任正非拍脑袋拍出来的。任正非的理由是中国人口密度远高于国外，大电信局不可避免，而大电信局高集中度将极大降低电信运营商的建设总成本、维护总成本，市场空间会很大。事态的发展结果充分证明任正非的英明远见。包括 AT&T、爱立信、西门子、上海贝尔到了 20 世纪 90 年代末期已停止了程控交换机技术的更新和研发，而此时扎根于中国的华为却根据中国特殊国情和用户需求，不断更新换代数字程控交换机技术，C&C08 128 模块的推出使华为最后终于登上了程控交换机窄带技术的最高点。

由于少年班天才在华为研发早期产品 HJD48、在 C&C08 万门机等杰出的表现，任正非也特别钟爱各大名校的少年班人才，几乎每个技术攻关的研发前线都有少年班天才的身影。在 C&C08 128 模块的领跑全球的冲刺过程中，来自东南大学、中科大的几位少年班刚毕业学生徐佶翻、吴闽华等都发挥了核心骨干的作用。虽然仍然年少，但是他们在 C&C08 128 研发模块时已有两年 B 型机磨砺的经验，已是项目组资深技术骨干。但是，C&C08 128 模块的研发，充满了挫折，攻关三年换了三届产品经理，在此期间无数少年半白了头。

C&C08 128 模块的开发难点主要是因为云集太多聪明人的思想，搞得设计太灵活，功能大而全导致一直不能稳定，出现各种问题。在 B 型机上积累了大量成败经验的陈硕领导团队对 C&C08 128 模块进行大量的工程简化，针对市场未来几年的需求进行简化设计。通过删减各种不必要的功能使电信设备支持的功能相对比较固定，再预先分配好机器的各种资源，同时定期进行内存清理及自动修补，使 C&C08 128 模块达到电信级设备对产品稳定性的要求。

在这不断做减法的过程中，团队深深体会到：技术再领先不一定就是市场最好的，能解决市场问题的技术才是最适用的。

从国内领先到国际领先再到领跑全球，C&C08 交换机经过几代产品的持续研发，而成为华为公司最重要的产品平台。华为后来的所有产品，传输、移动、智能、数据通信等产品都是以这个平台为基础，在这个平台上发展起来的。智能网的排队机、数据通信的 A8010 接入服务器、移动的 BSC 基站控制器，这些版本的发展都基于 C&C08 交换机，随着 C&C08 交换机从 2000 门升级到 1 万门，再升级到 100 万门。

如果没有华为中研部的成立以及严密的研发管理体制的建设，全面依靠毕业生在较短的时间内实现国际一流新产品的突破，简直是不可能的事。研发管理是一门科学，华为做成了！华为完全是遵循了研发管理科学的道理来做技术的。

从初战告负到产生"黄金牛"

任正非、郑宝用带领下的华为从来就不会满足于已经取得的成果，也从来不会坐下来享受已经取得的成果，产品的不断扩张才能导致市场的不断扩张，这正是华为公司能实现不断扩张的基础。

1996 年，华为整合了在新业务方面的研发工作，成立了多媒体业务部，由刘启武任多媒体业务部的总经理 。多媒体业务部着眼于会议电视系统、传输、接入网、HFC、ATM、数据通信等华为认为有前景的新产品，又开展了很多的新产品的研发工作。一开始华为中研部新业务的发展均初战告负，但是华为并没有放弃掉，而是以更大规模和全新的组织运作发展新业务。

中研部也进一步加强了研发平台资源的建设工作，成立了中研硬件部，负责中研部各个业务部硬件技术平台，发展了更为专业的硬件工程师队伍。硬件部负责了共享器件、共用零部件的统一规划、研发、应用和维护，并进行共用硬件模块化设计的研究，跟踪业界最新的硬件设计工具和硬件技术。这些工作对在各产品间共享经验与人才，减少新产品的开发周期，降低研发成本等具有重要的意义，提高了中研部整体的研发效率。

调整后的多媒体业务部主要着眼于基于 C&C08 交换机的扩展技术应用，如传输、接入网，一开始都是基于 C&C08 万门机上的光接口技术，做相近技术的研发。新成立的多媒体业务部加强了公司内部与其他业务部的合作，以及公司外部各高校和科研院所的联系。

周代琪是西安电子科技大学的副教授，他带着他的 ATM 课题和他的研究生来华为搞开发，后来就留在华为，成为华为多媒体业务的技术骨干，后来成为华为西安研究所的所长。周代琪的加盟使华为在 ATM 方面具有了一定的基础。

黄耀旭在光传输的研发中，加大了光传输项目组织运作，加强了与公司内部和外部资源的沟通。传输业务部多次组织与交换机业务部、硬件业务部、北京研究所等部门交流，很快吸收了通信协议和系统定时等方面的经验；通过并不断地关注竞争对手的发展情况，避免了很多类似系统的设计缺陷。传输业务部通过广泛在中研内部进行多方求助，推进部门间的技术交流，在公司外部也聘请了不少专家咨询，这些措施都减少了传输新产品发展过程中不必要的人力、物力资源的投入，加快了项目进展。

1996 年，李一男采取了根据市场需求情况，条件成熟一个独立一个新业务部门的做法，多媒体业务部又发展成为三个部门：多媒体业务部，传输业务部和数据通信业务部，刘启武、黄耀旭、刘平三人分别成为这三个部门的总监。随后，中研部总结了前期发展新业务的教训和经验，确立了将数据通信产品线放到科研信息和人才相对充裕的北京地区，由北京研究所来组织发展的方针。

黄耀旭在传输业务产品线上充分发挥了他的组织管理能力，擅长运用和带动公司内外部资源，把传输业务部发展成为华为公司继交换机之后第二个盈利点。1997 年传输销售 1 亿元，1998 年传输销售 10 亿元，传输成为华为的第二匹赚钱的"黄金牛"。

没有先进的管理就没有先进的研发

从早期代理小交换机，到走上自主研发之路开发用户小交换机、局用交换机，到 C&C08 交换机的推出，华为公司的发展很快，实力日益强大。中研部的建立，是华为公司研发崛起的始点。中研部的成立，基本改变了华为公司单产品开发作战、小作坊式开发的局面，形成集团军研发作战、纵横交错的矩阵式研发管理的先进组织。

华为曾经的竞争对手、中国通信史上数字程控交换机第一人、巨龙的总裁邬江兴 1995 年到华为参观完中研部曾感慨：华为的超越源于持续的、多产品创新能力，华为公司除了 C&C08 交换机一枝花外，还有传输、接入网、智能平台、无线、多媒体多枝花，枝枝怒放；而巨龙公司除了 04 机源于邬教授一人的创举外，就再没有任何新产品推出，这就是差距。

1993 年起，华为就明确地提出将年销售额 10%（其实更多年份是 15%）的资金投入科研项目上，华为把赚的钱都投回到新产品或更高利润产品的研发上，形成正向循环，而新产品上市又继续帮助华为扩大了市场占有的优势和维持了高利润。从 1995 年华为正式成立中研部开始，华为的研发就不断地在通过建立和加强中研部的"大研发"技术支撑平台，加强研发的流程和管理制度建设，培训研发管理干部，再向各业务部、全国以及全球研发中心输出管理、技术、产品及产品化经验方面，起到中央辐射全国乃至全球的作用。

中研部是如何加强对各个业务部的技术管理和技术支持的？

首先，中研部加强了以下技术管理的基础工作。

- 建立研发公共技术平台。
- 追踪相关核心技术。

- 学习和实践技术管理的方法。
- 制作产品及版本的总体规划。
- 硬件设计技术研究和输出。
- 软件开发技术研究和输出。
- 预研下一步要发展的技术。
- 开展对外合作。
- 研究和参与技术标准工作。
- 培养技术工程师队伍。
- 对工程师专业水平进行定级。

中研部通过形成了体系完整的研发平台，具有以下专业分工的公共技术部门。

- 研发产品规划部门。
- 专门发展C&C08交换机平台的部门。
- 专门发展光接口技术的部门。
- 负责产品可靠性的测试部。
- 负责产品成熟度的中试部。
- 中央硬件部。
- 中央软件部。

这种层层配合的内部研发体系架构、专业的技术人员和实验室的配置，使华为公司的新产品研发的效率远远高于其他公司。

中研部通过对各业务部的研发工作提供规划指导、信息交流、人才交换、技术工作的统筹安排，使各业务部新产品研发的稳定性、产品和版本的规划性等方面较以前大为改善，避免了一般公司的研发部山头林立，互不交流，A问题在A产品的出现后再在B产品上重复出现，或者相同的功能模块在几个产品上重复开发，公司对研发缺少统一的管理和控制等弊端。中研部也拉开了华为多产品领域进行研发时的技术共享，使C&C08交换机在一个平台产品上得以实现生出多个新产品，使新产品的研发具备可控制、可继承、可管理性。

中研部是如何支持各地研究所的产品研发的？

一方面，华为的研发的产品化都是深圳的中研部开始的，由于深圳的研发部从1989年开始到1995年已经形成稳定的、认可华为公司企业文化的以及高效的研发工程师队伍，工程师在C&C08交换机的项目开发上积累了丰富的经验。华为成立北京研究所、上海研究所都是先从深圳的中研部带已经开始的项目过去，再在北京研究所按继续产品化的方式进行，如北京研究所的ISDN终端、STP（信令转接点）项目。北京研究所的技术管理人员、产品负责人、研究所负责人也都是从中研部输出。中研部对外地的研发中心起到的是产品、管理人员的支持作用。

另一方面，华为的研发系统的管理流程、管理制度、组织变革也都是由深圳的中研部开始，经过在深圳的中研部的试点、稳定后，再向北京研究所、上海研究所等推广和扩展开的。在北京研究所、上海研究所建立的早期，还将项目拿到深圳进行产品化，在完成实验局和产品稳定化后再回到外地。这样，中研部还对外地的研发中心起到技术支持、协助进行项目管理的作用。如北京研究所STP项目（信令转接点）在产品化过程中为保障进度，拉回深圳中研部做开发达10个月之久。而无线GSM项目本是放在上海研发，但项目的初期开发工作把上海研究所连人带项目放到中研部大本营，项目成功之后再放回上海。在外地研究所已成熟进行一两个产品的产品化，形成自己稳定的管理团队以及项目管理队伍之后，外地研究所才开始独立担岗研发任务。这样，也使中研部具有对外地研发系统产品试验田的意义。

1995年中研部的成立及前瞻性的组织建构设立、人才选拔机制，郑宝用功不可没，是华为中研部的创立元勋；1996年之后，华为成立公司级的战略规划办，郑宝用调任负责公司级战略做总裁，华为迎来了中研部从1996年到1999年的"李一男时代"。在李一男时代，李一男的锐意进取，巩固和发展了郑宝用在中研部建设上的既定路线，以进攻带来了华为各产品线的全面开花。李一男之后，中研部开始"静水潜流"，通过学习 IBM 的集成产品研发流程，使中研部的管理走上了国际化、以流程代替个人英雄的体系化运作。

1995 年年底，华为中研部的成立为同时进行的多产品的研发提供了管理平台。具有强大中研部后盾的华为，在 1996 年开始的二次创业中，研发领域的多产品扩展成为了主旋律；此后，围绕中研部技术管理的平台，华为进行了矩阵管理、平台式产品研发等一系列的研发管理的工作。

中研部成为全球研发的"中央"

截至 2016 年，华为在瑞典的斯德哥尔摩、美国的达拉斯及硅谷、印度的班加罗尔、俄罗斯的莫斯科、爱尔兰，以及中国的深圳、上海、北京、南京、西安、杭州、成都和武汉等地设立了 17 个研发中心，通过跨文化团队合作，实施全球异步研发战略。华为公司累积的专利项目达 4 万多个，研发人员达 7 万多名。1995 年 100 位工程师起步的华为深圳的"中央研究部"终于成为名副其实的研发系统的"中央"！

华为的"中央"研究部，既是相对于"各地"研究所的支持平台，也是相对于"各业务部"的支持平台。华为建立中研部，其目的是要解决一家企业研发能力的问题。中研部成立后，华为开始建设和加强研发"正规军"，通过技术支撑部门、技术管理部门、技术平台等的基础建设，实现了对各业务部、各地研究所既放权的同时又进行严格管理和控制。中研部的成立拉开了华为大规模技术研发的序幕，是华为进行先进的技术管理体系建设工作的开始，而中研部的建设最重要的成果就是让新手也能做成事，让新产品给予快速突破。

就在中国的企业华为公司 1995 年开始建立中研部开展大规模的自主研发时，1995 年也是美国的思科极不寻常的一年。而思科从 1995 年开始，采取了与华为完全不同的研发道路，并获得了快速的发展。

霸主出世，思科的 1995

1995年约翰·钱伯斯（钱伯斯在2000年将华为列为全球主要竞争对手，并于2002年将华为告上法庭）担任思科CEO，思科开始了每年100%的持续增长，成为美国企业界、通信界的领军公司。钱伯斯在1995年确立"全面收购"而不是自主研发的策略，开创了美国IT企业的发展新思路。而思科也在短短10年的时间内收购了100家企业。1995年思科的年营收额为12亿美元，而2004年已飙升至220亿美元。

钱伯斯称：收购是刺激增长的有效途径，通过收购，思科已经将触角延伸到多个新兴领域。思路决定出路！出身于全球金融资本最活跃的美国、面对着全球技术创造最活跃的美国，美国的孩子思科从1995年起就开展一系列的收购与资本运作，通过与众不同的思路，使其超越了同类企业，成为全球最具发展速度的成功企业。当然，并不是所有的企业都像思科一样具有如此强大的消化能力，或者说只是收购狂人思科才能实现收购一个消化一个，100个收购的企业大于100个原企业。这一点与中国的企业收购1+1<2形成对比，思科的并购策略是值得所有中国企业认真学习的案例。

与华为在固网、无线、传输等多个领域同时开花的策略不同，思科聚焦于互联网设备领域做深做透，网罗天下优秀公司，在全球互联网事业刚刚开始就形成了思科互联网设备的领导地位。在1995年华为几位刚毕业的工程师开始在新业务部琢磨ISDN业务时，思科于1995年8月10月通过1.32亿美元收购一家公司，迅速产生了思科700系列ISDN接入路由器，思科800系列ISDN接入路由器。9月6日，思科又在Internet/Extranet企业级解决方案方面，出手收购了一家Internet接连公司。紧接着，9月27日，思科以4亿美元的价格收购了一家只有85人的巨通网络公司，使自己在以太网交换机和解决方案领域处于领导地位。10月27日思科以3200万美元的企业收购案，使思科具有PIX防火墙、Web缓存引擎、本地导向器等互联网重要技术。

从此，开启了思科在互联网上的霸主地位。

小结

成功经商的秘诀是：地段，地段，地段。成功经营企业的秘诀是：组织，组织，组织！正确的组织机制可以让"散沙"垒起"高楼大厦"，突破单个人才的知识和技能瓶颈，降低企业的内耗而形成一致对外的强大的合力，保证企业创造一个又一个的奇迹。组织调整应成为常态，而调整组织最重要的依据是因时（不同的历史时期）因势（不同的发展趋势）因人（最大限度地发挥人才优势），组织架构的调整到位需要同时配套相应的企业文化。

| 第 8 章 |

新手也能做研发

引言

华为的中研部是一支年轻的"红军",大多数的研发人员都是从学校毕业不久的新手。与此同时,华为开发的通信产品越来越复杂,硬件的一块板通常有三四千个元器件,一套交换机系统上有十几种不同类型的单板,软件则动辄多达几十万行代码。即使这样,华为还是硬靠自己的力量把芯片技术啃了下来。那么华为中研部是如何让新手啃下新产品研发这块硬骨头的呢?

不会做"满汉全席"怎么办

华为在开发单位用户机时,经历了先从买散件做生产练手的过程,而在开发 C&C08 数字程控交换机时,当时数字机的技术完全掌握在国外厂家手上,华为没有任何可以拆解的数字机设备,也没有什么人懂什么是数字交换机。什么也不懂,更没见过,还要做出来,难度很大。技术功底扎实的郑宝用硬是带着大家,从理论分析入手,先从理论上"拆解"数字机的各个技术点,再从技术上进行论证,一个模块一个模块地实验,最后把这些模块像搭"积木"一样搭成一台设备。

郑宝用在数字机的研发过程中，从大的总体组带七个核心技术点的小总体组，层层进行技术分解和分析，通过层层的"将大化小""将难化易"的方式，硬是将技术复杂的数字机成功地理论拆解。用个比喻来说，没有做"满汉全席"大餐的"大厨"和经验，郑宝用就采用层层分解，搞出 50 多个相对容易的"小菜式"，最后再组合成一套华为版的"满汉全席"，给客户先尝尝。一开始"味道"有点不正，但是在客户"品尝"后的建议、批评声中，一点点地优化改进，"满汉全席"硬是炮制出来了。这种"先谋而后动"的运作方式，是华为早期能突破数字机技术的成功经验。

郑宝用 1993 年开始在数字机组建立起层层的总体组架构，在 1995 年成立中研部之后，又改成为总体办架构，使有效的体系有了继承（有点类似于中央的财政部对地方的财政厅和地县的财政局进行一条线的财务垂直管理，郑宝用也采取中研部的总体办到各业务部的总体组进行一条线的技术垂直管理）。中研部的总体办负责所有产品的技术规划，所有产品所涉核心技术的研发规划、分析，还负责追踪国内外先进技术。总体组在技术管理方面起着举足轻重的作用，是华为中研部进行技术管理的重要部门，是华为研发的重要特色，至今仍发挥着重要作用。

在中研部总体办这样的一级规划部门中，总工需要熟悉华为研发所有业务部的产品和方向，成员要参加各个业务部的新产品的立项规划和评审，还要最后拍板。各业务部如交换机业务部、新业务部、智能业务部下又有分属的总体组，负责本业务部所涉及的所有产品的版本规划工作，为各产品版本的立项和规划负责。

华为的总体办、总体组，潜心研究华为各个产品之间技术点可重复应用的关系，各个版本之间的不同以及相互配合关系，起到了为各个产品线（相似技术点的同族产品，华为称为产品线）之间、各个产品之间进行知识融合的作用，对提高华为研发效率、减少知识的浪费、避免不同产品开发工程师之间因欠知识交流导致闭塞，起到了重要的作用。

未经总体组评审通过的产品版本不能立项研发，未经总体办评审通过的新产品不能立项，而且总体办还具有将某产品从某个业务部按资源和技术相近点划到另一业务部的大权，足见技术的总体规划工作在华为研发的重要地位。

华为公司多媒体业务部（以图像、视频业务为主）的负责人周代琪曾反思过，产品研发的初期没有组建好多媒体业务部的总体组是重大失误。早期的ATM、会议电视产品之所以屡屡出现问题，就是因为总体方案没有做好，方案调研、技术讨论不够深入，评审粗糙。当时尽管也成立了业务部的总体组，但总体组的成员都是兼职，没有时间去做总体组工作。一方面，由于没有一个好的总体组，关键技术点没有控制好，"自编""自导""自演"，设计修改太随意，导致会议电视的软件前后更改过900余处；另一方面，在协调沟通上，没有充分利用总体办已有的技术资源，在总体方案设计和项目实施过程中，没有很好地向总部求助，导致总体方案反复变更。后来，多媒体业务部在加强总体组建设方面下大力气，结果产品研发的效率事半功倍。

华为总体办、总体组的专家人员，均来自于各个业务部、产品部、项目组，在实践中，一方面形成了较为稳定的总体团队和总体人员，另一方面总体办和总体组也加强了与各个业务部项目组里的骨干技术人才的双向流动。1995年华为中研部成立之时，就实现了总体办的专职化建设；1997年之后，华为中研部在各个业务部总体组的组织建设上也全面实现了专职队伍的建设，各业务部在利用中研部的技术资源平台的知识共享和专家评审资源方面更进了一步。

直至今天，很多中小企业，甚至很多大型企业和一些上市公司的研发部门，都还只着眼于做产品，很少开展公司所涉及的技术平台的规划研究，也很少设有进行核心技术追踪的常设研发机构。有的公司长期采取的是非固定人员虚拟、兼职做技术总体规划，结果导致技术规划工作得不到保证。这些都是不重视总体规划工作的表现，容易导致该企业的技术研发速度慢、长期停留在低层次、很难再上一个台阶等问题的发生。

离开华为后,我曾遇到一家公司的负责人抱怨他们公司研发的各个产品相互之间没有继承性,导致产品重复开发的费用高,A产品上出现的问题解决了,在B产品上又重复出现。对照华为研发的发展历程,这些都是因为缺少产品系列规划导致的研发管理问题。这也说明了这个公司在研发总体设计人才、总工型人才上的缺乏,只有产品规划人员,没有技术规划人才。而华为的研发在总工郑宝用的领导下,很早就非常重视总体技术设计和总体规划工作,注重国际上关于技术研发方法论的学习以及对相关核心技术点的跟踪,并在组织架构上专门设立规划人员的岗位,研究如何实现核心技术,如何在各业务部、各产品、各个版本间共享技术资源。这就是华为的产品具有技术前瞻性、产品继承性的缘由。

如何较快地突破新产品研发

中研部成立后的研发方式与过去相比,最主要的变化是采取了矩阵式管理,而郑宝用之前的华为早期研发采取的是直线式,一个项目经理带着几个工程师,项目经理大包大揽所有的技术和项目管理工作。这对项目经理的技术水平、综合管理能力都要求较高,一旦项目经理在某一点上的能力不足,就会给项目的成败带来较大风险。由于华为研发的项目越做越复杂,项目组人员和规模越来越大,项目经理精力分散,一旦无暇顾及一些项目的技术细节时,在一些敏感和高危领域就容易形成管理漏洞,技术难点无法突破,造成成本失控,进度无法保证。此外,华为研发的几个产品和项目之间的配合度往往比较高,有在产品之间进行广泛的技术交流与合作的需要。

郑宝用在数字机项目组时,已开始在单产品研发中运用矩阵式的管理架构,中研部成立后,他进一步加强了矩阵式架构在研发系统的深入运用,在各个业务部内部管理上也采取了矩阵结构,还将矩阵式管理扩展到全公司所有产品的研发项目上。中研部在新产品会战和重大研发项目上,也采取了综合的矩阵式运作，形成了华为中研部大矩阵套小矩阵，以及叠加的综合矩阵一整套的矩阵管理和运作。

首先是大矩阵（见图8-1）。华为中研部在内部运作上，是通过形成横向和纵向两条线进行矩阵管理。竖线是面向市场机会点、产品的研发，按业务部划分和命名，如交换机业务部、智能业务部、新业务部，管产品、管进度、管市场、管业务。横线是面向技术积累，做核心技术的积累和研究，做技术管理工作，以"部"或"办"来命名，如总体办、基础部、计划处、硬件部等，管人、管物、管规划、管流程。

	交换机业务部	智能业务部	无线业务部	新业务部
总体办	交换总体组总工	智能总体组总工	无线总体组总工	新业务总体组总工
干部部	交换干部部经理	智能干部部经理	无线干部部经理	新业务干部部经理
计划处	交换计划处经理	智能计划处经理	无线计划处经理	新业务计划处经理
硬件部	交换硬件组硬件经理	智能硬件组硬件经理	无线硬件组硬件经理	新业务硬件组硬件经理

流程线：管人、管物、管规划、管流程

业务线：管产品、管进度、管市场、管业务

图8-1 中研部层面上的"大矩阵"式管理

竖线的各业务部要为市场的成功和生产的成功负责；横线的研发支持部门要为提高研发的整体运作效率、降低研发成本、减少研发失误、提高整体研发人员的素质负责。华为的中研部很早就实行了目标管理制，每个部门、每个人的目标都非常明确。

处于竖线的各业务部，从市场部拿回客户对产品的需求和反馈，从生产部拿来对产品制造方面的改进要求等，首先寻找在横向支撑部门的帮助。而横向支撑部门由于汇聚了各个业务部对相似技术点或管理点的需求，会形成比较专业的队伍及公共的技术模块去协助各业务部解决具体难点。竖线的业务部是类似于部队上组织队伍向前冲的部门，而横向的支撑部门则是类似于部队上训练人、铺跑道、看战略方向、架红绿灯的部门。华为中研部采用矩阵式的管理架构后，在研发管理上带来了诸多优势，如技术和项目信息的传递线路较短，信息反馈较快，便于提高工作效率，降低技术实现的成本，强化组织的应变生存能力等。这种多重矩阵式管理是华为能较快突破新产品研发的关键因素，借助于它，新员工也能做产品研发了，新手也可以快速地上手项目。

比如说，早期无线业务部在某些关键技术点上缺少积累，总体办可以组织交换机业务部、智能业务部、新业务部在相似业务点上的技术力量，共同会诊分析（所有的业务部门在遇到难点技术问题需要技术支持的时候都可以向总体办提出支持的请求，由总体办来组织），技术人员输出，协助无线业务部攻克此难关。无线业务部在硬件方面的设计需求反馈到硬件部，作为支撑平台的硬件部也会将已在交换机上成熟应用的硬件设计形成硬件模块，应用到无线业务部的硬件设计中去。在器件选用上，硬件部会在已形成的公共器件库中选择已在交换产品线上规模使用的器件应用于无线业务部的新产品上，使无线业务部的新产品从一开始就具备较高的成熟度。

陈硕从还没毕业就在华为做 A 型机的维护，到一毕业就做新产品 B 型机的研发经理，到几年后领军交换机业务部整体研发攻克 128 模块世界领先的产品，成长于华为研发"急行军"阶段。他对任正非提出的口号做"工程商人"而不是单纯的"工程师"有着诸多刻骨铭心的实践体会——有很多问题简直是实验室不可想象的，做产品研发不能光看技术的领先性，而应该以市场的成功，商业化的成功为第一标准。

有一段时间，有些交换机的远端模块会烧板子，最后查明原因是板子上有黄斑，陈硕多次现场考察，仔细研究，就差用嘴巴去舔舔味道了。最后证实原因是远端模块容易进老鼠，老鼠撒尿造成烧板子。从此后所有交换机远端模块的机柜都重新设计，要求机柜下方要考虑防鼠。

但是交换机的机柜防鼠了，如何有效避免在传输、无线、智能等业务部重犯类似设计疏忽呢？中研部统一进行结构设计及结构版本管理的"横向"部门在相同领域的知识积累、知识传递就起到了关键作用。中研部内起"横向"管控作用的技术管理部门对类似通过几年研发一线积累起来的知识和心得，组织、整理形成"案例集"向全体中研部员工进行广泛宣传。这种由专门组织负责传播研发案例和经验的做法，可以有效帮助新进员工的成长，避免了拿企业的产品和金钱去"试错"的高额成本，以及研发成果迟迟无法商业化的巨大风险。

以上说的是大矩阵，接下来说小矩阵。在中研部的各业务部又形成了各自的矩阵运作方式，以交换机业务为例，交换机业务的部门设置如图8-2所示。

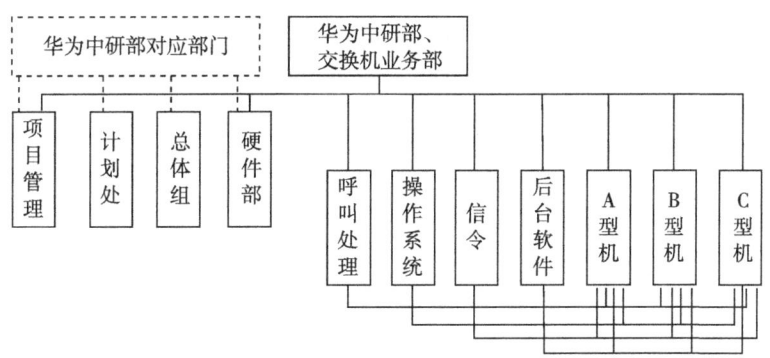

图8-2 中研部各业务部下的"小矩阵"式管理

在交换机业务部，除了与中研部相对应的部门项目管理、计划处、总体组、硬件部以外，还按照矩阵式架构管理产品和项目（版本）。其中，处于竖线的部门有A型机产品部（2000门）、B型机产品部、C型机产品部（万门机），几个产品部的产品经理要负责向市场部、中试部提供本产品的所有技术资料，版本输出，开展市场技术支持等工作，为本产品在市场上取得的成败负责，同时还要管理本产品涉及研发人员的考评、奖金等事项。

处于横线的部门有呼叫处理、操作系统、后台软件、信令、数据库等几个交换机业务部涉及的技术支撑部门，这些技术支撑部门负责发展呼叫处理、操作系统、信令等相关技术工作,并向各个产品部输出负责的工程师和技术版本。如果在 B 型机产品上应用的呼叫处理的软件解决了某个错误,如在义乌开局中发现的"半夜鸡叫"问题,处于同一部门的做 A 型机等其他产品的呼叫处理的工程师也会知道该信息,这样就避免了在 A 型机、C 型机等其他产品上出现相同的错误。横线的技术支撑线负责管技术、管人员,竖线的产品线管进度、管产品。

交换机业务部的小矩阵管理如图 8-3 所示。

	A型机	B型机	C型机	
操作系统	A型机 操作系统工程师	B型机 操作系统工程师	C型机 操作系统工程师	产品线管对外输出技术和产品
呼叫处理	A型机 呼叫处理工程师	B型机 呼叫处理工程师	C型机 呼叫处理工程师	
信令	A型机 信令工程师	B型机 信令工程师	C型机 信令工程师	
后台软件	A型机 后台软件工程师	B型机 后台软件工程师	C型机 后台软件工程师	

技术支撑线,管技术、管人员 →

图 8-3　中研部交换机业务部内部"小矩阵"示意图

在中研部的矩阵式管理中,工程师日常的培养受所在技术支撑或技术管理部门的领导,而在执行具体任务时则接受该项任务的负责人领导。研发工程师的工作安排、考评、奖金分配等都属于各业务部(如交换业务的某个产品的某个项目组),而他自身技术的培养、行政管理又属于某个技术管理或技术支撑部门(类似于财政厅、财政局的工作人员的理财水平都归财政部管,但下到省市、地区的工作人员其具体工作安排归当地省长管理)。

有了这两个方面的保证,对人的使用、考评、培养和提升就比较合理了。一方面,工程师的日常工作安排、考核、奖金都属于产品组、项目组,产品成功了,项目成功了,研发人员的收益也增加,这样可以在工程师心目中树立以产品以项目为重心的集体工作观。另一方面,研发人员的技术和管理水平的提升又有相应的技术支撑部门负责。在涉及难点技术需要攻克的时候,其所在的横向支撑部门也可以起到较大的作用,并根据项目的紧急程度,决定是否加大人员的支持力度。

在华为研发系统中,工程师具有两条线的晋升通道,一条是从项目工程师升级为项目经理、产品经理,另一条是从某个水平的技术工程师升级为更高级别的技术工程师。

华为公司中研部的多年实践运作表明,矩阵式组织具有以下优点。

(1)分工明确,业务熟悉,便于多学科、多专业的交叉融合。

(2)决策迅速,可靠程度高。

(3)研发最高层可摆脱日常事务。

(4)中间层次少,横向技术联系和交流得以加强。

华为中研部矩阵管理的目标是:让最明白的人最有发言权,给最明白者委以重任,提高工作效率,从根本上抵制官僚主义作风,防止双重领导和推卸责任等情况的出现;加强集体攻关能力,充分发挥群体效能。

跨部门项目组产生合力优势

中研部的研发重心集中在通信技术的研发上,重点突破,系统设备领先,同时发展相关产品。矩阵结构使中研部实现了以直线职能制的主体平台为核心,以相关产品的业务部为辅的一种体制。新产品开发、重大项目的实施,基本上是在直线职能制的主体平台上通过跨部门的项目小组方式运作的,这就在组织上形成了综合式的矩阵结构。

对于重大新产品研发项目或技术攻关项目,可能牵涉各业务部门的技术点,需要不同业务部中不同学科、不同专业人才的相互配合、集体攻关才能完成时,中研部会组织由各部门抽调人员参与的重大项目攻关,或集体会战。平时人员受所在部门的垂直领导，执行该项目时则接受项目负责人的领导。

1996年，中国电信市场上接入网产品的机会点突然出现，邮电部允许原交换机局通过V5.2技术接口带其他厂家的用户模块。但是一开始华为中研部的接入网产品发展得并不好，原因是接入网产品与交换机业务部的远端模块冲突，而当时交换机业务部又是华为中研部第一大部门；由于起初只是在一个部门发展，接入网产品的内部研发资源得不到保障，研发进度较慢。

眼见着老对手中兴的接入网产品在市场上的占有率大有提升，新对手UT斯达康也借接入网产品在中国市场上发展起来，华为公司市场部频频向公司总部告急。任正非把当时的中研部总裁李一男叫去狠狠地批评了一顿，给李一男醒了醒脑。

1996年年底，中研部专门成立了以多媒体业务部、交换机业务部、传输业务部、无线业务部共同参与的跨部门接入网新产品攻关项目组，以求资源共享，发挥产品和技术间的组合优势，增强核心竞争力。各个业务部均安排核心骨干人员参加项目组，在项目组的统一安排下进行集体技术会战和技术资料的统一制作。除安排骨干人员参加外，各业务部对接入网产品的相关内容也进行了会诊，并针对接入网的版本做了新的开发。跨部门项目组成立后，华为公司在三个月的时间内，就一举突破了新产品的关键技术问题，而且在如何创新地组建接入网络，发展电信新业务（如ETS无线接入、会议电视等）方面，率先提出并实现了新的业务应用。华为各业务部的通力配合产生了华为公司无论在功能上还是在成本上都有差异化竞争力的接入网新产品。

1997年2月，天津蓟县华为公司HONET综合业务接入网通过技术验收，这是当时国内最先进的接入网产品的应用，不仅实现了光纤到大楼、光纤到路边和光纤到乡镇的业务接入，还为分布于不同区域的用户提供了话音、图像、数据等综合业务。他们是如何做到的呢？

天津蓟县华为公司HONET综合业务接入网是华为中研部在跨部门项目组的统一运作下，攻关项目组的成员群策群力、紧密协作，各个业务部在后方带着技术难题组织攻关，才得以在最短的时间内实现了众多的业务功能。

接入网产品如此复杂的业务应用，单凭一个部门的力量很难在短时间实现并取得技术优势。中研部跨部门项目组成立后，有组织、有目标地统一了华为公司中研部分散在各个业务部的研发力量，通过一段时间有保障地集体研发，最终利用各业务部的局部优势产生了全局优势，改变了华为在接入网产品上的落后局面。华为接入网通过领先的多种业务功能、卓越的性能指标、一步到位的价格竞争，从落后竞争对手10%的市场份额发展到一年后超越竞争对手30%的市场份额，此后就牢牢把接入网产品的业绩锁定在国内第一的位置上长达十年。如果不是采取有效的跨部门项目组运作的方式，华为的接入网产品很难在如此短的时间内取得重大突破。

接入网产品对华为公司的功劳不仅仅是这个产品本身的巨大成功，更重要的成功在于这个产品大大提升了华为交换机在网络上的地位。在此之前，华为的C&C08交换机一直处于县级以下及少数不发达的地市级网络，更高端的市话网络完全被国外公司把持。接入网产品出来后，华为公司利用接入网产品不断向地市、省会城市进攻。在上海由于有上海贝尔合资公司，当地的主要机型都是上海贝尔的1240，华为的C&C08交换机一直以来久攻不下。此后华为公司终于通过接入网产品撕开口子，成功进入上海市场。

除了对急需加强发展的新产品或为攻克某一难点技术很有效果，综合式的矩阵管理也对中研部的技术攻关之外的技术管理工作带来卓有成效的促进作用。

例如，在很多公司，技术文档（对一个项目从开头策划到技术细节，所有技术模块的设计所做的文字笔录）工作是头疼的问题，工程师们愿意写程序不愿意写文档，但是文档工作又是非常重要的一项工作，对后来的新员工能较快上手接续开发工作、配合相关人员理解技术都有较重要的意义。中研部在这种难以推进的技术管理工作上，采取综合的矩阵式管理，成立了文档工作项目组。文档工作项目组由中研部的技术管理部门牵头，各个业务部安排骨干人员参加，管理上对文档工作项目组进行单列的指标考核，阶段性地通报工作情况，确保技术文档的管理工作能迅速在各个业务部执行开。

综合的矩阵式项目运作，也包括在公司级层面上的运用，由华为公司各大部门共同参与。如1997年开始的"商业网攻关"项目，就是由市场部、中研部、用服部、中试部等多个部门共同参与的。

华为中研部在项目组运作上是重型矩阵结构，即加入项目组后，项目组成员绝对归项目经理领导，确保了项目组的运作。为进一步加强项目组的运作，华为还在组织设置上成立一个监督协调机构，即领导小组，由总裁及各相关部门经理组成，协调处理项目小组与各相关部门的关系，形成矩阵式组织。

项目小组与各职能部门为平级关系，均受领导小组领导。如刚才提到的接入网攻关项目组，后来就是由中研部总裁任领导小组负责人，项目组与交换机业务部、传输业务部、无线业务部等业务部为平级关系，项目组下的人员由交换机业务部、传输业务部、无线业务部等输送，一旦工程师加入该项目组之后，工作安排和考核均由项目组组长负责。如果某位工程师的工作安排上，存在项目组的安排与原业务部的安排相冲突的问题，则由领导小组即中研部总裁亲自负责协调，确保冲突能得到最快的解决。

如何确保跨部门的研发协作

很多公司在推行矩阵管理过程中都遇到比较多的问题，而使矩阵管理无法落实下去。如矩阵结构存在两条权力线，这样就形成了对人员的双重指挥；项目经理承担着项目责任，但却不拥有相应资源（人员、设备等），导致了责权不对等，从而给项目部门的运作和考核带来很大的不确定性。

华为中研部在避免矩阵管理常见问题方面采取了几条特别的措施。

（1）建立有效的高层管理组织。因为矩阵组织带来了大量的协调问题，故需要在高层建立协调机构，控制项目的立项、进度和完工结转，对跨部门项目的实施进行协调。高层的协调机构的负责人为该项目负唯一责任，而且是由职能部门领导之上职位的人员担任。由于项目的成败在高层具有唯一承担责任的人，这样就加强了项目组的协调能力。此外，职能部门的负责人通常为领导小组的副职，加强了领导小组的权威性（类似于SARS期间一开始SARS组长命令不了各级省长，后来时任国家副总理吴仪以高于省长级别的领导人的身份成为SARS小组协调机构的负责人，并且对SARS工作的成败负唯一责任，这样的管理架构实现了SARS工作及对各省资源的牵动作用）。

如接入网项目组中，领导小组的组长为中研部总裁，领导小组的副组长为各个业务部的总裁。项目组的成员均来自各业务部，中研部总裁对接入网项目成败负唯一责任，由中研部总裁直接负责项目组与其他职能部门的协调工作。这样，项目中关于资源瓶颈、协调等问题，由项目组组长直接找中研部总裁协调，从而确保了资源对项目组的支持。

（2）把项目计划和日常经营计划纳入统一的综合计划，树立综合计划的权威，靠计划的统一维护指挥的统一。通过计划安排减少日常的协调工作，靠增加一个时间维度，将平面上看起来互相冲突的项目任务和日常职能工作在时间上错开。规定统一的先后次序和优先级别，避免同一个研发骨干同时在不同项目组任职的问题，从而解决二者的冲突（见图8-4）。

（3）完善考核体系。有了统一的计划，就可以将项目的完成进度和成果纳入统一的考核体系，这样，项目责任就在组织上落实了，从而职责不清、责权不对等的问题也就在很大程度上得到了解决。

项目组成员的奖金单列，同一个职能部门的同级人员，如果其中一人处于重大项目组，并在重大项目组中表现优异，其奖金和晋升速度将远高于其他同级人员。分配奖金的时候，首先是对项目组进行考核，使业绩及重要性、难度不同的项目组的奖金不同于一般部门；其次是对项目组成员进行考核，使其成绩和奖金不同于其他人员。这就在中研部形成了人人争抢进重大项目组的氛围和局面。

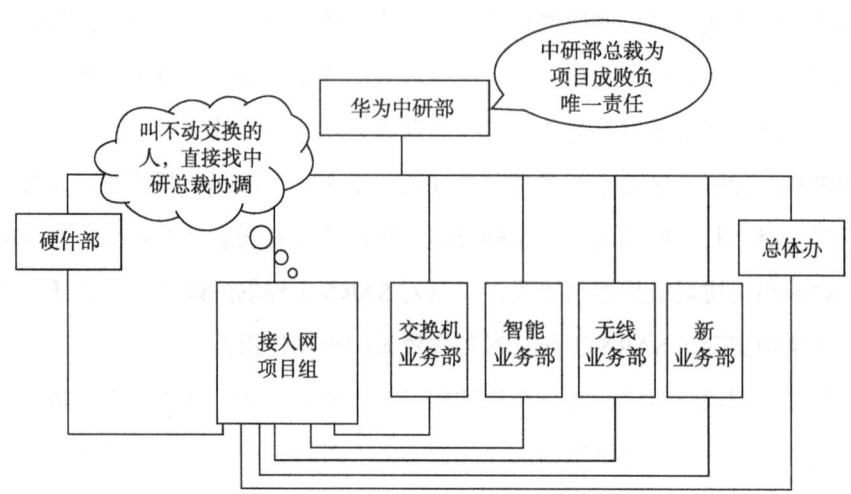

图 8-4　中研部协调管理接入网跨部门项目组与其他职能部门的关系

（4）尽管采取了以上的措施，矩阵运作的矛盾也不可能得到彻底解决，华为的经验是在日常工作中采用企业文化作为黏合剂和润滑剂，在中研部的管理中培育团结合作精神，并在项目主管和部门主管的工作态度考核中适当体现。

主管级别的态度考核通常难以操作，但在华为中研部的管理中却是重要一环。对主管考核的主要依据是对优秀事例及时的表彰和记录，对项目组成员及员工投诉的重视。考核中在去掉两头最优秀和相对较弱的主管之后，对中间层主管的学习态度和反思能力进行观察，结合领导层的集体"民主"评议，最后的考核结果通常能让人心服口服。

通过以上这些细节管理，具有华为中研部特色的重度的矩阵式组织，既融合了各职能部门中不同专业人才，又使得跨部门的项目运作决策迅速，办事效率高，减少了中间层次，加强了横向职能的联系。

从小处做起，从零突破

在华为早期的芯片设计工程师中，很多人没有做过芯片设计，更没有芯片投产的实战经验。而华为也没有条件从国外引入高薪的工程师，只能靠年轻的芯片设计工程师从理论学习开始，再结合实践一步步地摸索。

1996年，南京大学研究生毕业的孙洪军来到华为基础研究部，刚开始对芯片设计简直是一窍不通。他从对已有芯片的电路解剖分析入手，一边对着芯片，一边对着原理图，一点一点地分析琢磨。各种与芯片设计相关的国外原版书籍如P. R. Gray的 *Analysis and Design of Analog Integrated Circuits*，各种非专业的AWB（Analog Workbench）仿真软件，他都进行了悉心学习。他还利用各种机会四处请教，如从华为用户电路部门的硬件工程师那里了解C&C08交换机用户板电路系统的设计原理，学习准备做的芯片的外围周边的各种特性，然后再从微观的角度去理解他所要研究的厚膜电路的工作原理。三个月的时间里，他"泡"在用户电路部门左问右问，"泡"在资料堆里把所有的相关资料都看了个遍，又通过配合用户电路系统部门做一些厚膜电路的改进设计以及仿真工作入手，学到了很多实用的知识。很快，他就能把要做的芯片设计的电路通过仿真软件做通，把电路的各种工作情况都仿真了一遍。

孙洪军正式参与投片的第一款芯片是一个语音编解码芯片。他在华为大量地检索各种中英文资料，学习《数字信号处理》等教材，消化了相关基础知识。学习竞争对手西门子在IEEE（世界电子期刊）上发表的论文，这些使他对芯片的工作原理有了初步的认识；芯片领域的领头厂商美国芯片公司AMD的相关技术资料对芯片工作原理进行了深入的阐述，看过其阐述之后使他对芯片原理有了更进一步的了解。在大量的学习中他体会到，如果不去深入理解市场领先者的东西，想完全靠自己正向去做，一定会走很多的弯路。而对市场领先者的技术进行深入的分析、学习，并不满足于只是接受，这也是华为有机会能够超越它们的重要原因。在不断学习和消化业界最新资料的基础上，孙洪军和他的同事们对着原理图，一点点地去找加法器、移位运算、ALU的结构以及ROM点阵的释义等。短短三个月的时间，具有国际领先地位的算法部分就被他和同事们突破了。

对芯片的系统设计工作完成后,他们找到了专业的制图公司绘制了芯片的电路图,然后外发到国外的芯片加工工厂进行投片。芯片完成之后,他们除了在实验室进行了全面测试,还把芯片拿到公司的内部用户——华为的系统部门,反复进行各种情况下的测试,测试时间长达一年。当时他们为了一个呼损率的指标,在高温高湿度环境下反复测试。这种呼叫不成功的情况,也许在一两天的几十万次的大量模拟电话呼叫中才出现一次,但是他们没有轻易放过问题。经过长时间不断地在实验室里反复捕捉失败案例,然后再仔细分析,最后他们终于查明问题的原因,原来是串行 CLK 线没有加施密特结构,PCB 板走线过长有信号完整性问题,最终导致时钟沿的回勾被误读取。虽然这个误触发的概率极低,不会影响采用该芯片的系统设备的功能的实现,但是却会对系统的性能指标带来影响。

经过长达一年时间的反反复复的"折磨",折磨芯片,也折磨孙洪军和他的同事们,他们养成了做芯片精益求精的严谨态度,并深刻理解到,知道、了解一项技术是一回事,而把这项技术产业化、把技术做精又是另外一回事;一般芯片的问题都是在不重要的小地方出现的,说芯片不工作,可能比较罕见,而一次就完全做好,也比较罕见。华为基础研究部的年轻工程师们并不满足于只掌握技术,把芯片技术产业化、把芯片做精才是他们的终极目标。为此,他们提出了"不要做有缺点的战士"的内部口号,要"做完美的苍蝇"——价格再便宜、技术再简单一些,只要是完美的、市场能接受的、能赚钱的,都要一丝不苟地把它做好。从小处做起,从零突破,后续才会有无限发展的可能。

孙洪军和他的同事们就是这样,在华为基础研究部从几乎完全不懂,通过自己学习,到有了一定的实战经验,熟悉研发流程和系统应用,从反向设计到可以自豪地正向设计芯片,一次次地去挑战通信巨头。通过团队的合作,1997年,基础研究部的一款数字 32 路 64ms 回波消除芯片正式投产,该芯片的面积只有通信巨头朗讯公司的一半大小,而业务功能和其他性能指标却和朗讯的一样。这款性能优异的芯片,性能指标优于其他竞争对手,也使华为用户电路板集成度大为提高，节省了大量成本。

在多年多次的反复实践中孙洪军渐渐体会到"模拟电路是一门艺术"：模拟电路和数字电路有很大的不同，模拟电路是一门艺术，而数字电路是一门工程。一个细小的原因，就可能直接导致产品良率为 40% 以下，只好放弃这个项目。而有的项目需要反反复复做工艺拉偏实验，流了几百片 wafer，变换了不同的工艺条件来确保良率稳定及达到最佳。而当一个电路设计从一个 foundry 转移到另外一个 foundry，总有可能发生这样那样的问题。

在华为早期，孙洪军参与了 5 款芯片的深入研发工作，有高压 bipolar 工艺的，也有 BCD 工艺的，也有 mixed mode 低压 CMOS 的，还有纯粹的数字电路正向算法实现方面的。期间并不是一帆风顺，也不是个个都成功。有的项目失败了，做出了"砖块"（工程师口中的失败产品），但是这个"砖块"让大家学习了更多的道理：不能随便去选择合作伙伴，需要对工艺进行更多的学习和了解，需要再仔细研究芯片的设计原理等。有的项目虽然成功了，却没有能够量产，大家都觉得很遗憾。但是在众多的遗憾和失败中，也产生了非常成功、规模上量的芯片，为华为公司创造了不少价值，这也使工程师们感觉到自身价值的实现。

一次芯片的投片，需要上千万级的资金投入，而一个细微的错误就会让这次芯片的投片失败，但华为公司并没有因怕失败而不敢放手让年轻的工程师们去担当重任。华为公司的勇于放手，也使年轻的工程师能得以迅速成长，从而令基础研究部在很短时间内就使芯片设计有了较大的提高。一次，世界级著名芯片生产商 ST 公司与华为公司进行合作设计，ST 公司的资深工程师做芯片设计已有 20 多年的经验，当他们看到华为公司年轻的工程师们很快就把电路设计做完时，非常惊讶，认为华为的芯片设计水平已达到了和 ST 相差不远的水平。所有这些成绩都是华为公司勇于放手，以及工程师们刻苦勤奋的结果。

华为中研部通过"将大化小""将难化易"等方式，通过矩阵管理带来的项目管理新架构，依靠总体办、总体组等提供层层技术支撑的部门，以及大量富有经验的总体设计、规划人才，突破了对复杂技术项目的管理，使新手也能做项目。通过跨部门矩阵的有效管理，华为的新产品研发得以较快地实现突破。在华为，一个新员工只要勇于学习和借鉴各种经验，加上华为勇于放心让新员工去闯的优秀文化，新员工就能够快速成长，哪怕是做芯片设计这种有难度的工作。

矩阵管理令华为研发部管理更进一步，降低了新技术突破中的组织难度。继华为公司1995年后开始的矩阵管理，1998年中兴也决定在研发系统实行矩阵式管理。

代码用刚毕业的年轻人名字命名

2006年刚毕业一年的高亮，利用业余时间，编写了一段程序验证自己思路的可行性：对客户需求不是僵硬实现报表的功能而是可以根据配置生成任意报表。他的想法获得了项目经理的支持。

在只有短短两个月的时间里，高亮每天快马加鞭编写代码，优化算法，调试各种场景，最终如期交出了新程序。在同样满足客户所有性能指标的前提下，平均开发一张新报表的周期从原来的两周缩短至一天，效率大为提高。在后面报表的需求从三个人的工作量增加到十几人时，采用高亮的程序不需要修改主程序，只需要修改配置文件就能解决。

很快，高亮被产品线调入主业务OCS的开发中，OCS通过配置数据就能实现各种复杂的功能，让需要编写的代码量大为减少，从而能更快地交付版本。

在工作过程中，高亮利用一种阅读性更强的文本格式（伪码或多领域语言）来重新定义数据配置信息，使其既保持数据配置的优势，又能有传统代码开发成熟的版本管理能力，以解决诸如多人协同配置的版本管理的相关问题。如设置成什么样，谁做了改动，改动原因，问题发生的环节，以及与之相关的比对、合并、修订、回退等原本需要大量人力来回检视导致效率低下的环节。

高亮所在的产品线很快因此启动了 CBDE 融合计费配置开发环境项目，最终实现在配置模式不变的情况下，通过领域语言解决多人写作的大规模配置场景下的版本管理问题。这个工具很快全面铺开，让工作效率大为提升，同样的团队从过去同时交付两三个运营商客户，到可以同时交付八个以上客户，高效支撑了多个局点的交付。

华为公司对高亮的工作给予了肯定，为这个新语言精心命名为"glee"（gl 是高亮的拼音缩写），这是华为公司软件首次以开发者命名。这极大激励了作为程序员的新员工。

除名字用于命名代码的激励外，高亮还获得华为公司十佳模块设计师、金牌奖等荣誉。两年后，高亮参加了华为公司成立 20 周年的奋斗者大会，并获得了业务创新个人奖。

没有包容、开发的环境，而是一味强调层级，就不可能让新人脱颖而出。

中兴通讯与矩阵管理

中兴早期的研发采取的是事业部制，解决了员工的动力问题，但没有解决专业化的问题。在研发人员人数的膨胀过程中，由于公司没有一套成型的管理模式和管理流程，出现了不少因新人没有经验而带来的问题。

1998 年 1 月的一次产品研制工作会议上，中兴通讯决策层明确了对研发模式和研发体制进行变革，成立严格独立的产品设计策划、测试和开发部门，即系统部、测试部、开发部。其中系统部有类似于华为总体办的功效：一是紧密不断地跟踪、收集最新技术信息并与市场保持联系；二是总体设计。此外，系统部还要对公司与用户的新产品协议或产品的重大阶段改进进行签字确定。

中兴还正式明确了产品总经理的项目牵头人角色，由其掌握研发资金。产品总经理成为产品资源分配和管理的负责人及市场、研发、生产的总协调角色，直接对事业部总经理负责，对产品的利润负责。这样，有了绩效指标和资源支配权的产品总经理，便成为整个组织结构中最基本也最重要的效益发动机。此外，中兴还同时决定在研发管理中引入市场方法，即系统部和开发部能否从公司拿到钱，关键要看能否拿到订单，以此来缩短商用化的时间。

在研发系统实施矩阵管理后，中兴研发人员感到效率明显提升，中兴的研发能力也得到了明显加强。系统部的成立与测试部的独立是使中兴产品实现质的飞跃的一个重要转折点。

小结

研发是利润中心，而不是简单的成本中心。今天的中国企业面对的是产业升级的挑战，面临的是从"中国制造"升级为"中国创造"。只有持续地进行研发投入，勇于"啃"下产业链利润最丰厚的高科技层，形成在全球产业链分工中的新优势，中国企业才能摆脱处于利润最底层的命运。以全球的观点来看，中国企业的优势在于可以低成本地获得大量宝贵的人才资源，中国企业应充分抓住这个优势，勇于同高科技领域的"集团军"作战。只有持续进行研发的组织创新、技术创新，中国企业才能真正拥有并持续保持竞争优势。

| 第 9 章 |

失败的教训

引言

  一年、两年、三年，日复一日、年复一年，早出晚归，付出的努力并不比别人少，但开发出的产品却得不到市场应用或遭遇失败，甚至部门被迫解散，公司投入的几千万元、几亿元血本无归……这种难受的心情相信只有经历过失败之痛的人才会有切身的体会。在逆境中默默成长，从幼稚走向成熟，是华为公司中研部，以及华为研发人员的成长之路。"成功的项目都是相似的，失败的就各有不同"，华为的研发也是在重重的问题和失败的教训堆积中不断发展的。华为从这些失败的教训中收获了些什么？

从最失败到最成功的产品

  1994 年 8 月，华为公司中研部组成了十余名工程师的 ETS（一种无线通信技术，广泛应用于农村通信）开发项目组，着手开发 ETS450/150 系统。由于是首次全面涉足无线通信这一领域，又要同时开发从终端、基站到交换机接口的无线系统，为了缩短开发周期、尽早推出产品以满足市场需求，华为公司一开始决定走合作开发的道路。

1995年，华为与深圳市T公司签订了合作协议，华为公司的第一代ETS采用的是华为公司的交换机软件和T公司的基站及手机。主要技术设备全在T公司一方，而华为公司是一个概念提供商和系统集成商，OEM集成T公司的设备和手机，用华为公司的品牌在市场上销售。

华为公司的第一代ETS系统于1995年下半年快速走出了实验室。由于华为公司品牌的力量，ETS被不少省市区电信局选用。但接下来发生的产品事故，却使华为公司陷入了难堪：设备故障频繁，无法维持正常运行；无线通话接续速度慢；电话接通率低；电话话音质量差，杂音较大；断线现象严重，断线率约为20%。只要哪个地区开通了华为的ETS系统，哪里的电信局就叫苦连天，华为公司的维护人员忙着处理各地区投诉，华为公司的开发部也成了到全国各地救火的"救火队"。用户的投诉雪片般飞到华为公司总部，华为公司的市场形象，尤其是无线产品ETS的市场形象受到重大损害，信誉下降，进而影响了华为公司其他产品的发展。

用户反应最强烈的是电话断线问题。刚开始华为公司很难准确分析和定位问题，便请合作的T公司一同解决。但T公司一开口就断定问题出在华为公司的交换机上，使问题的查找受到很大阻碍。华为公司再三求证分析，认为T公司的设备有不少问题，鉴于T公司在查找自己的问题上采取的消极态度，华为公司便要求T公司提供详细的技术资料，以便进行全面的诊断分析。但T公司一直回避提供产品技术资料，这使得华为公司十分被动。

华为公司将用户退回的手机及固定台返回给T公司维修，结果T公司返回的信息是大部分手机没坏，只不过是接触有问题。看似轻描淡写的描述，其实就是产品质量问题。后来，华为公司安排人员到该公司生产线去察看，发现其生产质量控制方面的措施十分简陋。作为无线产品的生产，生产线上应该有的老化、高低温测试均没有。虽然华为公司力促对方尽快整改，但此后几个月产品质量也迟迟没有改善。

之后，华为公司又发现 T 公司在与华为公司合作的同时，还违约与其他公司如中兴通讯、鸿年、赛格等进行相同产品的合作。而这些公司也都面临着与华为公司相同的处境，并由于相同的原因，在无线接入 ETS 产品上均先后走向失败。

华为公司首个无线产品——第一代 ETS，问题并不仅仅出在产品上，而且在合作方面也出了大问题。在合作的开始阶段，为了赶时机，华为公司就没有仔细考察合作方的工作流程、质量控制、价值观和经营风格，而错误地选择了一家轻视产品质量且缺乏诚信的合作伙伴。在第一代 ETS 产品上，华为公司没有任何的技术掌控点，无论在技术谈判还是在技术定位方面，都处于被动局面。如此重要的产品，华为公司将其命运寄托在这样失败的合作上是十分危险的。

为了挽回客户的损失，挽救华为公司多年来好不容易形成的良好品质形象，为了将产品命运掌握在自己手里，为了能向客户提供真正有水平的无线接入系统，华为公司决定自己组织力量开发 ETS 无线通信产品。

华为公司先后从全国著名院校通信专业、国内国际各大公司，聘请了一大批在无线领域具有丰富经验的高级开发人才，开始了艰苦探索。

经过一年的艰苦奋战，华为公司自行开发的无线接入产品——华为公司 ETS 第二代产品终于面世。这期间，无线开发部经常是灯火通明，开发人员夜以继日、全力突进，根本没有节假日、星期天的概念。华为公司中研部无线业务部 ETS 项目组，吸取了第一代产品开发的经验和教训，在研发过程中针对市场出现的各种问题进行了大量卓有成效的实验。为了避免手机终端出现问题，项目组还自行研发了终端设备，这样就从 ETS 基站设备到终端设备全部自主开发了一遍，将所有可能存在的技术盲区全部加以避免，将高温低温环境实验、震动实验、可靠性测试、碰撞实验等都做了一遍。研发工程师守在实验的现场，不放过每一个细微的问题，及时对设计存在的问题进行改正。最终，实验全部通过，产品在各种环境下都能满足技术要求。

产品投放市场后，取得了空前成功：华为公司 ETS 第二代产品稳定可靠，维护量比第一代产品下降了 95%，市场投诉也大为减少，客户明显感到好用多了。紧接着，华为公司中研部又在第二代的基础上，采用最新技术推出更低成本、更高性能指标的第三代 ETS 产品，使华为的 ETS 产品位居同类产品技术领先地位。

ETS 第二代和第三代性能先进，在网上运行稳定，故障率极低，完全适应大规模上网使用的要求，从而赢得了邮电部门的认可和支持，赢得了农村广大用户的信赖。

华为自主研发的 ETS 第二代和第三代产品推出后，为了维护原有客户的利益，华为公司又决定牺牲自己，分步骤更换已投入运行的第一代 ETS 产品，尤其是原由 T 公司提供的用户单元。截至 1997 年 11 月底，已换回基站、ETS 手机等设备，总价值 4000 万元。华为公司本着对用户负责的态度，宣布这部分库存全部报废，独自承担损失。

ETS 产品的发展，经历了许多坎坷，在整整三年的市场角逐中，其技术性能终于成熟、稳定下来，成为我国农村"村村通电话"的最优解决方案。通过 ETS 开发和市场的起伏，华为公司中研部开发人员收获了许多做企业、做人求长远的深刻道理。华为公司立足于对客户的长期承诺，与许多急功近利的企业的着眼点和做法完全不同。华为公司看重的是企业的可持续成长，而不是与客户做一锤子买卖，这是对客户的长远使用价值负责。

草率的合作使华为公司付出了巨大的代价，令中研部重新检讨在合作方面存在的思想认识及管理制度方面的漏洞。技术合作也是自主研发的重要方面，对技术合作的产品也应该像对自主研发的产品一样重视。技术合作的过程，也应像自主研发产品的过程一样，要加强管理和监控。选择什么样的公司做合作伙伴，以及在合作中重视对合作方和合作过程的监控非常重要。合作的产品只要是最终打华为品牌出去的，也是华为的产品，华为公司要为此负全责，因此在合作前对合作方的能力、品德、企业价值观、技术稳定性等各方面也应参照华为对自己研发产品一样严格要求，与自己研发产品一样去严格管理。

此后，华为公司中研部对开展技术合作的合作公司的管理建立起一整套规范，由各部门组建对合作公司的考察，考察包括合作公司的公司远景、价值观，以及质量体系、品质建设、售后处理机制、服务质量等各个方面，避免了再次发生像第一代ETS产品那样合作方产品品质存在问题，而对华为公司品牌造成不可弥补的损失的事故。

ETS从华为公司最差的产品，成为华为公司最优秀的产品之一，最终为华为公司创造了几十亿元的利润并赢得了市场口碑。1998年特大洪灾时，时任国家主席江泽民在湖南抗洪前线使用的无线通话设备，就是华为公司的ETS产品。

ETS前期的失败，给华为公司造成了上亿元的损失，但是从公司最差产品，忍辱负重，从头开始，最终又成为公司最优秀产品的过程中，给华为公司中研部培养了一批思想过硬的技术骨干和技术管理人才。曾经担任华为公司传输产品线负责人的彭智平，就是当年ETS项目的负责人；华为公司的3G、GSM、手机研发等也都有不少技术干部就是从当年ETS项目组走出的工程师。

教训惨痛："闭着眼睛"研发

如果说华为公司1998年以前中研部在研发上有一个屡犯不改的错误，那一定是过于主观性地去开发产品，即不顾市场需求的变化和竞争对手技术的发展，"闭着眼睛"做研发。

1994年年初，华为公司开始组建CT2（无线通信的一种制式，号称二哥大，以别于GSM大哥大）项目组。项目组花几个月的时间便学习完全新的CT2技术，并于1994年6月就基本调通了协议软件。

1994年8月，华为与广州电信局签订了CT2公众网络的合作协议，迎来了市场的机会。可是，研发部随即在技术上遇到了麻烦，无线的RF射频的开发当时对华为公司而言还是一片空白。研发部人人努力攻关，完全依赖自己埋头苦干，没有积极地对外联系寻求合作伙伴，依靠自己一条腿走路，技术突破迟迟没有进展。

1995年5月，当研发人员还在为RF射频的调试问题而大伤脑筋时，市场上已传来了对CT2不利的消息。由于CT2本身技术上的缺陷，随着大哥大GSM公众网的发展，二哥大CT2公众网开始走向衰落。

结果是惨痛的，近两年在CT2项目上的所有辛劳都付之东流。研发人员加班加点干了一个又一个通宵，并没有得到应有的市场回报。事后，项目组成员进行了全面的反思：立项时，没有进行全面的市场调查和评估，没有对产品的生命周期进行认真分析。在难点技术RF射频的开发上，国外已有最新的针对CT2技术专用的芯片，市场上也已有与之相匹配的现成的RF射频模块，而华为的研发人员却还在闭门苦苦攻关。

市场是无情的，在研发人员还在那里苦苦地徘徊时，技术的快速更新换代已冷酷地将其抛弃。市场的风险、技术的风险，让每个人在研发的同时不得不时刻关注市场的最新变化及技术的最新发展。

在CT2躺在华为研发部博物馆的同时，华为又开始上马另一个无线技术DECT集群技术（一种在欧洲广泛应用于企业内部无线通信的技术）。这一次大家关注了市场和技术的最新变化，却忽视了在人力和物力上做详细的分析，以及何时需要什么样的测试工具。1996年6月，在DECT研发小组的刻苦攻关下，符合标准要求的基站样机终于出来了，但项目组的成员却找不到可以用来测试DECT基站的标准的手机！

最后，项目组又不得不终止当前工作，投入大量的人力开发了用于测试的手机卡和基站卡，终于调通了基站和手机之间的接口协议，但开发进度已被迫延迟了三个多月。如果项目组一开始就充分重视测试的重要性，制订详细的开发测试计划；如果在1996年年初就发现找不到符合标准的手机，项目组从一开始便能着手测试工具的开发，那么开发进度就会完全不一样。

DECT项目组在克服了基站研发的种种困难之后，又突然遭遇了"手机门"。客户可以买华为的基站，却买不到与华为DECT基站相配套的手机！项目组只能被动地等待再等待，等待西门子、爱立信、诺基亚……期待它们尽快推出符合标准的手机。由于华为没有采取有力的措施解决配套手机的问题，华为公司的DECT技术和产品在客户处商用时面临了极大的困难，市场迟迟打不开局面。

1997年年初，当华为终于从别处拿到可以配套的符合欧洲标准的手机时，中国无线管理委员会颁布了DECT可以使用的工作频段，中国的频段与华为基于欧洲标准开发的频段是不相重合的。华为公司白开发了！

但是此时华为公司还没有认识到问题的严重性。中研部DECT项目组的小伙子们继续加班加点地将可以商用的实验系统于1997年8月测试完毕，并准备大规模推向市场时，又发现，中国无线电管理委员会不给予华为非中国频段的DECT系统市场准入证。即使中国无委会能通过，手机的问题仍是无法解决，不符合无委会中国标准的手机无法进口。结局是令人痛心的，华为无线研发部DECT项目组所有成员付出了无数心血的DECT系统，只能静静地躺在实验室里，同时也浪费了华为上千万元的研发费用。

华为无线业务部DECT研发项目组，他们的组长叫朱严章，是有着一头卷发、浓眉大眼的年轻人，他浑身洋溢着对工作的热情，仿佛有着无限的活力。在DECT研发攻关的日日夜夜里，他因为年轻的项目组成员更喜欢在实验室里加班，所以经常在那里播放热情奔放的音乐，导致其他部门的人员加班时，总是忍不住要绕道专程从他们的实验室经过，也记住了他们在音乐下认真工作的忙碌身影。可是，他们太年轻了，辛苦和努力并没有带来市场和产品的成功！他们和早期的华为研发部一样年轻，在人生的道路上经历了一次又一次的失败。

市场上的风险、技术的风险、政策的风险、配套的风险，给了华为中研部沉痛的教训，也促使华为中研部进一步加强对产品立项的风险管理、评审管理、项目管理，建立起一整套产品规划、立项评审以及预研的流程，打破了过去只是闭门研发的"纯技术"路线，在研发的过程中就充分考虑到产品进入市场中可能遇到的种种阻碍。

产品研发上的一系列的失误和巨大的损失，使任正非下决心要引入美国IBM的集成产品研发流程（即 IPD），采取在研发的初始市场、用户服务、生产、测试、采购、财务都参与的并行开发流程，彻底解决了过去"串行"研发（即等开发部产品研发好了再去考虑测试、物料采购、生产可行性及市场销售）所带来的风险和人为研发进度滞后，甚至是白开发的问题！

华为公司的 CT2、DECT 项目虽然失败了，但项目组的工程师和主要成员，并没有被华为公司抛弃，而是在 GSM、3G 产品的研发中重新被委以重任。原 DECT 项目组的王劲，1998 年开始成为华为具有历史突破意义的 GSM 基站 BTS30 产品的产品经理，BTS30 从 1998 年一直卖到 2008 年，是华为公司销售生命最长、销售金额最大的单一基站产品，累积销售数百亿美元。2000 年王劲被任命为华为公司瑞典研究所的所长，主攻 WCDMA 的基础研发。2005 年王劲成为欧洲地区部 Marketing 负责人。2008 年王劲回到上海研究所，组建无线芯片研发团队，并带领团队克服重重困难取得世界级突破性成绩——基带芯片，成就中国芯片史上的第一次领先，这是在无数次失败后又重新站起来的王劲用生命铸造的成绩。

王劲选择了 18 年一直奋斗在华为和在中国科技界最前沿啃最难啃的骨头，他一次次地选择挑战最难的技术和产品，笑呵呵地带领团队承受一次次的失败打击。"王劲从不骂人，这点非常可贵！"无论在哪个低潮阶段，每次见到的都是他享受为挑战各种世界级技术难题而快乐工作的状态，享受挑战并战胜困难的过程。

与很多公司对待失败项目往往会整体裁员不同，华为公司认为"越是经历过挫折的人，越是能力强的人"。对待失败项目的宽容心和对人才的正向评价，是华为研发成功的真正奥秘。越是经历过失败的人才，华为公司越是敢大胆使用。今天在华为研发任干部的领导，每个人身上都历经不少的失败教训。这就是华为公司独特的识人用人文化。

知识产权保护体系

1994 年华为公司基于 C&C08 交换机平台技术推出 C&C08 语音平台，通过外挂语音处理台的方式向电话用户提供自动声讯及语音邮箱功能。电话接入系统后，该系统能自动接起电话，播放用户所需要的最新信息，同时可提供给用户语音邮箱，通过电话网发送欢迎词，接收留言，并记录留言时间等。C&C08 交换系统和语音处理台相互间通过计算机局域网相连，提供给用户一个完全开放的网络平台，可方便地增加新业务和扩容。该系统设计思想新颖，一经推出立即受到了各地电信局的好评。

但是在 1994 年年底，该系统受到多家竞争对手的抄袭，甚至多家竞争对手反而说是自己先推出的，这使华为的"语音邮箱系统"陷入了一场"权益门"。后虽经多方验证，还华为的"语音邮箱系统"以公正，但是这个事件足以引起华为公司只知道快速研发、埋头苦干的研发部门的反思。

华为公司研发部门经过讨论和多方咨询提出，华为作为一家高科技企业，要主动拿起专利之盾，保护企业的合法权益。华为公司的很多技术已经具备新颖、实用、独创三个特性，如果将这些技术申请专利，获得专利权后，就垄断了这些技术的生产、经营权利，就可以保护企业花巨大财力、物力、人力开发出来的科研成果不受侵犯；防止因开发人员跳槽或自立门户而造成技术流失；防止企业开发、生产的产品被其他厂家仿造；排斥其他厂家研制的同一技术的生产、经营权；还可以获得向国外申请专利的优先权进而申请并拥有国外专利，把垄断生产、经营权扩展到国外，不断开拓并占领国际市场。

为此，华为公司从 1995 年起在研发部门专门成立了研发部内的知识产权部门，由专人来负责知识产权的组织和保护、宣传工作。公司还借鉴国内外高科技企业的经验，制定内部知识产权管理制度（如企业与员工签订合同），妥善解决国家、企业和技术人员个人之间的权益界定问题。

1995年，知识产权部门制定并颁布了《华为公司科研成果奖励条例》，明确规定了对申请专利的员工发放专利申请奖、专利授权奖、专利提案奖、专利实施奖。这对鼓励研发人员多申请专利起到了推动作用。

之后，华为在新产品立项研发时专门加入了知识产权的评审，一方面要评审该项技术是否有申请专利点，加强创新和知识产权保护的意识，另一方面也要评审对国内外知识产权是否有侵权点，避免产品研发过程中无意识地侵犯别人的知识产权，避免今后出现知识产权的纠纷。

通过早在1995年就开始运作的知识产权体系和专职的部门，华为在知识产权领域很早就居国内领先水平，也为华为公司1997年之后广泛参与国际竞争奠定了良好的基础。1999年，华为又颁布了《专利创新鼓励办法》，将专利申请与员工的绩效考评联系起来，与员工的工资直接挂钩，有效地激励了广大员工申请专利的积极性。

知识产权意识在华为公司内部兴起，再加上华为公司很早就开始了知识产权方面的实践工作，这些都为华为公司今后在研发方面有底气、稳妥发展提供了有力的保证。尤其是后来经历了一些事件的冲击，进一步强化了华为对知识产权的重视。

2003年在市场上已将华为作为最大竞争对手的思科，在美国法院起诉华为，认为华为的路由器产品有侵权思科的代码的嫌疑。

而从1995年就开始建设的华为知识产权体系，也使华为公司这样的高科技企业在利用知识产权为企业赢得市场利益方面取得了先机。

很少有公司像华为一样，把知识产权，把专利当成一份事业认真经营。不过，像华为公司这样从1995年起就持续在知识产权体系上耕耘和努力的企业，也最终尝到了知识产权带来的丰收。2009年1月，世界知识产权组织的数据显示，在2008年专利申请公司排名榜上，中国公司首次占据榜首：华为2008

年共递交了1737件申请，从2007年的第四位跃升为递交申请最多的公司。

华为的知识产权战略有三个方面：一是在核心领域不断积累自身知识产权，并进行全球专利布局，以保持参与市场竞争所必需的知识产权能力；二是积极参与国际标准的制定，推动自有技术方案纳入标准，积累基本专利；三是始终以开放的态度学习、遵守和运用国际知识产权规则，按照国际通行的规则来处理知识产权事务。以积极友好的态度，通过协商谈判、产品合作、合资合作等多种途径解决知识产权问题。

华为与众多西方公司按照国际惯例通过交付许可费达成知识产权交叉许可协议，如宽带产品DSLAM，是阿尔卡特发明的，华为经过两年的专利交叉许可谈判，达成了许可，支付一定的费用，实现产品的国际市场准入，换来的是消除了在全球进行销售的障碍。华为通过与西方公司达成许可协议和由此营造的和平发展环境，在竞争的市场上逐步求得生存，获得了更大的产值和更快的成长。这比自己绕开专利采取其他方式实现的成本要低得多。

知识产权是国际市场的入门券，没有它高科技产品就难以进入国际市场。知识产权IPR的投入是一项战略性投入，不像产品开发可以较快地、在一两年就看到其效果，需要一个长期的、持续不断的积累过程。

华为知识产权大事记：

1. 1995～2000年，知识产权起步阶段

1995年：成立知识产权部；提出6项中国发明专利申请。

1997年：首次提出美国专利申请。

1999年：首次提出第1件PCT国际专利申请。

2000年：获得第1件美国批准的发明专利权。

2. 知识产权高速发展阶段

2001年：首次提出4件欧洲专利申请。

2002年：当年国内专利申请量突破1000件，成为中国专利申请最多的企业，并连续蝉联第一名。

2003 年：思科告华为侵犯专利权。

2005 年：与英国电信签署知识产权交叉许可协议。

3. 知识产权初具规模阶段

2008 年：在 Wimax 标准上的突出表现被 Wimax Forum 组织授予杰出贡献奖。

2009 年：在世界知识产权 WIPO 公布的年度报告中，华为以年 1737 件 PCT 申请，排名世界第一。

2010 年：获英国《经济学人》杂志 2010 年度公司创新大奖。

2011 年：华为反击摩托罗拉侵犯知识产权胜诉——被《华尔街日报》称为中国企业第一次知识产权作为武器来反击西方企业。

2015 年：华为与苹果达成专利授权协议，其中华为一共向苹果授权 769 项与通信相关的专利，苹果也向华为授权了 98 项专利。按照专利授权数量的对比来看，华为要收取苹果的专利费用。

2017 年：三星在中国输华为专利官司，需赔偿 8000 万元，22 款手机禁售。

截至 2016 年 12 月 31 日，华为累计获得专利授权 62519 件；累计申请中国专利 57632 件，累计申请外国专利 39613 件。其中 90% 以上为发明专利。

对竞争对手估计不足

1995 年华为研发就开始了无线领域的产品研发。无线虽然是大家都看好的未来通信网的潮流和趋势，但无线领域的制式较多，政策风险大，产品研发所需要的投入更大。1995 年袁建浩、侯金龙、刘江峰、蒋滔等 20 多位研发人员开始了华为的 GSM 技术研发，这时摩托罗拉、爱立信、西门子等国外公司的 GSM 技术已经从实验室到市场打拼了近 20 年，并在全球都获得了成熟的应用。仅 GSM 协议就有几十本，打印出来几米高。华为于 1996 年 5 月～8 月完成系统设计，1997年5月前完成产品设计、开发和测试，9月开始系统联调。

经过两年的努力，1997年9月5日，第一代华为GSM系统成功在实验室里打通电话。那一天无线产品线的负责人陈朝晖在研发部里跑了几层楼，兴奋不已地找大家试用中国第一个自主知识产权的GSM系统；华为中研部当时所在的科技园用服大厦，上面树立着高高的GSM天线，是令所有华为中研人都骄傲的中国首个自主研发GSM系统的标志（见图9-1）。

这里是中国首个自主研发的GSM打通电话的地方。2002年之后与华为的电源子公司安圣电气一同卖给美国艾默生公司。

华为GSM从样机到商用化产品，还有较大的距离。截至1997年11月，华为公司在移动通信领域已经投入了主要由博士、硕士和高级工程师组成的240多位科研强兵强

图9-1　20世纪90年代末华为公司总部及研发总部所在地，曾经叫华为用服大厦

将，并在1998年又扩展至500位；华为公司到1997年年底已对GSM系统的研发累计投入7000多万元，在1998年更有上亿元的投入。1998年华为公司首个GSM的实验局在内蒙古自治区开通，现场调试人员近百。为了确保成功，华为居然分散人员坐两架飞机，以保万无一失。当时的射频人才，全国也才寥寥无几，所以华为非常重视射频人才。华为在GSM市场的大手笔研发投入看准的是中国移动通信市场快速发展的形势：1997年，中国最大的运营商中国移动采用的GSM设备在中国通信市场取得了巨大成功，GSM用户占到国内移动用户总数的42.5%，到2000年中国移动用户总数达到3500万，其中新增用户绝大部分是GSM用户，GSM在中国的主导地位无可动摇。

当时华为公司简单地认为 CDMA 不会在中国获得规模应用，尤其技术上，由于 CDMA 的所有高端技术全部被美国高通所垄断，国家出于中美政治的角度也不会采用 CDMA，因此华为 1996~2000 年只在 CDMA 上投入几个人的追踪研究，并没有在产品研发上投入兵力。在 2000 年左右，华为公司曾在深圳石岩湖搞过 CDMA 开发"尖刀"攻关小组。"尖刀"组汇聚各大名校少年班天才，由当时的无线业务部负责人陈朝晖直接领导。在攻关的四五十天中，就像当年流行的一篇文章"硅谷不眠夜"一样，往往是深夜里两点钟才开始项目总结会，之后是第二天的任务计划和部署，等上床睡觉已近凌晨时分。最后令天才们高兴的是他们如愿以偿地在预定的不到两个月的时间内突破了技术难关，开发成功了华为公司首个 CDMA 样机系统。但是令所有人伤心落泪的是因为任正非对形势误判，为避免公司有限的资源过于分散，他直接下令不再继续商业化的开发，华为公司首个 CDMA 产品就这样夭折了！梦断石岩湖，这让曾经信心满满、夜以继日工作的项目组成员们深受打击，有的甚至离开华为去了竞争对手公司成为 CDMA 项目的核心骨干，有的则发誓不再做无线产品，去了其他产品线。至于 PHS，日本传过来的落后技术，华为公司就更没有放在眼里，很早就放弃了。

结果 2001 年邮电分拆后，中国的移动通信市场格局发生了巨大的变化：中国电信最终未拿到移动牌照，选择了符合中国电信市场需求的应用 PHS 技术的小灵通；中国联通选择了 CDMA。华为公司原本以为在移动通信上中国联通或中国电信要选择 GSM 的计划落空了，对 GSM 项目原定的市场目标未能达成。

1998~2002 年是中国移动通信市场竞争最激烈的几年，全世界的厂家都寄希望于这一当时世界通信业最大、发展最快的市场，在中国市场上争得你死我活。在中国移动的 GSM 市场上，爱立信、摩托罗拉、诺基亚等外国公司，吸取了固网交换机市场上竞争失利的教训，在 1998 年华为公司 GSM 产品刚要上市时就迅速地大幅降价，主动发起价格战，削弱了华为的价格优势，有力地阻止了华为的攻势。

由于爱立信、摩托罗拉、诺基亚的手机终端在中国销售的飞速发展，为进一步刺激手机终端在中国市场的普及，这些既有GSM手机终端产品又有GSM网络产品的国外厂商，在网络市场上采取了降价销售策略，以手机终端的利润和销售来弥补网络设备的成本。华为公司1998年预计1999年GSM产品每线1200元，2000年达到1000元，2002年达到850元。但实际的价格战打下来，国外公司在1999年就主动降价到950元，此后在2001年再次降价到850元。

这种发生在移动通信网络市场上，从一开始就逼近成本价的惨烈价格战，使华为公司新推出的GSM在当时的市场上已无价格优势可言，再加上中国移动出于维护成本等方面的考虑，到2003年华为的GSM系统除了在一些边际网、农村、内蒙古自治区等偏远地区略有应用外，并未进入中国移动的主流GSM市场。加上在3G上的投入，华为的无线产品线经历了长达十年的亏损，累计投入达40多亿元。

中国移动通信看似发展机会大，每年新增采购量高达600亿元，但是发展机会越大的地方竞争越激烈，风险也越大。事实上，华为公司在过去的十年一直被排斥在GSM主设备的采购盛宴之外，"失败"二字已成为华为GSM产品线无论是研发人员还是市场人员的平常心。在如此激烈的竞争中，稍有落后就不仅是发展的问题，而且是生存的问题。后来者技术落后一点都不行，需要随时盯住世界最先进的技术，而且要力争超过先行的竞争对手一大步，才能生存和发展下去。无线领域不是发展的快慢问题，而是能否在巨大的投入下生存下去的问题。

无线产品线的教训使华为公司对技术产品领域价格战的惨烈有了新的认识，使华为公司在其他新技术产品领域如数据通信产品线上没有再犯"轻敌"的错误，使华为公司能在市场上主动挑起技术升级，并主动挑起价格战，使华为公司勇于并主动做新技术的价格"屠夫"。

GSM产品的初战告负，没有让倔强的任正非屈服，华为公司反倒以更强的力量投入到 GSM 的更新换代产品上，并于 1999 年开始从国际市场上取得突破，实现了无线产品的"墙内开花墙外香"的局面。2005～2006 年华为公司 GSM 产品线从遍地开花的海外市场反抄中国本土市场，2008 年华为公司终于取得中国市场新增 GSM 设备的 1/3 份额，以最新的技术优势和最具竞争力的价格报了近十年的失利之仇。

故事写到这里，令我回想起当年无线产品线的一曲著名歌曲《华为公司的边际网小基站》，那是在 2001～2003 年间华为公司 GSM 研发部和产品部自己编排的歌舞剧。那段时间 GSM 产品线陪国外厂家"太子读书"，年年参与投标年年不中，但研发部、产品部的士气并没有受到影响。华为的 GSM 产品线推出了独创性概念边际网，独创性的产品 GSM 小基站，试图让这种节能、节省面积的基站产品能在中国农村市场、城市郊区等网络盲区部署，解决中国偏远地区的 GSM 通信问题。这是华为公司自 1998 年开始在中国主流 GSM 市场年年失利却毫不气馁的表现。既然 GSM 主流市场暂时进不去，那华为公司就再回到农村，像当年刚创业时一样，从农村出发，像当年的红军长征一样，从最偏远的山区出发。对运营商而言建立一个真正意义上的基站，包括机房、铁塔、备电等，成本很高。2001 年左右在中西部农村地区及东部相对落后地区，手机普及率还不高，使运营商的基站建设成本因无法从手机业务发展的收益中分摊而显得更高昂。华为公司的 GSM 一体化小基站很好地满足了边远地区的市场需求，体积类似一个家用热水器，重量只有 30 公斤，直接挂在一根电线杆上，立一根全向天线，不用备电，基站直接带光接口板，传输拉到位就立即可用。这样，客户可以很容易地适用不同地理形式进行安装，方便了运营商的网络部署，华为公司 GSM 产品终于通过小基站这样一根根钉子撬进了近十年被几家国外厂商布防得像铁板一块的 GSM 移动网络市场，在全国布了很多点。基站布了以后再搬迁就很困难，这样华为通过国外竞争对手难以想象的创新性产品小基站的切入，逐渐打开了国内市场。

在 GSM 产品线最艰苦的时候，任正非和华为中研部都没有放弃，一直在坚持技术创新，屡败屡战，直到最后反超竞争对手。做研发，是不可能不遭遇失败的。如果华为的 GSM 产品线一波三折的故事发生在别的公司，这个产品线可能早就被砍掉了。事实上，华为的竞争对手 UT 斯达康在进入无线通信领域几年后，终觉得亏不起而将其全部砍掉。但是华为公司无论何时都没有放弃，在连遭多年失败打击下，还能保持顽强的斗志与持续的研发和市场投入。那曲《华为公司的边际网小基站》就是在最困难的时候，大家激励客户、激励自己队伍的一曲动人战歌。

华为公司无线产品线的兄弟们无疑曾经是公司最苦闷的一群人，多年的亏损曾经让他们承担了巨大的压力。他们这些年虽历经多次失败，但在"最失败的时候"还能唱着小基站的战歌转战在西藏高原、农村山区、海外天涯海角，实在让人既感叹，又敬佩。

任何人可能都很羡慕华为公司今天在 3G、GSM、CDMA、手机等无线诸多领域的胜利，可今日的胜利只是因为华为公司拥有那份在失败、在困难面前的坚韧。华为只不过比其他公司更能坚持罢了。

华为研发的历史是中国企业自主研发的一部教科书。这里面有着和千千万万个起步阶段的中国中小企业同样艰辛的故事，也有很多摔跤和失败的案例，但是华为始终没有放弃，华为的研发始终没有被一时的受挫所击倒，而是一次次地从失败中站了起来。在失败的诸多案例中，无论是曾经初尝苦涩，还是在无线产品线上屡遭败绩，华为公司并不以一时的成败论英雄，始终善待人才，重用有过挫折经历的人才，这也是华为研发能一次次吸取失败教训，在经验的积累、人才的积累中走向成功的秘密。今天在华为中研部总监级岗位的研发管理人才中，多数都是从当年一次次失败的案例中走出来的。"从泥坑里爬出来的就是圣人""是金子终会发光"。这些曾经经历失败的年轻人，经过一次次打击和沉淀，曾经的失败带给他们的是更为宝贵的人生财富。而华为公司也不断地在寻找更科学的研发管理方法，避免失败的产生，为此华为公司曾多次派骨干到美国去寻找答案。

小结

习惯于失败是成功的基础。优秀企业与一般企业的区别在于：不会为失败而后悔，而是通过失败向自己证明了原先不知道的很多东西，而这也就是把握了后来的先机。在失败面前，企业如何扭转劣势？第一，身处逆境不气馁；第二，反省失败原因；第三，塑造自身的核心竞争力；第四，抓住机遇重新出击。其中，最关键的因素，是宽容创新、容忍失败的文化。老板能以宽容之心善待人才，这样人才才会更大胆地去搏去闯。

| 第 10 章 |

奖励去美国

引言

没有开阔的视野，就没有先进的企业。华为研发的技术思想、管理方法不是从石头中蹦出来的，而是华为在一点一滴的向世界优秀企业学习过程中积累起来的。

在华为做工程师是何等幸福，除了有丰厚的待遇，有产品在市场上成功的满足感，优秀的技术骨干还有机会被奖励去美国考察和学习。

他们在美国看到了什么，学习到了什么，对华为公司的研发有哪些促进？

在美国的技术"情报部"：兰博公司

美国是全世界 IT 业的中心，还是无数中国技术工程师心中的殿堂。去美国学习，接近最先进的技术、最优秀的 IT 企业，这已是华为公司从 20 世纪 90 年代初就开始坚持的策略。

为了长期跟踪美国的技术，及时与美国的 IT 企业保持接触，华为在 1993

年就成立了在美国的分公司——兰博（RANBOSS）公司（RANBOSS 的英文名称取自 RAN BOSS 任老板之意，但被处事低调的任正非知道后勃然大怒，后改名为 Futurewei，意为未来之路）。兰博公司号称是华为在美国研究开发的基地，目标是为了更快地提高华为公司的技术水平，为真正开发出国际先进水平的产品提供保障。它一直也是华为对外宣传上的一个重点。

实际上，兰博公司长期以来，只有一名员工阎景立。阎景立原是华为公司搞电源开发的工程师，他在那里的主要工作之一就是采购新产品所需的芯片样片。为了加快新产品开发速度，开发过程中使用的一些主要的芯片的样片是由美国公司采购，发到中国香港公司，然后由中国香港公司的人员发到深圳。这样，华为可以和国外的竞争对手一样能以最快的速度获取最新的技术芯片，同步应用最新的芯片技术，这对华为的新产品开发起到了很大的作用。当时的华为公司还是一家小公司，兰博公司虽然只有一个人，但对华为争取在美国技术界甚至全球的技术合作伙伴，起到引进技术牵线搭桥的作用还是不小的。这也反映了虽是小公司的华为在技术领域确是高瞻远瞩的。

花小钱，大收获

从 1995 年开始，华为每年都要选派一些骨干的开发人员到国外参观一些技术展，那就是任正非对研发骨干人员的信任和好处。出国考察是作为民营企业的华为公司的一个特色，在华为公司出国不是一种"级别待遇"，而是一种搞好研发工作的必需。这是华为公司开放心态的一个表现。这也是任正非有远见的一招，既可以让开发人员开阔视野，为未来的发展打下基础，又可以作为对骨干开发人员的奖励。事实上，华为很多新产品的思想都是由下层的开发人员提出来的。任正非每次安排奖励去美国后，考察人员带回来的新技术观点、管理思想都对华为研发的进步起到了很大的推动作用。

1995 年第一批赴美参观的队伍是由郑宝用带队，有郑宝用、李一男、毛生江、黎键、徐文伟、刘启武、杨汉等近十人,他们均是当时华为研发部门的负责人,主要访问了凤凰城著名的摩托罗拉公司、达拉斯的 TI 公司以及 AT&T 公司。在 AT&T 公司的网管中心,他们看到了一面具有 75 个屏幕的影像墙,每隔 5 分钟显示全世界通信网络的运行状况:监督信息巨流的吞吐;检查网络每一部分是否正常工作,并进行实时的监控和调度。通过这面影像墙,把网络的每一层面展示出来,管理人员随时可以掌握网络各处的神经脉搏。中心犹如人的大脑,有条不紊地管理着整个网络的资源。

他们还走访了 AT&T 微电子公司。AT&T 微电子公司在发展中,集成电路最初也只是为配套自己的产品而设计的。但如今 AT&T 微电子公司已突破这个局限,成为通信行业器件厂家一支生力军。各种 IC 甚至光器件都已形成系列产品,可以广泛用于网络通信、图像、多媒体通信等方面。与专门器件厂家相比,AT&T 的微电子设计更贴近通信产品的需要。

这次从美国回去,郑宝用就开始在华为研发部规划智能网管中心的产品研发,并招兵买马成立了网管软件部门,1996 年起华为的网管系统就开始成为华为的核心产品及核心技术,为华为各产品线的发展增色不少。

郑宝用也进一步加强了华为在芯片方面的投入,而在后来岁月里华为的芯片部门走得也是和 AT&T 微电子公司完全相似的道路,先是给华为内部的产品配套,之后 2004 年独立成为单独的公司,形成系列化产品向其他公司销售芯片。

在技术管理方面,首批参观美国的人才带回来的是美国企业对工程师的新要求。通过参观美国几家大企业,他们领悟到作为一名优秀的工程师,除了会做基础的研发工作,还应具备多项关于沟通和创新的基本技能。IBM 公司首先强调要有坚实的技术基础,然后是卓越的领导才能和杰出的人际交流艺术。此外,IBM 公司还极为重视集体工作能力。通用电气则要求职员应具备 5 个方面的能力:高度的自信心、首创精神、分析能力、应变能力及人际关系艺术。

从 1996 年起这些美国企业对工程师的最新要求也被纳入了华为公司研发工程师的任职资格体系中，以上这些美国大公司对工程师除硬件或软件研发基本研发能力以外的要求，华为将其作为中研部工程师的进阶要求，纳入对工程师的综合素质的考察和培养。这样，华为不仅在技术上，而且在技术管理方面也时刻保持了与美国的同步。

国际同步，管理先行

1996 年，无线业务部的负责人陈朝晖、交换机业务部的张云飞、总体办的陈青等四人随华南通信电子考察团赴美，参加美国达拉斯 96'Supercomm 通信电子展览会并考察美国两家著名的通信电子公司（TI 及高通）。参观后，他们发现了很多重要的信息，之后在华为研发系统中掀起了重大的波澜。他们此行的总结有以下几点。

（1）美国的科技企业间比较讲究既斗争又联合的策略，在斗争中求生存、在联合中求发展。往往较大型的企业也只掌握某个领域的一些领先技术，为了抢占市场，往往采用别家的产品外包研发的方式推出新产品。在参观中他们发现 CLI 公司的可视会议电话系统采用的 ISDN 传输技术是 Asdend 公司的产品，而 Ascend 的可视会议电话系统、视频编码、控制等部分则采用的是 CLI 公司的产品。美国企业的上述特点在很多地方有可借鉴之处，采用外包研发 OEM 及技术横向联合等方式与国内部分企业或主要与国外的先进技术接轨，可以迅速使企业走向国际化，企业可以生产全球性产品迅速打入技术成分要求较高的美国市场，赚取较丰厚的利润。

他们对比了美国 IT 企业与华为公司的研发效率，惊讶地发现：美国公司 100 位工程师比华为公司 100 位工程师做的产品多。这引起了华为公司研发骨干们的深刻反省。以往华为公司还是和很多中国企业一样强调 100% 要原创。华为公司在 1997 年后开始了整个研发系统关于"拿来主义""什么是创业与创新"的大讨论，倡导学习美国公司的联合策略，在其他公司的技术成果上加快产品的推出速度。传输、无线、数通等新产品都纷纷采取与其他公司合作的方式，站在"前人"肩膀上，两年并一年的快速发展。对外合作部也正式成为华为中研部的重要部门。

（2）展览会上围绕 VOD 及网络通信技术开展的 ATM 宽带技术展品较多，各家纷纷抢滩，表明公司的实力。美国思科公司由于互联网接入的发展，1995 年的产值达 40 亿美元，比 1994 年翻了一番，1996 年第一季度产值已达到 1995 年全年水平。Ascend 公司情况基本相同，Ascend 是一个只有 500 人的小公司，产品基本都是 ISDN 路由器，1995 年全年产值达 15 亿美元。

基于美国企业以及美国市场在互联网设备的发展，华为公司也及时布局。中研部从 1996 年就开始了 ATM、路由器、互联网接入服务器方面的研发工作。1996 年后，主攻互联网设备的数据通信产品线成为华为公司继交换、传输、无线之后的又一个重要产品线。

（3）除了在产品技术方面，他们还发现了美国公司在管理上的细节：美国公司都具有较宽松的开发环境，对开发人员实施完全的弹性工作制，每年按业绩对开发人员进行几次评价，评价结果与收入挂钩，资深工程师享受经理待遇。

然而之前的华为公司，工程师的发展方式还主要是"升官"，即向管理岗位发展单一的发展通道。为此，华为从 1997 年起也开始了研发系统的任职资格体系评定，实现了对开发人员的工作牵引；在华为普遍开展的任职资格中，工程师具有更多的发展通道，级别高的工程师工资也高于很多研发经理。

去一次美国，大家可能只待了十天，但这十天的收获却让华为公司消化了不止一年。华为公司奖励给技术干部的美国考察，使他们在美国看到听到的蛛丝马迹，回国后立即变成华为公司新产品领域的开展研究，或技术管理方面的变革。每一张机票都换回了沉甸甸的收获。

之后华为开始送干部到美国去待几个月，不带具体任务地淘金回来。

微软和思科成功在哪里

1998年从美国考察回国，颇有触动的郑宝用写了篇"企业创新旨在低成本高增值的客户服务"的文章，以下是该文中的重要思想和段落。

微软和思科公司好像是并没有什么专有技术的公司，微软不就是用C语言编写软件么？思科公司的路由器也没有特别技术，其以太网协议源于NOVELL公司，TCP/IP、IPX协议不过十几本书，而且是公开发行的资料，思科公司基础研究规模也不大，但为什么这些公司经营如此成功？

朗讯的贝尔实验室为全人类做出了巨大的贡献，今天我们享受的电子成果应该说是建立在马丁用蜡粘起来的晶体管基础上的。之后，贝尔实验室的科学家们在为实验室的伟大科技成果、为获诺贝尔奖而自豪的同时，他们也在为董事会削减他们的基础研究资金而苦恼！

相比之下，思科公司、微软的员工则潇洒多了。原因何在？

仔细一起，就找到了答案——客户承认的永远是你给他提供的服务价值。

比尔·盖茨如果在中国科学院工作也就是一位高水平的软件工程师，只该发人民币800元的工资而已。他今日的成功关键在于他采取拿来主义，善用外来技术以创新产品、创新需求、创新客户、创新市场的经营理念和作为。

他意识到软件可以卖钱，而且可卖很多很多的钱；他和英特尔合作，让用户不得不持续地购买他们翻新的版本；他看到了资信时代的特征，策划IE上网的浏览器免费捆绑到Windows操作系统，未来大家可能购买白菜、萝卜也跑不出微软；他又策划在中国广泛播种Word、VC、VB等软件，就是要等着明天丰硕的收获，这就是经营，这就是管理的神威。

同样，思科公司的技术可以暂时落后，但哪一家小公司的新技术冒出来，思科公司便连人带技术一同并购，以达到在产品上领先，对客户最有价值，从而得到市场的认可。

这其实是一种技术成果转化为产业的变革，而不同于纯粹意义上的技术革命。知识经济体现的是企业综合智力的竞争，这些综合智力包括管理、资本运作、经营、人力资源运作等因素，而技术仅是其中一个因素，而且技术也更易于被购买。因此，企业经营应在管理基础上创新产品、创新需求、创新客户、创新市场。

没有管理基础上的创新，可能是泛滥的洪水，反而会造成危害；有了管理，创新就像长江水有了堤坝，才利于人类的灌溉和发电。

为什么很多富有创新能力的实验室不能创造出对人类最有价值的产品或其产品在市场上得不到很好销售？

市场是商品的服务总价值的公正的评价天平。试想，如果一个科学家的伟大创造发明不能为社会服务，那么除了孤芳自赏，实际上对社会是没有价值的。企业的生存与发展基础就是要能提供尽可能高的客户服务价值。

我们国家并不缺少人才，也不缺少技术，可检索到的国际水平的研究成果，其中来自中国的数量在国际上也是领先的，我们国家缺的就是高效管理与服务平台，用以推动技术转换成产业，转换成市场销售。

因为华为公司这么多年来建立了这样一个平台，所以才使得管理不断进步，服务水平不断提高。客户只信一点，就是富有价值的服务。即使公司的交换机或其他通信产品再先进，如果不稳定，不能给客户带来显著的使用价值，那么我们的服务就是失败的。所以，研发体系从对科研成果负责转变到对产品负责，正是在努力提升公司核心竞争力。

即使各种业务需求多变，网络向互动资讯网络发展，五年后的需求都可以用今天的技术去满足。其实未来五年的业务需求都是现有技术能实现的，而认识和满足客户需求才是问题的根本。这说明，我们的创新不能一味地去追求技术的先进，而忽略了客户的实际需求，忽略了对客户的优质服务。

做企业，我们的专家不能因为太有技术水平，而使得我们的产品质量没有水平；我们不能承诺给客户开发出技术上最先进，而客户用起来实际并不怎么样有价值的产品。什么是真正的创业创新？客户价值观是根本的评价标准。不能向社会、向客户提供高的价值服务，不论你技术水平多高、多先进，放在口袋里，对人类是没有贡献的，对公司也是没有贡献的。

创业创新必须以提升企业核心竞争力为中心。什么叫核心竞争力呢？归根到底就是企业以最低成本向客户提供最高价值服务的能力。企业唯有不断提升这种为客户低成本、高增值的服务，才能立于不败之地。企业核心竞争力主要表现在两个方面：一是对内高效管理，二是对外高效服务。

相比很多科研院所搞科研，华为搞科研的"有效性"无疑要强很多。很多科研院所长期以来形成了"样机"研发，即只能做出某项技术的样机，而无法形成规模商业化。郑宝用通过在美国的实际考察总结出关于"微软与思科成功在哪里"的反思，回答了科研的"有效性"应围绕给客户带来价值的目标，应着眼于低成本地向客户提供最高的价值服务。而这正是华为的研发有别于"样机"研发的核心点。

像郑宝用这样杰出的研发人才在美国看清楚了什么事？他看到了实验室里的技术和市场上的产业之间巨大的差距，他懂得了研发创新的根本立足点在于为客户创造价值。

研发理念的提升是华为派人才出去淘回的真金。被奖励去美国的研发骨干们看到了业界领先的产品，领先的管理思想，领先的研发理念。他们把这一切装在脑子里带回了华为，在他们的努力下，华为也实现了他们在美国看到的那一切，事实上，华为很快就超越了多数他们曾学习的美国企业。多值！

在美国，令这些技术骨干们印象最深刻的是美国企业先进的管理水平，而这也促使华为成为国内最早开始引入美国技术管理流程的公司。

小结

不紧跟时代的步伐，必将受到落后的惩罚。只有理念一流，管理一流，才能有研发一流。中国的IT企业和美国的IT企业差距不在于人员的基本素质，而在于研发理念。美国的IT企业时刻围绕市场化、商业模式，打造为客户创造价值的价值链，因此获益不菲，这是值得中国的IT企业认真去学习的。

| 第 11 章 |

研发不是赌博

引言

华为的早期研发也曾赌过，也曾依赖于个别大厨师式的天才，依赖于个别产品。但是华为从坚持创新实践中一步步走出了"研发是赌博"的怪圈，通过系列化的流程和体系保障了产品研发的成功不再依赖于某个天才、某个产品。让成功成为必然，华为是如何做到的？

"如何做科研"本身就是一门学问

科研对于很多中小企业来说是一种赌博行为，甚至早期的华为也在研发上进行赌博。

任正非曾经说过：科研是赌博！不敢干就注定要失败！干事情就必须赌博，要有胆量！不去干、不敢干就会落后！华为早期研发为了快速赶超国际一流的研发水平，采取了多种"急功近利"的做法，有的今天还在被已成为国际一流的华为所采用，有的已经被摒弃或重新改造，但是华为当年采用的方法无疑是有效的。

像华为所从事的通信高科技行业，产品日新月异；华为的竞争对手从一开始就是国外的巨头公司，以数百倍于华为的经费和人员进行新产品的研发。华为不进则退；而退，给企业带来的风险反而会更大。

通信领域的产品技术方向是一个近乎"赌"的事情，由于研发周期长、投入大，竞争对手少但强大，门槛高，因此押宝一项技术押"对"了，即刻大发。有时跟技术先进性有关，如华为押对了C&C08万门机，一举成为国内最领先的通信厂商；有时跟技术先进性无关，如PHS小灵通，UT斯达康押对了，立即从一家默默无闻的小公司上升为美国股市上亚洲利润最高、最具竞争力的企业。早期的华为研发1993~1997年间虽然抓住了C&C08交换机、智能网、传输、接入网几个大机会，通过重点投入取得了丰厚的回报，但是每年失败的技术投入也有好几千万，可以说是成功有一半，失败或暂时失败也有一半。

当然，在华为研发的字典里，"失败"并不意味着没有市场、产品夭折，而更多的情况是华为为该技术持续投入了一两年时间、上千万或上亿的资金，原来预期获得每年销售10亿元的产值，但最终在市场上的表现远差于预期，产品长期处于亏损或不盈利的状态。

科研毕竟不是赌博，科研的技术管理本身就是一门科学。华为研发从几个人的散兵游勇开始，在发展队伍、扩展产品的同时总结研发技术管理的经验，而且参照国际公司的规范化管理，逐步形成了一整套科学的研发管理体系和方法，使产品创新、技术创造不再是一项赌博，而是一件在企业控制中的事情。

研发体系的"三驾马车"

有一家在电子行业里经营了20年的上市公司，研发部有600人，最多时曾有1000人。该公司研发部有硬件部、软件部、测试部、项目部，测试部是几个初中毕业的小姑娘在不停地打电话测试手机功能，项目部也是几个刚毕业没多长时间的年轻人在忙，结果项目出问题不知道找谁来承担责任。年轻的项目经理已经"很忙",还经常因为协调不动硬件部、软件部而眼泪汪汪。硬件部、软件部的工程师天天都在加班开发新产品,而为什么做这个新产品,并没有经过仔细论证。产品问题不断,更要命的是等推出来时市场时机已过,大家白忙活一场。研发部下一步如何发展,没有人知道,"看市场和项目情况吧"。研发部总监天天在会上总结:"研发已经做得很好了,就是在市场上卖不出去。"市场部总监的总结却是:"市场形势一片大好,就是研发做不出来。"这种案例,应该是大家经常会遇到的。其原因,可能会比较多,但其中一个重要方面,就是不具备完整的研发体系,缺乏正确的研发流程,在研发的技术管理方面更是一片空白。

华为公司 1996 年之后体系化的研发分三大部门。

(1)产品战略研究规划办公室(简称战略规划办),由郑宝用任总裁,负责公司整体的产品战略研究和输出,指导中研部的产品研发方向,目标是回答"做什么产品",以避免"做错产品"。

(2)中研部,主要组织产品的会战,一旦认定某项产品的潜力,就全力以赴地攻坚,其任务是一定要实现产品研发的目标。1996~1999 年该部门都由李一男负责,目标是"做出产品",以避免出现无法向市场按时交付产品的情况。

(3)中试部,负责产品的小批量生产验证测试、产品生产工艺、产品从研发转生产前的成熟度研究。华为的几任副总裁均负责过中试部,目标是"做好产品",发现产品可能的质量问题并在研发早期加以解决。

三大系统是平行的,技术人才都分布在这三个部门,共同构筑了早期华为的研发体系(见图11-1)。

战略规划办主抓的是预研立项,主要是瞄准世界一流水平,通过考察、征求顾问来评估其创造性、突破性;对人员工作经验和能力要求较高,主要考核思想,在经费上卡得比较松。这一项大概占总科研费用的 30%,属于规划层。

中研部主要抓的是项目研制,对时间、质量、经费等卡得比较紧,是落实"打仗"的过程,属于管理层。

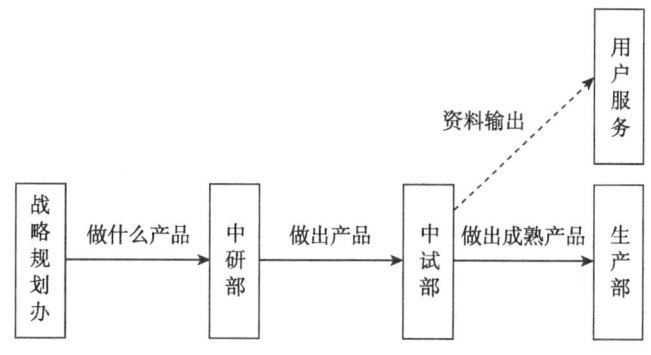

图 11-1　华为研发的三大体系

中试部主要抓的是控制质量、成熟度，属于控制层。

任正非对战略规划办、中研部、中试部的相互配合做了精辟的阐述：逐步聚集资源、人力、物力进行项目研究，集中优势兵力一举完成参数研究，同时转入商品性能研究。在严格的中试阶段，紧紧抓住工艺设计、容差设计，更加突出商品特性。进一步强化产品的可生产性、可销售性研究试验。从难、从严、从实战出发，在百般挑剔中完成小批量试生产。在大批量地投入生产之后，严格跟踪用户服务，用一两年时间观察产品的质量与技术状况，完善新产品。

华为在研发体系技术管理平台的建设上，重点发展了预研体系、产品规划体系、对外合作体系、研发项目管理体系、研发人员的薪酬管理体系、研发人员的职业晋升体系等。

华为创建于科技个体户泛滥的时代，在深圳两三个人就可以成立一个研发公司或小作坊，以快速模仿起家，产品的质量和创新根本无从谈起。而华为的研发体系建设就是要打破这种小作坊的做法，建立一个集体奋斗的科研组织平台。现代科学技术的发展越来越复杂、变化越来越快，高科技产业稍有不慎就会落在后面，以至消亡。发达国家是几千人、几万人同做一个软件，华为起点本来就低，再进行商业个体户般的行为，必定失败。如此形势下，集体奋斗的阻力可以想象，其间纷纷有骨干跳槽，使公司经常面临危机。但华为坚定不移的钉子精神、压强原则,集中一切可以集中的力量,突破一点、局部领先的理念,使华为渡过了起步的艰难。

预研体系:研发的"千里眼"

知道下一步做什么技术能赚钱,无疑是至关重要的,因为资源是有限的,研发经费必须花在刀刃上才有意义,而"做什么"的方向对了,离成功也就近了一半。

1997年年初,华为在珠海召开战略规划委员会,会议明确了战略规划的核心是抓住机会,每年要拨出一定数量的科研经费用于战略性预研;区分了战略规划办与总体办的职责;规定了重大项目的审议流程。任正非对预研做了明确的阐述:在混沌中寻找战略方向,抓住战略机会,迅速转向预研的立项。

1998年下半年,华为成立了预研部,开始系统性地对具有前瞻性的产品及技术进行研发。同时建立起层层的预研体系,除了中研部一级部门的预研部外,每个业务部下面都有各自的预研部,如无线业务部有无线的预研部,传输业务部有传输的预研部等。

相对于中央硬件部、中央软件部和产品线技术平台部门,预研部负责更新、更难的核心技术及具有前瞻性的产品研发,如3G、NGN、高速路由器(NE80)、高速光传输(10G、40G、DWDM)、高速背板总线等。华为规定,预研经费要占研发总经费的10%,相应地,预研人员也要占研发总人数的10%,同时预研人员的水平一般要求更高。

从1995年开始,华为中研部花在预研方面的各种经费每年不低于2000万元,除建立起层层的预研组织保障外,还建立起严格的预研管理流程和制度。预研部的研发人员广泛参与国际论坛和相关的技术协会、标准组织,捕捉竞争对手以及潜在竞争对手最新的技术情报,参与国内标准的编写和确立,直接参与到技术的源头、标准工作中去。

1993年华为研发的C&C08交换机、GSM等都是通过学习技术标准，跟在国外公司后面做，研发人员天天愁的是如何符合别家的技术规范。预研部主动出击参与技术源头，这使华为的技术研发变过去的被动为之后的主动，让别人来符合华为参与的规范，使华为的研发具有较高的层次，避免了早期曾出现的产品研发出来了才发现不符合国际或国内规范的现象，极大地降低了产品研发的技术风险。除了深圳的各级预研部外，华为还在北京研究所、上海研究所以及美国研究所建立起全国乃至全球的预研部，令华为的预研工作无处不在、无孔不入。

很多中小企业，甚至上市公司，都还没有面向中长期技术跟踪的组织，新产品的研发、企业核心技术的积累迟迟建立不起来，因此新产品的立项主要靠老大拍脑袋，拍对了大发一笔，拍错了公司走向衰落。有的企业刚投入一笔钱，把MP3搞出来了却发现MP3已经过时，技术已进入了MP4时代，MP3的投入只好付之东流。还有很多企业只知道三个月内的研发目标，但不知道三个月后做什么，研发团队做产品充满了盲目性和偶然性。

建立了强大预研体系的华为对新技术的应用和创新则源源不断，犹如长了一双千里眼，例如业界3G还未商业化时，华为已经开始预研4G、5G了。华为的预研，可以视为华为在内部做风险投资，预研工作已经将该项技术所涉及的核心技术、合作方、未来的发展前景都做了透彻分析。成熟的预研结果输出到总体办做产品和组织的规划，之后再划分到一个业务部或新成立业务部，做产品的立项。这种将新技术预研流程化的做法，使新产品的成功率大为提高。

从1998年开始预研部做了近百个预研项目，到2009年华为公司中研部80%以上的人员在做预研部输出的项目。预研工作搞得好不好，是很难评价的。于是预研部的口号就是，预研成果转化率要保持在70%~80%（按投入计算）——太低了不行，说明你离市场太远；太高了也不行，说明预研工作太保守，容易漏掉可能有市场的产品方向。

预研项目可以划分成产品预研和技术预研两大类。

产品预研：在市场前景尚不明确或技术难度较大的情况下，如果该产品与公司战略相符且有可能成为新的市场增长点时，那么可以对该产品进行立项研究，着重探索和解决产品实现的可行性，使得能够在条件成熟时转移到产品开发上去。

技术预研：在产品应用前景尚不明确或技术难度较大的情况下，如果一些技术有利于增强公司产品竞争力，那么可以对这些前瞻性技术、关键技术或技术难点进行立项研究，着重探索和解决技术实现的可行性，使得能够在需要时为产品开发提供支撑。

什么人能进预研部？在华为，通常是在成熟产品做过项目负责人的优秀技术人员才能进入预研部。没有做过成熟产品经验的新手，是不可能进预研部的。只有像华为公司这样对企业前景充满信心，并愿意着眼于企业后续发展进行长期研发的企业，才会"舍得"将处于一线正在充当企业当期项目核心骨干员工调到预研部做全职的预研工作。

华为面临不可预测的巨大风险怎么办？2009年全球上演了一部描述全球毁灭的灾难电影《2012》，震撼了许多有远见的政治家和企业家的内心。灾难、不可预测的"黑天鹅"事件可能随时会发生，华为公司如何长存？信息爆炸像数字洪水一样，华为公司想生存下来就得提前投资制造"诺亚方舟"！2011年华为公司新成立的一个研发平台——2012实验室，这个实验室是华为创新、研究和平台开发的平台，是构筑华为面向未来技术和研发能力的基石。在未来预研的方向上，华为公司汇聚了来自香港科技大学的教授、微软公司亚洲研究院的研究员、美国的材料专家、硅谷的芯片专家等各方顶级高手，研究范围涉及机器学习、信息检索、自然语言处理、数据挖掘、第五代通信技术、新兴材料等多个领域。

"人无远虑必有近忧"，发现新机会、新技术需要巨大的成本投入，这需要企业在有钱的时候就要开始筹划，而不是等到面临危机时再被迫去考虑，那时企业已跟不上技术的进步或形势的发展而被迫收缩或甚至倒闭。要时时刻刻为未来投资,这不仅适用于企业的研发,对个人的职业生涯发展也很重要。"机会只给有准备的人"!

任正非在经济、行业、企业出现危机情况下还要坚持做技术预研。他对这种极费钱的长期投资有着自己的看法:"如果在短期投资和长期利益上没有看得很清楚的人,实际上他就不是将军。将军就要有战略意识,没有战略意识怎么叫将军呢?""在华为公司处在一个相对较好的时期,要加大投入,把这些优势耗散掉,形成新的优势。我们虽然跟自己过去相比下降了,但和旁边相比,活得很滋润。因此,对未来的投资不能手软!"

2012实验室是华为的总研究组织,其主要研究方向有新一代通信、云计算、音频视频分析、数据挖掘、机器学习等,主要面向的是未来5~10年的发展方向。

2012实验室的二级部门包括中央硬件工程学院、海思、研发能力中心、中央软件院,以及香农实验室、高斯实验室、诺亚方舟实验室等。

诺亚方舟实验室

华为诺亚方舟实验室主要围绕人工智能展开研究,其设立于香港科学园,实验室主任由香港当地大学教授出任,聘用了全球各地区科研人员从事基础研究工作。

它由以下五大部门组成。

自然语言处理和信息检索部门:专注于如何以无缝的方式和自然语言让机器与人沟通,并从文本和社交数据中挖掘有价值的信息。

大规模数据挖掘和机器学习部门:主要专注于开发高扩展性和有效性的数据挖掘和机器学习算法,也包括对大数据挖掘系统的开发。

社交媒体和移动智能部门:重点是发展最先进的算法和利用社交媒体、社交网络和移动数据进行自我学习系统的研发，并从社交网络数据中获得深刻洞察。

人机交互系统部门：帮助人们更好地理解如何开发顺畅的人机交互系统，从而使得人机沟通变得更为自然和轻松。同时，该部门也负责开发大规模智能系统。

机器学习理论部门：通过建模和数学理论来研究人机学习和自适应能力。

2012实验室旗下有很多以世界知名科学家或数学家命名的神秘实验室，包括香农实验室、高斯实验室、谢尔德实验室、欧拉实验室、图灵实验室等。

香农实验室：基于大数据的高通量计算HTC（High Throughput Computing）的研究，在大数据处理硬件和软件系统架构、操作系统、新型编程方式和商务应用基准程序等方面都形成了深厚的技术积累。在ICT产业智能化发展趋势储备认知相关关键技术、算法，并为相关产品提供智能服务和智能特性，在信息存储、分布式计算、软件定义等方向紧跟业界前沿研究。

高斯实验室：打造业界领先的数据库管理系统。

谢尔德实验室：以网络安全、终端安全、云虚拟化安全、密码算法为主要研究方向的实验室。

欧拉实验室：自有操作系统研发中心。

图灵实验室：嵌入式处理器内核架构研究部门。

2012实验室在欧洲、印度、美国、俄罗斯、加拿大、日本设立八个重要的海外研究所，在深圳有十所基础研究所，欧洲研究所是华为两大数学中心之一。

截至2016年12月31日，华为加入了360多个标准组织/产业联盟/开源社区，担任300多个重要职位，在IEEE-SA、BBF、ETSI、TM Forum、WFA、WWRF、OpenStack、Linaro、OPNFV和CCSA等组织担任董事会成员。2016年华为提交的提案超过6000篇，累计提交提案达49000余篇。

华为的预研直接与国际标准组织接轨，以倒叙的方法进入产品预研，避免过去产品开发结束结果发现不满足国际标准，又需要从头来过的情况。

中试部：成熟产品的摇篮

在华为成立中试部以前，研发人员把产品研发出来之后，自己测试一下认为没有问题，就匆忙交给生产部门，以为完事大吉，然后自己去做新产品的研发了。结果到了批量生产阶段，各种问题都冒了出来：生产过程中的直通率低、废品率高；生产过程中因为一个个小问题出现批量事故；批量生产时出现诸多质量问题，不明原因；发货清单不全，出货前才发现有了这个少了那个，不能构成整个系统；出货前才发现产品安装有问题……在市场发货的压力下，研发人员到生产线上紧急解决问题，把发货前的生产线当成了解决问题的实验室，公司甚至花几倍的高价紧急采购在发货前才发现缺少的一根线。

1995年，华为的中试部与中研部同时成立，中试部成为华为研发体系的重要一环，其使命是加快实现产品研发成果的成熟化。中试部一开始有30人左右，下设试制部和测试中心。试制部负责进行产品试制，培养人员，并着手解决最紧迫的产品质量问题，深化对中试工作的认识。测试中心包括硬件测试部、软件测试部、测试实验室（见图11-2）。

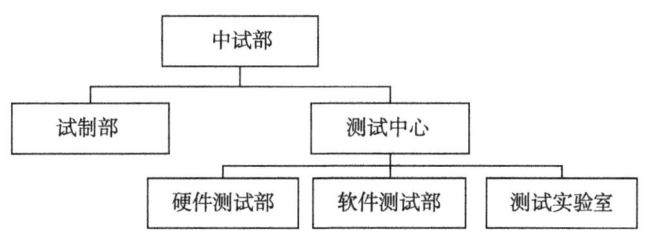

图11-2　1995年中试部刚成立时的组织架构

始终把产品品质摆在第一位的华为，在中试部与中研部的人员配比上采取了倒挂的思路。中研部号称研发工厂，有大量的本科生做研发；而中试部是产品品质的堤坝，大量采用博士生，应该是华为研发系统博士生最多的部门。华为的常务副总裁郑树生、洪天峰都有担任过中试部负责人的经历。

中试部成立之后，显著改善了华为的产品质量，到1996年华为中试部人员扩充到约300人，跟研发人员大致是1∶2的配比，即每两位研发人员就有一位中试部人员。1996年之后，华为中试部又增设了工艺实验中心、装备研发中心、物料品质测试中心、BOM中心和技术文件中心（见图11-3）。

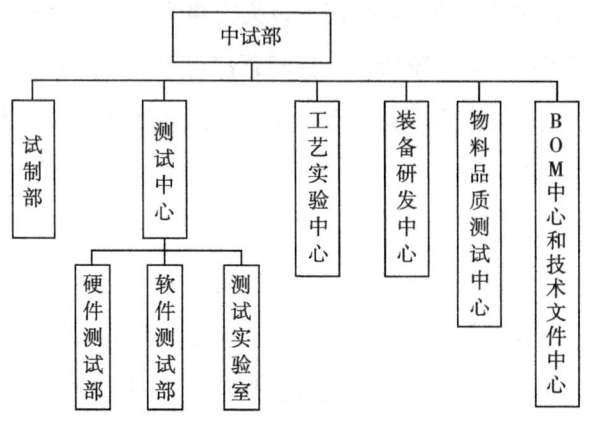

图11-3　1996年扩充后的华为中试部组织架构

工艺实验中心主要负责新产品工艺设计，提高批量生产时的生产效率，降低生产过程中的成本。装备研发中心主要负责生产过程中所需的测试装备、夹具等，以及生产线的研制、引进及集成。

物料品质测试中心主要为批量生产的物料质量提供技术支撑。以往中研部研发人员在采用物料时总是欠考虑，不管什么物料抓住就用，用了之后在批量生产时才发现不好，或者批量测试不过关，长时间使用抗老化性能指标不行，等等。而这时要换物料，意味着前期的采购全部报废，而且使产品的交期无限拉长；有的物料一时还无法更换，更换需要更改设计，那又要全部重新再来；甚至有的产品在发货时被迫挂了一颗电阻或电容，以做应急；等等。物料品质中心的成立，改变了研发用料的随意性，未经物料品质测试中心测试通过的物料，不可以在设计中选用，这使得研发设计的成熟度大为提升。

BOM是公司采购的物料清单,上面有所需要元器件的名称、规格、个数、厂家等信息,是采购和生产的依据,也是销售报价的依据。BOM不定则采购成本不定,成本无法准确核算,因此连给客户的报价都无法准确做出。包括BOM在内的技术文件用于指导生产线的工人和工程师批量生产。以往这类重要的资料都由研发部负责出,结果是一个版本接一个版本,今天采购部还没有按BOM采购完物料,马上又接到研发部通知要修改BOM了,原因是增加了一个元件,或者更改了一个元件,从而导致整个公司采购部、定价中心、生产部都跟着手忙脚乱地瞎忙。后来中试部成立BOM中心和技术文件中心,由专门的部门和人员进行发布前的审核,这样减少了出现错误的可能性,通过BOM中心对研发人员的反复追问发现了不少潜在问题。此外,BOM中心也制定了对研发人员随意更改BOM、对待BOM态度不认真等行为的奖惩制度,提升了对BOM和技术文件的管理水平。

1998年11月,华为公司中试部成立产品数据管理中心。产品数据是产品研发过程和成果的记录,同时也是企业各种IT系统的重要基础数据。华为公司1998年曾做过统计,由于大量产品数据差错导致的废料、废品金额达到4000万元。而产品数据差错导致的发货差错造成的巨大经济损失和负面市场影响更是难以计算。为了加强产品数据管理工作,李仪被调到产品数据管理中心任首个部门总监。

产品数据管理中心从2000年开始启动PDM系统选型工作;2003年年底PDM系统在华为全公司完成推广实施。从曾经的没人知道哪份才是最后的BOM,到2002年华为的BOM准确率达到99.5%以上,产品数据管理中心打造了一个可以支撑华为公司数万研发工程师的、领先全国的产品数据管理系统,为华为公司避免了大量因BOM失误产生的损失,将华为公司研发管理的IT化水平提升到国际一流水平。研发人员一开始对中试部存在抵触心理,觉得是给自己的研发工作上了枷锁,影响了工作效率。但经过中试部的运作及任正非在公司内部多次对中试部工作的肯定,研发人员也发现整体产品研发效率有所提升，中试部也因此很快融入了华为研发工作和流程，成为不可或缺的重要环节。

中试部不像中研部那样身处研发一线，可以宣布"我们做出了一款新产品"那么激动人心，其任务是优化、稳定新产品，是通过反反复复的测试、优化工作为新产品盖上一个品质的印章，"这款产品可以生产了"，不可能轰轰烈烈，而只能是默默无闻。中试部的工程师们耐着寂寞，就每一根电源线、每一根地线、每一根信号线走法合不合理，单板在不同环境下稳定性是否下降等问题进行仔细推敲。中试之后就是大批量生产，然后就要送达用户手中，因而中试部工程师每时每刻都承受着压力，需要保持高度的责任心。华为中试部的工程师们提出了"要坐十年冷板凳"的口号，他们成了华为产品品质的"堤坝"。

"搭积木"快速组装新产品

"市场很好，就是研发做不出来"，如何才能又快又好地进行研发，是每个公司都面临的难题。通信市场瞬息万变，新产品如果能提前一年甚至两年早于竞争对手推向市场，就意味着销售利润的巨大增长。而如果晚于竞争对手甚至只有半年的时间，价格的竞争就可能到了"刺刀见红"的境地。错过了价格的黄金期，就只有靠低价去竞争了，所以说产品和技术每晚一步，就意味着巨大的失败和压力。

为此，华为公司采用了技术平台化、模块化的思想，平台成熟一个推出一个。第一个技术平台是 C&C08 交换机。1994 年华为成功研发出 C&C08 万门机，李一男曾采用光接口来连接每个交换模块，后来经多个开局的成功实践证明，这样做不仅速度快，而且稳定。而此时，市场上由于大量数字程控交换机的开局，电信局在各个交换机局之间的传输通道远远跟不上需要，于是出现了传输设备的建设热潮。

华为迅速将在 C&C08 交换机上的光接口立项为传输项目，并组织专门的队伍在 C&C08 交换机的平台基础上做改进，从原交换机的队伍里输出一部分人员到传输项目组，又通过外聘、挖角的方式，找到一些光传输领域的专家。华为于 1995 年成功开局的传输产品，足足提前了竞争对手一年以上，1996 年就实现了 1 亿元的销售额，1997 年实现了 10 亿元的销售额。

国外同样做传输产品的公司研发就至少需要三年的时间，而在传输项目初始的华为研发人员连传输是什么都不知道，却能在一年的时间内研发成功，这全归功于华为能在 C&C08 交换机平台上快速地改造技术。

华为的智能平台是华为基于 C&C08 交换机平台快速研发出的另一个拳头产品。智能平台的基本技术原理，是用户需要各种特殊的业务，如寻呼机业务、114 查询电话号码业务等，在电信局侧需要对此类业务对号码进行分类后，转入特殊处理的技术平台上专门处理。华为抓住这个市场机遇，迅速将 C&C08 交换机"改装"成只提供中继线和汇接功能的 C&C08 排队机推向市场，一举打入上海、联通寻呼机市场，几个月的时间就实现了盈利。之后，华为捕捉到电信市场上对 200 号长途电话卡有需求，又在 C&C08 排队机后面接上服务器，通过服务器插入语音卡的方式提供特殊的语音服务，于是又出现一个新产品——C&C08 智能平台。1995 年 5 月，华为的 200 号智能平台服务于广西电信六市，而智能平台的研发周期也只有几个月而已。

几个月的时间就可以推出一款有竞争力的新产品，成功占领市场，如果没有 C&C08 交换机平台战术，根本就是无法想象的。继 C&C08 交换机平台在华为内部研发系统的推广使用，华为的 SDH 光接口、传输技术也成了新的模块化的平台，C&C08 交换机平台加上 SDH 光传输的平台又促成了华为接入网产品的巨大成功。华为的接入网产品是通信史上堪称典型的产品，华为抓住了接入网发展的有利时机，在 C&C08 交换机、SDH 传输平台的基础上，用几个月的时间就研发出接入网的远端接入单元和汇接设备。

此后，华为在数据通信产品线上的 A8010 接入服务器再次上演基于 C&C08 交换机平台进行快速扩展业务和功能的好戏。A8010 产品也是基于 C&C08 交换机技术平台，在几个月的时间内火速向市场推出的产品，产品一经推出，市场占有率便一度高达 80%，令华为公司第一次喝到了中国互联网设备的"头啖汤"。

就这样，华为公司的研发形成了一种内部颇具特色的"搭积木"的做法，将华为内部的技术平台进行组合、改装，结合市场热点形成新的产品。这一方面提高了新产品研发过程中的速度，另一方面已得到成熟应用的 C&C08 等技术平台则降低了新产品研发的风险。更重要的是，华为有几百位持续不断地维护和优化技术平台的工程师，公用的技术平台升级了，新产品也就跟着上了台阶，这降低了新产品升级改造的费用，也增强了新产品在市场上的竞争力。

后来，华为的一些新产品研发干脆把实验室搬到了 C&C08 交换机平台、光传输平台的实验室里，以便于更快地学习和掌握平台的技术，加强与平台工程师的交流。如宽带产品 ATM 机的光接口开发就是在光传输平台的实验室完成的，是 ATM 机项目组的人和传输项目组的人员一同切磋、思想交汇的结果。后来 ATM 产品一经推出，使华为在全球技术领先度又上了一个台阶。

中研部还形成了专门技术平台的研发部门如中央硬件部、中央软件部，负责内部技术平台的研发（在 IT 业内也可以称为中间件的研发），为各产品研发（在 IT 业内也可称为面向用户需求的应用技术的研发）提供技术支撑，如网络处理器的应用模块、网管的基础架构等，使各产品研发能在稳定的平台上快速推出。

华为努力发展各种具备核心技术点的技术平台，并通过技术平台面向不同产品需求进行技术的嫁接，快速培育出不同的新品种是华为研发又快又好的原因。

对外合作：技术拿来主义

为进一步加强技术引进，中研部还专门成立了对外合作部，而且对外合作部随着中研部对"技术拿来主义"（该词源自任正非的一次讲话，号召研发工程师要勇于借鉴别人的科研成果）的重视，在中研部的地位越来越高。

华为研发的一个宗旨是合作，与国内外合作伙伴开展合作研发，站在巨人的肩膀上，通过引进、消化、吸收的方法，进行再创新和集成创新，发展自主的专利技术体系。华为很重视与国内的大学和科研机构开展合作研究，有的是通过建立联合实验室的方式，有的是通过购买技术的方式，这些为创业期的华为获得了不少创新的产品技术，是创业期华为重要的技术来源。华为的窄带CDMA技术、SDH光网络技术、智能网技术等都得益于清华大学、北京大学、中科大、北京邮电大学（简称北邮）、电子科技大学等高校的合作。1996年华为与北邮合作智能网产品，取得极大成功，华为后来出资百万元向北邮买断了该软件产品及代码，并在其基础上发展出自己的软件产品，智能网成为华为公司发展的重要支撑产品。华为的CDMA技术也源自于1996年开始的与北京大学无线电电子学系的合作。而华为的SDH光网络能在较短时间追赶国际一流水平，得益于早期与清华大学无线电系等高校单位的合作。中科大、电子科技大学、东南大学等也都是华为长期的技术合作伙伴。刘启武任职第一任对外合作部部长时，走遍了全国主要高校，跟很多校长建立了合作关系，花大量精力挖掘了不少项目。

1997年，华为与美国德州仪器的数字信号处理联合实验室成立，德州仪器和华为通过联合实验室的建设和运作，联合开发研究相关通信产品的数字信号处理（DSP）硬件与软件，提高华为公司开发工程师对数字信号处理芯片的开发应用能力，快速催生了华为在多媒体领域里的新技术应用。华为公司通过与德州仪器的合作，对内将中研部与DSP有关的科研力量组织起来，成立又一重要的技术平台部门——信号与信息处理研究中心，内部承担与DSP有关的硬件开发、DSP算法研究与DSP算法实现工作，实现技术快速突破和技术平台化；再由信号与信息处理中心向中研其他部门如多媒体部、交换机业务部、无线业务部、智能业务部等输出相关技术。

2000年4月，美国英特尔公司与华为公司签订了一份合作备忘录。该备忘录主要涉及开发、合作和技术资源共享三大关键领域，旨在通过双方共同努力促进中国开发基于英特尔IX架构的通信解决方案。根据合作备忘录，双方将侧重在相关领域进行共同参考设计，并在深圳华为基地建立一个联合开发中心以全力支持IX架构的通信解决方案。在CDMA和3G领域，华为通过与高通的合作，购买高通的协议专利，实现了技术的快速突破。

就这样，华为与世界一流公司（如英特尔、德州仪器、飞思卡尔半导体、高通、英飞凌、杰尔系统、微软、IBM、太阳计算机系统和惠普等）都建立了联合实验室，与世界一流企业的合作是华为不断诞生世界顶尖的技术和产品的重要基础。

为了使中研部上上下下都对合作高度重视，中研部还利用各种手段进行宣传：合作是所有企业生存的一种方式，华为一定要扭转忽视合作的态度，在观念上、组织上、技术操作上、管理上对合作有一个较大的转变，把对外合作工作切实地开展起来。

2001年，任正非出于研发战略考虑，要求华为中研部将合作研发的比例从2000年只占研发总经费的3%提高到每年占20%。任正非有相关讲话："过去我们对如何提高企业核心竞争力有误解，太强调自主知识产权的重要性。什么事情都强调自己做才好，这是一种错误观念，因为它没有从业务的角度去考虑提高我们的核心竞争力。知识产权倒是自主了，但自己做出来的东西总赶不上市场的时间，质量和竞争力也很差，这种自主知识产权有什么用呢？"

知道什么地方可以合作，怎样合作才能成功，已成为华为公司将要打造的核心竞争力。每个研发产品业务部负责人立下合作项目与经费预算的军令状，对合作部有更高要求，要像华为公司内部的风险投资机构一样去运作：合作是所有企业生存的一种方式，华为以前是成功的，但不等于按现在的方法在将来也会成功。所以华为一定要扭转忽视合作的态度，在观念、组织、技术操作、管理上对合作有一个较大的转变，将对外合作工作切实地开展起来。为此，研发部各业务部的负责人几乎人手一本学习思科的手册，学习思科合作部门的运作。知道怎么花钱成为合作部的重要目标，华为合作部的人员迅速扩充，从当初中研部只有一个几个人的合作部发展到每个业务部都有自己的合作部，整个中研部合作部的人员也达到几十人的编制，并形成层层合作的机制。对外合作部专家的人才越来越多，汇集了技术、财务、决策、计划等各方面的专家，合作部每年都拿着不菲的资金去专门寻找和评估各种合作机会。

2000年全球IT泡沫的破裂给华为带来了购买技术的条件，华为在长途密集波分复用设备方面找到了一家美国的公司，该公司在此项技术上的累计投入已经超过了7000万美元，其技术主要应用在骨干长途光传送系统中，网络地位非常重要。华为经分析后认为，其产品和技术具有很高的市场价值，最后决定购买，并在美国硅谷成立了长途光传送研究机构。经过技术转移和二次研发，以及必要的法律手续，在短短的九个月时间内华为就完成了集成研发，成功推出了新的关键技术的产品，实现了大容量、长距离（4600千米）无电中继的光传输，该产品后来为华为每年创造几十亿元的销售收入。2011年华为完成对英国CIP光子研发中心的收购，持续加强其在光通信技术的研发能力。

华为在核心领域芯片技术的快速发展也得益于与美国、日本、欧洲及国内的业界同行建立的战略伙伴关系，这使华为拥有成熟稳定的IC设计、晶圆加工、IP封装及测试合作渠道。

2001年美国著名芯片企业ST宣布与华为公司联合开发电话网络中用户线路接口卡主芯片。根据协议，双方将携手开发这种芯片并由ST负责生产，华为独家将其用于电话交换局设备上。这次双赢的合作开发不仅仅让华为公司得以最大幅度降低连接电话线路和交换电路接口的主电路内部功耗，一个电路板上可以建设更多电话线路，降低单位电话线路的安装成本，从而取得产品竞争优势，而且通过借助ST成熟的生产工艺和具有20年成功芯片设计的专家经验，华为公司迅速提升了自身的芯片设计能力。更为可贵的是在合作中，华为公司培养出一批芯片设计人才。

2003年9月，华为与英飞凌宣布，合作开发低成本的WCDMA手机平台，为此各投资2000万美元。产品于2004年6月份投入商用，其中包括

WCDMA 手机平台及相应的配套软件。英飞凌为 WCDMA 手机平台的研发提供芯片设计及相关参考技术方案，而华为则发挥在 WCDMA 系统和测试终端上的优势，手机与系统互通性以及端到端解决方案上积累的经验和技术优势，分阶段完成 WCDMA 手机平台的集成，应用软件的开发，协议栈软件的优化和 WCDMA RTT 算法的提供。

华为芯片公司——海思，其显示芯片部分是与美国芯片设计公司共同研发的，两家公司共同研发了显卡的构架，美国合作伙伴负责具体的应用。海思还与德国罗德与施瓦茨公司（Rohde & Schwarz）就有关 LTE 终端射频性能的测量展开技术合作，大大缩短了产品的开发周期，并成功推出 Balong710 多模 4G LTE 手机终端芯片。

2005 年华为公司与西门子公司成立合资公司鼎桥通信技术有限公司，总投资额超过 1 亿美元，其中西门子与华为分别拥有 51% 和 49% 股份，该合资公司致力于 TD-SCDMA 无线接入网络设备的研发、销售和服务。这次合资使本处于落后状态的华为在 TD-SCDMA 技术的研发迅速达到业界领先水平，并有效规避了专利风险。

2016 年 9 月华为与全球著名的德国徕卡公司宣布了更进一步的战略合作计划，设立麦克斯·别雷克创新实验室进行联合研发。2016 年 2 月，双方结成光学工程长期技术伙伴。华为与徕卡第一次合作的双摄像头手机 P9 在 2016 年引领了新的摄影潮流，2016 年年初上市仅半年的时间，P9 就载誉全球，斩获手机领域的诸多奖项。

该创新实验室将在新光学系统、计算成像、虚拟现实（VR）和增强现实（AR）领域开展联合研发。根据双方公布的战略合作计划，除了集合两家公司的研发资源外，华为和徕卡还计划与德国、国际的大学以及研究机构展开合作。

在全球智能手机领域，新的智能技术、影像技术都将成为增长的最有效驱动力。华为将通过联合实验室集合优势资源，引领能够改变智能手机行业格局的科技和创新潮流。该创新实验室命名来源于德国显微镜先驱、徕卡镜头的发明人麦克斯·别雷克（1886—1949）。

在追求技术创新道路上，华为公司长期坚持合作开发的策略，只做有优势的部分，别的部分与世界最优秀企业合作，从而快速构建起华为公司的技术战略高度。购买授权、合作技术、合作实验室、联合开发、合资公司，华为拥有各种与世界优秀企业、技术团体的合作方式。合作造就了华为公司最快追赶世界先进技术水平的发展速度。

"新开发量高于 30% 不叫创新，叫浪费"

任正非曾在中研部掀起了"创业与创新的大讨论"，并提出"新开发量高于 30% 不叫创新，叫浪费"，他号召研发人员研发一个新产品时应尽量减少自己的发明创造，而应着眼于继承以往产品的技术成果，以及对外部进行合作或购买。

曾经有一位研发公司总裁感慨，华为公司的 100 位研发人员可以创造 16 亿元的产值，而在他们公司 100 位研发人员一年可能创造不到 1 亿元的产值！人员的技术水平差距并没这么大，很多工程师还是同一个学校的同门师兄弟，但结果为什么会差这么远？这位总裁甚至还想千方百计地四处挖角，挖像华为工程师一样的高手。不客气地说，不是他们工程师的水平差，而是他们公司研发管理的水平与华为公司相差太远。

任正非的这句话应该可以解他之惑：我们提出了在新产品开发中，要尽量引用公司已拥有的成熟技术，以及可向社会采购的技术，利用率低于 70%，新开发量高于 30%，不仅不叫创新，而是浪费，它只会提高开发成本，增加产品的不稳定性。华为虽然没有采用思科式的大规模收购来实现快速的产品线扩张，但在自主研发管理中强调的是"拿来主义"！

任正非曾一度对研发的创新和拿来主义定基调，并围绕此讲话展开了中研部全体人员关于什么是研发创新的大讨论。任正非点醒喜欢在实验室里自己搞来搞去的年轻工程师,要善于"拿来",这个拿来包括两个方面,一是向公司内的"拿来",二是向公司外的"拿来"。任正非再次强调,从公司的使命来看,我们是在做产品,完全创造性的东西在目前阶段没有可能和必要存在。

1996年10月,任正非询问传输业务部的负责人黄耀旭:传输SDH产品中有多少东西是自己开发的?黄耀旭说,关键技术除了芯片和操作系统之外都是自己开发的。任正非当时给予了非常严厉的批评,指出这是一种自耕农行为,100%地完全自己开发就是100%的"土农民"!

工程师思想意识里仍根深蒂固地以为自己做得越多越好,恨不得要把相关技术在项目组里一口气全部做完。后来黄耀旭他们渐渐地意识到,以前去"拿来"的时候觉得不太好意思,现在该拿的不去拿觉得很可耻,当然该送出去的不送出去也同样可耻;要主动地走出去借鉴,"拿来"是一种理直气壮的行为。资源共享在中研部已经从一种自发行为变成了自觉行为。

传输业务部在开发传输SDH产品中遇到一些编解码错误的问题时,他们向公司内部和公司以外同行业专家做了大量咨询,还聘请了公司外同行业的专家一同攻关。由于问题出在一些低级错误上,传输业务部虽然没有从咨询的过程中找到解决问题的方法,但大大加强了解决问题的信心。而且传输业务部在公司内部的多方求教,也增进了与其他部门的交流。困难时刻很多人愿意伸手相助,这不仅减少了在困难中徘徊的时间,而且减少了不必要的人力、物力资源投入。

智能业务部的欧阳剑鸿了解到某个软件的特性,自己花了1000元购买回来用在产品里,结果项目开发干得很干脆、很漂亮。中研部的主要领导,甚至包括任正非都在全公司进行了表扬和奖励,好像他做了一个天大的技术发明,表彰的原因是他的这种行为体现了"一种境界很高的自觉地进行资源共享的意识"。

华为中研部在研发队伍里广泛宣传如下思想:要反对盲目的创新,经过理性选择的借鉴、仿造、拼装都是创新;技术进步与市场变化都很快,产品技术就像资本等其他资源一样，是可以开发或获取、组装的，中研部可以通过公司内部的研发活动得到发展，也可以用各种不同的方式（如协作、合作、交流、购买，以及分析有许可证的技术、专利等）获取。

通过这些讨论和典型案例的宣传，华为中研部拓展了资源共享的新形式，认为不仅要充分共享公司的资源，还要共享公司外部的资源，包括竞争对手那里都有大量可以学习的东西。

中研部的资源共享及合理利用还包括很多方面的内容，如除了产品和技术成果以外，还有对开发经验、攻关经验、维护经验、管理经验、失败教训的总结和利用，以及对技术专家、中试专家、维护专家和营销专家的共享。

当然，要想破除知识分子普遍存在的"闷着头搞创造""凡事是自己做出来的最好"等传统思维非一日之功。中研部除了开展多方的讨论、正面的案例宣传之外，也在组织形式及工作流程上加强了保障，让"技术拿来主义"从形式要求走向实质监控，从定性分析逐步走向定量分析。通过加强总体办、总体组及跨部门的集成产品研发的产品经理相结合的技术管理结构，实现了对核心技术、关键技术、成熟技术及合作技术等使用情况的统计和量化分析。同时，资源部门如计划处等在保证资源的及时供给的同时，对于资源配置的合理性和使用效率，也通过建立资源评估方法和制度化的资源使用状况调查等手段，提高资源使用效率，使资源的配置合理化；通过技术装备和技术工具的加强及人员质量意识的提高，让产品在实验室成熟的比例上升。

1997年，中研部成立专业技术协会，要求专业技术协会组织的活动，每个项目的负责人和技术骨干都要积极参与，从而加强技术交流、联系和沟通，共享公司的技术资源，充分利用公司的技术平台。协会明确了组织和机制后，进行集中统一的协调，通过轻松、形式多样的活动促进项目间的合作与交流，破除大家"自管自己的那亩田"的意识和行为，从而保证中研部软硬件资源的共享，重视技术积累和新技术的跟踪，强化市场意识，进入高效、高投入高产出的良性循环体系中。同时，协会也明确规定，协会的技术交流、技术积累和新技术跟踪活动，是工程师与项目管理人员日常工作的一部分，是其技术职责的一部分。这些轻松的形式实际上载负着华为的一个严肃的命题：沟通与共享。

华为中研部还创造了一种新的员工轮训机制，如无线的新员工除了进行公司级的培训、本部门级的培训外，还到其他业务部进行相关知识的学习。1999年刚入无线 GSM 项目组的刘传刚等四人就被派去交换机业务部学习 SPM 技术（应用于 C&C08 128 交换机上的一项业务管理技术）。一开始新员工们很担心这种跨部门的学习交流，双方部门会协调不好，令自己陷入两不管的境地。但是没想到，交换机业务部的领导对此次无线业务部员工的学习给予了高度的重视，提前制订了详细的学习和工作计划，一切都进行得迅速而井井有条。随后，针对每个人的主要技术方向和特长，交换机业务部的领导王建华还精心地为 4 位新员工一一指定了思想导师，导师们都是交换机业务部在各自研究领域的技术尖子和带头人。这种知识共享机制以最快的速度造就了一批掌握先进技术的员工，对于员工自身的发展，具有极其重要的意义。

这批"火种"回到 GSM 无线部门后，将在交换机业务部学习的最新的 SPM 技术迅速应用到无线业务部的产品上去，在最短的时间内实现了 GSM 现有产品、技术和交换领域的 SPM 最新技术的融合，打了竞争对手一个时间差，极大地提高了华为 GSM 产品在市场上的竞争力。

一杯咖啡吸收宇宙的能量

任正非提倡华为人多走出去喝咖啡，多跟别人碰撞交流，团结世界所有同方向的科学家，淡化工卡文化。如果那些科学家做出了和华为人同样的贡献，就要给他们同样的待遇。甚至可以试试人才"众筹"，就是特优秀人才快进、快出，不扣住人家一生，不求他们归华为所有，不限制他们的人身自由和学术自由，不占有他们的论文、专利……只求跟他们合作，不提附加条件。在科学的道路上,不要压制不同见解的人,要有不同的观点,才叫多路径。当与几百个人喝了咖啡,消化几百人的思想,然后就会领先世界。如果不理解,当"黑天鹅"要出现时,就会错失。

为了跟业界更多专家交流,华为热设计实验室办起了CTW(Cooling Technology Workshop)。华为搭建一个让工业界和学术界对话的平台,让工业界包括友商在内发出更多的声音,更聚焦、更务实地讨论华为面临的技术挑战:设备的散热问题。

2009年10月,华为在瑞典召开第一届CTW,满怀期望地发出200多张英雄帖,回复参加的仅有十几人。次年华为调整思路,通过加入美国普渡大学组织的企业联合热技术研究组织CTRC,借助技术大牛或权威机构的影响力在业内打出知名度,第二届CTW成功由普渡大学CTRC主办,华为协办。有了权威机构的强大号召力,前来交流的专家翻了三倍。

华为因此快速建立起专家资源库,及时了解业界技术趋势和动态,遇到难题时直接能找到最权威的学者交流。

华为CTW先后在欧美日本等地区举办了七届,已经成为全球工业界有一定影响力的热技术交流会议。华为也与普渡大学、上海交通大学等国内外高校长期合作,还成为一些国际会议的"金牌赞助商"。

2012年年底,无线产品线提出新的需求,提升分布式基站RRU的散热能力。分布式基站为华为在业界首创,采用无风扇自然散热技术,能在各种极限环境下可靠运行。但散热能力通过反复优化已经逼近极限,如果要在此基础上再提升,难度不亚于百米赛跑,10秒以内即使是0.01秒的提升都是一次艰难的突破。

2013年年初,华为向业界发出关键技术挑战英雄榜,上海交大的夏老师揭榜。

2003年8月的一天午后,工程师小唐陪夏老师漫步在华为上海研究所的湖边。走着走着夏老师突然盯着一片水杉若有所思,然后他弯腰从地上捡起一片树叶，笑着说："这片叶子，说不定能解决你们的难题。"

夏老师解释："树叶通过光合作用吸收阳光，表温不断升高，如果这些热量不及时散掉，植物会被灼伤。所以叶子又利用大量水分的蒸腾，带走了大量的热，从而降低了表温，活了下来。自然界经过亿万年的优胜劣汰，能生存下来的物种都具备某种特长。你们的硬件正如需要散热的植物本体；散热壳体正如这片叶子，确定主脉和支脉及其关系，就可以做到最优。"

随后夏老师带着大家研究散热器的应用场景、各部分用途，讨论如何增强主脉均衡散热，优化支脉，将大部分热量传到外围空气中。在进行了无数次计算后，夏老师的假设得到了验证，一个模仿生物的结构和功能原理而成的仿生散热器（Leaf Cooling）诞生了。

"仿生散热器"作为首创技术应用于RRU中，设备在体积不变的情况下，散热效率提高15%，功能和造型设计融合，既散热又美观。在后面的合作中，夏老师擅长模型抽象、机理分析，华为工程师擅长实验表征和设计应用，互为所长，相得益彰。这一技术原理还沿用到微波、小站、接入室外等产品上，全面增强了产品的竞争力。

公司之间的竞争，不只是产品有无的竞争，还包括深入的性能指标，如算法、散热技术、工艺、材料、电气等各个方面，深入下去涉及的领域越来越宽，有的甚至是世界级待攻克的课题。华为不可能吸收所有相关领域的顶级专家到公司上班，唯有走出去，到其他公司和高校，利用各种行业协会、技术论坛去发掘更多的专家资源协同创新。

华为国际咨询委员会成立于2010年，目前已有来自英国、美国、法国、澳大利亚、中国、日本和印度等国的行业专家、商业领袖及学者成为了该委员会的成员。他们不仅为华为提供其对于全球行业环境及经济形势发展趋势的分析，并基于这些观察向华为提供策略性的建议。华为邀请了行业内一些最具智慧的专家，借助他们丰富的经验和专业知识，协助华为公司制定未来的发展战略。

一家公司背后的软实力，在于这个企业能汇聚起多少的人才，多少维度的人才。

小结

一家企业在激烈的市场竞争中，需要有人能静下心来思考、观察市场环境和内部经营状况，跳出狭窄的视野，找到发现问题、解决问题的关键，看到企业未来的发展方向并做出一个长远的战略规划。在一个分工协作的组织内部，执行者与规划者都是不可或缺的。大量执行者的存在，是一个组织赖以生存的必要条件。但是一个组织的生存和发展，还需要有跳出具体事务，勤于思考创新、决策、计划、组织、协调的指挥者。企业在用人时，既要选择脚踏实地、任劳任怨的执行者，也要任用运筹帷幄，对大事大方向有清晰头脑的规划者，他们长于辨别方向和指挥前进，能想大事、想全局、想未来。

| 第 12 章 |

赢 在 管 理

引言

很多公司都很重视研发工作,但对研发管理却缺少经验,团队和个人都是在跟着感觉、跟着经验走,这样公司的研发部往往面临着发展不起来、很难形成竞争优势等问题,只能长期处于研发小作坊阶段。华为的中研部,并没有出现"一做大就散"的现象,而是通过管理整个研发团队的行为规范,形成自身产品的差异化竞争优势。华为是如何有效开展对研发团队管理的?

"软"实力成就差异化竞争优势

1996年4月,时任国务院总理李鹏视察华为时曾对华为的研发模式做了精辟的总结。

(1)拥有自己的知识产权。

(2)拥有芯片的软件设计技术。

(3)拥有进一步降低成本,加大集成度的研发能力。

(4)市场销售走联合的道路。

（5）市场和生产扩大后拥有足够的资金再开发其他新产品。

李鹏总理最后总结说："你们的优势在软件，过去我们只考虑硬件，但连很多外国人都说中国的优势在软件，我认为你们公司证明了这一点。"从某种意义上说，华为从1993年起就已成为中国最大的软件公司，并且在2002年之后的国内软件公司排行榜中一直高居榜首。

华为的软件分成三个层面、两个方面。三个层面，一是芯片层面，主要是协议、算法等；二是中间件层面，华为的交换机等产品的软件操作系统是自己编写的，华为自1993年起就已用C语言编写自己的操作系统；三是功能应用层面，如ISDN、来电显示、话务台、电话呼叫转移等功能。两个方面，一方面是话务统计、计费、网管等给电信运营商运营维护采用的；另一方面是智能网，通过在交换机外挂服务器，在服务器上按国际标准的智能网规范生成新的业务软件流程。

华为的C&C08交换机之所以能击败竞争对手，主要是因为华为的交换机软件从操作系统到功能应用，全部是自己研发的。华为可以根据市场的需求，快速实现很多差异化的新功能，如ISND、来电显示等，这是华为交换机能进入全国市场所向无敌的重要原因。网上的国外交换机机型都没有此功能，如果国外交换机要提供此功能，需要在国外研发，可能的周期至少要一两年的时间。而华为的交换机正是利用这宝贵的一两年的时间差，采用"新市话"（可以向普通用户提供来电显示、ISDN等新功能），倡导"叠加网"（即在原有国外机型为主的网络上，单独建设一张由C&C08交换机构筑的新网络，向用户提供新功能），而进入了广东、北京等地的市场。当一两年后国外的交换机也具有了"新市话"功能，华为的交换机再次通过个性化的新功能引入（如接入网的无线接入、会议视频、校园卡、Centrex虚拟小总机、行业解决方案等）引领电信网络升级为"商业网"，即面向商业写字楼用户的新业务功能，电信局可以借这些新功能将原单位用户的小总机淘汰掉。华为一直在通过软件业务功能的升级拉动华为公司在中国电信市场的发展。

电信分家成中国移动、中国联通、中国电信和网通后，华为第一时间提出了"关口局"（关口局是位于运营商网络的边缘，用于不同运营商之间的通信，如中国电信与中国移动之间的通信）的概念，在各运营商侧单独建设一张关口局的网络，单独做运营商的结算。华为研发部在三个月的时间内就完成了关口局计费和话务统计等新功能的研发，受到了运营商的好评，打得国外厂商毫无防备，在关口局的建设中华为拿下了大部分的份额。而且每个运营商都需要自己建设一套全国的关口局用于结算，四个运营商就是四套，关口局的采购和建设时期只有短短的半年时间，华为通过快速响应的软件研发能力大获全胜。

为了攻克香港市场，华为在原有交换机的"商业网"的功能上，用几个月的时间研发出了香港版本，并能在香港版本中提供香港运营商要求的全部新功能包括移机不改号（香港当时有四个运营商，作为新运营商的和记电讯希望通过让用户转网到和记电讯时仍然能保留原电话号码，以实现对用户具有最大的吸引力），这是国外机型要开发两年才能提供的功能，而华为研发用几个月就快速实现了。

华为的软件研发之所以能快速响应，与华为具备全自主知识产权的交换机操作系统中间件、功能业务分不开，这使华为在新功能的提供上不受任何技术限制。

然而许多公司在软件技术上没有自己的操作系统，在研发新功能时要受到所购买的操作系统是否支持的限制；有的公司的软件研发构筑在别人提供的接口上，软件功能都已经由芯片限制住了，自己只能通过修改个别参数来做有限的调整，或者顶多改一改用户界面，而无法提供新功能。华为的软件开发已经到了无技术屏障，可以由华为研发"捏泥人"的地步，根据客户需要"想怎么捏就怎么捏"。

华为的软件一般是同硬件一起销售，而华为智能网的软件则主要是单独销售，一般一套智能网上千万元，有的甚至上亿元。华为公司智能网产品于

1997 年就实现了按软件许可收费，也是国内最早成功实现按软件许可收费的软件产品。

软件开发如何又快又好

为加强华为的软件开发能力，华为公司在 1995 年就开始在研发系统掀起向世界最优秀的软件公司微软公司学习的热潮，并对比总结出几点微软做得好而华为当时尚欠缺的地方，如系统设计、软件成熟度不高（即功能虽然开发出来，但问题可能很多）等方面。

1996 年，华为中研部为了加强软件成熟度，专门引入了系统设计师，并按照软件的系统设计理论成立了中研部的测试部。1998 年测试部发展成为中研部一个大部门，拥有 300 多位测试工程师，大致每两位开发工程师便拥有一位测试工程师。华为中研部的测试部与许多公司的测试部完全不同，许多公司的测试部只是一堆小姑娘打打电话看看功能能否实现，而华为中研部的测试部对工程师的要求远高于一般的开发工程师。测试部要跟踪全球最新的软件测试方法、测试的技术手段，还要对软件程序实现从系统级到模块级的自动测试。

中研部的测试部实现了和软件开发的同步工作，在一个新的软件项目立项时，测试部就开始做软件的可靠性评估以及测试模块的设计工作。在软件功能研发之时，测试部也开始根据同一份功能设计开始了测试软件的编写，这样，当软件功能的研发接近完成之时，测试部可以开始对这些功能和软件代码进行自动测试，测试的各种分支情况可以达到上万种，测试部要把可能的问题点消灭在开发的过程中。最后，测试部通过仿真以及现实的实验室环境再做系统级的软功能及兼容性测试，以确保对硬件及系统的支持。

比如有一座山，山上并没有路供游人行走，所以有人顺溪涧逆流而上，有人沿峭壁苦苦攀缘，这样既慢，还易出事故。如果修一条尽量方便游人行走的大道，就会又快又安全。以前华为公司的软件开发人员习惯了"走小路"，为了赶进度有很多不规范的行为，写软件如写"天书"，让其他的工程师无法配合工作，除了他自己没有人能看懂他写的软件。结果表面上赶了进度，事实上在后续的产品上却问题不断，于是工程师又忙于解决问题，最终结果不好，而且总体进度也没有快多少。

为进一步加强软件研发的水平，华为从1998年就开始了对国际软件开发的标准CMM（软件能力成熟度模型）的学习和认证工作，旨在为软件产品开发套上成熟的模型，研发部负责人洪天峰亲任CMM认证的负责人。

CMM的过程就是指这样的一条大道，即用于规范大家的做事方式，在任何时候都能够既"把事情做对"又"做对的事情"。CMM通过需求管理、配置管理、质量保证、质量验证等一系列手段来保证软件的质量。CMM把软件开发过程的成熟度由低到高分为五级，等级越高，表明该企业软件开发失败风险越低、整体开发时间越短，并能减少开发成本、降低错误发生率、提高产品质量。CMM的五级认证如下。

CMM一级，项目的目标得以实现，但是由于任务的完成带有很大的偶然性，企业无法保证在实施同类项目的时候仍然能够完成任务。企业在一级上的项目实施对实施人员有很大的依赖性。这个阶段经常出现，只有某个技术"大侠"能搞定项目，大家对"大侠"充满仰慕。

CMM二级，企业在项目实施上能够遵守既定的计划与流程，有资源准备，权责到人，对相关的项目实施人员有相应的培训，对整个流程有监测与控制，并与上级单位对项目与流程进行审查。在这个阶段，引入了很多的评审点，项目进行到哪一步，就必须通过哪一步的审核才能继续向下进行。

CMM三级，企业不仅能够对项目的实施有一整套的管理措施，并保障项目的完成，而且企业能够根据自身的特殊情况以及自己的标准流程，将这套管理体系与流程予以制度化。这样，企业不仅能够在同类的项目上得到成功的实施，在不同类的项目上一样能够得到成功的实施。在这一阶段，项目的成功就成为人人可以做到的"简单的事"，企业不再依赖某个"大侠"才能做好项目。

CMM 四级，企业的项目管理不仅形成了一种制度，而且要实现数字化的管理。对管理流程要做到量化与数字化。通过量化技术来实现流程的稳定性，实现管理的精度，降低项目实施在质量上的波动。在这个阶段，所有的工作都不是一句简单的"可以了"，而是通过列出目标是多少度，而目前完成了多少度，工作可以量化衡量。

CMM 五级，企业的项目管理达到了最高的境界。企业不仅能够通过信息手段与数字化手段来实现对项目的管理，而且能够充分利用信息资料，对企业在项目实施的过程中可能出现的次品予以预防；能够主动改善流程，运用新技术，实现流程的优化。

在企业里推行规范并不是一件受欢迎的事，一开始 CMM 规范的建立与推行相当困难，甚至是举步维艰。很多研发人员说：其实我也很想按规范做事，只要给我足够的时间，但我实在太忙了，时间太紧了，市场压力太大了。

为此，CMM 认证小组在中研部进行了广泛的宣传和细致的培训工作。一段时间中研部的墙壁上张贴了不少的宣传语和宣传画，宣传在研发设计时遵守规范的重要性，如"就像闯红灯的人，如果一切 OK，节省了两分钟时间；如果对面冲过来一辆车，就是一起车祸；如果每个人都为了节省两分钟而闯红灯，后果不堪设想"。CMM 小组还组织工程师到印度去学习，请印度的专家到中国来培训，终于使从研发管理者到工程师的各层次员工，都养成了自觉遵守规范的好习惯。

研发管理者通过有效的规模估计、工作量估计，合理安排了开发进度；通过充分的风险估计和规避措施，一旦出现突发事件，不再手忙脚乱；通过严格的评审、检视活动，使质量从源头得到保证。作为工程师，建立了依据规范写好每一篇文档、编好每一段代码、做好每次评审与检视的良好习惯。渐渐地，当所有的软件工程师都习惯了用相同的规范和标准来做软件时，企业里就形成了一条又快又好的"康庄大道",大家的工作效率反而有了成倍的提高。2001年,华为印度研究所率先获得 CMM 四级认证,此后,华为北京研究所、南京研究所也先后在 2003 年 1 月和 6 月取得 CMM 四级认证。华为在研发系统普遍实施 CMM 管理后,那种华为早期研发人员在机房里几天几夜解决软件问题的紧张场面再也不见了。

华为的研发管理体系

华为的研发管理体系有一定的军队管理色彩。

第一,具有层层的技术管理体系及技术管理团队,专职从事技术管理和知识管理的工作。对于很多公司,都不会专设技术管理的岗位,甚至没有相应的部门和概念。在华为,研发无小事,技术管理是研发一把手负责,具有成体系的专职队伍保障。具体来说,技术管理的部门包括战略规划部(预研部)、总体办、项目管理部、计划处、知识产权部,如果把一些常设的工作组如流程变革委员会等算上,技术管理人员就更多。在华为早期还有个市场技术处的部门,专门处理研发向市场进行产品发布,是与市场部或客户打交道的工作界面。以前的中研部对市场或客户的技术答复,要么不及时,要么存在敷衍了事的情况,研发工程师也随意被叫走出差去支持某个市场,市场技术处就是为了确保研发体系对公司其他部门有统一的工作界面和规范,而这大概是只存在于华为早期研发部门的一个管理部门。

中研部的技术管理人员,都是从各个业务部抽选的优秀人员,潜心从技术管理的各个方面研究技术和管理,总结各业务部的成功和失败经验,制定研发部各个相关的管理流程、制度,再指导各个业务部的技术工作。技术管理体系相当于军队里的指导员体系,除研发总部外,各个业务部、各个"地方"研究所也有相应的常设机构,专门配合业务部的技术研发活动。如果华为中研部有1000 人,大约有超过 1/10 的技术管理人员。技术管理团队和人才,分散了研发部管理的风险和难度；研发部通过技术管理团队实现了对各业务部的配合和技术管理。从事技术管理的人才，都是有着丰富理论和实践经验的研发好手，这保障了技术的专业性。当然，在待遇方面，技术管理工作的待遇一点不比各业务部直接研发产品的"一线"骨干差，这也保障了华为能吸引到一大批"甘为人梯"的专业技术管理人才。

第二，华为研发的技术干部体系。华为研发具有自己独立的技术干部部（即人力资源部），华为研发的干部部为了体现对技术人才的懂行性，从各业务部抽调干部担任。干部部专门研究研发体系下人员的配比、招聘方式、培养方式等，以及华为研发部的薪酬体系、任职资格等研发工程师敏感的问题。技术干部部在华为研发的企业文化建设方面也起到了组织和宣传的作用，干部部还经常组织各种技术类、管理类、企业文化类的培训，成为中研部管理队伍的重要力量。

在其他研发型公司里，人力资源部岗位都属于行政岗位，通常也由专门的行政人员担任。但在华为的研发部，大家认为研发人员的招聘和管理非技术人员无法起到很好的作用，没有担任过研发部经理的人、没有管理过研发的人是无法胜任干部部的职责的。华为研发为了加强干部部的工作，一度还规定研发领导没有在干部部任过职，没有系统地管理过人力资源，不能再升职。正因为华为研发对自身人力资源管理队伍的重视，才使得华为对研发人员、研发干部的进行管理的措施总是最有效的，对研发人员的工作评价、绩效导向等措施也深受研发人员的认可。

华为中研部具有一支强大的宣传队伍，这就是干部部领导下的秘书处。在很多公司，秘书就是做做杂事，跑跑腿。在华为的研发部，秘书还是"工宣队"，是技术管理和企业文化建设的"神经末梢"。华为研发部的秘书是按女工程师的要求招聘的，需要名牌大学理工科本科以上的学历。因此研发部的秘书对技术的领悟力极高，经过长期的训练，看懂技术文档、技术文件不成问题。华为的各个技术管理流程和制度、文化导向（即赞同什么样的研发行为，批评什么样的研发行为）、工作主题和方针由干部部确定下来后，宣传工作主要由干部部组织秘书们来完成。例如，这段时间华为需要研发部加强"反幼稚"，即某些研发人员在设计时不注意产生的错误，对生产和市场带来不良影响，那么研发部的走廊里、电梯入口处，到处是"工宣队"制作的各种幽默的宣传漫画——列举什么叫研发的幼稚行为，如何去避免研发的幼稚病等。

干部部还会组织各部门开展学习和研讨活动；每位工程师都要写学习企业文化方面的心得或反思文章，优秀的文章摘录成册，一方面上报到公司的内部报刊《管理优化报》上发表，干部部还会会同《华为人》报编辑部印刷成书，形成各种讨论文集，发放给研发人员作为案例学习。早期研发部几乎每两周都会有一次类似的"政治学习"活动；针对一些重大的研发流程和制度，中研部还会成立专项工作组，专项工作组的一个重要职责也是宣传和推广本工作组的结果和输出，让广大工程师人人皆知。除柔性的宣传之外，还常常配合奖罚措施。各种"创新奖""学习奖""培训奖"铺天盖地，让工程师觉得自己好像也就是按照公司的政策导向稍做了点工作，就能获奖，那么今后一定要按公司政策来。如果本部门的工程师违反企业的规定，那么秘书还会受到"连带"处罚，这也促使中研部的秘书成为各种规章制度在每个部门最基层的监督者。

针对工程师团队普遍存在的沟通不畅现象，华为研发部一方面有硬性规定的沟通，如一个月必须做一次部门经理与项目经理、项目经理与工程师之间有记录的双向沟通，对于沟通的内容要上报备案。每天，每位工程师还要针对当日工作情况做总结向直接上级提交，做工作上的及时沟通。针对月度的绩效考评，经理也要与工程师进行当面沟通，同时干部部也会找绩效有下降或者绩效成绩相对不高的工程师进行沟通。为了进一步加强部门级的沟通，各个项目组、各个部门还有专项经费组织各种集体活动，甚至QCC（围绕品质改善进行内部建议）活动也放在饭桌上，在融洽的氛围下进行。

华为技术管理工作也正是由于有这些活动、宣传力量以及大量沟通的"松土",而变得容易。这也就是华为公司为什么能像党管理军队一样,做好研发队伍的思想管理和行为规范管理工作。

技术管理的难度不亚于产品开发

1996年,华为为了加强内部的项目管理,在当年招聘3000位毕业生的同时,向社会招聘了1000位MBA,其中大部分MBA都进入了中研部,形成了中研部及各业务部的项目管理部的重要成员。当时,全国多数企业都不太认同MBA,认为管理专业毕业的学生不懂理工科,不懂技术,是"无用"之人。当时所谓的管理在很多企业里都是老板一言堂,所以招专门学习管理专业的人进来做"管理",既没有用,还会引起公司其他人员的不满。但是华为一口气招聘了1000位MBA,据说很多高校当时一个班的MBA没几个毕业生,大家还都愁分不出去,结果被华为全包了。

华为中研部项目管理就始于1997年年初这批1000位MBA到位之时。华为充分利用了MBA管理专业的人才,愿意踏踏实实扎根管理这门学科,认真钻研管理的制度、流程以及细节,提升了研发的管理水平。华为中研部的管理基础正是来源于有这样一批专业从事技术管理岗位的人。

在当时许多工程师的传统观念里,总觉得做技术管理,不如直接做产品开发,做产品开发受公司重视而且有成就感,做管理是给别人做嫁衣的,因此在思想上都存在各种障碍。但是华为中研部在待遇、职位等各个方面使从技术转行做管理的工程师都得到很好的安排,改变了他们原以为做管理不如做技术的观念。

华为中研部的项目管理部采取的是混合编制,一方面是外聘的MBA,一方面是来自各个研发一线上的技术骨干。MBA钻研项目管理的管理方法,技术骨干精通华为的技术研发项目管理的实践,二者相互嫁接知识,从而形成具有华为特色的技术管理实践方法。大家很快就意识到技术管理的工作不亚于开发工作。

1997年华为中研部一口气扩张了4000多人，1998年就立即面临由于大规模新人膨胀带来的管理问题。为了加强管理，中研部在各业务部成立了开发管理办公室。1996年进华为硬件部，一开始是研发工程师的朱光辉，被调至中研管理办从事文档管理（文档是记录开发过程的书面材料，在研发管理上具有重要意义）的工作。

文档与开发是工作性质完全不同的两样工作。开发工作是一件相对长期的任务，自己任务完成就可以了，但文档工作不同，管理工作要求不但自己要做实，还要带动大家都做实。工程师普遍认为写文档比较麻烦，没有认识到文档的作用，因此都不愿意写，很多人以开发任务紧为由拖延文档工作。即使苦口婆心地讲文档的重要性以及做好文档的意义，一开始也没有什么效果。

朱光辉都有些灰心了，觉得这个工作太难做，而且绩效不好体现，甚至又想重新做开发工作。但在中研部领导的鼓励和指导下，朱光辉改变了工作方法，把文档管理变为例行管理，制定相应的规章制度让大家共同遵守，让大家知道该如何操作。朱光辉在研发部里广泛征求意见，制定了"硬件业务部文档管理制度"，还根据当时开发任务的紧张状况制订了补写以前老文档的计划，在计划中落实了具体的责任人和完成时间。通过耐心地回答开发人员提出的关于文档的问题，一次又一次地检查，仔细审阅每一篇文档，经过4个月的努力，以前的老文档补写完毕，硬件部文档管理逐渐走上正轨，开始规范化。

后来，朱光辉的工作被调整为从事项目管理。一开始朱光辉觉得自己没有项目管理的经验，又要带动大家做好项目管理，真有点"赶鸭子上架"。这时华为中研部干部部在项目管理方面进行了一系列的培训，朱光辉全部参加，加强了在项目管理方面的学习。通过参加中研部组织的日本神钢株式会社举行的MACS培训，他学会了工作应做好计划和总结，理解了计划、总结及时间管理的重要性。部门内的MBA也对朱光辉帮助很大，使他学会了很多管理上的理论知识。朱光辉就把这些所学的知识用于工作，力求不断改进，建立起例行的项目管理体系。

项目管理部的做法一开始并不为广大工程师所理解，有不少人认为是在给他们找麻烦，认为流程和制度的实施降低了工作效率，朱光辉也一度感到很委屈。但中研部领导充分给他授权，让他大胆开展工作。最后项目管理的思想逐渐深入到了经理们的心里，他们也尝到了项目管理给产品开发和进度带来的好处，开始配合项目管理的工作。

正是像朱光辉这样从技术岗位骨干转岗为专职的技术管理人员，以及华为"破天荒"招入的 1000 名 MBA，扎扎实实地投身于文档管理、项目管理等看上去琐碎而不惊天动地的技术管理工作，才使得华为中研部的技术管理工作做得踏实而有效，使华为的研发基础工作不断向国际一流水平靠拢。

不因暂时的产品成败"论英雄"

很多公司对于研发部的业绩评价都比较侧重于短期目标，如研发的进度、产品能否按时上市等，但是对于涉及研发部门长期发展潜力的目标，如技术管理、核心技术水平的研究、研发流程等，很多公司都不重视，甚至还认为这些太"务虚""没什么绩效"。这就导致了这些企业的研发部只重视短期"打粮"，不重视长期"种地"。没有扎实的研发基础，出来的产品也往往缺乏竞争力。

华为公司中研部一向都很重视研发管理的基础性工作，并在价值评价体系上给予充分的体现。华为的绩效管理，强调的是团队结果的绩效、人才成长的绩效、中间过程的沟通和管理，而不仅仅是简单的绩效考核。

研发工作是早期华为的核心活动，又是创造性劳动，待遇水平向一线的研发人员倾斜是早期华为一直坚持的薪酬政策。而华为的技术管理部门，如总体办等部门也并没有因为不在一线直接输出上市产品、未从事一线研发而受到冷遇，在待遇上也堪比一线部门。除此之外，华为中研部并不因为暂时的产品成败来"论英雄"。交换机业务部的 C&C08 交换机一直支撑着早期华为的销售，待遇也只是比其他业务部略为优厚。当然，早期交换机业务部领导的提升会比较快。无线业务部长期处于亏损，华为公司并没有因此全面否定工程师的业绩，工程师的待遇与其他业务部相差无几，关键岗位还要略高。当然，早期的领导不太容易再向上升职。

早期华为对研发人员坚持以职位职责和胜任能力定工资，以业绩定奖金，以潜力定股权。在研发人员的评价上，兼顾过程和结果，既要关注过程中的交付，又要与产品市场成功与否直接相关，但又不绝对，还要兼顾公平与公正。在公平与公正上，华为中研部更多的是通过程序的公正保障结果的公平，保障研发人员对结果的公平感，形成一个成体系的绩效管理过程，而非简单的绩效考核。通过信息的沟通，即上级的辅导和下级间的交流来达到"提高绩效"的目标。而沟通，则伴随着绩效管理活动的全过程。考核的结果可能是较为均衡的，但是中间的过程却是少不了，通过绩效管理达到了组织与组织间围绕目标的协同，达到了人才与组织的目标一致化。

很多公司的研发部存在着经理不愿向下级工程师传授经验，以免被"架空"；水平高的高级技术工程师不愿与其他人交流，以免出现"教会了徒弟，饿死了师傅"等问题。华为的中研部则通过在价值评价上的倾斜，避免了此类问题，保证了整体绩效的快速提升。

在华为中研部，对经理级别人员的考核，重要的是部门的成长绩效，而不仅仅是暂时的做事结果。有没有在部门内培养起优秀人才，是部门经理的重要绩效指标。高级工程师通常都被安排了多位徒弟，为此还有专门的带徒弟补贴以及师傅之间的比较和奖罚。每个月师傅要评定众徒弟的学习绩效，徒弟也要单独给师傅打分，这样干部部就可以及时掌握研发的知识经验在中研部的传递情况。这些关于"共享知识"的软指标都被列入了绩效考核指标。

按照矩阵管理的结构，业务部、产品部、项目部是倾向于产品研发结果的绩效，而硬件部、测试部等是倾向素质培养的绩效考核，总体办、计划处等又是倾向关键事件的绩效。跨部门的重大项目，绩效和奖金单列，优先分配。身处矩阵结构下的工程师，绩效的管理受几方面的牵引，考核的结果和所处的团队整体绩效也有较大的关系。这些虽然会使绩效考核的难度加大，但是却促进了矩阵管理、项目管理等研发管理活动的落实，使跨部门项目在绩效考核方面具有导向性。

对人的评价不能靠主观估计

1997年，华为公司本来应国家劳动部的邀请去英国参观该国的秘书任职资格体系，结果华为发现不仅是秘书需要，研发系统更需要。因此，1997年华为在研发系统也开始任职资格的建设工作。1997年国家劳动部将华为确定为中英合作项目在中国的试点单位；1997年12月孙亚芳带队赴英国接受培训；1998年年初华为任职资格工作正式启动；1998~1999年标准建立；1999~2000年开展认证工作；2000年7月将认证结果应用到人力资源整体管理工作中。华为的任职资格体系的初期建立经历了四年的时间。很多企业一个月或者几个月就完成了任职资格等管理制度，但之后却形同虚设，有的就算一改再改仍无法满足企业的要求。华为做任何管理制度，都极为认真，准备十分充分，实施过程也极为周密，确保了管理制度在企业能得到严格而广泛的执行。

华为研发的任职资格建设工作由技术干部部组织，华为中研部强调的是任职资格管理，而非简单的评定。在推广任职资格的初期，为制定一整套任职资格体系，由华为中研部总牵头，各部门抽调众多技术骨干参与任职资格体系的建设，主要是集中进行岗位识别，确定岗位的任职标准。华为公司认为制定任职资格体系本身就是研发部领导及研发工程师的一项梳理岗位的重要工作，华为公司通过由粗到细、由浅及深的策略，历时一年制定了一套任职资格标准，为每个岗位的工程师设立了清楚而细致的任职资格。

制定完标准之后，中研部1997年就开始了基于任职资格的普遍学习，之后每半年开展一次任职资格的综合评定。员工根据任职资格的各项标准，结合日常的工作进行总结，积累任职资格认证所需的证据（符合认证的关键事例），然后进行自评，再由专业的主管和任职资格管理人员定期来取证和审核。当员工认为自己各项标准均已达标，就可以提出任职资格认定申请，经主管审核后，由任职资格评定机构即任职资格评定委员会进行综合评定。

当然，评定的结果与员工的加薪晋升是相关的。华为研发搞综合评定的目的是通过细致的任职资格工作，成功地牵引研发人员在本职岗位上不断地追求技术能力的提升。

华为的任职资格体系首先是划分职位族，如领导族、技术族、技术管理族等，这实质是为了给人才指引一条职业发展通道（见图12-1）。领导族包括各个部门的经理、副经理、经理助理等职位；技术族包括了硬件、软件、测试、系统、通信网络、信令、操作系统等各种技术分类，职位上有助理工程师、工程师等多个等级；技术管理族则包括了预研、规划、计划管理、市场技术管理等相应的技术管理部门。此外对产品设计还是基础研究也做了区分。

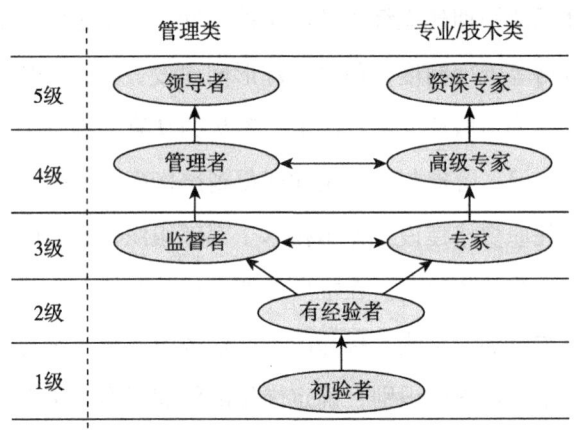

图 12-1　华为早期基于任职资格的职业发展通道

对于每一个职位族，或每一条职业发展通道，又设置了3～6个不同的等级，后来随着华为研发部的不断发展，最多的还设置了15级。对每一等级，中研部都针对所需的知识及技能、专业能力、专业成果和团队成长4个要素，制定了详细的任职资格标准。

华为任职资格管理强调"技术专家"与"管理者"双重资格晋升制度,确保个人职业发展通道畅通,并在"管理者"和"技术专家"之间设置岗位互动通道,以实际工作为基础,注重实际的行为表现,强调输出结果,以结果为导向。

在中研部推行任职资格前,职称认定比较混乱。很多人才在进华为研发部之前,也取得过各种中级、高级工程师的职称,但进入华为研发之后,这些职称就作废了,取而代之的是为华为公司认定的职称。但当时华为公司并没有一套任职资格的标准,因此很多都是凭领导的感觉拍脑袋的职称。随着华为公司建立起专门的职称认定机构——研发系统的任职资格管理委员会之后,研发系统的职称认定开始走向组织化、规范化、标准化。任职资格标准的推行加强了中研部的体系化、组织建设,为华为研发体系的规范化、规模化管理打下了坚实基础(见图12-2)。应该说华为中研部研发管理革命的重点是任职资格体系的推行,华为公司企业的核心价值观也是通过任职资格来体现企业对员工阶段性评价的。

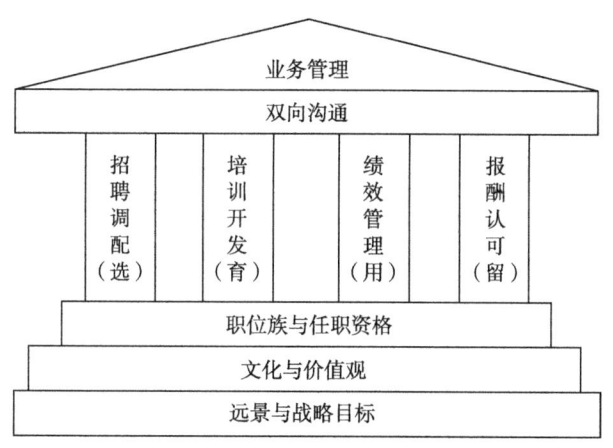

图12-2 任职资格管理是研发体系人力资源管理体系的重要构成

华为公司不是等待目标已经实现以后再予以评价,而是在发展过程中进行评价,这使评价的准确性更加困难。当一件事情做完了来对它评价,是很容易的,当一件事情做了一半时来对它评价则很难。但是华为公司还是坚持在事物的发展过程中进行评价,并强调企业要迅速发展,不能等待事事有结果之后再实行"盖棺定论"。此外,任职体系只认对企业的贡献,不认学历,强调"唯才是举"而非"唯学历是举"。客观评估工作体系,因岗设人,而不是因人设岗。

华为要求各级部门要尽量公平、公正,但更要求干部要能上能下,工资要能升能降,要正确对待自己,要能受得委屈。任职资格的工作先推行、后平冤、再优化,在3~5年内形成自己的合理制度。过去那种对人的评价靠领导个人感性的"评-评""估-估",定位的准确性不高,对今后的发展会造成很大的阻力,只会挫伤优秀员工的积极性,同时保护了一些落后员工,因而不能再持续下去。在一种制度向另一种制度转换过程中,"新鞋"总是有些"夹脚"的,也可能挫伤一部分员工。华为公司的方法是坚决推行已经策划好的任职资格管理,然后再个案处理个别受冤屈的员工,然后展开全面优化,使发达国家著名公司的先进管理办法与华为公司的实践结合起来,形成制度。

华为公司的研发团队能从小作坊发展成"大部队",贵在管理,管理又贵在细节,贵在做管理工作的人和基础的管理体系。"没有规矩不成方圆",华为建立起了先进的管理流程,建立起了"规矩",但更重要的是要能扎扎实实地执行。执行靠的是技术管理队伍在研发管理的各个细节上做"立规矩""监督执行"的"黑脸"。而华为不以暂时的成败"论英雄",公平的价值评价体系更是成就了华为研发团队的卓越管理。

小结

研发的灵魂在于管理,比技术本身更重要的是管理。管理既是科学,又是艺术,但管理更是实践。管理贵在细节,细节决定成败;管理到位与否在于能否有将管理工作做细的人,也在于是否具有完备的基础管理体系,更在于是否能够扎扎实实地执行。

| 第 13 章 |

花了波音的钱买的不是飞机

引言

有钱后的中国企业该怎么花钱?有钱后的中国企业应该从国外引进什么?

我们看到多数的中国企业选择了买飞机、买设备、买生产线之类有形的实体,还有一些中国企业上升到买品牌,如联想就花了大价钱买回一个IBM的PC机品牌。

华为花了5000万美元,既没有买设备也没有买品牌,而是买了一个叫IPD(集成产品研发)的流程,买了IBM的咨询服务。华为公司收获了什么?

规模迅速扩张导致研发面临崩溃

到1997年,华为已经成立十年了,应该说这是比较辉煌的十年。对于华为研发,也是成果颇丰,不仅建立了以中研部为核心的、在全国来讲有相当实力的研发系统,也推出了业界领先的一代产品C&C08交换机。然而,在华为产品研发快速发展的辉煌中,累积的问题也越来越多,而这些问题,单靠研发系统内部已无法解决。

首先是"串行"研发导致的问题。直至1997年,中研部产品研发基本上还是以"开发人员设计,到用户使用,到有问题反馈,到再修改、再完善"的传统方式运作,被称作"串行"工作方式。华为的C&C08万门机,从1993年起到1997年,至少推出了10个正式版本,这虽然可以从一方面说明华为早期技术力量雄厚,开发速度极快,可以平均三个月就推出一个新版本,但是从另一个方面也反映出版本研发缺乏预见性和目的性。由于研发人员在设计时只偏重功能的实现,对可生产性、可操作性、可维护性很少注重,自己想当然地去干;直到产品到了用户那里,才发觉使用维护不方便,意见再反馈回来。这样一方面已影响了设备的运行,另一方面再修改又需要一段时间,这损害了公司产品在用户心目中的形象。

其次是如何正确抓市场机会的问题。研发往往是被动地被市场的一些特殊要求牵着鼻子走,今天市场需要这个功能,研发部就加班加点地去实现它,明天市场又说那个功能不行,研发部就赶忙再修改,如此补丁加补丁,也不经全盘考虑。在完成上一个版本之后和开发下一个版本之前,没有仔细分析和调查市场的需求,没有好好思考下一个版本到底要解决哪些问题,要达到什么目的,就匆忙地着手修改软件。没有充分考虑到前后兼容性,直到原来的版本面目全非了,也就顺其自然地将该版本升一个级,如此便炮制了一个新版本。这样,一方面给市场维护工作带来了无穷的工作量,另一方面用户由于版本的不兼容性又要不断地去适应新版本,用户很快发现:功能没增强多少,稳定性却可能下降了许多。客户只能又盼望华为的下一个版本,如此反复地等待,影响了客户满意度。

最后是一些比较深层次的问题,如由于研发系统扩展太快,大量刚从学校走进华为的基层研发人员普遍存在着严重的"重科研成果而轻商品化"倾向。这种思想深深地沉淀在研发部门,使年轻的工程师们自我感觉良好,对产品的可生产性要求不甚了解,对产品文件的重要性没有切身体会;对生产、工艺流程的可操作性及物料的可采购性漠不关心；成本意识、效率意识、市场意识都十分淡薄。很多刚参加工作就承担重任的研发人员在开发时很少为客户着想，研发部主要关注的是开发进度及开发性能，对生产的物料、价格、成本、生产性、可操作性、可稳定性基本考虑得很少，不少研发人员甚至认为开发样机的料本贵点就贵点，只要能快一点就行。这些都是产品研发中缺乏商品意识的"幼稚病"的主要表现。为了扭转研发人员闭门造车、脱离实际的倾向，公司号召加强宣传，"反幼稚"会开了一场又一场收效却甚微。虽然华为公司屡次批判这种现象，但由于华为发展太快，上个因被批判而有所进步的研发人员很快被提升至领导岗位，新的工程师一来又重犯类似的毛病。研发人员的固有思想问题，似乎是无法通过一场或几场会议就能彻底解决的。

以上这些问题在华为研发向深度和广度扩展的过程中，矛盾日益突出。由于华为的产品线越拉越长，产品跨越固定、无线、智能网、数据通信、传输，到 1997 年已有上百个产品在同时研发，中研部对市场的响应越来越慢。而华为的市场的面却越铺越广，从以前的单一运营商、单一网络形态，发展到拥有中国的多个运营商加上海外的运营商的庞大客户群体；网络形态从固网发展到移动网络以及到海外的特殊制式的网络。来自市场一线对研发系统的各种新产品和新业务需求越来越繁杂，中研部总裁一天在办公室接到的市场投诉新业务需求的邮件就可以达上百封，一名研发部的产品经理 1997 年接来自市场和用户服务的电话，从早到晚，话费高达 6000 元一个月！华为公司简直就要面临着随规模扩张而研发系统崩溃的风险。

IBM 如何从规模化后的无效率走出来

1997 年岁末，任正非"奖励"自己去了美国一次，圣诞节前一周，他匆匆忙忙地访问了美国休斯公司、IBM 公司、贝尔实验室与惠普公司。美国人都在准备休假，任正非却在短短的时间，横跨美国本土从东向西访问。这些大公司的许多高级人员都等着他们，给予了任正非一行热情真诚的接待，着重介绍了他们的管理，让任正非得到了许多收获。其中 IBM 的变革故事让任正非尤其着迷。IBM 对于当时的华为简直是一面及时的镜子。

美国 IBM 作为一家信息产业的巨无霸企业，曾经一直处在优越的产业地位，20 世纪 80 年代初期 IBM 处在盈利的顶峰，其股票市值超过联邦德国股票之和，成为世界上有史以来盈利最大的公司。但是由于个人电脑及网络技术的发展，严重打击了 IBM 赖以生存的大型机市场，公司成立 13 年后 IBM 发现自己危机重重：企业里聪明人十分多，主意十分多，产品线又多又长，集中不了投资优势。IBM 又是以年度做计划，导致产品研发对市场的反应速度不快。同时，由于 IBM 长期处于胜利状态，造成的冗员、官僚主义，使之困难重重。这些管理上的混乱，几乎令 IBM 解体。昔日信息世界的巨无霸，却让一些小公司"作弄"得几乎无法生存；1992 年身陷臃肿病的 IBM 离解体只有一步之遥。

由于信息产业的进步快、变化快，企业必须上规模才能缩短新产品的投入时间，但是几万人的大公司又容易官僚化。如何解决？1993 年年初，郭士纳以首位非 IBM 内部晋升的人士出任 IBM 总裁时，提出了四项改革主张。

（1）保持技术领先。

（2）以客户的价值观为导向，按对象组建营销部门。针对不同行业提供全套解决方案。

（3）强化服务、追求客户满意度。

（4）集中精力在网络类电子商务产品上发挥 IBM 的规模优势。

第四项是针对 1992 年 IBM 所面临着解体为七个公司的情况而说的。郭士纳总结出 IBM 的规模是优势，但规模优势的基础是管理。

为了解除困境，IBM 励精图治，重新走上改革之路，同时付出了巨大的代价。IBM 于 1992 年开始大裁员，从 41 万人裁到 1997 年的 26 万人，5 年间裁减了 15 万人，付出了 80 亿美元的行政改革费用。但是成功变革后的 IBM

销售额增长了 100 亿美元，达 750 亿美元，股票市值增长了 4 倍。

任正非听了一天的 IBM 公司的管理介绍，对 IBM 这样的 26 万人的大公司，但是却管理制度规范，大企业像小公司一样灵活、响应速度快，种种因变革产生的变化有了新的认识。任正非在 IBM 整整听了一天的管理介绍后，对 IBM 的 IPD 整合产品研发流程的管理模型十分欣赏。他认真听取了 IBM 公司运作项目的全流程，包括从预研到寿命终结的投资评审、综合管理、结构性项目开发、决策模型、筛选管道、异步开发、部门交叉职能分组、经理角色、资源流程管理、评分模型等全面的内容。任正非从早上一直听到傍晚，虽然身体不好，但并不觉得累，反而听得津津有味。后来任正非发现不仅仅是 IBM，AT&T、朗讯也是这么管理的，这些管理思想都源自美国哈佛大学等著名大学的一些管理著述。

任正非深刻意识到："我们只有认真向这些大公司学习，才会使自己少走弯路，少交学费。IBM 是付出数十亿美元直接代价总结出来的，他们经历的痛苦是人类的宝贵财富。"圣诞节美国处处万家灯火，任正非一行却关在硅谷的一家小旅馆里，点燃壁炉，三天没有出门，开了一个工作会议，消化了访问美国的笔记，整理出一厚叠简报准备带回国内传达。回公司后任正非又在高层进行了两天的传达与研讨。会议上打出的这 100 多页简报激起华为新的改革火花。

回国后不久，任正非写下了著名的"我们向美国人学什么"的经典文章，以下是对其关键段落的摘取和重新整理后的内容。

> 曾经受联合国工作人员致敬的王安公司，曾经年销售达 35 亿美元，现在已经消失得无影无踪了。创立个人电脑的苹果公司，几经风雨飘摇，我们还能否吃到下世纪的苹果？华为会不会盲目乐观，也导致困难重重呢？
>
> 华为的官僚化虽还不重，但是苗头已经不少。企业缩小规模就会失去竞争力，扩大规模，不能有效管理，又面临死亡。规模小，面对

的都是外部因素，是客观规律，是难以以人的意志为转移的，它必然抗不住风暴。因此，我们只有加强管理与服务，在这条向规模化发展的不归路上，才会有生存的基础。

这就是华为要走规模化、搞活内部动力机制、加强管理与服务的战略出发点。

在扩张的过程中，管理不善也是非常严重的问题，华为一直想了解世界大公司是如何管理的，有幸IBM给了我们真诚的介绍。

IBM每年约投入60亿美元的研发经费，在国际上各个大公司的研发经费都在销售额的10%左右，以此创造机会。这些已经走到前面的世界著名公司，他们是靠研发创造出机会，引导消费，他们在短时间席卷了"机会窗"的利润，又投入以创造更大的机会。

而中国的企业在这方面往往比较落后，对机会的认识往往在机会已经出现以后，做出了正确判断，抓住机会，形成了成功，华为就是这样的。这就是国际大公司比中国企业发展快的根本原因。抓住机会与创造机会是两种不同的价值观，它确定了企业与国家的发展道路。

这次访美我们重在学习管理，学习了一个小公司向规模化转变的过程，在规模化过程中是怎么走出混沌的。混沌中充满了希望，希望又从现实走向新的混沌。人类历史是必然王国走向自由王国发展的历史。在自由王国里又会在更新台阶上处于必然王国。因此，人类永远充满了希望，再过五千年还会有发明创造，对于有志者来说，永远都有机会。任何时间晚了的悲叹，都是无为者的自我解嘲。

华为要真正培养一批人，需要数十年理论与基础的探索，至少在心理素质上形成转变就要面临重重关山，这其中还任重道远。

科学的入口处，真正是地狱的入口处，进去了的人才真正体会得到。

任正非在美国体会到了 IBM 等公司的诸多"前车之鉴",看到了华为与国际一流 IT 企业之间的差距,看到了一家小公司在向规模化转变过程中可能面临的更为混乱的场面,以及 IBM 对此的失败教训和成功经验。任正非没有仅仅停留在思想认识层面,而是迅速在华为开展了向 IBM、向美国先进经验的学习。

产品做成什么样,不再研发说了算

1998 年 IBM 咨询顾问对华为进行调查后写的调查报告上毫不客气地列举了几十项问题,其中有以下较为严重的几项。

- 缺乏准确、前瞻性的客户需求关注,反复做无用功,浪费资源。
- 造成高成本。
- 没有跨部门的结构化流程,各部门都有自己的流程,但部门流程之间靠人工衔接,运作过程割裂。
- 组织上存在本位主义,部门墙,各自为政,造成内耗。
- 专业技能不足,作业不规范,依赖英雄,而英雄的成功难以复制。
- 项目计划无效,项目实施混乱,无变更控制,版本泛滥。

显然,仅凭搞自我批评,领导发火,是无法体系化地解决问题的,只不过是当时有效事后无效。

1998 年,经过任正非发起,推动了在华为研发内部进行的"向美国人学习""向 IBM 学习"的活动,并组织了"创业与创新"的大讨论。员工重新反思什么是产品研发,提出一个一个尖锐的观点:产品研发的过程不是"凡·高画向日葵挂在墙上,死后等着后人去评判",而是面对当前客户需求的快速响应。

华为在 IBM 顾问的指导下开展了 IPD(集成产品研发流程)咨询项目。以前华为的产品开发都在中研部,产品经理定位在研发,实行 IPD 改革后将改由PDT（产品开发团队）承担，产品开发不再落在产品经理身上，而是直接由产品线管理团队管理。每个产品都有各自的PDT，每一个PDT团队由研发、市场、财务、采购、用户服务、生产等各部门抽调的代表组建，就像一个创业型"小企业"（见图13-1）。

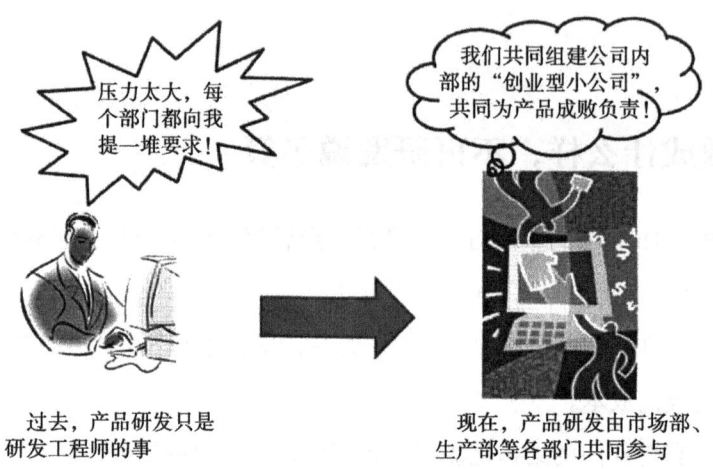

过去，产品研发只是研发工程师的事

现在，产品研发由市场部、生产部等各部门共同参与

图13-1　华为IPD改革通过各部门共同参与研发激活组织

理想是很好的，但是如何打破华为从1988年成立到1998年运作了十年，产品研发只存在于研发部门、只由研发部门负责，这一固有的运作模式和运作习惯呢？华为的市场部已经习惯了客户要产品就发传真给研发部等着研发出产品的做法；如果产品在客户处挨了批，那么责任也全怪在研发。另一方面，中研部也渐渐形成一些固有的观念，因把持研发工作而产生了"我是公司的老大部门"这种权力在握的感觉，不乏"市场、用户服务、生产等公司其他部门都要求着中研部"而无形中滋生出的"自豪感"。中研部在过去的成功积累着骄傲——"公司别的部门都靠我们研发的产品养着"，他们是不会轻易接受"不懂技术"的"门外汉"指挥中研部如何做产品的。

以前，产品研发的工作汇报和决策全部在研发系统完成，中研部做什么或做成什么样子，市场部卖什么，都是中研部说了算；现在中研部要向市场、财务、用户服务、生产等部门的代表汇报，如果其他部门的代表如财务或用户服务不同意，这个产品就不能立项做下去了，产品做不做，做成什么样子，权力掌握在研发之外的部门。

在动员大会上，IBM 公司的陈青茹女士（也是 IBM 公司负责华为项目的项目经理）指出：IPD 项目运作要优化的是整个华为公司的运作，其中牵连的范畴非常大。IPD 的精神就在于能否跨部门地看产品研发，因此，各部门的参与是 IPD 成功的保证！任正非则在大会上强调"IPD 要培训、培训、再培训，让考试不合格者下岗""IPD 关系到公司未来的生存与发展！各级组织、各级部门都要充分认识到它的重要性""我们让大家去穿一双美国鞋，让美国的顾问告诉我们美国鞋是什么样子。到中国后，只有顾问才有权力变，我们没有这个权力。我们唯有全力以赴地努力学习 IBM，才能保证 IPD 业务变革的成功"！

根据 IBM 咨询顾问的建议，参照 IBM 的 IPD 变革过程，华为的 IPD 项目划分为关注、发明、推行三个阶段，历时两年零三个月。1999 年开始的关注阶段，持续了九个月，又分成三个阶段。

"阶段一"是调研诊断，经过六个月的调研诊断，项目组明确了九个需要改进的关键领域。

- 市场需求管理。
- 项目管理。
- 系统工程。
- 结构化的流程。
- 跨部门团队。
- 技术管理。
- 固化流程的 IT 工具。
- 项目管道管理。
- IPD 技能培养。

"阶段二"是培训、研讨、沟通：IPD 项目组中最多时达到了 200 名 IBM

顾问入驻华为进行广泛的沟通与培训；除了 IBM 顾问外，华为的各个部门如研发部、市场部、用户服务、中试部、生产部、财务部也抽调骨干与 IBM 顾问一起成立了紧密的工作组。在人员方面，全部按照 IBM 顾问的要求选拔，每个部门都抽调部门经理级别的人全程加入；董事长孙亚芳被任命为 IPD 项目组的组长。

一开始，有的加入 IPD 项目组的部门经理还有些漫不经心，或者因为部门工作较忙不能按时按次参加会议，IBM 顾问立即告到组长孙亚芳处，随即该部门经理就得到了公司级的通报批评。有位市场部产品部总工，加入 IPD 项目组后发现会议工作量很大，怕影响在今后原部门的工作绩效和晋升，提出要离开项目组。IBM 顾问告到组长孙亚芳处，孙亚芳给出的处理结果是让这位总工离开 IPD 项目组，从此降级处理，该总工由于对 IPD 项目的不重视反而影响了自己在华为的晋升。

如此这般，几次"杀鸡给猴看"之后，IPD 项目组的会议再也无人缺席，IPD 的所有成员都静心沉浸在华为 IPD 的推进工作中，而很多华为的成员渐渐发现 IPD 项目不仅对华为的工作推动很大，甚至有些工作方法对个人生活都有较多益处，他们渐渐热爱上了 IPD 项目，也方知华为公司花如此大代价：除了不菲的 IBM 顾问费，还让几十名核心骨干脱离工作岗位专职做 IPD 工作，华为公司实在用心良苦。因此，他们也就更加认真学习 IPD。

"阶段三"是根据前次的培训和沟通结果调整策略，再次进行培训和沟通。

给华为做 IPD 项目的 IBM 顾问都是 IBM 曾经的项目经理、部门经理，在 IBM 工作了 20 年以上，多数已五六十岁，人近花甲，他们亲眼看见了 IBM 曾经的危机，也参与了 IBM 总裁排除各种阻力后在 IBM 推行 IPD 的整个过程，感受到了 IPD 给 IBM 公司带来的巨大变化。顾问们在与华为的多次沟通后，喜欢上了这个年轻而又充满活力的公司，他们为此项目毫无保留地付出了全部的经验和智慧，把工作做到了家，做到了细节。任正非对顾问的建议"全盘接受、一点不改"的承诺，董事长孙亚芳的带头配合，也让 IBM 顾问的水平得以充分发挥。

在 IBM 顾问的精心指导下，IPD 的宣传资料做得形象生动，经常是以漫画和故事表现。对多数部门的培训和沟通做了一次又一次，横向做、纵向做，人人不落。经过一年反复地轰炸，华为各部门的骨干都已熟悉了 IPD 的主要概念。

这里有个插曲，任正非为了让美国的顾问能把华为当成 IBM 一样安心工作，为顾问划出了半层的写字楼办公，而这层写字楼也像美国的 IBM 办公楼一样，专门划出了配备有咖啡机、冰箱、微波炉的吧间，顾问可以像往常一样喝到下午茶，在吧间里聊天、讨论问题。应顾问的要求，任正非还把那层楼的厕所重新装修成美国式的马桶，让顾问能上像美国一样的洗手间。华为公司尊重企业外部人才，尊重咨询顾问的真诚态度，至今都令顾问感动。

产品研发成为各部门都参与的一项投资

IPD 项目发明阶段主要的任务是搞"特区"试点，选取了三个试点项目，试验 IPD"产品线＋资源线"的组织架构，建立跨部门的运作团队（见图 13-2）。

部门	无线产品PDT	宽带产品PDT	传输产品PDT
市场部	无线产品市场代表	宽带产品市场代表	传输产品市场代表
生产部	无线产品制造代表	宽带产品制造代表	传输产品制造代表
用户服务部	无线产品服务代表	宽带产品服务代表	传输产品服务代表
中试部	无线产品中试代表	宽带产品中试代表	传输产品中试代表

资源线：管技术、管人员

产品线：管财务成败、管市场

图 13-2　IPD 改革后华为新的矩阵运作模式

这又是一个矩阵架构，但和华为过去在研发系统里的矩阵架构不同，IPD 里的资源线是来自研发以外的部门如市场部、生产部、用户服务部等，而产品线不仅要管研发，更要为该产品的财务指标负责，要管该款产品是否盈利。IPD 使原来封闭的研发系统变为全公司各部门都参与的开放系统。

在 IBM 顾问与华为的 IPD 项目组成员共同努力下，经历八个月的时间，IPD 流程体系、项目管理体系、绩效评价体系经过多次讨论和反复修改出台了。2000 年 5 月 17 日，第一个试点 PDT（无线业务部的 VMSC6.0）产品启动，这个产品的 PDT 经理采取了过渡方式，由有研发部工作背景但是后来又具有丰富市场部工作经验的资深人员担任。第二个试点 PDT 是宽带产品，PDT 经理直接由过去完全没有研发经验，只具有丰富市场部工作经验的人员担任。

新的运作流程变动如下。

首先，来自市场部的市场代表带着产品规格、技术参数等信息到市场上搜集客户反馈；根据市场空间、客户需求的排序，哪些需求会对未来产品的市场潜力和竞争力产生重大影响等，在市场部人员的主导下，产品的概念得以形成。接着，研发代表根据市场代表提出的产品概念提出研发方案，估算研发周期、人员、所需的仪器设备等投入，所需的原材料等信息。然后，财务代表根据市场代表以及研发代表提供的数据算账：需投入多少研发工程师、仪器设备成本、制造成本、物料成本、产品生命周期内销售额、利润等。

其次，用户服务代表、生产代表、采购代表、品质代表，都要从各自的角度提出对该产品的专业看法，如果产品虽然有市场，但研发提的方案物料不可采购，维护有困难，生产成本高，研发代表就需要重新提研发方案。

最后，经过 PDT 团队，在来自所有部门的代表都参与和同意下，一份业务计划书（商业计划书）诞生了。PDT 经理用业务计划书向投资管理委员会（IPMT，分产品线设立，共有 9 个）进行汇报，说服投资管理委员会同意为该产品投资。投资管理委员会，也是各产品线的集成产品线管理团队，是由研发、市场、生产、用户服务、中试、财务等几个主要部门负责人担任，总裁由公司级副总裁任职。投资管理委员会负责审核并批准各 PDT 经理提出的业务计划，同时向通过的 PDT 经理提供人和物的资源。在 PDT 运行过程中，监督各 PDT 产品进展情况。

PDT 团队从产品设计之初，就引入了生产、市场、用户服务、财务、采购等代表，给予这些代表与中研部代表同样分量的投票权和发言权。过去中研部闭门研发出的产品到生产才发现的问题，而现在这些潜在的问题在设计之初就做进产品里去了，缩短了从研发到生产的周期。用户服务工程师以前对中研部意见最大，因为产品出了问题，在客户面前挨骂的是他们。推行 IPD 后，在产品设计阶段，用户服务代表"新仇旧恨一起算"，一口气提出 100 多条可维护性需求。中研部代表开始意识到，在产品设计时就考虑这些可维护需求，不仅对提高产品未来的市场竞争力极有好处，而且减少了公司未来在维护方面的开支。

采购人员也在设计阶段就引入了元器件供应商的竞争和谈判，结果使整个产品的设计成本降低了 40%。而以往元器件的选择往往由研发人员决定，他们更多地是想如何使产品功能更强大，很少从降低成本角度考虑。财务和采购的及早加入，极大地提升了产品的成本竞争力。这样，以前贴近市场需求的企业文化和自发行为，就以流程的方式确定下来了。

试点前大家有诸多的疑问，如 IPD 的决策方式需要如此多的人员和部门参与，速度会不会慢；原来的研发完成几个功能就可以了，现在仅维护需求就上百个，研发周期会不会拉长，速度会不会变慢；等等。

IPD 试点的经验表明：IPD 流程倡导的是一次把事情做对，把产品做好，用 90% 的时间充分调查需求设计方案，用 10% 的时间开发；而过去华为的研发是用 10% 的时间设计方案，用 10% 的时间开发，用 80% 的时间根据市场、生产、用户服务的反馈，反反复复地修改产品。

一位资深的产品负责人曾评价，在实行 IPD 之前的华为研发，每天都处于捉襟见肘、疲于应付的局面。一方面，老版本尚未完全稳定，另一方面，又要进行新版本的升级；旧的功能还没完善，又要增加新功能；老系统要维护，市场又迫使做新的。而 IPD 的流程在设计之初就将用户服务、市场、生产等相关部门拉在一起,把客户的需求调查做细,把维护的需求做进设计里,最后在需求调查完备、设计方案周全的基础上,再开始动手研发。表面上在需求调查和设计阶段的时间拉长了,但是产品的修改周期、销售周期、生产周期、维护周期大为缩短,产品总体的开发周期缩短了。

参加IPD试点的PDT经理深有体会地感受到产品开发中市场需求的重要性。IPD分成六个阶段,首先是概念阶段、计划阶段,主要是要搞清楚市场需求,开发此产品的财务指标——利润、成本、价格。

需要面向不同的客户,从产品性能、价格、可维护性、可安装性等方面形成全面的市场调查,结合未来产品的分析,形成产品的概念模型,针对概念模型再向客户进行反复需求验证。生产、工艺、测试、技术支援的需求也与市场需求一样重要且被放入产品设计中。这样,确保在做产品之前先想清楚,争取一次性把事情做好。

从表面上看,设计阶段走IPD流程似乎需要更多的时间、更多的资源,而过去只需要几位开发人员就可以直接完成开发。但实际结果是随着开发的进展,需求才慢慢清晰,导致产品规格不断更改,设计方案不断需要更新,又要推倒重来,版本层出不穷,开发计划不断拖延,浪费了开发资源,也造成了大量的呆死料。而IPD可以从流程上保证客户需求在产品中得到体现,使产品开发是因为客户需求而存在。

让"明争暗斗"的改革"暗礁"下岗

经过IPD在华为的三个产品上历时一年的试运作,IPD流程在华为取得了较好的效果,使产品研发的总周期降低了50%之多。之后,在IBM顾问的带动下,IPD管理体系又推广到华为公司50%的研发项目中,然后扩大到华为公司80%的产品研发上,最后华为公司所有的产品研发都采用了IPD流程进行管理。华为的IPD改革之路:先"文化松土""解放思想""大讨论",

再圈定特区试点，"错了可以重来"，然后开放50%的沿海城市，再推广到内地，直至全国大开放。华为的改革、IBM的改革，这种从"解放思想"到"试点"最后"推广"的三段式，都是适用的，这是中外改革步骤上的普遍规律。

为了不干预顾问的咨询工作，IPD的改革是任正非故意全程"没参与"，全部委托给IBM顾问独自进行的。然而，IPD的推广并不是想象中的那么容易，试点时可以"特区特办"，推广阶段却要"全部都照办"，这需要打破华为公司固有的部门壁垒，建立新的流程结构，原来在公司处于控制角色的职能部门如中研部的权力会被削弱，而曾经处于弱势地位的用户服务、生产等部门的权力会被提升，特别是研发人员向谁汇报的问题，更是发生比较大的变化，令研发工程师们难以习惯。推广过程涉及了人的障碍、部门的障碍，需要放弃固有的管理方法、管理规则、利益准则。在此期间，"明争暗斗"的情况屡见不鲜："明争"就是直接去向任正非、孙亚芳或其他副总裁告状；"暗斗"是指明着不表态，暗中不配合。

当经验丰富的IBM顾问向任正非指出这些种种影响IPD推广的暗礁时，任正非指示：谁阻挠了IPD的发展，就把谁裁掉！之后，IBM顾问也就毫不客气地按照总裁指示对"明争暗斗"的部门负责人进行处理，让不合适的干部"下岗"：有几个部门领导反对IPD，而因此在新的IPD定义的流程中找不到自己的位置，被迫"下岗"。后来经过重新学习，重新获得机会。

推广的过程也是不断优化的过程，经过三个试点项目的验证，华为在2001年初推出了IPD体系1.0版，成为第一个正式的版本。2002年经过50%项目的试运行，华为又推出了IPD体系2.0版；2003年初推出IPD体系3.0版。随着体系的不断优化和升级，IPD运行的效果也显示出来，产品的过程质量和运行质量都得到明显的提高，产品的平均上市周期从1999年的75周缩短为2003年的48周，产品研发效率足足提升了近一倍。

1998~2003年推行IPD管理变革后，产品在开发周期、产品质量、成本、响应客户需求、产品综合竞争力上取得了根本的改善。从依赖个人英雄转变为依靠管理制度推出有竞争力的高质量产品，这有力支撑了公司快速发展和规模的国际化扩张。

让管理如何成为"刷牙"一样的习惯

IPD 带给华为的不仅仅是思考、思维的改变，而是一个"固化的结果"。流程固化的结果是形成像每天"早上刷牙"一样的习惯。在 IBM 这个老师的启迪下，华为才发现公司运作中存在这样或那样的问题；华为人也曾经充满激情地希望通过 IPD 在一夜之间给公司带来一个翻天覆地的变化，但渐渐发现，构造一个新世界远比批评一个旧世界困难，而将一个新世界固化下来又远比试验成功困难。批评一个旧世界只要有一双敏锐的眼睛，这双眼睛见过理想的王国是什么样子的，就可以很容易地比较出现实世界的不足；构造一个新世界则需要真正解决问题的能力，需要用脑子去想，这样才可以将"天上飞的"变成为"地下跑的"，要实现成可实践运行的东西需要许多调查、分析、理解和权衡。

IBM 顾问点出了华为的不足，与华为一起构造华为的新流程，但是如何在企业里"固化"流程，这个重任是华为必须自己扛起的巨石。固化就是例行化（制度化、程序化）、规范化（模板化、标准化）、IT 化。例行化是不断把例外事项变为例行事项的过程，就是要将已经有规定，或者已经成为惯例的东西，使之成为工作必须经过的流程，并使还没有规定和没有成为管理的东西有效地成为规定和惯例。比如说，既然文档工作很重要，就不能是靠自觉性去约束的惯例，而应该有这样的工作程序：文档工作没有通过，整体研发工作就不能再向下进行，就像没有买飞机票，就不能上飞机一样。

规范化的具体手段是模板化、标准化。把所有的标准工作做成标准的模板，一个新员工，看懂模板，会按模板来做，就已经实现国际化、职业化了。三个月就掌握的东西，是前人摸索几十年才摸索出来的，就不必再去摸索。将清晰的流程，重复运行的流程，进行模板化。一项工作达到同样绩效，少用工，又少用时间。例行化（制度化、程序化），规范化（模板化、标准化），两化的结果是固化，也是简化。IT化，就是使用Notes这样的办公软件，使流程在上面运行。如研发的设计方案必须通过生产部门的审核，并召集生产部门开会。IT化是如何实现固化的呢？首先研发部门要按IPD规范化的模板填写好相关内容，在Notes电子流上提交。并在Notes上提请评审会议的通知。开完会议后，必须有会议纪要附在Notes上，会议结果通过Notes电子流送到生产部门领导的邮箱；领导在Notes电子流上点击"同意，继续向下进行"方可以继续。生产部门的评审意见也要在Notes电子流上发布，如果生产部门在Notes电子流上选择"文档需要重新制作，重新提交评审"，对不起，研发部门需要重新来过。

IPD的思想非常美好，但是不会在一夜之间建成，真正规范的运作不仅仅是几个理念，而是包括围绕这些理念的无数"流程、模板、IT"，没有这些，所有美好的理念都将是空中楼阁，建设这些"流程、模板、IT"需要不断地细化再细化。IBM丰富的经验帮助华为将这些"流程、模板、IT"的基础构造出来，但如何保证它的可用性，需要IPD的所有华为成员一点一滴地"抠"出来；无论如何美好的东西，如果没有让他人用起来，最终只是一堆废物，固化工作中的关键是使得公司每个员工接受这些变革的成果，并使之成为一种习惯，而这是最难的！

面对这个需要超长毅力的IPD固化，IPD项目组的华为员工都不同程度地动摇过，尤其在看到他人不断地取得工作成功的时候，而他们仍然在不断地近乎重复地进行"细化、整理、宣传、培训"；许多宣传的材料，已经宣传了很多遍，但仍然不能让所有人都了解，遇到这种情况他们有时都会陷入颓废与沮丧。但当他们再想想什么是"固化"的要求——只有所有的一切都成为公司每个人的习惯，IPD流程在华为公司才能真正固化下来，他们就只有一个选择："细化、整理、宣传、培训"。

任正非曾在与 IPD 项目组华为员工座谈时说:"你们正在黑暗之中摸索,你们还看不见萤火虫在什么地方,因为我们是一阶段一阶段地推行,当系统连接起来运作的时候,你突然就大彻大悟了,大彻大悟的时候,你就是方丈了。"

新员工求助不用再问师傅

作为华为 IPD-IT 项目的一部分,研发的 IT 求助系统也是在 IBM 顾问关注下进行的管理改进工作。IBM 顾问给华为带来的不仅仅是 IPD 流程,还有 IBM 的内部管理文化。IBM 要管理几十万人的一个 IT 企业,企业内部知识的分享和传递主要靠 IT 支撑系统,任何工程师都可以在内部学习网络上获取全部的学习资源。

中国企业的研发系统通常内部帮派林立,内部技术交流甚至比和外部的交流还要少,这也是为什么中国的工程师聪明但无法把 IT 企业做大的原因。华为以往研发系统的求助都是靠人口相传,师傅带徒弟。"研发 IT 支撑系统"建成后,极大方便了研发资源的共享,使华为研发系统内的求助,从过去的无序、自发转变到了有序支持、统一接口、高效经验共享的状态。工程师有什么问题直接在 IT 支撑系统里的网络上求助就可以了,开发人员不必再去寻找其他的解决渠道,从而研发管理的效率得到了有效提升。

此外,参照 IBM 的管理系统,华为公司还组织了各种内部专家来解答大家提出的问题,整理经验共享的文章,保证了每天都有专家值班解答问题,使求助系统对研发人员问题解答的有效性、及时性、共享性都得到保证。

新员工刚入公司对各方面都不熟悉,需要学习的内容很多,如在如何使用研发平台、研发工具等方面都需要得到帮助。"研发 IT 支撑系统"的设立,就可以利用华为公司各方面的专家经验,帮助新员工和岗位流动的员工解决 IT 平台和工具使用方面的问题,使专家的经验成为广大开发人员的经验。"研发 IT 支撑系统"对员工的支持有三个层次。第一层——值班专家及时、在线解答问题；如果问题较深入，值班专家无法确定，将进入第二层——提请专家组进行"会诊"；如果再进一步，专家组也无法确认的问题，就进入第三层——求助于供应商的技术支持系统，使问题在公司外部得到确认或解决。

"经验共享"是"研发 IT 支撑系统"的另一个主题，支撑系统的专家在总结一段时期的问题的基础上，编写常见问题集，及时地在"经验库"里公布，节省了大家查阅众多问题和解答的时间。同时，支撑系统还努力形成一种技术学习和交流的氛围，鼓励大家把自己开发工作中的"宝贵经验"共享出来，使一个人的经验成为大家的经验。专家小组还从供应商的技术支持网页里定期地下载有用的技术文章、问题解答、培训资源等内容，整理后发布在"研发 IT 支撑系统"中，使华为公司的技术资料同步于世界潮流。

经过在华为研发系统内的各种形式各个层次的宣传，"研发 IT 支撑系统"逐渐被开发人员接纳为标准的支持系统，在研发标准工具的支持、帮助方面取得了实际的进展。以前刚进华为研发项目组的新员工，面对各种复杂的开发平台、工具不知如何下手，现在可以在很短的时间内求助和学习。支撑系统的问题解答率通常都保持在 95% 以上。

华为在早期研发时，曾在内部搞各种的宣传，宣传要知识共享，内部彼此间要"传、帮、带"，但是"教会了徒弟、饿死了师傅"的惯性思维是无法通过宣传和奖罚来完全打破的。"研发 IT 支撑系统"建立后，基于 IT 系统的求助系统，成为华为研发技术管理体系中知识管理的重要支撑。而华为中研部一个曾经默默无闻的部门——研发技术管理部，也因此成为华为研发体系里的关键部门体系，之后有多个部门多位技术管理人才承担技术管理工作，部门种类也不断扩展。

从技术驱动跨越到市场驱动

IPD 流程给华为研发带来的变化是多方面的。IPD 流程的核心思想是"产品开发是投资行为""产品研发是基于市场的创新",在 IPD 流程中,产品研发分为六个流程,其中前两个阶段是概念阶段、计划阶段,主要就是要搞明白市场对产品的需求,以及开发此产品是否盈利。市场需求不是在家里拍脑袋想出来的,IPD 推行后,市场代表、研发代表等 PDT 产品成员,需要面对不同层次的客户,从产品性能、价格、可维护性、可安装性等方面进行直接访谈,通过全方位的市场调查及对未来产品的分析,形成产品的概念模型,对概念模型再向直接用户进行反复地验证。生产、工艺、测试、技术支援的需求也与市场需求一样重要地被放入产品设计中。这样就可以在做产品之前把事情先想清楚,争取一次性把事情做好。

曾有研发人员觉得在产品研发之初花这么多时间不值得,从表面看,设计阶段走 IPD 流程似乎需要更多的时间、更多的资源,而按过去的流程则只需要几个开发人员在较短的时间内就可完成。但是大家渐渐发现过去的流程实际结果不如 IPD 流程结果。在过去,往往是随着开发的进展,需求才慢慢地清晰,导致产品规格不断更改,设计方案需要更新、甚至重来,版本层出不穷,开发计划不断拖延,浪费了开发资源,也造成了大量的呆死料。而 IPD 流程可以从根本上改变华为产品开发中存在的一些问题,从流程上保证客户的需求真正在研发产品中体现出来,使华为的产品研发是为客户的需求而存在的,而不是为了开发人员的技术兴趣而存在的。

华为的短消息产品,由于是华为公司内部相对销售额较小的一项产品,过去,研发部辛辛苦苦做出产品,要自己到各地出差找市场,找新产品的实验局。找到市场后,往往客户说"我要的是头牛,你给我牵了匹马",于是又匆忙赶回公司修改。IPD 运作之后,PDT 的市场代表到全国主要市场去征求客户对原有产品的抱怨和新产品的需求,就用户所需的功能列表与研发代表、用户服务代表等充分讨论后,再提出新的产品概念和原型。研发部照着大家共同评审的产品概念进行设计和研发。研发成功后,产品在市场大获成功,研发部的信心受到极大的提振。

过去华为研发没有技术支持，研发人员随便写一些资料，现在都有专门的供开发人员与产品研发同步地做新产品的资料配备。IPD 强调的是产品研发第一天所有相关部门的人都参与进来，以保证产品功能、质量和长期的可维护性。

1998 年，华为员工共 8000 人，研发人员达到 4000 人，在任正非"削足适履"的口号声中员工穿上了他向 IBM 定制的 IPD 这双"美国鞋"，原先独立而分散的研发部门成为市场主导下的一个环节；原先在研发部的产品经理和研发团队，现在 PDT 经理来自市场，研发团队有其他部门的人员参加。在 IBM 设计的五年课程中，华为逐步在适应这双"美国鞋"：学习＋结合华为实际设计相应流程——小规模试行＝大面积推行，成功实现一个从无到有的过程：从最开始的个别项目放在俗称的"玻璃房"下试行以供观望，到华为所有产品研发都进入 IPD 流程，IPD 成为了华为公司有特色的东西。最终，IPD 的理念进入了华为人的血液。

经实践证明，IPD 流程给华为公司带来的好处如下。

- 产品投入市场时间缩短 40%～60%。
- 产品开发浪费减少 50%～80%。
- 产品开发生产力提高 25%～30%。
- 新产品收益（占全部收益的百分比）增加 100%。

企业富了之后买什么

富裕后的中国人如果花 2000 元人民币吃顿饭或买件衣服，不眨眼这个钱就出去了，如果说花 2000 元人民币听 1 小时的课，就没几个人会"舍得"。而华为 1998 年请 IBM 一位顾问培训 1 小时的咨询费是 1000 美元，折合当时的人民币是 1 万元 1 小时。5000 万美元如果是一条生产线或设备，能生产产品，而且老板还要砍砍价，但华为是一点不砍价地全盘接受了 5000 万美元的咨询服务，可能全中国除了任正非，再也没有第二位。

任正非没有疯！先进的设备没有人才，是一堆废铁；先进的人才，没有先进的管理，是一堆废人，不是人才！精明的任正非，想到了事情的"源"：管理！没有世界一流的管理，只买回一个世界一流的品牌，就像王小二穿新衣，怎么穿怎么不像，多大的品牌也会失去它的光芒；有了世界一流的管理，就可以造出世界一流的品牌。先进的思想和服务，不是砍价能获得的。"我不重视别人，别人怎么会重视我""提供咨询服务的老师，不是简单的供应商和客户关系""我应该设法让老师悉心多教我一些才是"，这些都是任正非成功的思维逻辑！

1998年华为引入IBM的咨询服务成为IBM公司在中国的第一个纯咨询项目，华为成为第一个愿意花钱买咨询服务的企业。2000年，华为和IBM的管理咨询项目从IPD集成产品研发又扩展到ISC集成产品供应链、MM市场管理、PDM实施等管理模块，华为在IBM这位洋老师的指点下结合自己的"土八路"（华为内部专职专业的改革团队），从1998年起开始了历时十年的管理改革之路。就IPD变革，从期初的两年到最后的五年，华为历时五年花费了5000万美元的巨额投入（包括咨询费，人工费，IT系统等），然后华为的收获无疑远超过其付出。2003年底华为的IPD毕业时，华为已从1998年的8000人发展到40000人，期间的IPD管理改革使华为度过了2000～2001年的研发高层集体出走、2001年的全球IT冬天，支撑着华为从国内走向国际市场，成为中国的真正国际化企业；使华为彻底实现了任正非对研发必然王国的愿望：不受限于人才，不受限于市场，不受限于资本，让成功成为必然，而不是偶然。

由于任正非的慷慨，IBM在中国区专门成立了"华为咨询"部门，将"华为咨询"部门与IBM金融（IBM负责金融领域的解决方案部门）等部门并列为一级部门，可见，华为在IBM咨询顾问上投入的学费有多高！华为从1997年始内部有个说法，3%的销售额用于给IBM等咨询公司作咨询费了。但是3%的高咨询费换来的是已成为大企业的华为公司仍然保持着50%以上的高速增长，这笔钱花得值！

华为在1996年时就向客户向员工预告，2000年时销售额将达到100亿元

（事实上华为提前实现目标，在1999年就达到120亿元），下个世纪将成为与AT&T同样伟大的世界少数几个通信巨头。如果没有世界一流先进的管理，成为世界一流的企业只是痴人说梦！我们经常说，中国企业比西方企业落后的不是技术，而是管理。那么，管理如何学习？这方面，华为的实践可谓完整、完善。企业小没有规模，发展不起来；企业大又容易僵化，失去效率。花这么一大笔钱去买了一个看不见摸不着的流程——IPD，这体现了任正非要解决华为向更大规模发展过程中低效率问题的雄心，任正非勇于借鉴国际先进经验解决研发运作中问题的决心，以及任正非认为先进的管理经验远比先进的机器更值钱的大智慧。华为IPD项目对IBM来说，只是一个商业咨询项目，但对华为而言，却意味着研发管理上的脱胎换骨。IPD项目使华为在体系上解决了市场驱动研发，面向市场需求的产品研发，并形成了在企业内各部门开放地提前参与研发的良性循环，也形成了华为研发系统内的知识共享体系。华为成为最早主动"穿美国鞋"的中国企业，华为通过引进和固化美国IBM公司的IPD流程，完成了向世界级研发管理水平的迈进。

华为通过引入国际优秀的研发管理体系IPD，以及经过学习并通过CMM软件认证五级体系，使产品开发的质量以及开发符合客户要求的产品的正确率大幅提升，企业逐步走向稳态发展。同时，在此基础上华为还就质量管理体系、项目管理、计划管理、研发资源管理、研发人员管理等领域在实践中发展出一系列的管理体系，在技术成熟管理方面开展了风险管理、问题跟踪管理、质量审计等。正是华为持续在研发管理体系上不吝资金和人力地投入，向国际最高标准靠拢，与全球优秀的培训师和咨询师合作，不断改造，才使华为研发系统具有越来越强的竞争力和执行力。

站在巨人肩膀上才能看得更高

任正非曾说过：如果我们人人都必须完成认识的全循环，那么我们同发达国家公司相比一点优势也没有了。为什么呢？前人已经做了错事，走了那么多弯路，认识到今天的真理，我们却不去利用，我们却要去重新实践，这自然就浪费了我们宝贵的青春年华！因此我们要站在巨人的肩膀上，站在世界发达国家先进公司已经走过的成功的经验、失败的教训的基础上前进，这样我们就占了很大便宜，我们的生命就能放射光芒。

事实上，华为从首创时起就已成为中国引入外部咨询和培训最多的企业。1993 年，华为才 1 亿多元销售额，任正非就邀请日本著名质量管理专家给华为做品质方面的培训，并亲自带队研发部参观学习日本松下等优秀企业的品质管理，在公司开展学习日本优异品质管理的顾问活动。1993 年 7 月，华为还聘请中国香港地区的 TQM 优质管理中心作为其 ISO 9000 推行顾问，华为公司与 TQM 优质管理中心的多位顾问及深圳市技术监督局一同成立 ISO 9000 推行小组在全公司开展 ISO 9000 品质体系，使华为的 ISO 9000 工作能严格按照国际标准认认真真地开展，落实到每个细节。

1994 年，华为邀请华中理工大学管理学院院长陈荣秋教授、美国 SSA 公司高级顾问多人举办各种专题讲座，并开展了高层管理研讨。其间 SSA 公司与华为高层领导关于现代企业管理运作模式、生产计划与控制、物料管理、财务管理、质量管理的讨论拓宽了以前并无管理企业经验的华为创业期领导层的视野。1995 年华为引入中国台湾地区 QCC 品质管理圈的咨询，甚至这一年还开展过中国台湾地区的成功学培训。

外部管理咨询和培训项目的开展需要耗费企业管理层大量的时间、精力，不少像华为当年同样规模的企业都不愿意放下手头紧急的经营活动参加，而且多数企业也不愿把有限的资金用于做这些所谓的"务虚"、不能产生立竿见影绩效的活动。有些企业家，有些高管甚至对咨询顾问本身产生疑虑，如"他们也没有创业成功的实践经验，凭什么来指导我们"。还有很多企业以及企业的高管视咨询为巨大花销，觉得"还不如把不菲的咨询费分给高管或员工，大家自然士气就上去了"。但是任正非却视外部咨询顾问为华为的宝贵财富，视管理科学为值得敬畏和认真学习的有用的知识，认为华为只有能尽快学习和应用这些前人已经创造的管理科学及其他企业优秀的管理经验，才能打破发展的瓶颈、前进的枷锁。任正非长期坚持在华为引入各类优秀的管理咨询业务，通过外部专家促企业内部的管理变革，吸收各家之所长，"日月之精华"为我所用。任正非的谦虚和开放的视野、学习的胸怀及借用"他山之石"的策略更让华为加速成长，取得比同行其他企业更快的进步，快速缩小与全球领先企业之间的差距。长期以来，华为用于咨询及企业内部培训的费用高达销售额的1%，在创业期这个比例还一度高达3%。

1995年，华为还在深圳市南山区深意工业大厦六楼办公时，彭剑锋、包政等五名人大教授被华为请去讲授企业二次创业与企业的战略转型、市场营销与人力资源管理等课程。任正非在听了彭剑锋教授讲授的企业二次创业与人力资源课程之后，召集华为的高层干部开会，认为教授在授课中所揭示的二次创业问题正是华为公司在高速成长和发展的过程中所需要思考的问题，值得大家认真研究。随后，任正非又指派当时的营销副总张建国与彭剑锋等教授联系，邀请教授们到华为公司做顾问，提供管理咨询服务。当时，彭剑锋和人大的几位教授正在为其他的公司做咨询，对华为的邀请并未引起足够的重视。为此，张建国在两天之内一连给彭剑锋打了20多次电话，后又多次跑到北京彭剑锋的家中。彭剑锋被张建国的真诚、执着感动，最终接受了华为的邀请。

1996年年初，彭剑锋带领包政、吴春波等三名教授来到华为，一开始为华为的营销管理提供咨询。后咨询内容延伸到人力资源、生产作业管理、企业文化等领域，专家小组成员也吸收了黄卫伟、杨杜、孙建敏等学者，增加到近十人，成立了华为专家顾问小组，彭剑锋为组长，整个咨询前后历时三年多。咨询期间任正非采取了放任顾问们去"折腾"的态度，让他们看到企业里哪里有不足，就可以大笔一挥立项做个咨询项目，让专家过足了顾问的瘾，这也使这次咨询项目有深入华为多个领域、众多的管理成果。其中最著名的就是奠定此后华为企业文化基础的《华为基本法》的出台。在其他企业做咨询时，顾问往往是老板的"傀儡"或"木偶",在华为的顾问则是任正非座上宾和老师,有些顾问的合作甚至长达十多年。任正非并没有因为顾问本身不是单纯的学者身份出身、自身没有创业经验等,就以别人的短处来衡量人,而是全面扬其长,让顾问的优势和长项发挥到最大,尊重每一位顾问的知识与个性,坚持顾问的独立思考和判断,坚决执行顾问的建议。

1996年之后,在人力资源管理方面,华为与NVQ(英国国家职业资格证书制度)合作,在公司推行任职资格制度;华为还与Hay Group管理咨询公司合作,建立以岗位价值评价为导向的薪酬体系、员工能力素质模型等。在生产管理方面,华为聘请了德国的应用技术研究院专家做顾问,这些都是德国的退休专家但具有多年丰富的经验,他们帮助优化了华为的生产,包括质量体系的优化,使华为的生产体系能达到20个ppm,即每100万个点中有20个点有质量问题,位列世界制造最高水平。华为还聘请德国FhG帮助进行生产工艺体系的设计(包括立体仓库、自动仓库和整个生产线的布局),从而减少了物料移动,缩短了生产周期,提高了生产效率和生产质量。在供应链管理上,华为为达到持续改善供应链管理水平,通过引入咨询顾问加强采购绩效管理和推行基于业界最佳实践TQRDCE的供应商认证流程。

继IPD之后,华为还与IBM进行ISC集成产品供应链,以及MM市场管理和财务管理等多个咨询项目,在人力资源管理、财务管理和质量控制等方面进行了深刻变革,引进业界最佳实践,并建立起基于IT的管理体系。

有人曾感慨地说华为引入的培训和咨询可能占据中国所有企业的一半以上,这话并不为过。华为坂田基地有一条路叫隆平路,任正非尊重在各个高科技领域通过艰苦努力而取得举世科研成果的各类专家,华为大量聘请这些跨行的专家们给企业做顾问,从做科研的信心和方法论上给予华为年轻的研发队伍以指导。

很多企业,老板看到一本书觉得好,或者听谁说了一个好想法就盲目出台一种管理制度,结果不能被全体员工所消化,甚至带来大量工作中的混乱,使工作反而无法开展,最后管理制度形同虚设,企业被迫退回原地,甚至在这变动期间不少人才离职。华为借助外部咨询顾问的做法,从每个管理的细节着手瞄准国内外先进企业进行规划设计,避免了因短视带来的政策波动;同时借助外部顾问的力量,反复在企业通过培训进行"松土",这种方式容易达成员工们的共识,极大地减少了变革在企业中可能带来的阻力。同时,由于外部顾问往往能带来从外部更为"冷峻"的客观视角,因而可以有效避免企业因一时的顺利而"被成功冲昏了头脑",导致"温水煮青蛙";在管理制度的制定过程中,外部顾问也容易避免因内部利益关系带来的不公正做法,更容易实现对事不对人。华为在企业管理的每个细节上都引入了外部咨询顾问,借助专家力量去发展,这也使华为在管理的各环节上没有死角,避免因"木桶最短的木板"导致企业发展的不均衡,使华为成为企业管理各领域都步入国际一流水平。

任正非对华为管理上的最大贡献应该就是"开放进取""学习",不断地自我批判,永无止境的管理改进,而外部咨询顾问正是推动华为不断管理进步的力量。任正非不是神人,华为没有神话,咨询顾问是世界先进企业管理进步的重要力量,华为不过是在中国企业中先知先觉到这一点,按国际规律快速求管理进步。

在写这一章时,我都很惊讶:华为早期居然做了这么多的咨询和培训项目!时间可以追溯到华为公司稍有点销售额的时候。除咨询和培训项目聘请顾问专家外,任正非还常年聘请一批专家学者相伴左右,虚心学习"百家之长"。中国管理最卓越的企业,中国最杰出的企业家就是这样练成的——在做中学,边做边学,边学边做!"三人行必有我师焉",是谦虚好学造就了历史上中国大学问家孔子;同样是谦虚好学造就了任正非,中国最杰出的企业家。

充分发挥各路英雄作用造就最强中国企业家

2011年10月6日美国历史上最杰出的企业家和创造家之一乔布斯去世,

一个月后任正非发表"一江春水向东流"一文。任正非在此文中深情回顾了他创业 20 多年来的个人成长经历，他带领团队创业过程中经历的各种坎坷和其间的心路历程。此文是任正非的真情告白，他谈到了自己曾经因个人英雄主义导致挫折不断，被"逼"创业时发现自己"百无一用"，曾经在各种困难面前的无助，对自己能力的焦灼，在企业面临崩溃时的彻夜哭泣，在内外矛盾交困混乱局面下如同"在大太阳下烤"的难受感觉。

任正非把华为公司的发展归为三个主要阶段。

（1）早期"野蛮"生长。

（2）借助咨询顾问力量建设企业文化统一价值观。

（3）借助咨询顾问力量建立企业运作的工作流程和规范及组织架构。

同时他总结了促使自己成长的最宝贵经验：善于聚人，善用众人经验，善于发挥各路英雄的作用，依靠众人的智慧和力量渡过一次次的难关。其中建立股权激励和利益分享机制、引入外部咨询顾问力量统一企业内部思想及建立完善管理机制和打造最强组织，借助外部力量不断地在变革中求进，这些是华为公司能战胜困难的法宝。通过改革与开放精神打造最强最具活力的优秀组织，这就是华为公司能有效应对各种灾难的"诺亚方舟"。

"一江春水向东流"一文摘录如下：

> 千古兴亡多少事，一江春水向东流。
>
> ……
>
> 当我走向社会，多少年后才知道，我碰到头破血流的，就是这种不知事的人生哲学。我大学没入了团，当兵多年没入了党，处处都处在人生逆境，个人很孤立，当我明白团结就是力量这句话的政治内涵时，已过了不惑之年。想起蹉跎了的岁月，才觉得，怎么会这么幼稚可笑，一点都不明白开放、妥协、灰度呢？
>
> 我是在生活所迫，人生路窄的时候，创立华为的。那时我已领悟到个人才是历史长河中最渺小的，这个人生真谛……组织的力量、众

人的力量，才是力大无穷的。人感知自己的渺小，行为才开始伟大。在创立华为时，我已过了不惑之年。不惑是什么意思，是几千年的封建社会，环境变动缓慢，等待人的心理成熟的一个尺度。而我进入不惑之年时，人类已进入电脑时代，世界开始疯起来了，等不得我的不惑了。我突然发觉自己本来是优秀的中国青年，所谓的专家，竟然越来越无知。不是不惑，而是要重新起步新的学习，时代已经没时间与机会让我不惑了，前程充满了不确定性。我刚来深圳还准备从事技术工作，或者搞点科研的，如果我选择这条路，早已被时代抛在垃圾堆里了。我后来明白，一个人不管如何努力，永远也赶不上时代的步伐，更何况知识爆炸的时代。只有组织起数十人、数百人、数千人一同奋斗，你站在这上面，才摸得到时代的脚。我转而去创建华为时，不再是自己去做专家，而是做组织者。在时代前面，我越来越不懂技术、越来越不懂财务、半懂不懂管理，如果不能民主的善待团体，充分发挥各路英雄的作用，我将一事无成。从事组织建设成了我后来的追求，如何组织起千军万马，这对我来说是天大的难题。我创建了华为公司，当时在中国叫个体户，这么一个弱小的个体户，想组织起千军万马，是有些狂妄，不合时宜，是有些想吃天鹅肉的梦幻。我创建公司时设计了员工持股制度，通过利益分享，团结起员工，那时我还不懂期权制度，更不知道西方在这方面很发达，有多种形式的激励机制。仅凭自己过去的人生挫折，感悟到与员工分担责任，分享利益……这种无意中插的花，竟然今天开放到如此鲜艳，成就华为的大事业。

在华为成立之初，我是听任各地"游击队长"们自由发挥的。其实，我也领导不了他们。前十年几乎没有开过办公会类似的会议，总是飞到各地去，听取他们的汇报，他们说怎么办就怎么办，理解他们，支持他们；听听研发人员的发散思维，乱成一团的所谓研发，当时简直不可能有清晰的方向，像玻璃窗上的苍蝇，乱碰乱撞，听客户一点点改进的要求，就奋力去找机会……更谈不上如何去管财务了，我根本就不懂财务，这与我后来没有处理好与财务的关系，他们被提拔少，责任在我。也许是我无能、傻，才如此放权，使各路诸侯的聪明才智大发挥，成就了华为。我那时被称作甩手掌柜，不是我甩手，而是我真不知道如何管……

到1997年后，公司内部的思想混乱，主义林立，各路诸侯都显示出他们的实力，公司往何处去，不得要领。我请人民大学的教授们，一起讨论一个"基本法"，用于集合一下大家发散的思维，几上几下的讨论，不知不觉中"春秋战国"就无声无息了……从此，开始形成了所谓的华为企业文化，说这个文化有多好，多厉害，不是我创造的，而是全体员工悟出来的……真正聪明的是13万员工，以及客户的宽容与牵引，我只不过用利益分享的方式，将他们的才智粘合起来……

公司在意志适当集中以后，就必须产生必要的制度来支撑这个文化，这时，我这个假掌柜就躲不了了，从20世纪末到21世纪初，大约在2003年前的几年时间，我累坏了，身体就是那时累垮的。身体有多项疾病，动过两次癌症手术，但我乐观……那时，要出来多少文件才能指导，约束公司的运行，那时公司已有几万员工，而且每天还在不断大量地涌入。你可以想象混乱到什么样子。我理解了，社会上那些承受不了的高管，为什么选择自杀。问题集中到你这一点，你不拿主意就无法运行，把你聚焦在太阳下烤，你才知道CEO不好当。每天十多个小时以上的工作，仍然是一头雾水，衣服皱巴巴的，内外矛盾交集。我人生中并没有合适的管理经历，从学校，到军队，都没有做过有行政权力的"官"，不可能有产生出有效文件的素质，左了改，右了又改过来，反复烙饼，把多少优秀人才烙糊了，烙跑了……这段时间地摸着石头过河，险些被水淹死。2002年，公司差点崩溃了。IT泡沫的破灭，公司内外矛盾的交集，我却无能为力控制这个公司,有半年时间都是噩梦,梦醒时常常哭。真的,不是公司的骨干们,在茫茫黑暗中,点燃自己的心,来照亮前进的路程,现在公司早已没有了……

大约2004年,美国顾问公司帮助我们设计公司组织结构时,认为我们还没有中枢机构,不可思议。而且高层只是空任命,也不运作,提出来要建立EMT(Executive Management Team),我不愿做EMT的主席,就开始了轮值主席制度,由八位领导轮流执政,每人半年,经过两个循环……也许是这种无意中的轮值制度,平衡了公司各方面的矛盾,使公司得以均衡成长。轮值的好处是,每个轮值者,在一段时间里,担负了公司COO的职责,不仅要处理日常事务,而且要为高层会议准备起草文件,大大地锻炼了他们。同时,他不得不削小他的屁股,否则就达不到别人对他决议的拥护。这样他就将他管辖的部门,带入了全局利益的平衡,公司的山头无意中在这几年削平了。

…………

我不知道我们的路能走多好,这需要全体员工的拥护,以及客户和合作伙伴的理解与支持。我相信由于我的不聪明,引出来的集体奋斗与集体智慧,若能为公司的强大、为祖国、为世界做出一点贡献,20多年的辛苦就值得了。我知识的底蕴不够,也并不够聪明,但我容得了优秀的员工与我一起工作,与他们在一起,我也被熏陶得优秀了。他们出类拔萃,夹着我前进,我又没有什么退路,不得不被"绑"着,"架"着往前走,不小心就让他们抬到了峨眉山顶。我也体会到团结合作的力量。这些年来进步最大的是我,从一个"土民",被精英们抬成了一个体面的小老头。因为我的性格像海绵一样,善于吸取他们的营养,总结他们的精华,而且大胆地开放输出。那些人中精英,在时代的大潮中,更会被众人团结合作抬到喜马拉雅山顶。希腊大力神的母亲是大地,他只要一靠在大地上就力大无穷。我们的大地就是众人和制度，相信制度的力量，会使他们团结合作把公司抬到金顶的。

小结

失败随时存在，企业必须居安思危，时时谋求变革，日日不断创新。企业家要随时关注经营环境的变化，发现企业经营中的问题，并及时解决这些问题。企业要继续"活下去"，就要视变革为常态，以平常心面对变革，消除变革中的阻力；不断地通过强化管理基础，提升经营品质。

| 第 14 章 |

核心技术制胜

引言

市场表面上在竞争产品，但实际上在竞争核心技术。没有核心技术，很难源源不断地推出有竞争力的产品，而且就算比对手先推出打个先手，最终也很容易被众多突然涌现的竞争对手超越。华为自主创新之路是不断在"红海"包围中取得突围，华为从创业早期就致力于核心技术的研发和积累。

如何既有成本优势又有利润

华为早期的产品在技术和功能上弱于国外竞争对手，它最重要的竞争优势就是价格。但是自华为 1996 年进入中国电子百强后，其利润就一直高居中国电子百强利润排名的第一位。华为是怎么做到既有成本优势又有利润的呢？

许多人都认为在国际竞争的舞台上，中国的电子制造企业有成本优势，因为中国人的工资低，人工成本低，中国的企业有"比较"优势。但其实不然。在通信产业，国外厂家从 20 世纪 80 年代起就已在中国设厂，在工人的制造成本上，与内资企业相差无几。在采购成本上，国外厂家也很早就实现了中国化，立足于中国市场进行原材料的采购，而且由于国外厂家的采购量大，成本反而会更低，因此在物料采购成本上，中国企业也不具备"比较"优势。

中国企业真正具备"比较"优势的其实是在研发成本上。国外一位工程师的月薪相当于中国一个工厂几百名工人工资的总和，而中国一位工程师的月薪才相当于几位工人工资的总和，国外与国内工程师正常的工资差距有20倍之多。如果算上国外工程师的有效上班时间每周低于40小时，每年还有一两个月的假期，而国内工程师加班是常态，有效上班时间通常每周达60小时，一年忙到头连法定的节假日都很难保证，因此加上这些因素，国外工程师与国内工程师的薪酬相差就更大。

一些具有远见的国外企业如微软、IBM、摩托罗拉、诺基亚、爱立信等，从20世纪90年代起，就在中国设立了研发中心。但出于种种保守及对本国就业的考虑，国外厂家不愿将研发中心总部设在中国，大量的产品研发还是在美国和欧洲开展。

华为公司深知此道，利用中国富有的工程师资源，去实现国外高附加值的高技术产品，越是利润空间大、技术难度高的高科技，华为的优势就越明显。华为敢在国外厂商面前30%，甚至50%地降价，技术功能上可以超前承诺客户，这些都来源于华为的研发成本有优势。同样一个技术功能，国外厂商是不敢轻易承诺客户的，因为他们一时算不清要多少成本去实现。但早期华为就可以先大口承诺下来，有华为中研部这样优秀的组织，技术实现不成问题，至于用多少成本去实现，华为的研发成本弹性空间还大着呢。

与国外厂商的技术研发相比，华为的优势突出地表现在研发成本上。以2001年为例，华为研发投入30亿元人民币，产品包括交换、接入、光网络、2G/2.5G/3G、数据通信、BITS、STP等众多领域，国外厂商即使投入30亿美元，也难以开发这么多产品，研发成本的数量级优势是华为推动产品价格下降的关键原因。

而在做研发的深度上，以及对产品价值链的控制方面，华为从很早就已经不满足于拿别人的芯片来用，而开始设计并采用自己的芯片，这对华为的产品整体降成本，以及开发富有自己特色的产品形成差异化至关重要。华为芯片开发始于1991年（那一年华为只有几十人，研发人员20多位，主要销售来自代理的用户机产品，只有几千万元销售额）的华为集成电路设计中心，1993年在攻克交换机技术的同时，郑宝用就成立了专门负责专用集成电路芯片技术的研发队伍，那时叫器件室，1995年中研部成立时，升级为基础研究部，负责华为的芯片设计。

华为采取了自己设计芯片，再外包到美国、中国台湾、中国香港的专业芯片制造企业进行加工，用来替代前期直接向芯片公司购买的芯片。只要华为的产品能上规模，华为自己做的芯片对降低成本的作用就非常明显，华为自己设计的芯片每片的成本在15美元以下，如果直接采购国外厂商现成的芯片组则每片的成本就要超过100美元甚至200美元。当C&C08交换机年销售上亿台时，一款芯片可以降低的成本就可能超过了几十亿美元。

1993年年底，华为成功地做出了自己的第一款芯片——用于C&C08交换机上降低成本的ASIC芯片。1994年华为已成功设计30多个芯片，其中最复杂的芯片，在设计中容下了1000多万只晶体管，每片可完成32000个电话用户无阻塞的通话。1994年这些芯片就已正式投放使用在华为上千台各种交换机设备中，实践证明了这些芯片稳定可靠。

更为重要的是，如果华为和其他公司一样采用同样购买的芯片组，华为的产品就无法实现对客户功能或性能指标的差异化。早期华为公司的交换机采用的是国外某著名公司的用户电路芯片，但网上运行效果很差，故障率奇高，板子经常烧坏，而且动不动就把整个板子都烧成灰烬。打雷下雨都会导致器件失效或被烧掉，造成严重事故。当时，大家简直不敢听到"雷"这个字，一片雷声，不仅要吓倒一片市场，而且还要忙得中研部和用户服务中心团团转。

为此，华为公司自己组织力量，开发出自己的芯片组，彻底突破了由于芯片组缺陷带来的技术瓶颈。可以说芯片上的差异化带来了华为产品在市场上的成功。

正因为看到这一点，华为在 ASIC 芯片设计上投入巨大，中研基础研究部成立三年的时间就有了 300 多名芯片设计工程师，使华为成为当时国内最大的芯片设计公司，也是最先进的芯片设计公司。华为基础研究部在芯片的设计上也采取了和中研部类似的架构，一方面有总体组进行国际上最新的芯片设计技术的跟踪，另一方面是与各个业务部相对应的芯片产品设计研发。基础研究部一直是华为中研部的核心平台型部门，直到 2004 年后因独立运作需要，剥离成为华为控股的海思半导体公司，并开始正式对外销售芯片。

从 1993 年到 1997 年，短短的四年时间，华为的 C&C08 交换机、SDH 传输、接入网、电源监控系统等都有华为自行设计的 ASIC 芯片（见表 14-1）。

表 14-1　华为芯片产品大事记

1993 年	第 1 块数字 ASIC 开发成功
1996 年	第 1 块十万门级 ASIC 开发成功（程控交换机核心芯片）
1998 年	第 1 块数模混合 ASIC 开发成功（程控交换机、光传输等核心芯片）
2000 年	第 1 块百万门级 ASIC 开发成功
2001 年	WCDMA（3G）基站套片开发成功（WCDMA 基站核心芯片）
2002 年	第 1 块 COT 芯片开发成功
2003 年	第 1 块千万门级 ASIC 开发成功
2004 年	320G 交换网套片和 10G 协议处理芯片（高端核心路由器芯片）
2006 年	H.264 视频编解码芯片（视频监控设备芯片）
2008 年	推出了全球首款内置 QAM 的超低功耗数字有线电视（DVB-C）机顶盒单芯片
2009 年	3G WCDMA 数据卡芯片
2010 年	3G WCDMA 手机套片（3G 手机核心芯片）

如果没有芯片技术，华为一次次通过大幅降价得以实现新产品迅速在全球普及并占领较大市场份额的"反击战"就无从谈起。华为自己的"芯"脏，这些自主研发芯片的大量使用降低了华为的整机成本，提高了产品竞争力。更为重要的是华为掌握了产品价值链中关键芯片的核心技术，大大降低了华为在公司成长过程中的风险，为华为公司的可持续发展提供了保障。华为自行设计

的芯片随着华为公司产品设备的扩展而不断地扩大设计品种，华为逐渐形成了"当某个领域产品一开始研发，就同步启动该领域自主芯片产品的研发设计工作"。华为的新产品线数据通信产品如 ATM 机、路由器等，无线产品线 GSM、3G 等也在新产品一开始投放市场时就用上了华为自己的芯片，使华为的新产品从一开始就具有较高的成本竞争力。

很多技术型的中国企业都经历过芯片掌控在国外公司手中给企业发展带来的瓶颈，这不仅仅体现在成本的上升上。在核心芯片受控于别人时，企业常常会面临产品好卖正要上量销售时，芯片供应商突然宣布停产、断货，或者是供应商因为收缩或因为原产品淘汰或升级而无法提供芯片，从而使公司在基于这款芯片所做的所有研发投入，生产线的建立、生产测试的设备投入，以及除该款芯片以外的其他物料的投入，都要被淘汰作废的风险。

中国企业还常常面临芯片供货歧视的情况，由于芯片供应商所在国政治上的原因不愿将该芯片向中国公司供货，只愿意把技术指标或功能落后的芯片供给中国公司。因此，芯片受控于国外公司，使中国企业在价格上面临的风险也很大，在公司的产品好卖时，芯片厂商的突然提价，也会给正在向市场已经以一定价格与客户签订供应合同的公司措手不及，甚至失去市场和客户，给企业带来巨大损失。

同时有这样的情况：某些产品的芯片，由于不是国外芯片厂商的核心和重点，在性能指标上会存在重大的缺陷而导致系统整机的性能指标存在问题，导致客户的满意度下降，公司却束手无策。这样，对产品的优化和技术提升不能做到芯片级，就无法做到真正地解决所有的技术问题，和真正地实现提高客户满意度的目标。

以上这些情况都是看似红火的中国家电企业经常遇到的。2009 年，液晶电视销售红火，电视厂家 TCL、创维、康佳等却增量不增利，液晶屏供应商趁机涨价，并在供货上卡脖子。中国 PC 机厂家，从 20 世纪 80 年代末起耕耘了 20 多年，直至今日核心技术方面芯片还是用英特尔、操作系统用微软的，无法形成自己的产品差异化及成本最优化，最终陷入一味地价格战。中国家电业和PC机的利润据大佬们公开宣称已到了"比刀片还薄，需要毛巾拧水的本领"。

中国电子百强企业，在芯片等核心技术上取得突破的极少，销量大，利润低，平均利润率长期以来只有3%～5%。表面销售额很大的中国电子百强，多数企业在核心元器件、芯片等方面受制于国外企业，公司和产品的命运其实并不掌握在自己手中，导致企业的发展常面临起伏，企业的发展严重受制于人。2003年，海尔、联想、TCL在中国电子信息企业中营业额排在前三名，然而，这三家企业的利润总和才约等于华为一家。

华为公司早年在只有几十人的队伍时就勇于去啃芯片技术，并在设计上取得突破。其自主研发成功的经验表明中国的企业也可以在芯片设计等领域掌握关键的核心技术后，在国外技术垄断的产业上取得优势。关键是要看准关键之处勇于进取，凡事不做怎么知一定不成，只要做就有可能成功。既然华为公司的芯片设计也是从无到有，从几个人的小作坊开始的，其他的中国企业同样可以取得类似的突破。尤其在国际竞争中如果企业既想有成本优势，又想有可观的利润，就应当像华为一样，在价值链上做得更深一层，完全把控住核心技术的主要方面，拥有自己的"芯"脏。

创业期的华为很快介入芯片领域的高难度芯片即数字芯片和数模混合芯片，一个芯片就是一个小系统，其复杂度绝对不亚于一块板子，甚至比板子还要复杂得多。做这种高难度的芯片，门槛很高，仅购买专利、各种授权费用，耗费上千万是常见情况，再加上采用先进工艺的流片费用，以及整个团队的人力投入等，流一次片的研发投入都以上亿元计算。华为拥有全面自主知识产权，以及相对国外竞争对手的低成本高产出的研发组织管理体系，使其在芯片设计上能拥有相对较低的成本；在建立科学的研发管理体系上的舍得大手笔投入，更是华为芯片规模化成长的关键因素。当然，芯片投入给华为的回报也是惊人的。

3G 芯片是所有 3G 产品中最有利润、成本最大的部分。2009 年华为 3G 的 WCDMA 数据卡出货量超过 3000 万部，占领超过 50% 的中国市场，华为自主研发的海思芯片逐步替代高通为华为供应的 WCDMA 芯片。凭借华为公司在全球的 WCDMA 标准中占有 5% 的基本专利份额，海思通过华为拥有的专利份额与高通进行专利互换，顺利避开高通的 3G 专利得以开发 3G WCDMA 手机芯片。2011 年，海思的销售额达到 66.7 亿元，远高于销售额达 42.88 亿元而排名第二的著名芯片企业展讯，成为中国芯片公司第一名。2012 年，海思除了为华为配套外，还实现对外销售收入超过 5 亿元，成为一家专业的芯片供应商。现在海思已发展为具有成熟而丰富的跨国创新合作经验的国际芯片企业，在深圳、北京、上海、美国硅谷、瑞典均设有设计分部。其在美国硅谷成立的研发中心，为便于引进人才，直接与英伟达等业界领先芯片公司相邻。

2009 年之后华为公司销售额保持中国电子百强企业第一名，而 1996 年时只是第 26 名。这十多年来，华为每年都高居于中国电子百强利润第一名，说明只有真正基于核心技术实力发展的销售额增长，才是可持续性的健康增长。

光传输产品市场，华为从 2000 年起就雄居全球第一，国内市场上中兴通讯紧跟其后，武汉烽火网络居第三，这三家都有自主研发的芯片，换句话说，"当竞争到白热化，没有芯片技术连参与竞争的资格都没了"。大量国外竞争对手被拥有芯片核心技术的华为"拉下马"。如华为能在较短的时间内从没有 ADSL MODEM 终端产品到成为全球市场份额第一，拥有自主研发的芯片技术是重要原因，这期间曾经早期在市场大量存在的中国台湾和美国 ADSL MODEM 企业都因为华为的成本优势及差异化产品优势被清出市场。

华为产品在全球市场击败思科、爱立信、阿朗、诺基亚等，主要得益于华为光网络芯片、数据通信芯片、接入语音芯片、高端路由器、交换机芯片等芯片卓越的性能。

2005 年后，华为的 3G 数据卡产品迅速走红全球，在欧洲等高端市场占据近 50% 的市场份额，其主要原因是华为能够根据多样化的市场需求定制产品，并迅速采用自主研发的芯片将新产品的价格大幅拉下来。2011年2月，华为领先全球发布了基于自主研发的功能强大、省电的四核芯片的智能手机，号称全球"最快"手机，一度领先市场。芯片技术是华为长期拥有的核心优势，不仅仅是利润的来源，而且是华为参与市场竞争，获得市场成功的重要"武器"。

安防芯片一直是美国TI的天下，但是2006年6月海思推出了功能强大的H.264视频编解码芯片Hi3510，到2014年海思安防系列芯片已占领全球半数以上的市场，国内市场占有率达90%。现在汽车一进收费站，闪光灯一闪，就能识别出车牌号，这个就是海思安防芯片的车牌识别技术。摄像头也多用海思的芯片。海思提供一整套的开发包，中小厂家只需很小的投入即可快速开发出满足自身要求的产品。

机顶盒市场海思芯片市占有率处于国内第一，海思机顶盒芯片2012年开始出货量大增，2013年已占得市场头名。

2015年10月，奔驰的第二代车载模块全球项目中，华为海思击败了高通等几家巨头，独家取得超大订单。此前华为和奥迪已经合作，奥迪的新款Q7SUV中内置华为LTE 4G车载通信模块。此次和奔驰的合同期是十年，意味着奔驰乘用车未来十年都将"Huaweiinside"。

这对中国芯片业来说是里程碑式的时刻，具有重大历史意义，体现了海思芯片的高可靠性。

在数字媒体领域，海思已推出SoC网络监控芯片及解决方案、可视电话芯片及解决方案、DVB芯片及解决方案和IPTV芯片及解决方案。

在物联网领域，华为在2016年推出Huawei LiteOS与NB-IoT芯片使能的智能化终端方案，支持NB-IoT行业终端智能化；Huawei LiteOS提供了面向低功耗的行业协议栈，方便开发者进行直接调用。

手机芯片在华为的战略中被提到了不能动摇的战略旗帜高度。任正非曾这样说："我们在价值平衡上，即使做成功了，芯片暂时没有用，也还是要继续做下去。一旦公司出现战略性的漏洞，我们不是几百亿美元的损失，而是几千亿美元的损失。我们公司积累了这么多的财富，这些财富可能就是因为那一个点，让别人卡住，最后死掉。这是公司的战略旗帜，不能动掉的。"

2012年任正非进一步对加强芯片业务提出新的指标：每年4亿美元的研发经费，发展20000研发人员。2011年海思的销售额只有66.7亿元人民币，华为整个公司2011年净利润只有150亿元人民币，华为为芯片研发下拨的经费相当于海思上年全年的销售额，是华为整个公司上年净利润的一半！这就是说已发展到2000亿元人民币销售额的成功企业华为在关键核心技术上按照"压强"原则，勇于通过"押注"核心技术获得企业未来的竞争优势。2016年华为仅在手机自主芯片海思麒麟投入高达100亿元人民币，2017年，搭载华为海思麒麟Kirin芯片的华为和荣耀终端产品出货量已经突破1亿部。华为公司通过将系统设备的几千名熟练的电路设计工程师投入到芯片开发中，让有电路设计成功经验的人经过从复杂大电路到微电路的"洗礼"后，以芯片设计专家的方式解决中国芯片界缺少经验丰富的芯片工程师的难题。

任正非在内部讲话中用形象的话比喻了芯片对华为全局事业的意义："一定要站立起来，适当减少对美国的依赖！""攻城时，队伍是纵向布置的，攻城的部队，集中撕开一个口子，然后，两个主力就从口子进去，向两边扩展。进而又进去四个师，向纵深，向两侧扩大战果。"芯片业务对华为而言，就是强攻市场、集中力量突破市场的重要尖锐"部队"。只有当芯片技术取得突破时，华为的其他各产品线才能取得规模性市场胜利的成果。

目前华为海思芯片已经能做到在一年内消化新出来的芯片技术并在当年推出新的芯片，这个研发速度将竞争对手远远抛在身后，成就华为产品的王者地位。

在针尖领域发展凸起优势

华为从2008年才开始正式进入手机芯片研发领域，要在很短的时间追赶全球领先的高通何其难。为此华为采取在针尖大小的核心领域聚焦资源压上投入，而在更宽阔的领域采取合作方式、拿来主义。

1978年12月5日，物理学家赫尔曼·豪泽和工程师克里斯·柯里（Chris Curry），在英国剑桥创办了ARM公司，1985年推出自己的第一代32位、6MHz的处理器。20世纪90年代，ARM 32位嵌入式RISC（Reduced Instruction Set Computer）处理器扩展到世界范围，占据了低功耗、低成本和高性能的嵌入式系统应用领域的领先地位。ARM公司既不生产芯片也不销售芯片，只出售芯片技术授权。

华为在手机芯片领域放弃了自主研发架构，一直采取购买ARM的技术授权，采用ARM的架构。海思在2013年取得了ARM的架构授权，即可以对ARM原有架构进行改造和对指令集进行扩展或缩减。

2016年8月，ARM公布了其最新高端移动处理器架构A73，以及最新的图形处理器GPU G71。A73是迄今为止最小巧最高效的ARMv8-A 64位大核心，在采用10nm FinFET工艺下面积还不到0.65平方毫米。单个处理器内可以集成最多四个A73，同时可以搭配A53/A35混合架构，构成ARM的经典big.LITTLE架构。中国大陆只有华为一家获得了A73和G71的授权，麒麟960采用了A73和G71，性能大为提高且降低了功耗。

华为手机芯片的快速崛起，离不开主动与ARM取得合作。手机变化比较快，用ARM最新架构可以保证华为推出最新技术的手机产品。苹果也是采用了ARM架构的授权。

基带芯片是手机芯片的核心，负责完成移动网络中无线信号的解调、解扰、解扩和解码工作，并将最终解码完成的数字信号传递给上层处理系统进行处理。手机能打电话、发短信、上网很大程度上就是依赖基带的功能。从WCDMA到HSPA到HSPA+再到LTE，从LTE Cat.3到LTE Cat.4、LTE Cat.6、LTE Cat.7到LTE Cat.9等，基带技术几乎年年都在进化。制造技术密集、高度复杂的基带，需要强大的通信技术研发实力和每年数亿美元的持续研发投资。高投入、高风险的特征，让手机芯片巨头也难以承受。曾经的芯片领域霸主 TI、英伟达、博通、ADI、意法半导体、飞思卡尔以及爱立信等都因为没有基带芯片，不得不向高通购买，最终因生产成本、电池消耗和整体设计上不具有优势而放弃。博通曾透露，退出基带业务一年可以省下 7 亿美元。

基带芯片是华为进入手机芯片领域聚焦开发并取得凸起优势的地方。从麒麟 910 开始就搭载华为自研的 Balong710 基带、麒麟 920 集成了自研 Balong 720 基带成为 300M 的 SoC 芯片，基带支持 TDD-LTE/FDD-LTE/TD-SCDMA/WCDMA/GSM 5 种制式；麒麟 930 的基带上采用华为自主研发的 4G MSA 技术，提升了信号抗干扰能力和弱信号下的网速，解决了高速移动场景的信号不稳定问题，还使华为手机在车库、地下室等信号死角获得更好的信号与通话质量；麒麟 950 是一款支持 LTE Cat10 的 SoC，拥有高达 450Mbps 的数据下载速率，在基带技术上做到了与高通并驾齐驱；麒麟 960 集成了 Balong 750，支持 LTE Cat.12/13 UL，峰值下载速率高达 600Mbps，峰值上传速率 150Mbps，全球领先同时也是第一款解决了 CDMA 全网通基带的旗舰芯片。在拥有性能优异的基带后，再辅以华为先进射频天线技术，使搭载麒麟芯片的华为手机能拥有更稳定的信号，更好的通话质量和更低的辐射量，且能支持更广泛的全球漫游。

SoC（System on Chip）：称为系统级芯片，包含完整系统并嵌入软件的全部内容，是总成，此外还有 GPU、总线、显示加速器、ISP、视频编解码器、音频处理器、Memory 控制器、传感器处理单元，以及 DDR、Flash、显示接口、Camera 接口、射频 RF、USB 等对外接口。要把这些元器件集成在一起，构成一个整体，而且还要保证各个元器件之间能够协调、稳定地运行，所投入的研发费用是巨大的。

GPU 图像处理器：华为在日本建设图像研究中心，加强研发。

ISP 图像信号处理芯片：主要用来对前端图像传感器输出信号处理的单元，以匹配不同厂商的图像传感器。麒麟 950 开始集成自研双核 14-bit ISP。

2013 年爱立信宣布：由于芯片市场面临着竞争激烈、价格侵蚀以及技创新不断加快的种种挑战，要在这个瞬息万变的市场获得成功，需要进行大量研发投资，决定停止芯片开发，并将部分投资转至无线网络领域。

如此大的投入，连财大气粗的国外竞争对手都坚持不了，但华为却义无反顾地坚持下来，在海思芯片还不成熟时在华为手机上规模应用，自产自销，顶住了维持芯片业务的运行，日积月累地完成基带研发。

华为在芯片生产领域采取的是与晶圆厂合作轻资产的芯片设计模式；即海思仅仅负责芯片的设计，而将生产、封装和测试等技术含量较低的环节外包给下游厂商。而在与下游厂商合作方面有两类方式，一类是Turnkey方式，即海思直接与代工厂签订合作协议，由代工厂全权负责芯片的生产、封装和测试等环节；另一类是两阶段生产方式，即海思从半导体生产代工厂商处购买晶元模，再分别与不同的第三方供应商合作进行晶圆植凸点、检测、集成、测试等环节。Turnkey的好处在于省时、方便，只需要验收最后的成品，有助于把更多的精力用于芯片的研发方面；缺点在于成本较高，对于产业链的控制力不足，没法保证成品及时上市。两阶段生产方式的好处在于可以更好地压低成本，对产业链的控制力更强，这样可以更好地保证产品的生产进程；缺点在于需要消耗更多的精力和资源。

麒麟高端SoC均采用业内主流的PoP（Package on Package）封装技术，实现DRAM和SoC的3D堆叠，既可提高集成度，确保产品的轻薄短小，又可保证高性能的高速存储，采用的是一项非常复杂的封装技术。麒麟950是业内和台积电合作第一家推出16nm FinFET+芯片工艺的系统芯片，台积电的16nm芯片工艺也是和华为一起优化成熟。

2016年，华为投入芯片上的研发费高达100亿元，但是在芯片行业里这只算毛毛雨。华为面临的芯片领域竞争对手都具有四五十年芯片领域深厚积累的国际科技巨头，华为要在短时间赶上，只有聚焦在针尖大小的领域上采用压强原则尽快取得凸起优势，同时放开合作，吸纳各家之所长，才能尽快形成自己的核心技术综合优势，尽快取得商用化的成果。

核心技术的研发必须要有所为，有所不为。

不断将核心技术转化成产品平台

"将核心技术转化成产品平台"是华为制胜的"法宝"。华为不仅致力于超前研发产品开发所需要的核心技术，而且主动将核心技术平台化，这样可以基于同一个产品平台研发多品种的产品，让产品研发变得容易。产品平台是整个系列产品所采用的共同要素的集合，包括共用的系统架构、子系统、模块／组件、核心技术（见图14-1）。

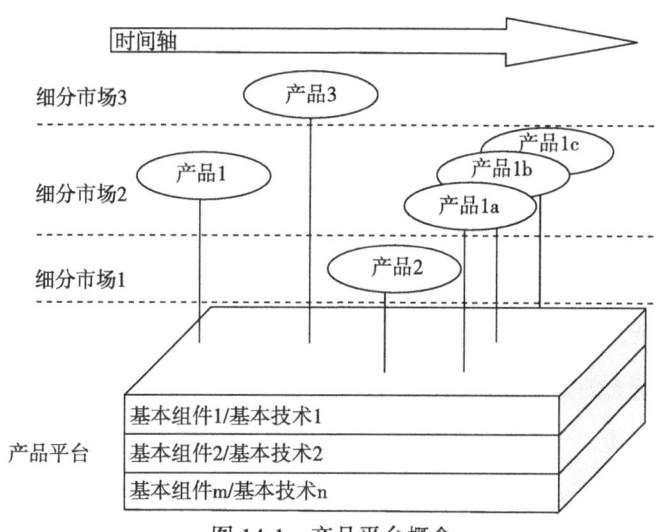

图 14-1　产品平台概念

1993年华为公司在快速调集上百位工程师攻克C&C08程控交换机时，只是在突破一个产品，当时并没有平台的想法和概念。可是在其后的几年间，中国"七国八制"的通信网存在大量对于不同信号处理系统的不同需求，除了来自固定网的七号信令、一号信令外，还有接入网需要的V5信令，以及ETS等无线设备接入的需要；而各地区各具特色的计费、网络管理需求，如矿山、学校、酒店等独立用户单位有单独计费和网络管理的要求，往往采取与当地运营商管理不同的模式。市场应该快速响应用户的需求，但研发的版本更新往往滞后于客户需求，而且更无法满足各地如此多样化的需求，于是将产品开发与产品平台开发分离的思想由此产生。

产品开发面向客户需求，强调多样化个性化，通常以适应不同客户应用的产品系列的形式存在。而产品平台的开发面向各类技术要素，强调集中化、先进化。产品平台通常能够为多个产品系列服务，产品开发时技术人员只需要做少量改动即可构建新的产品，同时产品平台具有比较好的扩展性，能够覆盖多个产品系列的使用要求，或者可以覆盖一个产品系列高、低端多类产品的使用要求。在华为的不同系列的产品上如接入网、智能网、传输、无线、多媒体、数据通信，总能找到大量相似的硬件单板或软件模块，即它们都是基于同一个产品平台开发的。这些在不同产品之间可以共用的构建模块如子系统、模块/组件、关键零部件，通常叫 CBB– 通用构建模块。一个产品平台，通常由多个 CBB– 通用构建模块和专用构件组成。基于产品平台的产品开发，产品的质量、进度和成本会得到很好的控制和保证，降低产品复杂度的同时，产品开发的技术风险也将大为降低。这种开发方式可以缩短开发周期和上市时间，减少产品的复杂性，让"搭积木"式研发成为可能，对提升产品质量，节省开发资源都具有极大的好处。同时，产品平台在不同产品系列中被大量采用，对降低制造的复杂度，大幅降低制造成本及库存都有很强的作用。通过建立 CBB 公共构建模块库，可以实现技术、模块、子系统、零部件、软件模块在不同产品之间的重用，大幅缩短产品上市时间。同时，还可以快速培养出熟悉公司各产品的维护专家，降低产品维护的难度。

C&C08 B 型机是华为公司早期第一稳定的电信级产品，1997 年 B 型机成功研发出来之后，刚刚立项成立的华为无线业务部 GSM 产品，立即将无线 BSC 基站控制器采用了 B 型机平台，如时钟、主控制板、网板等软硬件都直接采用了 B 型机技术（单板和软件模块），极大地缩短了产品研发和稳定时间，促进了产品快速成熟和商用化。

华为公司 1994 年开始能在智能网、传输等多个新产品的系统产品研发上成功主要得益于 C&C08 数字程控交换机这一"常青树"产品平台战略，成功的新产品几乎都得益于能快速地从 C&C08 平台上生产长出，如智能网、传输产品等。成功的新产品都充分发扬了与 C&C08 技术平台的技术继承性和相关性，各新产品都在一根藤上努力。而华为公司又建立了一支几百人的 C&C08 平台技术发展的团队，能够让 C&C08 平台技术在技术发展方面始终处于世界技术的最前沿。

在 C&C08 平台的发展上，华为中研部又对核心技术点进行了重点改进。如 C&C08 平台的信令技术，一直有几十人的信令队伍进行信令模块的技术发展和版本维护，形成子技术平台，对 C&C08 平台的各技术版本输出信令核心技术解决方案；如 C&C08 平台的降成本工作，中研部一直组织队伍持续地从每一个器件设计、每一个模块设计上进行优化和降低成本。在 C&C08 平台上的每一次优化和降低成本的成果，都能直接应用于智能网、传输等新产品，也使其他新产品在技术更新上时刻走在其他厂商前面。

基于同一个技术平台发展新产品，更直接的好处是由于使用量大，大幅采购带来了成本降低。元器件已经经过网上几百万元的大量应用，成熟度高，避免了技术不稳定带来的隐患。

在总结成功经验与失败的教训之后，华为中研部在产品研发方面加强了核心技术的平台规划工作，加强了在发展新产品前对核心技术点的预研。在新产品研发的立项过程中，加强了对平台技术的规划、平台技术的研发。在研发新产品时，首先考虑的是在原有技术平台上扩展新产品，即考虑原有技术平台与新机会点的对接。

同时，为进一步加强新产品研发团队对公司已有平台技术的应用，华为中研部建立起在立项审查时，将运用既有平台技术的比例作为新产品技术评价的重要指标，对平台技术要求继承性的审核体系。

华为中研部从制度上、在产品研发全流程、各环节上树立起核心技术平台，并利用已有技术平台、技术资源，开展正确研发新产品的观念和理念，使每一个研发人员都在研发过程中综合考虑公司现有的产品基础和技术积累。这样，一方面华为公司大量的经过实践检验的经验财富不会被浪费，另一方面新产品的开发工作也事半功倍，尽可能降低了新产品的技术风险。

这种发展和继承技术平台的战略总结与实践，很快就让华为公司在新产品研发方面尝到了甜头。1996年前后，国内视频会议市场开始启动，中兴通讯和华为公司都先后进入这个市场。中兴通讯由于率先进入，在该产品市场上一度领先于华为公司。但是华为公司在研发新产品——视频会议网络及终端产品时，一开始就着手于针对视频会议的核心技术点进行分析和分解，一一突破并形成新产品平台，在新产品的平台基础上进行新产品的规划和研发，前期花了大量的时间、研发力量投入到研发和优化新的技术平台上。华为公司的新产品的推出速度一度滞后于中兴，但视频会议产品的技术平台一旦建立起来，后期新产品的研发就越来越快，就越来越容易出成功的新产品。华为公司的视频会议系统在1999年就赶上来，并在2000年左右后来居上，逐步拉开了与竞争对手的距离。

产品平台需要与时俱进

1998年，从美国归来的刘南杰加入华为，给华为带来一个新的理念——NGN。NGN是下一代网络的简称，下一代的网络是什么当时国际上也没有明确的定义。人们只是在传说：NGN预示着通信业务融合的大潮，也代表了通信网络发展正向IP方向迈进。其实也就带回来一张国外资料上NGN的一张图，这张图将网络分为接入层、网管层、控制层、业务管理层等几个层，文字极少，更缺少具体的产品形态。NGN到底是什么？华为的NGN如何实现？华为中研部组织所有部门的精英围绕这张图封闭讨论了多日，同时到处收集国外竞争对手在展会和国际组织上的各种发言。中研部紧急启动预研部，成立公司级绝密的预研项目组 1031，从各个产品线抽调优秀研发骨干封闭研究。既然是世界领先的，没有人做过，也没有太多详细材料，1031 预研组的人主要是自己从网络的各个角度来研究未来的方向，写出来的报告五花八门，各方向的都有。不过，这样封闭着夜以继日地工作，不到半年时间，NGN 那张图的各个产品形态陆续被预研项目组定义出来：软交换、媒体网关、接入网关、媒体网关控制协议（MGCP）、会话启动协议（SIP）等。

接下来，就是如何在中研部内部实现对媒体网关、软交换等下一代平台产品的开发。在北京的数通业务部与深圳的交换机业务部发生激烈的争抢，哪个部门都希望能面向未来网络开发产品而成为未来研发的主导。最终，NGN 那张图被细化为几种产品形态，其中核心平台软交换由陈硕负责的交换机业务部承建开发。一开始做的是 iNet，基于 128 模块，电路交换模块换成张立武领导开发的 ATM 核心交换机。2001 年开始在印度研究所开发基于服务器的 Softswitch 软交换，同时数据通信部合入交换机业务部，华为走上了从电路交换 TDM 到 IP 交换的技术道路。华为硬是依靠自己的技术力量将毫无借鉴可能的国际最新的产品和协议一一攻破。

华为软交换产品平台自 2004 年以来连续多年成为全球软交换市场第一名，技术能力远远超越当年提出 NGN 网络概念的北电等国外竞争对手，为华为固网、3G 移动网等多个产品领域提供了领先对手的全球优势。

华为几个重要产品平台的开发时间：1996 年 C&C08 B 型机；1998 年 C&C08 128 模块；2000 年 NGN 软交换。2001 年吴东君带领团队完成"SoftX 3000 移动交换和固定交换""2G 和 3G"，以及两个域融合的软交换产品平台，成就了华为核心网的国际领先度。

几乎每隔两年华为就有一款重大的产品平台发布，其既可以单独销售，而且可以给各产品线提供平台支持。华为紧跟国际一流的产品平台开发策略（见图 14-2）是促使各产品有较强国际竞争力的重要原因。

产品平台策略能得以在华为中研部各个业务部门得以实施是至关重要的，

为此华为在组织保障方面持续做了大量努力。各级总体办、中央硬件部、中央软件部都致力于提高平台共用部件的百分比，此外还由研发和采购体系人员组成物料编码小组，提高优选器件的利用率。此外，在研发产品开发流程中，产品中使用共同构建模块的百分比也是衡量产品开发部门绩效的重要标准。同时，在规划部门中，不仅有产品的规划，还有产品平台的规划，使公司能及时跟踪全球核心技术的发展，能及时将核心技术做进产品平台的规划中，使公司各产品均能及时基于全球最新技术得到发展。

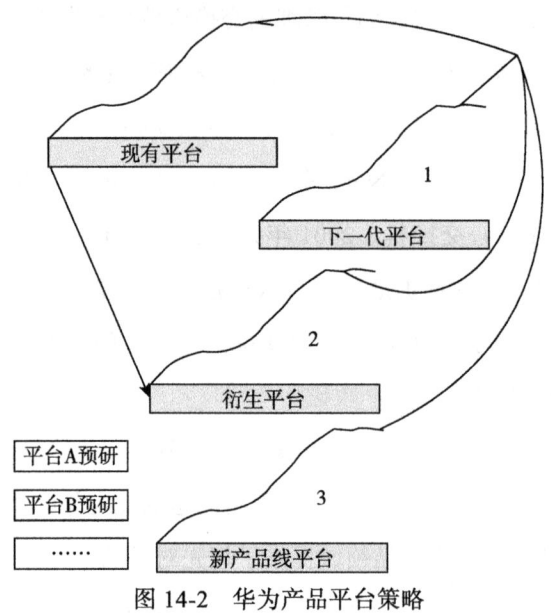

图 14-2　华为产品平台策略

产品平台战略一般有以下三种。

（1）下一代平台战略。往往采用一个完全不同的结构来取代原有的平台（见图 14-3）。因为下一代平台战略所需的技术通常不能及时获得，为防止两者之间出现空白，延长原有平台的生命周期是必要的。

（2）衍生平台战略。它与原来的平台相似，但又有足够的不同点，同时公司仍未决定以新一代产品平台取代该平台。因此，需要公司将其作为全新的产品平台处理。

（3）新产品线平台战略。面向新市场机遇的产品平台。这种情况下，公司已决定进入这一新市场，公司需要做的是通过几种平台的预研，选择其中一个平台进行开发。

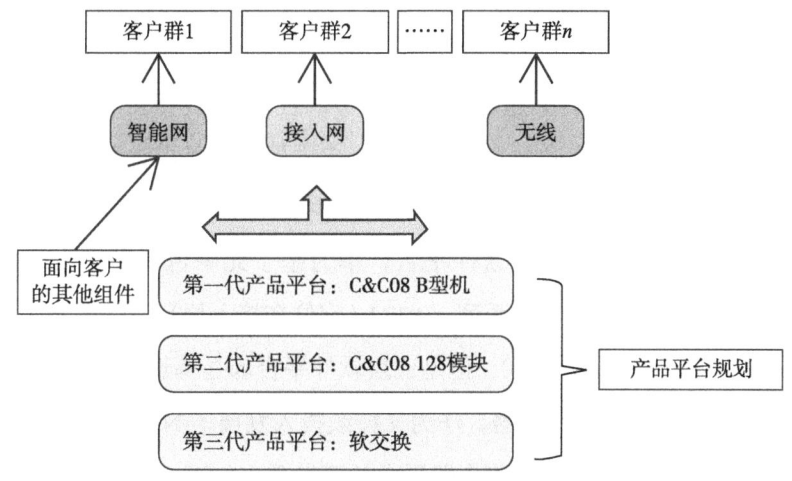

图 14-3　华为早期的几个重要产品平台

华为公司研发的组织机构就是电信网络的缩影。电信网络结构架构向软交换演进，华为公司研发部的组织架构也随之调整。为了更好地适应固定网络与移动网络、多媒体接入业务融合发展要求，华为中研部再次调整组织结构，将原各产品线的基于软交换的平台、产品及研发团队剥离出来，组建独立的核心网产品线，包括交换机、软交换、IMS，将核心网作为单独的 BU 来运营。这一调整成就了华为核心网后来全球霸主的地位，是华为最早成为业界 NO.1 的产品之一。丁耘当时是核心网产品线的领导人。

IMS 是解决移动与固网融合，引入语音、数据、视频三重融合等差异化业务的重要方式，是 ALL IP、固定移动融合演进的必经之路。华为 IMS 平台的全球领先，不仅实现了单一产品的成功，而且带动了一批有线、无线网络产品的商用。

华为推动固定网络的核心演进到 IMS-3GPP（移动）和 ITU-T（固定）网

络架构的核心，中国电信 2009 年开始对 PSTN 端局 DC1/DC2 逐步退网，2015 年完成固网长途交换机退网，将过去 4 张网整合成 1＋1 软交换＋IMS 的简洁网络架构。华为承建了中国电信 50% 的 IMS 份额，128 模块、NGN 都已成为历史。2016 年 NGN 业务全部割接到 IMS 网络，网上运行了十年的华为 NGN 设备并非不能再使用，但是因为网络向 4G 的发展而被华为主动用更新的产品平台 IMS 核心网所取代。

产品平台的升级换代必须要有前瞻性，否则就会被时代所淘汰。

下一代的网络是基于 IP 的，华为后来在印度研究所重新开发的路由器软件 VRP 也是华为重要的一个软件平台，华为基于此平台开发了大量的新产品。华为的路由器产品分 3 个系列：ATN（定位在接入层）、CX（定位在汇聚层）、NE 系列（定位在核心层），但是底层软件平台都是基于 VRP。

NE 系列是核心骨干路由器，华为又持续投入发展了 NE 平台。

华为在 NE 平台核心骨干路由器平台的研发重点如下。

（1）不断增强机框硬件平台的背板带宽能力。路由器核心技术是背板的高速总线技术，就是如何通过有限的背板面积，部署更密集的总线，同时克服总线间的时钟同步，以及高密总线间的信号影响，从而实现更高的传输带宽。华为为此发展了 240G 平台，到后来的 680G，1T、2T、5T 甚至 10T 平台。硬件平台的背板转发能力是一家公司硬件硬能力之争，代表了这个公司在硬件层面上对数字信号处理，电气传输特性，布线功力等方面能力的综合体现。一般机框硬件平台的更新周期几本都是以五年甚至更长的时间周期计算的。

（2）不断提升业务线卡的转发能力。核心路由器产品都是框式产品。机框的硬件平台的背板带宽只是确定了整个硬件平台转发能力的上限。

产品具备的转发能力则是由线卡的转发能力确定的。线卡一般分为三部分：接口卡单元、业务处理单元和交换单元。业务处理单元要负责进行 tcp/ip 协议栈报文处理。

（3）更加丰富和多样的接口能力。核心路由器产品的业务能力就体现在接口能力的数量、种类的丰富程度和多样程度上。

为实现控制层面的统一，以及跨框的数据交换，华为启动了支持背靠背、1拖4、2拖8的核心路由器集群平台的研发，通过单机框级联组成一个大的集群系统，支持网络扩容演进。集群路由器代表了一个设备厂商最高的IP技术水平，全世界能做出集群技术的只有两家美国公司，华为是第三家。

在硬件升级的同时，华为启动新一代IP软件操作系统VRP8的重新开发，通过重新开发一套系统，瞄准IP网络操作系统性能第一的目标，高标准高起点，可以支撑长期发展，成为华为网络设备下一代软件平台。

华为的实践证明：平台战略对于一个自主知识产权的研发团队来说极为重要，可以使高手很容易被复制，整个公司产品采用新技术的耗时缩短，效率提高，成本下降，质量稳定，技术领先。

将软硬件平台IC化、货架化

将软件硬件平台芯片化，是华为采取的另一有效策略：一开始华为的路由器没有自己的IP芯片，不得不从海外购买。外购的芯片在功能、规格上比思科落后一代，导致思科在推出40G新产品时，华为还只有10G、20G老产品，处于被动局面。不仅如此，给华为供货的芯片公司还被思科收购了，逼得华为必须突破自己的40G IP芯片。为了在规格和性能上大幅提升，华为采用了全新的架构、算法，以及几亿门电路、业界最新的半导体工艺，处理网络数据的IP核都是具有华为知识产权的。通过把程序写入芯片，并采用全球最新的芯片技术，让程序跑得更快，华为的路由器在性能上得以大幅超过思科。

华为从1997年开始核心骨干路由器平台的研发，在2004年，路由器10G时代，华为的路由器平台性能要落后思科四年，2006年的40G时代，落后两年，到2010年的100G时代，华为已追平对手。2012年，华为开启路由器400G时代，领先思科半年多，实现弯路超车。

从100G的开发开始，华为就采取了芯片研发与产品研发一起的模式，团队复杂融合共协作，既有海思芯片，又有网络研发部、中央研发部及外研所，24小时全球不间断运作。产品研发介入芯片研发的研讨，及时信息传递，上下游无缝衔接。100G芯片导入一次成功，硬件投板一次成功，软件开发效率大幅提升，零调试、零等待、零缺陷。

2000年本科毕业到华为的盖刚从硬件工程师做到项目经理、产品经理，2011年当上路由器产品线总裁，带领团队在IP芯片、软件操作系统、路由器集群隐忍坚守，厚积薄发。

据专业评测，华为的NE5000E路由器与思科同类集群路由器相比，功耗仅是后者的1/8，体积仅1/6，重量为1/12，技术可获得性上领先业界一年半，结束了中国国家骨干路由器依赖思科的历史。

2010年以后，各产品线均已将软硬件平台IC化纳入产品线的整体规划中，在华为内部打通了上下游的设计与配合。

技术平台货架化，核心技术变"货架"产品。

1998年华为成立第一个联合预研项目组，目标是攻克千兆位的高速背板技术（设计和测试），为公司各产品的硬件提供高性能的技术平台。项目组群策群力对每个关键器件的取值、位置、接法都反复讨论，最终获得了一块测试完全合格的高速背板的样板。此后，又承担了在ATM产品上应用，使其成为国内第一个采用千兆位背板的产品。

但是项目组总共只有几个人，无法应付公司几十种产品对千兆位高速背板的需求。因此，项目组进一步将技术货架化，做成规范电路，让其他人能方便地复制，达成成果共享。

项目组骨干人员完成了"背板设计规范（高速类）"的编写，同时编写了各类设计指导书和报告，将研究成果和经验教训进行总结，内容涵盖了大家容易忽略的工艺、结构、机电等，将设计方案、图纸、样件、产品说明书等整合在一起，供再次设计时使用。保证产品开发人员只要按要求去做，就能够一板成功。

高速背板很快在全公司各产品上都得到了普及，成为支撑华为公司产品核心竞争力的重要方面。

华为 Mate7 手机搭载的按压式指纹识别安全性好，解锁速度比 iPhone5S 还要快，相比三星、苹果有着更好的体验。这主要是由于麒麟 925 采取了芯片级的安全存储指纹加密信息，具有芯片级的保护措施和算法优化，指纹信息的处理，放在麒麟 925 芯片的一个特殊区域上实现。对指纹识别这个功能，安全性是最重要的，麒麟 925 芯片有一个 TrustZone（安全区），安全团队在其中开发了一个"安全操作系统"（SecureOS），并将所有与指纹相关的加密和解密过程，全部从外部安卓系统迁移至 SecureOS 中独立运行。而其他厂家都不是采取芯片级的而是采取软件处理加密信息和算法，这容易被破解导致信息安全问题。同时，解锁的速度也远低于华为采取的芯片级解决方案。

自主研发操作系统实现高性能与低成本间的平衡

华为销售的产品多为硬件的形态，许多人误以为华为是家以硬件制造为主的公司，这其实是极大错误。电信设备的功能是通过搭载在硬件上的软件来实现的，交换机、路由器等各项功能都主要靠软件来实现，华为研发主要的工作量在软件上，华为研发人员 80%~90% 也都是软件研发人员。1992 年当华为开始研发自主知识产权的程控交换机时，那时的计算机操作系统还只有 DOS。华为只能在 DOS 的基础上用 C 语言编程。在 DOS 基础上，华为发展起自己的一套私有的嵌入式操作系统和数据库，1992 年这套基于 High C 发展起来的操作系统是华为最早，也是最重要的产品平台。

无论选用 Turbo C，还是后来的 High C，华为研发部都做过细致的比较。编译后的程序大小是重要考查指标，因为当时的处理器能力和内存包括 Flash 容量都非常小。当时世界著名的朗讯的 5 号机采用的是 UNIX，但是创业期的华为还是采用了自主开发操作系统，这样可以大幅降低整体硬件成本，而且程序小，稳定性好，处理性能高。用户界面方面最初由于只有 DOS 操作系统，所以专门还有一个小团队专门开发用户图形界面，后来才在 1996 年逐步切换到 Windows。

1992～1998 年华为的 C&C08 2000 门交换机、B 型机、万门机、32 模块、128 模块的操作系统都采用的这套华为公司开发的软件操作系统产品平台，在其之上的是处理业务的呼叫处理、信令协议和各种端口的控制模块等。C 编译器便宜而又有效，还有很好的移植性，使早期华为的研发成本低、灵活性大。

掌握了基于芯片的硬件技术，可以根据市场需要定制特有的芯片；软件上又基于自己开发的操作系统开展应用，整体硬件配置还可以通过自主研发的操作系统灵活配置，这样华为研发部早期在满足客户需要上可以做到极其快速的反应。华为国外竞争对手的产品在中国市场出现技术问题或者需要根据客户开发一个新功能时，不仅需要反馈到国外总部去，而且总部也要协调芯片供应商和软件配套企业，这样一番周折响应速度比华为差很远，有时甚至比华为慢两三年。而华为的交换机从驱动、任务调度、资源分配、数据库、消息传递、备份、倒换等全部是基于自己的操作系统软件产品平台开发的，不仅可以适应客户多样化的需求进行快速配置产品资源，而且还带来了简单即稳定的优势，并且不容易受病毒攻击。

1995 年，让 IBM 这头"大象"跳起"舞"来的郭士纳，成立了 IBM 软件公司，开启了一个将软件分为中间件平台和面向不同行业及客户群体应用层的软件分层发展模式。UNIX 通过开放系统体系结构来保证其安全性，全球的高手为其解决各种问题。而封闭化代码的缺点逐步显现：自主研发系统上漏洞和 Bug 不断，补丁打了一层又一层。更重要的是当华为发展到需要面对全球市场，而世界各国客户的个性化需求大量涌现时，华为已没有那么多的高手来维护自己的操作系统。快速开发，快速满足用户多样化的需求更为紧迫。

1998 年，已顺利度过创业期的华为在主流产品 B 型机、128 模块以及交换机路由器等数据通信产品都采用了商用嵌入式 Linux，之后的软交换产品采取了商用 UNIX 操作系统和商用数据库如 Oracle 等，正式放弃原有的操作系统。这样，华为研发部只需关注到业务应用层面，软件底层的安全性问题则由惠普、IBM 等专业软件公司去解决。

但这个从私有软件系统转化为商用软件系统平台的过程并不顺利，核心在于惠普、IBM 等公司的服务器软件公司从面向企业级应用到提供电信级高可靠性服务的转化中缺少技术积累。所谓电信级，意味着 7×24 小时不间断的服务，面对各种异常情况保持高可靠性，支持大话务量并发处理情况等。个人 PC 机每天能够重启，对操作系统性能要求低很多；普通企业级的要求也离电信级差距很远，像惠普、IBM、甲骨文等公司也是花了多年才积累起做电信级解决方案的技术能力，其间华为因此面对众多因购买的商用软件系统导致的问题而不得不做大量特殊设计。

1996 年华为中研部从北邮花 100 万元买了一套 DEMO 版的智能网产品，却发现其离商用还有非常大的差距，于是又花了将近两年时间投入了大量的人力物力将其开发成商用产品，于 1997 年年底终于开通了天津电信智能网——国产智能网产品第一个商用局。

智能网产品曾是华为业务与软件产品线的支撑性产品，曾经的 200、800 免费电话，中国移动神州行都是华为智能网上提供的软件应用。1996 年智能网产品是华为内部最早采用商用服务器平台解决方案，当时采用 UNIX 操作系统、Informix 数据库。依据商用系统平台开发应用大大节省了开发时间，提高系统的灵活性，但是一直无法在电信级的稳定性以及低成本间取得平衡。在经历了通用的商用平台如 Stratus 容错机、SUN 平台、惠普平台、IBM 平台之后，华为业务与软件产品线又开始自主研发业务开发的中间件软件平台，并最终推出了 ENIP 平台。近些年，软件已分为操作系统、中间件软件及应用软件三个层次，其中中间件软件平台是服务器产品软件的核心技术，其作用是连接到操作系统确保系统的稳定运行，并为上层的应用软件提供运行与开发的环境，帮助用户开发和集成应用软件，及实现应用之间的相互操作。在 IT 发展的新时期，中间件技术已远比操作系统和网络服务更为重要，因为其定义了一个相对稳定的高层应用环境，不管底层的计算机硬件和系统软件怎样更新换代，只要将中间件升级更新，并保持中间件对外的接口定义不变，应用软件几乎不需任何修改，从而保护了企业在应用软件开发和维护中的重大投资。华为的 ENIP 平台采用分布式架构，封装了日志管理、线程管理、进程管理、共享内存等软件开发的低层内容，将协议模块化，可以提供独立的计费引擎，使应用软件的开发实现插件化，令功能的扩展更为灵活。

2004 年，华为正式推出电信级高可靠性的刀片服务器，正式进入高端服务器市场。此后，华为的硬件平台采用的就是基于电信级高可靠性的华为 ATCA 平台，应用软件产品平台采用的也是自家产的电信级中间件软件 ENIP 平台。华为新产品开发越来越依靠服务器侧软件，对服务器侧性能要求越来越高，华为实现服务器侧的核心软件和硬件产品平台的自产，可以很好地解决了电信级设备的高稳定性、高可靠性要求以及低成本之间不可兼得的矛盾。

操作系统是软件行业技术和产业链的制高点，在 PC 机行业里，微软虽然不生产 PC 机但却长达 20 多年占据 PC 行业的利润最丰厚的一块，推动着产业的创新和一次次升级换代。不拥有芯片和操作系统的众多 PC 机厂家，虽然短时间内能借助他人的力量很快推出新产品并通过全球销售网络获得一定的销售规模，但是他们创新的技术发展空间以及可取得的利润空间都少得可怜，他们的创新受制于人，他们被迫成为"成本控制"专家。在 PC 行业里生存发展下来的苹果公司，也是一直坚持自主研发操作系统和芯片，所以才能掌握行业发展中的创新主导权。百年巨人 IBM 公司，多年来始终坚持芯片技术以及操作系统核心技术（在 2000 年之后着力发展软件中间件技术），得以引领世界 IT 发展的潮流。在这一点上，华为在通信设备领域很早就坚持了自主研发芯片和操作系统，所以才能在全球范围内掌握产业和行业的主导权，真正做到快速响应客户需求。而许多企业受制于核心技术在别人手中，解决不了产品稳定性等问题，因而很难真正实现"满足客户需求"。

网络操作系统就是路由器网络设备的"大脑"，它直接关乎用户的使用体验。一台网络设备能实现哪些特性，很大程度都取决于网络操作系统的创新，网络操作系统成为 IP 设备厂商的核心竞争力所在。华为的路由器开发团队，主要是软件工程师。华为从 1998 年推出路由器操作系统 VRP1.0（集中式）开始，经历了 VRP3.0（分布式），VRP5.0（分布式），一直到 2012 年的 VRP8.0（多框、多核、多进程），成为当前第 3 代 IP 设备操作系统的典型代表。在高性能、虚拟化、特性丰富度、电信级可靠性等方面都进行了深度的考虑和设计。

首先，华为的 VRP8.0 采用了全新的革命性架构设计，作为多业务分布式系统，充分利用并行计算和多核 CPU 的性能优势，将单个和多个协议/业务部署到多个 CPU 或者多个核上进行分布式并行处理，最大限度地提升了性能。其次，VRP8.0 是独立进程，进程 A 不影响进程 B，组件设计，内存空间隔离，提高了可靠性。VRP8.0 提供全生命周期的无缝恢复技术，即 NSA，确保切换过程中，所有业务保持不中断。最后，基于数据库的配置机制。可以支持配置回滚，预提交，配置验证等，并且支持 Netconf。VRP8.0 平台也成为华为 Cloud Fabric 弹性、易用和开放性的重要支撑。

因为思科的主要路由器产品都是收购来的，让原属于多个厂家的产品纳入思科 IOS 的旗下，每个版本都需要考虑兼容性，打了太多的补丁，造成系统中垃圾代码极多，成为网络运行中的隐患。

经业内人士比较，华为 VRP8.0 操作系统超过思科的 IOS。

2012 年华为公司中央软件院欧拉实验室成立华为手机终端操作系统开发部，在面对全球智能手机市场已成形成 Android、IOS、Windows Phone 8 三足鼎立的形势下开始华为公司自主的手机操作系统研发。任正非认为华为公司自主研发智能手机操作系统与华为公司做自主研发的高端芯片具有相同重要的战略意义。"不能让别人在核心技术上断了我们的粮食"！

贡献开源是最快的进步方式

20世纪80年代,自由软件运动拉开序幕,开源软件的积极发展推动了应用程序的一个"黄金时代"。开源软件(Open Source Software)是一种源代码可以任意获取的计算机软件,这种软件的版权持有人在软件协议的规定之下保留一部分权利并允许用户学习、修改、增进提高这款软件的质量。

本来计算机软件就是开源和免费的。1976年2月3日,比尔·盖茨发表了著名的《致电脑业余爱好者的一封公开信》(*Open Letter to Hobbyists*),提出了软件"版权"(Copyright)的概念,正式宣告进入商业软件时代,随后商业软件领域崛起了一个个巨无霸。

开源软件曾一直受到商业软件的强力压制,但是几乎每一款成功的商业软件背后,总有一款比较成功的开源软件,如Linux之于Windows,MySQL之于Oracle,商业软件过高的价格是令开源软件"野火烧不尽,春风吹又生"的原因。微软鲍尔默曾将开源与谷歌和苹果并称为微软的三大劲敌。

然而,随着软件日益互联网化,开源软件在一些领域开始超越商业软件。

Apache开源技术则是近十年改变全球IT世界的重要力量,Apache HTTP服务器项目主要致力于为现代操作系统开发和维护开源的HTTP服务器,其中包括UNIX和Windows NT。自1996年4月以来,Apache就变成了互联网上最流行的Web服务器。

雅虎、谷歌、亚马逊、Facebook等互联网新霸主,都大量采用免费的FreeBSD、Linux、Apache Web Server等开源软件来搭建自己的系统,在开源软件的"哺育"下崛起。开源软件有助于他们成本降低和技术水平提升。谷歌可以说是构建在开源软件上的,其基础设施及大量产品中都使用了大量的开源软件。单单一个Chrome浏览器就使用了100多个开源软件。

78%的公司都在使用开源软件,开源软件在企业间广泛采用,开源软件不仅帮助企业赢得竞争优势,而且还会帮助招聘高端人才。开源软件已经成为各大互联网企业背后的支撑力量,并逐渐改变着世界软件开发的格局。其中最有价值的开源项目有 Openstack、Apache、Docker、Drupal、LibreOffice、Linux 等。

开源软件的优势:避免重复造轮子,对于企业来说,有现成的工具可用,节省了重新开发的成本;质量更高、更安全,由于源码开放,其他开发者可以参与共享,安全漏洞的发现和修复将会更加及时;自由、可定制,企业可以摆脱软件厂商的束缚,并可以根据自己的需求很方便地进行定制。开源软件具有开放、共享、自由等特性,这是很多企业和开发者选择它的主要原因。

众多优秀、成熟的开源项目的存在,使得谷歌根本不需要重新发明轮子或购买昂贵的产品,使用最少的人力、物力就能很快构建出一个高性能的产品或系统来。

在谷歌上百万台服务器中,开源软件可以为其节省一大笔开支,并且在定制修改上更加灵活。而通过社区的力量,开源软件也更加稳定、安全性更高。谷歌基础平台技术主要采用开源的软件架构。谷歌从开源中尝到了大量的甜头,比如 Android,2007 年以开源形式发布以来,其阵营呈现出了爆炸式增长。如今已经成为份额第一的移动操作系统。

2012 年,华为主动从开源软件的消费者向贡献者布局转变,启动了开源策略:源于开源、强于开源、回馈开源。并成立了开源软件能力中心。

华为开源软件能力中心是一只精英的外向型队伍,通过社区深耕——参与社区改进技术讨论,技术深耕——同步最佳实践培养专家,在论坛年会上演讲分享发展技术影响力,线下交流等,推动新技术成为最佳实践和产生商业影响。通过在概念阶段早期介入,成为事实标准,才能在后期构建格局和商业模式。

华为的开源软件使用策略,也分成应用级,到参考自研实现,到兼容生态产业化运作三个阶段。华为经过对比分析,如果只有开源软件的消费者而不回馈社区,产品代码随社区升级,被迫丢弃自维护代码,随着时间推移,企业的代码维护成本高启,竞争力收益便会下降。因此主动回馈社区进入社区主线，成为事实标准，扩大竞争力辐射范围，而仅需保留少量核心维护人员，随着时间的推移维护成本会大幅降低，而竞争力收益可以通过主导圈子，行业方向，建立生态圈，技术营销而提升。互联网、云计算推动开源软件的大发展，也开始推动电信行业，服务及交换机硬件的发展。社区越来越公司化、专业化，成为实施标准的战场。开源生态成为新的事实标准，在开源软件生态OpenStack，Cloud Foundry下，服务器、网络、存储各厂商之间互相集成。

谷歌、IBM、惠普、Facebook、微软、英特尔等国际科技公司都纷纷致力于贡献开源软件社区。

华为使用和开发的软件涉及开源软件的分类为系统类、网络类、数据存储、Web类、中间件、可重用组件、应用软件，涉及的技术领域为OS、云计算虚拟化、终端OS系统软件、网络协议软件、SDN、关系数据库、NoSQL大数据、Web服务器、框架/类库、中间件、可编程语言/工具链等。

华为关注的新开源技术有：大型数据中心——大型数据中心软件，分布式软件体系，大数据——大数据开源技术套件及分析工具，DevOps——吃透工具和架构，同步业界最佳实践，Pass，SDN——下一代网络，物联网，开源硬件，无人机等。同时在开源活跃的地方布局，如美国，欧洲，中国深圳、北京、上海等。

华为于2012年10月加入OpenStack基金会，2013年11月，正式成为OpenStack基金会金牌会员，2016年1月，华为获得OpenStack董事席位。华为一直以来积极投入OpenStack的开发完善工作，已有超过600名研发人员参与OpenStack相关开源项目的开发，在OpenStack社区Completed Blueprint全球排名第一，在CNCF社区的Kubernetes中全球排名第四，在OCI社区全球排名第三，在OPNFV社区全球排名第一，在Hadoop社区全球排名第三。

除积极投入OpenStack的开发工作外，华为还致力于持续推动OpenStack云平台不断被大型企业、运营商和服务提供商应用到其数据中心，以实现云、移动、社交、大数据和IoT等业务未来的长足发展。

Open Daylight 开源项目，华为是银牌会员，华为贡献亚太区开放测试环境，是全球两大实验室之一。

The Linux 开源项目，华为是金牌会员，3.14 版本贡献排名 14。

Apache 开源项目，华为是银牌会员，Hadoop 项目贡献第四。

Linaro 开源项目，华为海思是两大核心会员之一，另一个是 ARM，华为海思和 ARM 是该联盟的领导者。

Open Computer Project 开源项目，华为是银牌会员，2011 年加入。

2017 年 4 月，Apache 软件基金会宣布，华为贡献给 Apache 社区的开源项目 CarbonData 从 Apache 孵化器毕业，正式成为 Apache 顶级项目（TLP）。Apache® CarbonData™ 也成为首个由中国公司贡献给 Apache 基金会，并成为顶级项目的开源项目。随着数字化时代的到来，企业生产和应用的数据与日俱增，企业不同场景下的数据分业务系统而构建，不同的业务场景使用不同的数据存储格式。这种数据存储方式导致数据冗余严重。因此，企业在建设大数据平台时，希望能够建设统一数据存储，用一份数据支持多种使用场景，从而减少数据孤岛和冗余，通过数据共享产生更大价值。

华为 FusionInsight 大数据产品团队针对用户的诉求，从 2013 年开始调研分析业界大数据方案，开发了 CarbonData 项目，针对当前大数据领域分析场景需求各异而导致的存储冗余问题，提供了一种新的融合数据存储方案，以一份数据同时支持"交互式分析、详单查询、任意维度组合的过滤查询等"多种大数据应用场景，实现百亿数据级秒级响应，与大数据生态 Apache Hadoop、Apache Spark 等无缝集成。

基于华为"源于开源、强于开源、回馈开源"的战略，华为 FusionInsight 大数据团队开发出 CarbonData 后，就积极向社区进行回馈。2015 年，华为向社区贡献了 CarbonData 的代码；2016 年 6 月，CarbonData 全票通过进入 Apache 孵化器；2017 年 4 月，经过来自华为、英特尔、Talend、eBay、Inmobi、Knoldus、Habib Bank、交通银行、上汽、携程、丁香园、阿里、美团等公司资深架构师和开发人员的努力，CarbonData 经过不到一年的时间，毕业成为 Apache 顶级项目。这标志着 CarbonData 项目完全依照 Apache way 开源方式运作，并完成社区多样化工作。而对华为公司 FusionInsight 大数据团队而言，这标志着华为对 Apache 开源社区，不仅能够贡献代码和提案，也能够贡献顶级开源项目，华为对 Apache 社区的开源贡献，已经跨入了一个新的高度。

强于开源后要回馈开源，在华为看来，任何东西一旦封闭后就变得没有生命力，所以华为对有价值的、能够对开源社区起到推动作用的技术会回馈到开源社区，这也是为什么华为能够在 OpenStack 社区达到总体贡献第六的成绩的原因。此外，在其他开源社区中，华为同样秉持这一点，在 Hadoop 社区的贡献排名为第二，Spark 贡献排名第四。

华为对开源社区上的贡献和回馈，无论对华为自身发展还是对整个产业的发展都是有良性推动的。华为还积极参与中国云计算开源产业联盟（OSCAR）和中国开源云联盟（COSCL），并与 SAP 及英特尔形成战略合作伙伴，共建技术合作生态，扩大国内开源力量在全球的影响力。

以 OpenStack 为例，华为最初只是参与 BUG 的修改，以及一些小特性的贡献，现在已经是金牌会员，参与到整个 OpenStack 架构层面的研究和创新层面的变革。

（1）社区地位变化。华为最初整个研发团队是没有 PTL 的，无法真正决定单个项目的技术走向或者核心代码。现在华为已经有一位 PTL（监控项目 Ceilometer），13 位核心开发者，覆盖了整个社区的计算、存储、网络、监控等核心模块。华为已经提出了一些框架演进方案，如在整个 OpenStack 面向运营商构建一个大网，多站点构建一个统一的运营中心，目前已经被 OpenStack 立为一个正式的项目，华为是该项目领导者。

（2）行业整合优势。网络方面的方案，业务链的编排，一个是电信行业云计算和 OpenStack 结合得更典型的框架性的项目，华为的提案击败了思科和 IBM 的联合提案，最终被社区接纳，从而成为该项目的领导者。

在 2017 全球云计算开源大会上，凭借对国际开源社区的积极贡献，以及从开源技术生态到商业生态的不断创新，华为荣获"OSCAR 开源杰出影响力企业""OSCAR 尖峰开源技术奖""OSCAR 开源技术创新""OSCAR 尖峰开源人物"等六个奖项，体现了云计算行业对华为推动开源技术发展的高度认可。

华为基于 OpenStack 的企业级云平台 FusionSphere 荣获了"OSCAR 开源技术创新"奖。FusionSphere 是华为公司面向多行业客户推出的云操作系统，基于 OpenStack 架构开发，为企业级用户提供设计和优化。FusionSphere 可以支持私有云、公有云、混合云等部署方式，尤其在公有云上已吸引众多汽车制造、科研及零售等行业的重量级客户。华为还有四个开源项目荣获了"OSCAR 尖峰开源技术奖"，分别为 OpenStack 级联项目、分布式 SDN 项目、Carbondata 和 OpenSDS。

基于这些开源技术的优势，华为已经形成了从存储、计算、网络、云平台到大数据平台的全系列企业级产品。华为云计算服务于全球 130 个国家和地区，覆盖政府及公共事业、运营商、能源、金融等行业，实现了从开源技术生态到商业生态的成功转化。

华为已不再是跟随者，为云计算、大数据开源，华为做三件事：通过贡献提升技术实力和社区地位；通过合作洞察行业需求，将开源软件加固成稳定、可靠、易用的企业级产品；做 Partner API，让生态合作伙伴能赚到钱。众人拾柴火焰高，共同贡献可以发挥大家力量，加快商用化成熟进程。开源的效果比闭源更好，在商业节奏，在竞争力以及生态构建方面，开源也将比闭源走得更快。

有研发资源投入才有市场销售的持续成功

从 1988 年 2 万元创业起家的华为，发展到 2011 年销售收入为 2039 亿元、海外销售超过75%的中国真正意义上的全球企业，华为的市场销售成功首先来自于其研发舍得持续大手笔的投入。

2012年2月，华为CEO任正非在欧洲竞争论坛上表示：2011年华为的研发开支为37.6亿美元，而过去10年华为则共投资150亿美元，令华为的专利项目达4万个。2011年华为注册的专利数量居全球第二，而反观中国的上市企业中在本行业拥有200项以上专利的企业寥寥无几。2016年华为研发费用达到764亿元人民币，占销售收入比为14.65%。华为成立30年以来，多数年份的研发费用占比达到15%左右。其中华为将研发投入的30%用于基础科学研究，为鼓励创新，华为制定失败率接受比率：用于基础科学研究的30%研发投入中，可以接受50%的失败率。鼓励员工在选择时敢于承担风险，激励探索未知领域。

这个巨大的反差首先来自于研发资源的投入。华为公司持续地、围绕战略地、不计一时一役成败地、彻底压倒竞争对手地研发资源的投入，确保了华为能不断取得市场胜利，是华为拥有无穷的后劲能不断追赶所有全球最优秀竞争对手的强大支撑。

2011年，华为20个"创新中心"拥有6万名员工，在6个国家里分布有17个研发中心。2011年华为完成对英国CIP光子研发中心的收购，持续加强其在光通信技术研发能力。2011年华为在美国高科技企业最密集和最活跃的硅谷湾区圣克拉拉市新建成了一座研发中心，吸引美国高科技人才近1000名。当前华为在全球热门的云计算领域拥有10000名工程师，在智能手机领域拥有5000名以上工程师。这些基于行业领先技术的巨大投入，是华为未来全球市场和销售持续增长的保障。2011年华为全球总部落址深圳，项目拟投资超过200亿元，建成华为支持与业务总部平台中在研发领域的投入有：芯片设计中心、创新与研发中心、软件平台及各类尖端技术储备研究中心。华为未来的发展将基于芯片设计、软件平台及这些尖端技术在各项应用领域更贴近客户的开发。

华为2003年后建设在深圳总部华为坂田基地研发大楼F1（见图14-4），

旁边是 F3 无线研发大楼，此外还有 F3、F4、F5、中试中心 E1 等研发大楼。全球十多处华为创新中心都有类似这样的研发大楼，里面是满楼的华为研发工程师。

图 14-4　华为板田基地研发大楼 F1

2012 年，年销售额已超过 2000 亿元人民币的华为公司在主营行业不景气的情况下，将 2012 年的研发开支提升接近销售额的 15%，达到 45 亿美元，以支持两个新的业务——手机终端和企业网，以期通过技术创新迅速取得全球市场位置。

与此同时，如果仔细去剖析某些上市公司财报，会发现一些年销售额已达到百亿元、号称高科技的企业，研发人员也才近百人，让人们不得不对这些企业的发展后劲充满置疑。一些上市公司的利润几亿元，投入在研发领域的不过几千万元。还有一些上市公司将企业的十多亿元资金用于打新股、投资理财产品，甚至投资于矿山、酒店、地产行业的上市公司也不在少数。某些公司的业绩扭亏为盈，突然"大变脸"居然不是来自本行业的技术创新，而是来自于企业投资矿山及地产的收益。还有某些 IT 企业居然靠炒作矿山题材才拉升自身企业的股价，而平时鲜见其在研发与技术领域大手笔投入。一些高科技企业自称拥有全球第五代技术，现场实地考察发现，投入不过几位普通的技术人员。而有些号称是中国科技领军的企业乐于在全球收购品牌和销售渠道下功夫，却少见其在研发中心和技术储备上的建设，这也导致其巨资购买的品牌由于缺少核心技术的支撑而并未在全球销售上贡献出与投入相提并论的业绩。

华为自 1988 年成立至今，每年的研发投入都占销售额 10% 以上，创业初期甚至超过 15%，中国多数挂牌高科技的企业年研发投入占 10% 以上的并不多见。

有人说华为的利润率相比于中国很多企业还是低很多，但我们要看到这些保持着高利润的企业大多是在受市场保护的国内称霸的"猴子"，而缺少走出国门参与国际竞争的"雄狮"般的实力，与华为 75% 的收入来自海外真正的全球企业，与全球最顶尖的竞争对手在全球市场完全市场竞争"火拼"出来的市场份额和销售额相比，其性质是完全不一样的。也正因为如此，我们更看好华为通过持续在研发领域的投入所带来的全球市场和销售增长的模式，华为用自身的实例告诉我们，"No pay, no gain"。有充裕的研发资源投入，企业发展才能有后劲。

华为越来越显著的技术优势是如何形成的？坚持技术导向，持续对未来进行投资，不断地把技术做深、做厚、做宽。拥有长远的眼光，对核心技术的执着追求，是使华为能从当年模拟用户交换机的代理商走到今天的全球创新领军企业的重要原因。

管理创新比技术创新更重要

在所有的通信技术企业、IC 企业里，华为是少有的创始人不是技术专家出身的企业。华为也是从贸易起步，从相对简单的用户交换机入手，很快发展成为多领域的世界级的科技巨头。这充分说明技术与产品、专利都远不如管理体系重要，华为的核心竞争力是其管理体系。管理体系可以培养人才复制人才，管理体系可以从无到有地创造技术和产品，取得市场的成功。

相比中兴通讯 1984 年成立组成强有力的工程师团队推出有影响力的通信

产品，思科、爱立信等国际竞争对手通过专利技术标准入手的高起点，1988年成立的华为技术、产品起点低，华为对竞争对手的大跨度超越来源于管理创新，在咨询顾问帮助下不断地变革推动管理创新。

对科技企业来说，管理创新比技术创新更为重要，华为在发展中还存在很多要解决的问题，而华为与西方公司最大的差距在于管理。这是任正非的总结，因此他每一年请来管理咨询顾问帮助华为提升管理。管理的创新对高科技企业来说，比技术创新更重要。

任正非认为："作为一家技术型公司，技术重要，但管理更重要。企业管理关键是面向市场做要素整合，把资金、技术、人才、市场、研发、生产制造、企业内外产业链等面向市场竞争的所有资源和要素有效整合起来，并在市场竞争中获胜，这是管理的价值，也是管理的目标。整合前后，这些要素和资源本身并没有变化，很多企业也不缺资源和要素，但是有效整合的企业就更能成功。"

2005年，华为针对电信市场整体解决方案特点，创造性地、全新地提出"IPD解决方案流程"，提出解决方案IPD开发模型；为客户提供产品、服务、全球培训、客户支持解决方案。解决来自多产品线或者多合作方、针对关键细分市场业务和服务进行全新开发过程控制。IPD流程体系解决的是如何开发一个盈利产品的问题，而"IPD解决方案流程"的提出让华为从卖产品的公司迈向卖解决方案与服务的公司。

2005年后十年华为与全球客户建立了36个联合创新中心，其中与沃达丰全球最大运营商创建了六个联合创新中心。2006年华为和沃达丰在马德里创建了移动创新中心（MIC），这是华为首个联合创新中心。双方创造了多种新技术和新产品并实现规模商用，如SingleRAN。目前，在移动创新中心运行的创新项目超过30多个，涵盖了无线所有战略领域。2007年华为与沃达丰在马德里成立应用创新中心（AIC），共同研究软件和应用。2008年，沃达丰与华为为使IT和通信融合，创立核心网创新中心（CIC）。2010年，华为与沃达丰进一步加强合作，成立了固定－移动融合创新中心。2011年，华为与沃达丰成立传输创新中心（TIC），目前已经在IP承载、IP微波、IP骨干网、协同光网等方向取得一定的进展。2015年，华为与沃达丰成立OpenCloud联合创新中心，开展基础设施、云操作系统、ICT-O网络自动化管理、云应用程序以及云集成服务等端到端的全方位创新合作。

华为的研发体系分成解决方案层、产品线层、产品层、产品平台层、子系统层、核心器件层、共用模块与货架技术等几个层面。

华为的基础研发组织分成解决方案层预研、解决方案开发、产品线预研、产品开发、共用模块与货架技术预研与开发、产品平台的预研与开发等几个方面。

研发项目强调对过程评审，按研发过程概念、计划、开发、验证、发布、生命周期几个过程节点设置关键评审节点，对市场满足性、技术先进性、知识产权、质量、成本等多个维度进行评审，确保不留问题到下阶段。

技术开发体系提前排雷：技术预研、产品平台预研、共用模块与货架技术等提前解决技术难题的攻关，领先技术架构的选择，不把技术难题留到产品开发阶段再去解决。

公司级产品线级的投资评审委员会协调技术管理与产品管理的资源投入与重大决策问题。产品管理体系的主要职责是进行产品规划，面向市场需求进行快速的产品开发。产品开发采用的是共有模块和货架技术，将一个个成熟的技术模块进行组装，研发出生产工艺，快速地推向市场。

产品管理体系的主要职责是进行产品规划，面向市场需求推出有竞争力的产品。

技术规划流程是根据行业技术趋势、市场需求等信息，编制技术研发的路标，规划在未来3~5年的技术投入和技术路径图，研发团队根据路标指引，先于产品开发进行技术研发，以降低产品开发项目的技术风险。

共用模块与货架技术：建立CBB管理组织和管理流程，在不同的产品中，通过技术共享提高研发效率。

共用模块 CBB 管理流程根据业界、公司战略等信息，制订出技术路标规划，提前研发出成熟的技术模块，在产品开发项目时使用。产品开发阶段需要评审和考核对 CBB 的使用情况。

随着华为的产品越来越多，出货量越来越大，归一化设计、平台规划、共用模块 CBB 与货架技术、技术规划的作用越来越高。

小结

什么是有核心竞争力的企业？有核心竞争力的企业就是紧密围绕客户需求，从产业链最基础的环节做起，不回避时代的进步，但也不存在技术依赖的企业。在开发上，华为拥有分布于全产业链上的研发，芯片、操作系统、软硬件通吃，在产业链核心技术上围绕客户需求积累得足够多，沾的"雪"足够厚，才能滚成"大雪球"，始终立于不败之地。

| 第四篇 |

竞 争 篇

RESEARCH & DEVELOPMENT
OF HUAWEI

| 第 15 章 |

剑挑霸王龙

引言

中国企业与国外竞争对手的竞争，往往不是在一个量级上的。中国的全面改革开放在 20 世纪 80 年代才开始，而国外的技术型企业更早开始并在 90 年代已稳稳地垄断全球市场了。那时中国的技术企业还是几个工程师开始的小作坊，处于起步阶段。同时，国外的技术型企业在华尔街等资本市场的支持下，可以取得每年 100% 的发展速度，而中国的企业却还在自主研发的漫漫长路上摸索。中国典型的技术型企业华为公司，是如何在短短的几年间快速开发出互联网设备，成功挑战具有垄断地位的国外技术型企业思科的呢？

第一剑：攻其不备

数据通信是 20 世纪 80 年代末和互联网一同发展起来的通信新技术，主要包括接入服务器、路由器、以太网等设备。进入 90 年代，思科凭借领先的数据通信产品，在资本运作上采取大笔收购的策略，很快成为全球数据通信里的"大鲨鱼"，而所有其他厂商只是小鱼小虾。思科当时占全球数据通信产品 80%

以上的市场份额，中国数据通信的骨干网90%都是思科的产品。

而华为公司的数据通信产品，除了起步较晚之外，技术上也存在很大的跨越。数据通信产品是以高效率传送数据为主，在技术上与华为擅长的以打电话为主的交换机相差甚远。为此，华为在交换机领域的竞争对手如西门子、北电、朗讯等通信巨头都尝试进入数据通信领域，但在技术发展上都无法和思科相提并论。

1996年年初，任正非还出了一个大手笔，在上地科技园花了将近1亿元购买了一栋六层写字楼，又花了将近1亿元进行豪华装修。1996年年底，北京研究所成为北京上地科技园最中心地带的地标式建筑，这样华为的北京研究所才像模像样了，比华为公司当时在深圳的中研部总部占地面积还大、还要漂亮。北京研究所招人也出现了排队情况，招人时再也不用先带着人才到深圳去视察一圈了。

华为从中研部成立后，就注重在做产品之前，先将自主研发可能存在的核心技术点列出来，做核心技术点的研究及形成技术平台，这样很容易形成基于技术平台的多产品齐头并进、快速突破的局面。这就是注重核心技术点积累的优势。北京研究所也是按照建设技术平台的思想，先进行技术平台的研究和积累，成立了北京研究所协议软件部。

1996年是中国互联网开始迅速发展的一年。用户通过拨号的方式上网，即在计算机前面接一个调制解调器，通过电话线接入互联网。在电信机房里，需要在电话交换机旁边安装一个接入服务器，用来把通过电话线上网的用户接入到互联网中。当时，国内使用的接入服务器一开始主要是思科公司的设备，容量小，而且只支持一号信令（一号信令是中国电信早期采用的一项技术，在电话传送上速度较慢）。

李一男带队去广州与广东电信新业务发展部进行技术交流时，新业务发展部主任陈嫦娟建议华为：基于中国人口众多的特点，大容量的、支持七号信令的接入服务器会有需求。华为公司同广东电信最后达成协议，共同开发大容量、七号信令（七号信令可以使电话信号传送加快）接入服务器。就这样，A8010接入服务器项目起死回生，顺利立项。

协议软件部的一批技术骨干在王盛的带领下到了A8010项目组，广东电信新业务发展部也派来了几个博士。双方共同制定了A8010接入服务器的产品规格，这个规格后来成为中国接入服务器的标准。开发C&C08交换机的猛将，曾担任交换机业务部总监的张云飞被派到北研所担任副所长，负责A8010接入服务器的开发。

对于数据通信，这个国外厂商占绝对优势的领域，无论是在品牌、产品技术上，还是在渠道上，华为都存在较大的差距，因而切入数据通信的策略就显得尤为重要。华为多年与国际电信厂商竞争积累的一个重要经验就是"压强原则"，压强原则的根本动机在于企业的资源本身是有限的，如果将资源分散投入到不同领域，那么往往一无所获。"伤其十指，不如断其一指"，要根据实际情况，在不同的时间段里面，集中所有的资源投入某个领域，强力突破形成局部优势地位，然后逐步扩大，确立全面优势。

接入服务器是数据通信和电话交换的结合，北京研究所协议软件部的开发人员比较熟悉数据通信的协议，张云飞比较熟悉电话交换并能调动交换机业务部的资源，更重要的是，张云飞给那些年轻的开发人员带来了华为中研部产品开发的理念与华为良好的开发作风和拼命精神。就是这样一个跨部门人才组建的开发团队，确保了A8010产品的成功开发。

在张云飞的带领下，经过项目组全体人员的共同努力，华为公司的A8010接入服务器用了不到一年的时间就开发出样机。第一个开局的地方早已经准备好了，就在广州电信的机房里。开局结束后，华为公司在广州举行了一个隆重的鉴定会。这是国内第一个成功的自主研发的接入服务器。A8010接入服务器是华为和广东电信共有的产品，后来接入服务器的市场打开后，华为公司给了广东电信3000万元买断这个产品。

1997～1999年，中国的互联网用户急剧增长。各地电信部门纷纷扩容接入服务器设备。思科公司传统的接入服务器，容量小，又不支持七号信令，很难满足电信的要求，而华为 A8010 的容量大、支持七号信令等特点正好符合电信的要求。1999 年邮电部传输所在制定国家接入服务器标准时，参照了华为公司的接入服务器的规格。

推出差异化的技术领先产品，引导客户应用，最终再成为业界标准，这使思科一向在全球市场上习惯了做互联网技术标准制而不能适应。这次在中国市场上，思科被华为"差异化"了一把，邮电部按更先进的华为接入服务器作为技术标准后，思科被迫应招，但中国电信市场的设备建设黄金期已过。

由于华为的接入服务器是为中国市场开发的大容量设备，华为的接入服务器全面提升了互联网网络带宽，使骨干网速率提高 16 倍，保证了上网信息传输通畅，并彻底解决互联网接入瓶颈问题。同时，由于华为率先研发出支持七号信令的接入服务器，也进一步缩短了上网用户的拨号接续时间，解决了用户拨号上网难等问题，因此深受市场的欢迎。华为的 A8010 接入服务器是华为快速响应市场需求，基于 C&C08 技术平台、七号信令的技术平台，进行灵活的技术内部嫁接的创举。这样，在各省市接入服务器的招投标中，华为的接入服务器 A8010 所向披靡，战无不胜，最终占领了中国 80% 的接入服务器市场。这是华为公司第一个在数据通信产品上占有率最高的产品，也是数据通信产品线第一个盈利的产品，这更是中国自主知识产权的数据通信产品首次击败思科，凭借技术领先占据绝对市场份额。

同样的市场需求，研发中心在美国的思科响应不及时，在互联网设备新军的华为在接入服务器上高歌猛进的同时，思科的接入服务器在中国市场上节节败退，份额降到 10%。华为打破了思科在中国互联网骨干设备上高居 90% 的市场占有率，使思科第一次在中国市场遭遇失败。

在 1999 年华为推出其 A8010 拨号服务器之前，这个产品市场在中国一直被思科所垄断。设备价格为每个上网用户 1000 美元，设备施工时所使用的扎带为每根 1 美元，所以中国一个家庭上网费曾一度达到一个月高达上万元人民币。而1999年之后华为的同类产品设备价格只要每用户几百元人民币,扎带随设备免费附送。随后思科也纷纷跟着降价。最后令中国网民们高兴的是,由于质优价廉的华为接入服务器的推出,全国各地纷纷实现了拨号上网业务,中国的互联网产业因此开始展开(见图15-1)。

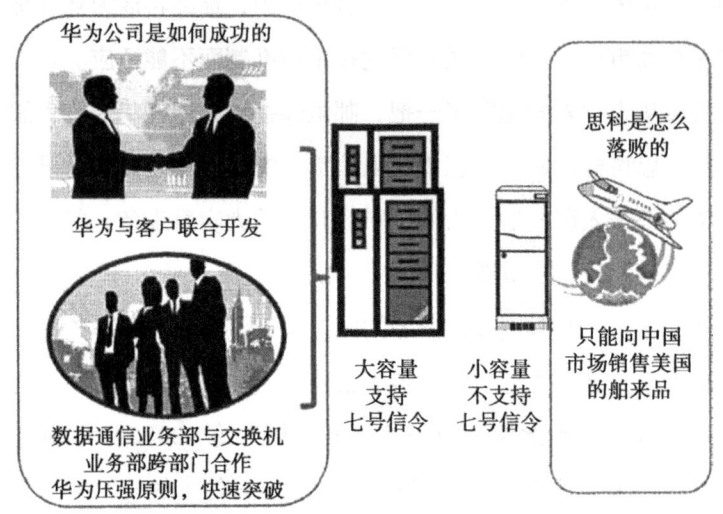

图15-1　华为紧贴客户需求研发产品

第二剑:改变游戏规则

1996~1997年,当任正非还在为华为的数据通信业务部找办公楼时,思科已成为了全球互联网设备的领头者。"微软踏平的只是PC时代,而思科则已经拥抱e时代了",思科的总裁钱伯斯说。思科的崛起受益于互联网的大发展,因为互联网技术,也就是掌握在思科手中的路由器技术,可以将三网(以传递声音为主的电话网、以传递数据为主的局域网和以传递图像为主的广播电视网)合一,通过计算机在一个网上传递声音、数据和图像,而且费用低、效率高。所以这家1984年才成立的公司,在1990年上市后,到1997年就进入了《财富》的全球500强,而到1998年7月,它的市值就比1997年翻了15

倍，达到1000亿美元，并在2000年一度超过微软，成为市值最高的公司。

1996年刚从北京理工大学毕业的一位学生，本指望到华为公司能学习点路由器产品的开发经验，结果他反倒成为第一批肩负摸索路由器开发经验的"拓路者"。他和同事们经历了"乱作一气"广撒网式地对X25、FRAME等当时流行的各种协议的研究，再发展到集中到IP方向学习，主攻FreeBSD（UNIX版本的开放的源代码）、"红宝书"。他还跑到中关村买了个小"猫"（MODEM），用了一天多时间把BSD源码下载下来，然后大家一起研究。

第一款路由器（后来命名为Quidway 2501）就是一块单板，上面运行各种协议软件和简单的路由协议。硬件是赵燕光设计的，软件是吴钦明等协议软件部的人员开发的。协议软件部的小伙子们在对"红宝书"的学习中，以及研读网上公开资料，最终形成了华为数据通信产品路由器的平台VRP（虚拟路由平台）。而华为路由器的软件都是协议部的开发人员一行一行地编写并调试出来的，虽然一开始技术问题很多，但都是这几百位小伙子自己编写出来，一点点地经过开发和测试工程师的努力才稳定下来的。

第一代路由器的软件版本虽然是协议软件工程师们通过在互联网上勤学好问，捧着软件开发"大全""秘籍"之类的书啃，将一行行路由器的软件代码搞出来，变成能够上网的设备，并成功推向市场的。但是推向市场后，却发生了很多意想不到的技术问题。以至于今天这个问题解决了，明天那个问题又冒出来，工程师们每天忙着加班，四处奔走升级。用电信局客户的话来描述：一定要来一名高手，在机房里待上两天，要从不同角度搜集大量信息，再加上一点灵感，才能把问题的范围圈出来，还要搞上一个模拟机，测上两天才能定位一个问题。再也不能这样继续下去了！

1999年年底，北京研究所协议软件部经理王晓东带着重写路由器核心代码的需求，来到了印度，到印度寻找路由器软件成熟的解决方案。印度软件项目经理问他"你们每月生产多少行代码？"王晓东掂量了很久，谦虚地说："人均代码1万多行吧，不到2万行！"印度的软件经理听后，眼睛鼓得圆圆的，说：

"喔，你们已经远远超过国际最高水平了！"王晓东惴惴不安地问，"你们呢？"印度的软件经理很认真地回答："我们公司目前的效率为每人每月300行！""我们的这个工作速度是建立在确保质量的基础上的，我想你们到印度来开发软件，首先看中的应该是我们印度公司的质量保证。我知道你们不缺乏软件开发人员，你们为什么不选择网上下载的免费软件呢？"几句话说到了王晓东的痛处，北京研究所的弟兄们还在为使用下载软件移植的产品而四处奔波升级呢。

早期的华为，以及早期的北京研究所，软件开发都是典型的"游击战"打法，一个人搞一个小软件，不需要任何流程，没有任何质量体系，除了写代码、测试以外，什么都不再要，非常自由，"管理是啰唆，流程是麻烦"。结果大家没有时间一次把软件做好，却在产品上市后坐着飞机，一遍遍地重写程序。所谓月产2万行软件的编程高手，其实是自以为能写2万行代码的"泡沫"高手。在跟印度的项目组讨论如何写路由器的代码的过程中，北研所的工程师们重新对CMM软件工程进行了基于实践的学习。王晓东从印度回国，带了700多本书，之后在北京研究所掀起了学习国际标准的软件开发能力成熟度理论CMM的浪潮。而华为在印度重写路由器核心软件代码的工作，以及在研发系统采取了CMM规范后，路由器产品迅速实现性能稳定。

基于自主创新的核心平台的基础上"顺藤开花"地扩展产品，以及在进入每个新领域都拥有自主知识产权的芯片，这是华为在发展新领域方面的成功策略。1996年华为北京研究所推出了华为公司的首款路由器产品——2501路由器，而思科已拥有从核心网到边缘层上百款路由器产品。2000年华为基于自由研发的虚拟路由VRP技术平台，也一举扩展了百款系列化的路由器产品。华为和思科的不同在于，其自主研发的技术平台使技术扩展、产品创新如同母鸡下蛋，华为主要维护好平台技术。而思科采取的收购策略，这一方面使思科能快速拥有全套的产品线，另一方面也使思科的每一次产品创新的成本远高于华为。这就是华为的路由器之所以能够以思科一半的价格销售，还可以保持在50%以上毛利润的原因。

但是双方在销售量上的起点相差很远，思科的 2500 系列路由器于 1997 年 2 月正式销售超过 100 万台，而华为 1997 年 2 月还正在为第一台开局而奋战。尽管华为的路由器拥有价格优势，但作为互联网标准制定者和市场份额 80% 占有者、每年毛利润高达 70% 的思科，从来都不担心价格战的发起者，思科还曾经把比其产品低一半价格的加拿大北电等通信公司挑下马。

后来者如何追上

华为利用自身在 IPD 集成产品研发方面的管理优势，充分对中国电信客户进行了需求调查，了解到处于窄带和宽带业务并举的中国电信局，在宽带业务的管理上存在困扰。互联网兴起于美国，但是一开始就是以免费示人的网络，人们都习惯于免费使用互联网以及互联网上的资源，作为互联网高速公路提供商的运营商自然也无钱可收。运营商在互联网所获取的收入与铺设互联网高速公路所需的高昂的设备投入，实在无法相提并论。这就是当时中国运营商在数据通信业务上面临的困扰。

对此，华为针对中国的运营商提出了"宽窄带一体化""建设可运营、可管理的""可增值、可盈利"的"宽带城域网"的方案，并在数据通信产品设计研发上体现了宽窄带一体的网络管理，计费捆绑，以及多种按流量、按时长的带宽计费方式等，供运营商可实施对上网用户的多种运营方式。这种商业模式的设计是很大的突破，解决了运营商如何从互联网上获利的问题。

在技术上，华为发挥了原有的窄带交换机在网管、计费方面的技术优势，结合数据通信宽带业务开发出一体化综合网管、综合计费的产品，给运营商带来新的盈利模式，同时降低了管理和维护支出。这个新的商业模式概念一经推出，就受到了中国运营商的关注。

华为按照 IPD 集成产品研发的流程，在高端路由器产品定义和概念设计时，市场代表就拉着北京研究所的研发工程师一同与在北京的运营商总部、运营商路由器标准建设部门、运营商设备维护部门等进行交流，充分收集了运营商出于运营、设备维护及成本考虑的建设需求，并通过运营商口述的需求，及时制定新产品研发的规格。最终，为中国运营商"量体裁衣"做出的设备，一经投放市场，就立即受到运营商的一致好评。

华为充分立足于原有技术优势，以及产品开发的后发优势，重新定义了中国市场上数据通信产品的游戏规则，充分打产品的差异化概念，使基于华为的"可增值、可盈利"宽带解决方案深入人心，开辟了一块与思科竞争的全新数据通信战场。2000年年底，华为通过向原来的北京集团用户网扩展宽带业务和宽窄带一体化的业务和管理，将华为的高端路由器产品成功打入北京高端市场，首次在中国高端互联网设备的网络上获得应用。此外，华为不仅有专门的团队在做客户化的解决方案，而且可以将客户的需求迅速变成产品及解决方案，提供持续的需求满足能力。华为依靠"每一层每一级都贴近客户"的模式，逐步蚕食思科的高端市场份额。

华为在满足中国客户需求上再次拿起了差异化竞争的武器，而思科的研发在美国，思科卖到中国市场上的多为标准化产品，开发几乎都在国外完成，无法做到快速响应中国客户的需求，而且软件升级等额外服务依然是美国式思路，刻板而且往往收费高昂。

华为针对思科产品性能好但价格也高的特点，逐渐引导电信运营商客户改变价值观，认同华为提出的"可管理、可增值、可盈利"的网络才是互联网发展的关键，并迫使行业价格下调。2001年始，思科在中国市场的互联网设备整体价格平均下降了15%，为此，业内有人把"思科在你身边，世界由此改变"的广告语戏改为"华为在你身边，思科由此改变"。

2002年，思科在中国的互联网核心——路由器的市场份额开始下滑，华为的路由器产品则开始以100%的增长率大举进攻，在重大新建项目上，华为胜多负少。2002年6月，华为的路由器系统产品打入思科的老家——美国市场，华为公司被美国《财富》杂志比喻为"中国的思科"。

2003年1月,"无法再忍受"的思科开始"动手",在美国正式起诉华为"侵权、抄袭"。而华为的法庭答辩让全球 IT 业界看到的是,一个来自中国的后来居上的"无畏少年",面对庞大而贪心的技术垄断者时的风华意气和义正词严。2004年,这场官司以和解而告终。思科通过全球媒体,甚至头版头条,"宣传"了华为,使全球用户知道了一家能与思科竞争,并且对思科有威胁的公司。这是当时作为一家不知名的公司,华为用多少广告费都做不到的。

第三剑:"人民战争的汪洋大海"

就在华为与思科的官司以和解落幕之际,华为与美国 IT 业的著名企业 3COM 的合资公司也正式启动,华为将以北京研究所为核心的数据通信的研发人员和知识产权注入新公司并占 51% 的股权,美国 3COM 公司投入 1.6 亿美元,占 49% 的股份。这是中国企业在对外高科技项目的合资上,第一次以纯智力作为资本占据 51% 的股份,自己不用掏一分钱,而让外资全部出资并只占 49%。2006年 3COM 又花了 8.82 亿美元将华为持有的 51% 买回,因为华为拥有数据通信产品的人和技术,所以三年的时间华为的股份价值从 1.6 亿美元到 8.82 亿美元增值了 4.5 倍,年复合增值率高达 77%。

北京研究所从 1995 年成立到 1997 年前,一直处于漫长的积累期,期间没有什么重大的市场成果。但是,任正非一直给予大力支持,投入巨大。每年投入 8000 万元乃至上亿元的资金用于技术开发,不惜冒"将全部鸡蛋装在一个篮子里"的风险,将所有的人力、财力、物力投入到数据通信这个技术密集、资金密集的产业中去,投到了"山高皇帝远"、管理上难以把控的北京研究所里。任老板是最懂得投资的老板,最懂得"知识就是财富",最懂得尊重人才、用好人才、做好人才的初期投资,再用人才大赚特赚的老板。北京研究所的数据通信业务部就是华为一个成功的"风险投资"。

思科从 1995 年起每年以 100% 的速度持续增长,这来源于其总裁钱伯斯在

1995 年确立的"全面收购"而不是自主研发的策略。通过收购，思科已经将触角伸到互联网的多个新兴领域，每年收购企业带来的利润占思科的 40% 以上。

华为则玩起了反向的"游戏"，通过与 3COM 公司的合资又最终将合资公司全部股权卖出，看似做起了"减法"，其实不然，这其实是华为在全球布局上用以对抗思科的意味深长的一步棋。

从某种意义上讲，任何公司想与思科竞争，不只是在与一家公司竞争，而是在与数百家活跃在硅谷的小公司竞争。思科是一家典型的技术型公司吗？不是！用个时髦的词去形容思科可能会更为准确：类金融型企业。思科持续 20 年每年以 100% 的速度增长，得益于思科成功利用美国金融市场的融资能力，通过不断地进行资源整合来实现增长，正如思科的总裁钱伯斯所称，"收购是刺激增长的有效途径"。思科是一家几乎从不自己开发技术的公司，思科对并购的精通远胜于其自主研发能力。通过并购，思科一方面将硅谷最先进的技术掌握在自己手中，并凭借自己强大的品牌和渠道力量推销出去；另一方面，思科从客观上消灭了自己未来的竞争对手。这就是思科著名的 A&D（并购与开发）策略。从这一个角度看，思科是一家成功的金融投资公司，一家聚集在互联网产业的金融投资控股公司。

任何要与思科竞争的对手，如果不能将思科的本质搞清楚，是无法与思科进行有效竞争的。华为如果像过去 20 年一样，靠产品研发从零开始做，市场开拓从零开始蚕食，是无法与思科每年通过大规模并购而取得的大量产品相抗衡的。因为这不是一个数量级上的竞争。

为此，华为开始开放自己，通过产业链的横向协作与并购来迅速扩大规模。与思科在企业（单位）商用市场的老对手 3COM 合作，这是产业链整合的一步棋。数据通信产品的市场分为企业商用市场和运营商市场。几乎所有的企业都会建立企业内部的通信网络，用于企业的信息化（企业内部计算机联网、收发邮件等应用），这个市场在全球范围内总的应用量甚至高于运营商的采购量。仅在中国，就有几十万家企业商用客户，也称为企业网市场。在全球，更是有上亿家企业网用户。依靠华为自己的力量，想要在短时间内在思科、3COM已经耕耘了20年的疆土争战，谈何容易。国际企业网市场与运营商市场有很大不同，用户多而散，不像中国只有三家运营商。运营商是集中采购的运作模式，这样搞定了中国移动总部，也就搞定了各省市场的移动，中国移动会统一用选中的设备在全国建设网络。短时间要开拓这样庞大的用户群必须借力打力。于是华为就借助了3COM的力，通过与3COM合资，将企业网市场全部让给3COM在全球去运作，而华为自己将重点放在运营商市场。

3COM数据通信网络设备的研发与销售主要在美国，3COM在中国的研发与销售主要由华为和3COM的合资公司（当时叫华为3COM公司）负责。2003年3月24日，合资公司成立后第四天，华为总裁Bruce在美国法庭上对否定华为侵权思科专利提供了对华为极其有利的证词。在欧洲，华为2004年正式与曾经的老对手西门子达成协议，通过给西门子做OEM，向西门子提供数据通信产品，在欧洲用西门子的品牌销售。在欧洲的一些展会上，华为甚至和西门子的员工一起参展，西门子以华为的技术作为其技术支撑而骄傲，而华为则以在欧洲能和西门子这样的百年品牌合作而自豪。昔日曾在中国的交换机市场上打得难解难分的老对手，在数据通信市场上却牵起了手，正应了一句话，"没有永恒的敌人，只有永恒的利益"。

与此同时，华为从来没有放弃与日本公司NEC的合作努力。日本公司勤奋而保守，跟日本公司谈合作周期很长，但是日本的市场很封闭，如果不能通过与日本企业合作的方式，那么是无法进入作为全球第三大经济体日本的市场的。华为与日本NEC的接触源于在3G手机上的合资公司宇梦，虽然是一个失败的合资案例，却让NEC公司全面考察了华为，使华为公司成为深受NEC尊重的中国企业，NEC的总裁甚至在公司内部号召向华为公司学习。在华为，从2000年起历经五年的努力下，NEC终于开始和华为在数据通信领域合作，由华为提供技术设备，NEC开拓日本的市场渠道，华为终于进入了日本市场。

在互联网安全软件上，华为与美国的赛门铁克公司在成都成立了合资公司华赛，各占50%的股份，采用的也是华为技术占股，赛门铁克出资的方式。（2011年年底华赛被华为全资收购。）

华为这一次的出招，是在互联网领域通过协作、合资、合作等产业链整合的方式，打造全球的进攻舰队，合力对抗思科。华为在互联网数据通信领域挑战占垄断地位的霸主思科的故事，直到今天仍在继续。

第四剑：做大蛋糕华为只拿1%

2008年2月，美国国会以3COM掌握美国国防部一项重要网络安全技术为由阻挠华为对3COM收购，华为宣布撤回收购3COM的申请。2010年美国惠普公司全资收购3COM含H3C公司。2016年5月紫光集团以220.84亿元收购华三51%的股份。

2008年年初，华为服务器业务独立运营，陈安虎任职华为软件公司商用计算领域总经理，主要负责软件公司商用计算领域产品和解决方案（主要包括服务器产品及数据中心解决方案）的中长期发展规划、研发以及在全球市场的拓展、供应、交付等端到端的管理工作。刚上任时基本上算光杆司令，但公司给的定位却是要对服务器业务本身的成功负责。华为服务器业务从研发、生产到销售、服务基本上是全部自主，从组建研发团队、供应链团队（包括生产和采购）、销售团队、服务团队开始，选择对华为公司全新的没有任何客户基础的互联网行业，慢慢突破巨人、百度、阿里、腾讯等BAT互联网优质客户，后来又慢慢突破电信、电力、军队、政府等其他领域，在短短三年不到的时间里，从零发展到3亿美元的规模。2011年，服务器成为华为企业业务第一大产品。每一年中国互联网界的双11大战中都有华为服务器的默默支撑，数据压缩卡和智能网卡深受好评。2016年华为服务器的出货量已达到全球第三名。

2011年，华为经过了出售H3C股权后的市场静默期，重新组织数据通信产品团队，开发有竞争力的产品，拓展渠道资源。

2011年3月，华为公司成立企业网BG，宣布重返企业网数据通信市场。这一刻，华为再次直接挑战思科利润最丰厚的部分——企业网。

作为企业网的新军华为面临以下强劲竞争对手。

- 数据网：华三、思科、Juniper、锐捷。
- 语音：中兴、Avaya。
- 视频会议：中兴、思科、Polycom8。
- 无线网：中兴、鼎桥、普天。
- 服务器：浪潮、联想、曙光、惠普、戴尔。
- 存储：EMC、宏杉、联想。
- 云计算：亚马逊AWS、微软Azure、谷歌GCE、IBM Softlayer。
- 阿里云云系统：Citrix、VMware、微软。

作为企业网的新手，在对抗思科和众多竞争对手的竞争中，华为企业网BG选择了生态竞争，通过"聚焦"和"被集成"战略，华为聚焦在自己的优势领域，将自己定位成一个产品提供商，由发展的合作伙伴去完成面向客户的交易。华为不仅全面让利于伙伴，80%以上的服务也由合作伙伴进行交付，这就使得双方的合作搭建在产品、技术、解决方案和企业文化等基础之上，形成了一种稳固的互动。

华为并不以利润至上为原则，更愿意将利益分享给伙伴。做大市场比做大份额重要；管理合作比管理竞争更重要。

在坚持"聚焦"和"被集成"战略的几年里，华为合作伙伴队伍数量呈现出惊人的增长态势，到2016年，华为在中国企业产单合作伙伴数量达6000家，2016年销售额超过1亿元的合作伙伴就有34家，金银牌总数超过了700家，分销业务快速增长，收入增幅超过65%。在广大合作伙伴们的全力支持下，华为在整个中国的企业IT市场取得了快速发展。

华为提出新生态，把更多的伙伴、更多的能量和更多的价值聚焦在一起，形成一种生生不息的有机循环，在数字化转型的时代，大家一起"因聚而生"。

为帮助合作伙伴成长，2016年华为成立中国合作伙伴大学，由四大学院组成，即综合学院、解决方案学院、服务学院和商学院。其中综合学院定位于使能合作伙伴人员的基础能力，这也是加速双方开展业务的基础；而解决方案学院则致力于精准提升合作伙伴售前解决方案能力和实战技能，以帮助合作伙伴培养更多解决方案专家型人才，从而获取更多的商业成功；此外，服务学院致力于合作伙伴工程师技术技能的全面提升，以职业认证、专业认证为能力提升的主线，全方位提供赋能培训，技术资料、工具支持等，旨在为客户提供高质量的服务体验。

华为每一年都举办生态伙伴大会（以前叫合作伙伴大会，全联结大会，2017年叫因聚而生——∑CO-Partner，生态伙伴大会），提出以"平台＋生态"双轮驱动来拥抱行业数字化转型。"平台"即是华为提供的各类ICT基础设施平台，"生态"则是在平台的基础上，通过各类商业联盟、产业联盟、开源社区等，聚合合作伙伴。在企业通信领域，华为所秉承的正是"平台＋生态"双轮驱动的生态战略。

2017年，华为面向合作伙伴发布了一站式企业通信云服务，为合作伙伴搭建了基于公有云的企业通信云平台，包括系列化云终端、基础设施、带宽、运营商号码及通话资源等。合作伙伴可以基于平台进行呼叫中心、视频会议、统一通信等云服务转售，或运营自有品牌企业通信服务，也可以基于华为提供的八大类原子API和行业场景化API将云通信能力嵌入行业应用，为企业提供更加丰富的创新业务。

华为在北京、深圳、苏州、杭州等地的开放实验室将为合作伙伴提供演示体验、培训认证、二次开发、对接测试等全方位技术支持，共同孵化有竞争力的解决方案，并在云上快速部署，开拓行业市场。

华为采取的"生态之道"是做大蛋糕、恪守边界、共享利益。数字化转型意味着巨大的市场机遇，可挖掘的市场空间很大，在激烈的市场竞争中抢占先机，赢得更大的市场份额，这是所有ICT厂商共同面临的课题。华为不"单打独斗"，而是在其强大的 ICT 技术和能力的基础上，通过聚合产业链合作伙伴，不断做大市场蛋糕。在华为打造的 ICT 生态体系中，华为始终恪守边界不越界，将自身定位于 ICT 生态的土壤和能量，坚持为合作伙伴打造生态平台，使合作伙伴实现数字化转型和价值提升。良好的利益共享机制可谓生态良性发展的保证，华为深知此理，公开宣布：在数字化转型的巨大蛋糕中，华为只拿 1%，其他都是伙伴们的。

华为从零开始，先通过与客户联合开发接入服务器攻思科于不备，单点取得突破；然后又发展到向客户提供互联网"可盈利"的解决方案，改变游戏规则，取得中国高端路由器市场的胜利；继而发展到在产业链上组建联合"舰队"，与昔日的竞争对手联合，合力对抗思科；最近又提出发展合作伙伴共同做大蛋糕、华为只拿 1% 的行业推动策略。华为的进攻策略值得参与国际化竞争的中国企业学习。而思科对于华为，既是竞争对手，也是令华为不断寻求突破的"老师"。来自领军中国 IT 业的华为在挑战和对抗强大的领军美国 IT 业的思科的过程中，不断地积累了其核心竞争能力，锻炼了在全球市场立足和生存的能力，开拓了一条从中国走向世界的创新发展之路。

小结

华为与思科是两家沿着不同路线均获得成功的企业，华为走的是完全自主研发、多产品多领域齐头并进的路，而思科主要靠资本运作及并购获得快速发展，聚焦在互联网设备领域。华为一开始进入数据通信领域，就遇到了门槛很高的国际级竞争。华为对思科从一开始是仰视和学习，逐步进入到同台竞技，最后到平分中国市场。世界级的高科技并不在于它有多难，而在于企业敢不敢一点一点地去做。只要想做，并相信自己能成功，那么企业就有机会做成功。

| 第五篇 |

华为怎么度过冬天

RESEARCH & DEVELOPMENT
OF HUAWEI

| 第 16 章 |

警示：巨人倒下时身上还有温度

引言

"帝国"崩塌之前往往企业是公司一片好、一片喝彩、一片对的好消息，原因是厚厚的官僚层挡住了视线，让企业看不到市场面临的竞争压力，已经显露出的各种危机苗头，企业反应迟缓无法适应快速变化的外部市场。2001~2002年华为陷入停止增长首次出现负增长的局面，华为的冬天出现在1996~2000年华为关键的高速发展期。这背后深层次的原因是什么？华为如何在陷入低谷和混乱中重整旗鼓？企业一把手是公司最大的风险，老板如何能管好自己？

任正非失误成就神一样的对手

UT斯达康成立于1995年，公司总部位于美国硅谷。

2000年3月3日，UT斯达康在纳斯达克证券交易所上市，发行股票1000万股，每股发行价18美元，共募集资金1.8亿美元。

2001年12月，UT斯达康实现全年销售额6.27亿美元，员工总数2300

人。2001年，PAS无线市话持续稳定地增长，至12月底，用户超过300万，遍及全国20多个省，200多个城市及乡镇。UT斯达康PHS"小灵通"无线市话成为家喻户晓的新兴通信产品。

2001年11月，UT斯达康公司在2001中国国际通信设备技术展览会上首次推出了第三代移动通信产品。UT斯达康现场开通了3G-WCDMA网络，是全展会唯一提供端到端3G解决方案的厂家。

《商业周刊》2002年度全球IT企业100强评选中，UT斯达康公司被选为成长最快的公司之一，是唯一入选的电信设备公司。

2002年6月底，UT斯达康的小灵通有901万用户，无论PHS小灵通的网络设备还是手机终端，均处于绝对垄断地位。2000~2002年的三年，因为小灵通的迅速走热，UT斯达康公开披露的财报平均利润率是324%！

而与此同时1997年就打通了第一个GSM电话的华为无线，在中国市场由于各种战略失误导致只有西藏这样的偏远省份才有总共几万无线用户。而华为为此付出了几十亿元的研发投入。

UT斯达康的市场成功源于几个方面，处处都体现着华为的失误。

（1）从贴近用户需求分析。中国电信有大量的闲置交换机，固网利用率极低，通过PHS无线接入可以尽快实现无线放号。而中国政府又迟迟不能给中国电信放开无线频率资源和经营牌照，因此利用中国电信的交换机，依附于现有的网络资源传输和交换资源还有铜线资源，发展无线接入，是各地电信局的迫切需求。

这一点各地电信局已多次向华为领导当面谈过，但是由于华为已投资巨大在GSM及3G设备上，一再无视这项需求，总在等待国家正式给中国电信下发无线牌照、正式启动大规模无线建设那一天。

固话业务已经没有利润增长点，1999年开始各地中国电信选择了UT斯达康的PHS作为老城市扩容的重要方式，PHS成为各地电信局对抗移动、联通的重要竞争武器。由于是各地自己投入建设上的系统，不是国家层面投资普遍建设，各地电信局可以灵活掌握资费，PHS价格低廉，放号灵活，因而发展迅速。

2000年5月，UT斯达康的PHS只有几十万用户，2002年6月，已发展到901万用户；2001年年底上了UT斯达康的PHS的城市是196个，而2002年6月已达到237个城市，仅浙江就有155万用户，福建有150万用户。

而2002年华为在全国的无线用户也只有20多万，全部分布在西藏等偏远地区。

（2）端到端整体技术的优势，全产业链技术掌控。UT斯达康发展的PHS，华为内部的一致看法，认为其是落后技术，一句话看不起。但是UT斯达康迎合了一个技术领域的重要发展趋势：低成本地实现端到端的业务承载。

最初UT斯达康是从日本引入的PHS系统和手机终端，主要与三洋和京瓷合作。但是很快UT斯达康发现日本厂家成本太高响应太慢，便消化技术研发生产了PHS布网的全套设备：PHS手机、基站、软交换、网络接入设备，以实现端到端的业务承载和大幅降低成本。

UT斯达康的PHS为进一步降成本和把供应链掌控在自己手上，连芯片都实现了自主研发和生产（基于东芝芯片的技术和支持），进行了全产业链核心技术的布局，大举投资PHS相关技术和核心器件。

UT斯达康的PHS网络设备和手机端甚至可以实现类似2.5G的日本i-Mode的增值服务，在64K的高速无线网络平台基础上，用户可以收发电子邮件、短消息，浏览和下载各类新闻，下载铃声、图片。

由于UT斯达康的自主研发技术的消化，在短短的四五年时间使将PHS放号的每用户成本4000元下降到1000元，使PHS能低成本地快速建设和放号运营，迎合中国市场需求：快速放号发展，让电信运营商能快速获得收益。客观上推迟了中国3G牌照的发放，令已累计投入3G技术几十亿元的华为损失惨重。

（3）宽带接入、软交换、3G技术的大举投入和发展。在PHS上获得丰厚利润的 UT 斯达康在宽带接入、软交换和 3G 上也开始做大手笔的投资，并获得快速发展。

2001 年 7 月，UT 斯达康公司在纳斯达克股市进行了二次融资，融得资金约 11.6 亿元，UT 斯达康手握现金 40 亿元。

2001 年 12 月，UT 斯达康公司收购 ACD 公司，是一家美国专门从事 LAN 和 IP 交换芯片设计的公司，以加强宽带产品的竞争力。

2002 年初 UT 斯达康的 WCDMA 设备 100% 通过了信息产业部组织的测试，加入跟华为主力产品的竞争。

2002 年 9 月，根据全球知名的 Synergy 研究集团（SRG）公布的研究报告，UT 斯达康的宽带接入 DSLAM 产品市场份额居全球第二位。

2002 年 9 月，全球知名的 Infonetics 公司发布统计报告，UT 斯达康软交换产品全球市场份额第一，进一步证实了 UT 斯达康的下一代网络产品（NGN）的领先优势。

（4）运营模式和商业模式的成功。当时华为是只做产品和设备的公司，但 UT 斯达康采取了以客户为导向的灵活参与运营的模式，实现了真正的以客户为导向。

早期 PHS 在中国面临极大的政策风险，UT 斯达康专门发展了一个做政府关系的部门，由吴鹰亲自带队负责，进行各种有利于 PHS 的文章编写和政府攻关。

多数 70 后 80 后都读过一本小学生科普小说《小灵通漫游未来》，UT 斯达康就用"小灵通"作为品牌到处宣传，使其朗朗上口容易传播。

为了帮助中国电信进一步开拓 PHS 市场，UT 斯达康设计了"闪电行动"进行推广，还专门为农村制订了"星火计划"，其战略是：立足于提高农话普及率，让小灵通利用本地交换机的资源，使手机能在网络覆盖区内自由通信，并满足用户在乡、镇、市之间漫游的需要。

UT 斯达康还专门成立了一个 60 人之多的市场推广部，帮助运营商做市场推广。一个地方要开通 PHS，UT 斯达康的市场推广部先开进去做市场调查，研究当地人的消费习惯、消费心理，甚至具体到哪些机型、手机的颜色最受欢迎，然后把报告提供给当地运营商，包括整套针对普通消费者的宣传资料，如绿色手机，话费便宜等。UT 斯达康发展了专门的一整套从建网放号成本分析，到对消费者宣传的端到端的整套资料。

小灵通在一个地区经过爆发性的增长后，到一定程度滞销了，UT 斯达康就会把别处运营商的推广经验向他们介绍，甚至还会出钱帮助运营商促销。

通过协助宣传运营的模式，UT 斯达康形成了多地典型的商业模式成功的运营案例，然后向全国推广。比如 UT 斯达康大举宣传其承建的台湾"小灵通"在台北市已经发展了 33 万的小灵通用户，数据和增值业务收入达到收入总额的 13%。而台湾 GSM 运营商的数据和增值业务收入还不到收入总额的 1%。又比如 UT 斯达康在农村采取只要 50 人签名同意就可以发 PHS 号的模式的方式，实现在农村的运营模式：基站的成本只有固话网络的一半，单向收费、市话价格既满足当地农民的需要，又可为运营商带来一大批移动用户资源。

通过这种强化"PHS 的投资两三年就获得投资回报"的成功运营商业模式案例，UT 斯达康深受各地中国电信运营商欢迎。各地运营商感觉 UT 斯达康是和他们在一条路上的，帮助解决市场经营的共赢的合作伙伴。

华为的产品人员却只是在各地僵化地宣传自己无线产品优势，固守产品和技术公司的硬风格，不能切入运营商的经营帮助其解决实际痛点，一味地推销产品。

UT 斯达康最幸福的时代就是华为无线和华为公司最痛苦的日子。2001 年全年的财报显示华为出现 1988 年创立以来首次停止增长的局面。

比知识更重要的是想象力

1940 年，好莱坞女演员海蒂·拉玛和作曲家乔治·安太尔受到音符组织方式的启发，推测可用多个频率发送一个无线电传输信号。这种称作"跳频"的方式，可以避免无线电信息受到阻塞。他们为此技术起名为 CDMA 并申请了专利，将它作为军用技术捐献给美国政府，希望对第二次世界大战有所帮助。但是并没有引起美国政府的重视，最终这项专利过期。

1985 年，著名的芯片公司英特尔突然发难，中止了与 AMD 公司五年前签订的技术合作协议，独家生产 386 处理器，开启了英特尔稳居全球芯片龙头的时代。但是，令英特尔所料不及的是，在 1985 年也有一家主要通过大范围地技术授权获得比其更丰厚利润和更强创新能力的无线通信巨头芯片公司诞生，而后者代表着一种全新的商业模式，令英特尔后来痛失进入无线通信芯片的可能性。

1985 年 7 月，在圣迭戈城欧文·雅各布斯博士的家中 7 位创始人最终达成一致，决定创建"高品质的通信"（Quality Communications），公司初创在一家比萨店中。创业时他们 7 位的想法就是将 CDMA 技术应用于民用领域，因为 CDMA 技术拥有保密性好、话音质量好，抗干扰性强等优势。

1988 年 10 月，高通签下第一份合同：用卫星通信技术来追踪卡车的位置，同时将数据传输到总部。在完成这项技术开发时高通发现公司不能只出售产品，因为那样客户是无法运营的，必须要提供一整套的解决方案，同时也要为市场广告和销售端提供卖点，这样才能说服客户使用他们的技术和设备。从此，高通完成了不仅是一家技术开发公司，更是一家商业模式和运营模式输出的公司的转型。

高通当时不是唯一一家拥有 CDMA 技术的公司，但是却是最快进入商用的公司。为证明 CDMA 的技术可商业性，高通花费巨资在美国圣迭戈做出了演示系统，邀请各地的运营商来此观看：几十辆面包车载着高通自己做出来的手机和基站——还是一些巨大的盒子，在圣迭戈奔驰，证明"CDMA 可以打通电话、CDMA 高速移动不会掉线、CDMA 的容量比 GSM 大 3 倍到 6 倍"。

1989 年高通获得旧金山太平洋电话公司百万美元订单，成为第一个 CDMA

商业化局。

1876年，在美国的贝尔公司已经开始制造并销售电话机时，瑞典的一位天才工程师爱立信跟他的妻子及合伙人创办了一间小型的工坊，后来发展成欧洲最大的通信巨头爱立信。

1969年，北欧移动电话集团（NMT）成立，目标是建立全球第一个全自动、跨国、蜂窝式的电话系统，用于连接丹麦、芬兰、挪威、瑞典等北欧国家。爱立信成立无线部门并参与了这项工作。1980年，爱立信在沙特拿到了全球第一单移动电话系统的合同。订单还是手写的：本人在此订购一个移动电话系统，将覆盖吉达、麦迪那等地，并外加8000部移动电话。爱立信在沙特展示的第一部手机是用木头做的，拿到订单后才全力以赴研发生产。

无线通信巨头诺基亚的历史始于1865年采矿工程师弗雷德里克·艾德斯坦建立的木浆工厂。1902年诺基亚增加了一个电缆部门，1960年诺基亚建立了诺基亚电子部，研究无线电传输问题。1982年，诺基亚生产了第一部北欧移动电话网移动电话Senator。

移动电话在20世纪80年代获得进一步发展，但是没有漫游功能。20世纪80年代的欧洲国家，由欧洲运营商和众多欧洲厂商制定GSM标准，1990年第一版GSM标准完成。1991年芬兰Radiolinja成为第一个商业运营的GSM网络，由诺基亚承建，全球第一通GSM电话用诺基亚的移动通信电话打出。经过短短两年，全球就已经有48个国家的70个通信运营商建立了GSM网络，GSM成为全球二代移动通信的主流标准。

支持GSM手机的厂家有摩托罗拉、诺基亚、爱立信、西门子等通信巨头企业，他们不断在推动手机外观更具吸引力，重量更轻。

高通的竞争对手，不仅仅是爱立信、诺基亚、西门子这样的网络设备巨头，还有他们身后实力雄厚的欧洲地区的技术联盟：3GPP标准化国际组织，以及遍布全球的GSM运营商。这其中涉及几十家世界500强公司和欧洲地区多个国家的利益。

运营商采取哪种的无线通信制式，看的是技术成熟度、历史应用情况、与之相配套的厂商的规模和实力，这些都是高通 CDMA 所不具备的。

高通开创了多项世界第一的创新，既有全球技术领域的创新，更有大量的商业模式创新、运营模式创新。通过商业模式创新，高通创造了通信史上最快的发展奇迹，为全球通信带来深远的影响。高通也成为横跨移动通信、芯片两大行业，十年间一跃成为世界 500 强巨头的超成长科技创业企业。

1. 开放技术扶持产业链生态

1980 年，荷兰电信运营商希望爱立信供应交换机，由摩托罗拉提供基站。摩托罗拉是当时全球最大的无线通信设备供应商，爱立信根本不能与他们匹敌。

爱立信的总裁加入了谈判，并提出以下要求：爱立信想要提供整个网络建设，不让摩托罗拉参与。如果对方不接受这个条件，就不供应 AXE 爱立信交换机！爱立信的交换设备技术成熟，业务遍及全球 135 个国家。

荷兰电信运营商最后屈服，采购了爱立信的基站和交换机系统。从那时起，爱立信成为了一家端到端提供全面的无线通信提供商——从基站到交换机以及手机终端，形成一种封闭式的强硬风格。

在承建旧金山太平洋电话公司的 CDMA 网络过程中，高通解决了功率控制等技术难题，并把手机、基站、测试设备、软件工具和芯片，辅助工设计工具等整个 CDMA 网络所需要的所有设备和产品都开发出来。

高通放弃了产品的制造和销售，任何厂家只要愿意出钱都可以买到高通的 CDMA 技术和授权，这极大降低了 CDMA 的整体进入门槛，降低了整体 CDMA 的运营费用，推动了手机终端的多样化，同时让政府更愿意采用 CDMA 技术。高通在全球范围迅速扶持数百家企业发展 CDMA 技术和产品，用包围爱立信等几位欧洲巨头的垄断和封闭，推动产业链迅速成熟。

为吸引一些刚刚拿到无线牌照的小运营商上 CDMA 系统，高通还推出了分期付款等灵活的经营模式，以降低其综合建网成本。

高通的策略在亚洲获得欢迎和支持，1996年高通说服了韩国政府：移动通信不仅仅包括运营业，也包括制造业，是一个生态系统，从发展国家移动通信产业的角度考虑，选择CDMA这样在全球范围尚未得到大范围应用的领先新技术，加上高通的技术输出，过去毫无积累的韩国企业可以迅速借此进入全球无线通信市场，进行产品和运营输出。选择GSM这一成熟技术，韩国企业跟爱立信、诺基亚等几家巨头实力相差太远，就算在韩国赢得了订单，离开韩国也毫无作为。

韩国成为世界上第一个大规模部署CDMA系统的国家，韩国运营商SK电讯成为全球领先的CDMA运营商。韩国企业在五年的时间里给高通交纳了上百亿元高昂的专利授权费，拉动了三星、LG等数百家曾经在无线通信领域毫无积累的企业，迅速成为全球无线通信的领军企业，拉动了过万亿元的销售额。

为CDMA在下一步全球竞争中获得更多支持者，1999年初高通彻底把手机卖给了日本京瓷，将基站卖给了爱立信，这是为撬动日本和欧洲CDMA市场的布局。

1999年，高通的股价从不到7美元上升到了176美元，涨幅达25倍之多。

高通的开放技术和扶持当地厂商形成产业链生态的做法，引起了中国政府的注意。由于GSM网络设备在中国长期处于被爱立信诺基亚等三家国外巨头垄断的处境，中国政府有意学习韩国通过引入CDMA新技术扶持中国企业。中国联通当时与中国移动的竞争处于较大劣势，也需要借助在韩国大获成功的CDMA技术开展差异化竞争。

2000年2月16日，中国联通与高通签订了关于CDMA知识产权的框架协议。联通宣布：将利用高通公司的窄带CDMA通信技术，于2000年底建立一个覆盖全国、可容纳1000万用户使用的移动电话网络；中国制造企业在得到政府CDMA终端和系统设备生产许可证后，可以按照此框架协议确定的原则和程序，与高通公司签署具体协议，并享有协议给中国企业的优惠待遇，在国内生产和销售产品，还可以出口。

2001 年 3 月，中国联通的 CDMA 项目启动 200 亿元进行网络建设，并宣布此后五年内，因 CDMA 引发的网络建设、手机终端和服务市场加起来将会达到 5000 亿元。

中兴通讯在网络设备及手机招标过程中都获得较大份额，大唐、普天、TCL 等中国企业 CDMA 手机获得比较多的机会，韩国的三星和 LG 在 CDMA 手机上获得不菲的销量。

华为出现重大决策失误：此前一直押宝在 GSM 设备上，直到联通 CDMA 招标已近，才匆匆上马，结果在 2001 年一期招标及 2002 年二期招标上均吃零蛋。

2. 创新增值业务，建设开放式业务平台

2001 年高通创始人的儿子保罗·雅各布博士创建了高通无线与互联网部门，同年高通推出了名为 BREW 的无线增值业务平台，也称为 CDMA 无线互联网发射平台。

BREW 可为无线数据服务提供的一整套端到端的解决方案：安全性比较高，覆盖面广，CDMA 90% 的手机都能支持 BREW，但是 GSM 的低端机就不具备 JAVA。低端 CDMA 手机上直接就能预置 BREW，然后开通 BREW 服务器侧的业务如应用下载、彩信、互动业务、短信增值业务等，全球已有超过 50 款 BREW 手机面市。但是 GSM 阵营要开通类似增值业务就难得多，支持的手机很少。

在 2005 年 7 月接任高通总裁后，保罗·雅各布将整个高通的重点转向了无线与互联网业务。

GSM 阵营要全网开通一个无线移动数据业务，需要爱立信、诺基亚等几个巨头厂商网络设备和手机终端都要做相应的开发，开发周期很长，开发完成后还需要这几家进行对接联调等，开发周期和工作量很大。

高通可以通过中立的业务平台对 CDMA 产业生态中的所有设备和手机终端公司提供统一的业务，形成统一的标准并提供技术支持，使运营商移动增值业务的开通时间大为缩短，减少了业务开通的成本，这对竞争激烈市场环境下的小运营商有很强的吸引力。24 个国家的 37 家商业运营商推出了基于 BREW 的无线应用服务。

创新增值业务驱动运营模式先人一步，这是高通从创业之初就致力于发展的核心能力，是有别于传统芯片企业的地方：传统芯片企业处于产业链最下游，处于被动接受需求的状态；高通则可以牵引行业的发展。

1998 年高通分拆出去一个叫"Leap Wireless"的公司做 CDMA 运营。该公司迅速成长，很快占据美国无线本地环路 1/4 的市场，几年间拥有数亿美元的市值。

过去单纯使用卫星定位，不仅定位需要的时间长，误差也一度达到 100 米左右。1998 年高通发明了 AGPS 辅助定位功能，把卫星定位和通信运营商地面的基站定位结合，提供更快更精准的定位——几秒钟内就可以精确定位，误差缩小到不足 1 米。辅助定位功能此后成为手机的一项基本应用，打车、导航都是基于此。

1999 年，ITU（国际电联）正式认定 CDMA 为 3G 行业标准之一。

为了推动 CDMA 面向消费者业务应用的多样化，高通在手机终端上也做了大量的业务应用的推动。2000 年，高通保罗·雅各布专门到硅谷去见乔布斯。在等待见乔布斯的空隙，他借了一些胶布，把自己的手机和掌上电脑绑在一起，对乔布斯说：你应该做这个东西。乔布斯说："这是我听过的最愚蠢的想法。"保罗·雅各布没有灰心，又跑到隔壁的 Palm 公司，演示这项创意。对方说：这个主意太好了。之后 Palm 与高通合作生产了这部智能手机，在北美市场出售了几十万部，推动了 CDMA 在美国的普及。

2003 年，高通投资 5000 万美元与中国联通合资成立联通博路公司，利用 BREW 平台的终端应用，加大在中国专利授权力度，并巩固其 CDMA2000 生态链。

高通还对网络承载业务与内容领域进行投入，除了建立互联网服务部，还建立了无线业务解决方案部、数字媒体部等。高通开发出支持各类媒体应用的内容处理、传送和管理技术，牵引移动通信领域日渐兴起的多媒体潮流。2004年11月1日，高通宣布耗资约8亿美元建设一个覆盖全美的高速无线媒体网络，为手机用户传送视频和音频节目。这刺激了网络向高速无线的技术演进，进一步加强了高通与移动服务运营商的合作，而建网投入则由高通与多家运营商和终端设备制造商进行谈判、讨论。

3. 一流企业卖标准卖专利

高通每年把销售收入的25%左右投入研发与创新，且高通的研发十分聚焦，主要在无线通信领域底层研究，这样高通不断先人一步在无线通信底层取得新技术，然后再专利化转让销售。

高通公开卖的是知识产权，创造游戏规则，帮助更多的企业进入CDMA领域，把这个圈子扩大，让CDMA成为一个大生态圈，让自己的收益最大化。高通推动CDMA生态圈的全部角色：芯片、软件、设备、运营、手机，成为CDMA生态圈的使能者：机会创造者和营销者。整个生态圈的从业者越多，高通的收益就越大。高通使自己的专利成为标准，所有这个生态里的从业者都必须在遵守此项标准的同时为高通付专利费。高通出售的专利既包括高通自己研发的专利，还包括高通IP团队通过交叉许可纳入到高通专利组合中的第三方优质专利。

高通2/3的利润实际来自无线技术授权，目前市面上出售的几乎每一部智能手机都要向高通支付专利使用费。

三流企业卖力气，二流企业卖产品、一流企业卖技术，超一流企业卖标准。高通活在企业发展的最高层次上。

中国企业对技术标准一直不甚了解也不甚重视，中国过去注册的专利往往是低附加值的，大多附着在产品上，这样的专利并不是标准。只要别人注册了一种标准，就自然比你高了一个层次。当专利被概括成为别人标准之下的某个特例，价值就大打折扣。

4. 高通税

在芯片销售方面，高通主要通过产品预订方式直接销售，而不通过代理。由于高通芯片在性能及专利授权的优势，芯片处于供不应求的局面，常出现断货。因此，高通在芯片定价权方面具有绝对话语权。这也是高通高额垄断利润的来源。

对于手机厂商而言，高通的专利授权策略无疑是一项沉重负担：它们既要购买芯片，又要为底层技术买单。

5. 及时换跑道确保与时俱进

高通赢得了 CDMA 的全面胜利，CDMA 全球份额 20%，用户已经突破了 2 亿。但是高通税的模式也被业界广泛谴责，其他厂商开始联手希望能尽快演进到 3G 对抗高通，为此爱立信把收购的原高通的 CDMA 基站设备公司关闭掉。

GSM 与 TDMA 两大阵营则联合起来开发了 WCDMA（宽带码分多址）的新技术，可以同时传送话音与图像，并使移动电话用户能接入互联网。

高通把公司对 WCDMA 的投入形容为第二次赌博："我们的确是在拿公司赌博，如果 CDMA 失败了，高通就会垮了；现在我们把大量资源投入到 WCDMA 业务中，这场赌博一定会获胜，因为我们相信没人会比我们更了解 CDMA。"

高通开始在各种场合强调自己对 WCDMA 的重视，逐渐取得了一些运营商和设备商的认可。2003 年，高通推出了第一款 WCDMA 多模芯片，支持 HSDPA/GSM，成为业界第一家把 HSDPA 下一代 WCDMA 增强型解决方案（下行数据业务速率提高到 10Mbps）融合到芯片组中的企业，至此开始了高通在移动设备 3G 芯片中的统治地位。

主导 WCDMA 标准制定的诺基亚、爱立信等不得不向拥有 WCDMA 专利更少（但拥有最核心专利）的高通缴纳专利费，高通赢得了这场赌博的胜利。

过去 30 年高通每年有 25% 的销售收入投入研发，2016 年研发投入 51 亿美元。这是高通技术领先全球，能持续垄断利润的原因。

盲目骄傲自大导致华为的冬天

1997年无线产品线在推出 GSM 系统的同时，也向公司申请研发 GSM 手机，以避免之前发生在 ETS、DECT 上的因缺少手机配套导致系统的推广受阻，但遭到任正非的坚决反对。同年，国家为了发展自主的知识产权手机终端项目，主动请华为做手机终端的自主研发和生产，给华为公司 GSM、CDMA 手机的生产、研发、销售牌照，也被任正非坚决地拒绝。

1998年8月北京研究所成立无线一部，跟系统做配套的现场测试，代号U1，北京研究所对 U1 项目组投入很大，其中通信协议栈需要通过一些途径才能搞到。U1 项目组研发人员在实验室用一台计算机模拟 3G 手机上的各项应用，跑各种协议，与 3G 的基站网络设备对测协议和功能。

2002年第一部跑 3G 协议的华为 U1 终端原型机，在上海金茂大厦与 3G 基站联调成功。但在华为公司自主研发手机以及手机产品的生产和销售上，任正非一直反对意见。无线业务部立项手机项目的报告，经不同的负责人连续六年轮番报上去，全部被否定。

当时全球只有日本的 DOCOMO 才有商用的 3G 手机终端，中研部按照任正非的意见，采取了和日本企业合作的策略。2000年6月，NEC、松下与华为公司三家在上海成立合资公司宇梦通信，NEC 和松下两家公司各持股47%，华为持有另外 6% 的股权。但日本公司不愿将核心技术注入，宇梦既无研发又无生产，只在 3G 业务的演示上起到象征意义。到 2002 年，华为花了5000万元希望通过合资方式求终端的技术最终告负。

3G 手机终端的缺乏直接影响了 3G 技术在中国和全球的推广。3G 系统设备做出来了，没有配套的手机，运营商也无法规模启用。

1999年，UT 斯达康和中兴通讯在 PHS 小灵通手机上面发展得迅速，成本 300 元的 PHS 手机一度批发价卖到了 2000 多元，在北京等市场 PHS 手机一度火得要托关系才能买到。UT 斯达康和中兴通讯在 PHS 手机上的利润已占公司整体利润 50% 左右。

国内的 GSM 手机厂商通过 OEM 等方式赶上了中国 GSM 手机市场井喷的机遇，到 2002 年 TCL 的 GSM 手机年销售额达 100 亿元，利润达 15 亿元，而整个 TCL 集团当年的利润也只有 18 亿元，手机业务贡献了 TCL 集团利润的 80% 以上；康佳、波导等手机项目当年也取得了几十亿元的销售业绩，手机项目作为中国通信产业的新机会点已正式得到确立。

步履艰难的华为令任正非开始反思对终端项目的固执。2001 年三季度任正非在发表"2001～2002 年公司管理十大要点"的会议上，向参会的全体高层干部道歉，承认自己过去在三个项目上犯了决策失误，一是 CDMA，二是 PHS，三是手机终端。三大决策失误全在无线领域。

2002 年一次任正非电话会议说：能否搞出 1000 元的 3G 手机。应着任正非为手机终端松的这句口，无线 CDMA450 产品线分出一组人做 CDMA450 固定台（固网终端）。2002 年本在上海配合 3G 系统做测试的 U1 项目组也分出一部分人员回北京做固定台，吴世敏是负责人，硬件是杨春旭，软件是方飞。华为 CDMA450 固定台第一个局是在云南玉溪。固定台虽然里面有手机的各种协议，但是还不算手机，固定台的外观就像是一部电话机，比手机的尺寸大很多。

CDMA450 俗名大灵通，高通花了几百万美元做了一个 450M 的芯片，是解决用户分散地区通信的最佳选择。因为华为 CDMA 全线败走，所以华为 CDMA 研发只能转向 CDMA450 技术，指望通过差异化缝隙市场的方式获得中国市场的应用。有一次时任国家主席胡锦涛视察华为，批示西藏保留。因此西藏成为华为无线最重要的局点，那时西藏是联通、移动都没有信号的地方，只有上了华为 CDMA450 的地方才有信号。

2000～2002 年，华为公司因痛失 PHS、CDMA、手机当时的三大通信增长点，以及IT泡沫破裂后带来的通信设备投资萎缩，而首次陷入增长停止期。2000年华为销售额220亿元，2001年外部形势急转直下，2001年三季度整个华为公司的销售额仅有数千万元，华为突然陷入巨大的危机。2001年销售额225亿元，2002年销售额221亿元。2001～2002年华为陷入停止增长甚至首次出现负增长。

一家企业在小的时候通常都会同仇敌忾，众志成城，但是当有些成功之后，就会飘飘然，甚至盲目骄傲自大违背发展规律做事，整个公司管理层对危机视而不见，最终导致影响到公司存亡大危机产生。

高通在全球无线通信领域的快速崛起，代表着一种牵引客户需求商业模式和运营模式、发展产业链生态与技术创新相结合的综合发展模式，这是突破通信巨头防线的成功模式。而UT斯达康是在中国市场通过牵引客户需求，在运营模式和商业模式的突破，通过拷贝和引入日本成熟产业链而实现对无线通信市场的突围。

但是那些年，华为在固定网络的迅速崛起已使其看不到整个通信网络发生的巨大模式变化，华为的无线还一直死守产品性价比的单一模式，缺少商业模式和运营模式的突破。

没有人敢纠正任正非的决策失误，除非任正非在教训面前想明白：华为公司靠一人决策的模式，已走到了尽头。从华为公司成立起，任正非带领年轻的队伍，在商场上身经百战，战无不胜。任正非对于华为公司，已实现了"政""教"的统一。"政"是指任正非拥有华为公司最高决策权，可以力排众议，独自决策；"教"是指任正非早已在华为树立起精神教父的作用，华为人对任正非早已形成盲从心态，任正非说的一定对，如果自己觉得不对，请检讨你自己。这种"政""教"统一的企业家管理模式，在创业期能把全公司的人才和心智凝聚在一起，朝一个方向使力，众志成城。

当华为公司已结束了创业期，在所进入的产业领域形成了一定的优势地位，全公司已有几百个、上千个项目在运作时，决策权集中于一人身上，就不可避免地出现各种弊端。一段时间，华为的中高层已形成凡事，事事上报，一直报到任正非处，老板发话了，再开始快速执行。老板不吭声，谁都不敢动，事情宁可先放着，也不能主动犯错。像手机终端、PHS小灵通、CDMA这三个项目，如果任正非不重新决策，是没有人敢再启动。

比业务停滞更可怕的是优秀人才以抱团的方式快速流失：1996～2000年，是华为关键的高速发展期，年销售额从26亿元仅用四年时间就达到220亿元，2000年时企业上上下下因业务高速发展而产生的骄傲情绪达到了顶峰。2000年华为销售收入已做到接近220亿元的利润，以29亿元的净收入位居全国电子百强首位。任正非错判形势，在公司层面启动鼓励员工内部创业的运动：华为公司赠送与内部创业员工在华为拥有股票数量相等的网络设备以示支持，同时用净资产价格回购员工手中的股份。

1999年启动的内部创业计划，原希望用丰厚的条件诱惑走手中有着不菲股票已丧失奋斗精神的沉淀层，却没有想到沉淀层没有能力离开华为创业，优秀的业务与技术骨干反成为内部创业流失的主体。

2000年，李一男响应号召"内部创业"，带着从公司价值1000万元的设备，创立北京港湾网络有限公司，并以华为企业网产品高级分销商的身份开始销售。

任正非为李一男举办了盛大的欢送会，李一男感谢信"绝不做华为敌人"的讲话稿还没有在内部学习完，李一男就带走了200多人的业务与技术骨干，在不到一年的时间推出自主知识产权和品牌的全系列交换机，成为华为在数据通信领域最强劲的竞争对手。

华为的无线深受重创，但是流失人员最多的却是在交换接入数通产品线。这些研发骨干对公司失望，觉得公司正走向僵化，内部层层汇报决策缓慢，内斗激烈，失去了早期锐意进取新技术的激情，再待下去已无用武之地。2000～2002年仅华为主力产品线交换机接入网数通人才流失数百人，都是产品线高管、产品经理、技术负责人、技术骨干等优秀人才。

华为的冬天，其实是华为管理层在经历了高速发展后骄傲自满，开始故步自封，已经听不到炮火（客户需求），看不到敌人（竞争对手）。在技术和业务发展上，企业内部一切唯上，为怕得罪领导而不敢说真话，不敢报实情，为迎合领导搞大跃进口号式地激进目标，无视危机四伏的实际市场环境。勇于直言、提出竞争优势消失预警的一线员工和干部则不受欢迎。

公司总是倾向于强化之前拥有的在交换接入和传输上的固有窄带优势，忽视高通、UT 斯达康所代表的新业务模式新技术的迅速发展。公司领导层对华为竞争力的落后已视而不见，人人都具有优越感，大家一起对外界的危险渐渐麻木，直到公司陷入危机。

行业之间的界限正在迅速模糊，这会让企业遭遇意想不到的竞争，那些像神一样迅速出现的对手可能是过去闻所未闻的。华为的冬天既是内部盲目骄傲所致，也是新冒出来的竞争对手不按常规出牌，迅速抢夺了华为的粮食所致。

在骄傲自大，已看不到商机和竞争对手时，华为的冬天就必然到来。竞争是如此惨烈，华为也曾遭受重创甚至差点关门。

老板勇于认错公司才能有救

2001 年 10 月，任正非在上千人的干部会议上主动承认自己过去这些年犯了三大决策失误，并发表著名的讲话"华为的冬天"。那是华为销售收入和士气最低迷的时候，任正非没有再自欺欺人地捂盖子，而是主动把盖子揭开，告诉大家我错了，现在整个公司怎么一起过冬。

在场人员都为之动容，一家企业出现失误是正常现象，但最高领导人能本着实事求是的精神去公正评价事情，主动反省自己的问题，这是很多盛名之下的企业家很难做到的。

很多公司，一遇到业绩下滑、失败的情况，老板首先把失败的原因归罪于基层干部和员工，让员工去担责任。老板不换，手下的高管走马灯似的几乎年年都换，理由都很充分"业绩不好"，也许这种公司的老板应该尝试"换"一下自己，把决策权彻底下放试试看。

华为公司最优秀的品质，就是擅长在失败中学习。任正非作为中国最杰出企业家之一，身上有诸多优秀品质，时刻主动反省自己、满怀危机意识无疑是任正非身上最闪光的一点。

在华为公司工作多年，我收获最多的是"坚强"二字。华为研发历经过一次次失败，华为公司曾品尝过一回回失意，华为公司在自主研发投入上失败的钱是中国民营企业中投入最多的。任正非那张满是沧桑和皱纹的脸，分明地写着三个字"不容易"。但是，任正非及华为公司永不言败，善于自我反省，及时纠正错语，勇于在管理咨询顾问的帮助下持之以恒地改善管理体系。最终，任正非将华为公司带上了胜利的康庄大道。

以下摘自任正非那天当众道歉并发言的"华为的冬天"一文：

> 公司所有员工是否考虑过，如果有一天，公司销售额下滑、利润下滑甚至会破产，我们怎么办？我们公司的太平时间太长了，在和平时期升的官太多了，这也许就是我们的灾难。泰坦尼克号也是在一片欢呼声中出的海。居安思危，不是危言耸听。
>
> 十年来我天天思考的都是失败，对成功视而不见，也没有什么荣誉感、自豪感，而是危机感。也许是这样才存活了十年。
>
> 华为公司老喊狼来了，喊多了，大家有些不信了。但狼真的会来了。今年我们要广泛展开对危机的讨论，讨论华为有什么危机，你的部门有什么危机，你的科室有什么危机，你的流程的那一点有什么危机。还能改进吗？还能提高人均效益吗？如果讨论清楚了，那我们可能就不死，就延续了我们的生命。

1. 均衡发展就是抓短的一块木板

> 如果每一年你们的人均产量增加15%，你可能仅仅保持住工资不变或者还可能略略下降。电子产品价格下降幅度一年还不止15%吧。我们卖的越来越多，而利润却越来越少，如果我们不多干一点，我们

可能保不住今天，更别说涨工资。

不能靠没完没了地加班，所以一定要改进我们的管理。在管理改进中，一定要强调改进我们木板最短的那一块。各部门、各科室、各流程主要领导都要抓薄弱环节。要坚持均衡发展，不断地强化以流程和时效为主导的管理体系的建设，在符合公司整体核心竞争力提升的条件下，不断优化你的工作，提高贡献率。

全公司一定要建立起统一的价值评价体系，统一的考评体系，才能使人员在内部流动和平衡成为可能。比如有人说我搞研发创新很厉害，但创新的价值如何体现，创新必须通过转化变成商品，才能产生价值。我们重视技术、重视营销，这一点我并不反对，但每一个链条都是很重要的。

2. 对事负责制与对人负责制是有本质区别的，一个是扩张体系，一个是收敛体系

执行流程的人，是对事情负责，这就是对事负责制。事事请示，就是对人负责制，它是收敛的。

在本职工作中，我们一定要敢于负责任，使流程速度加快，对明哲保身的人一定要清除。如果没有改进行为的，甚至一次错误也没犯过，工作也没有改进的，是不是可以就地免除他的职务。他的部门的人均效益没提高，他这个科长就不能当了。他说他也没有犯错啊，没犯错就可以当干部吗？有些人没犯过一次错误，因为他一件事情都没做。而有些人在工作中犯了一些错误，但他管理的部门人均效益提升很大，我认为这种干部就要用。对既没犯过错误，又没有改进的干部可以就地免职。

3. 自我批判是思想、品德、素质、技能创新的优良工具

自我批判是个人进步的好方法，还不能掌握这个武器的员工，希望各级部门不要对他们再提拔了。两年后，还不能掌握和使用这个武

器的干部要降低使用。自我批判从高级干部开始。

4. 任职资格及虚拟利润法是推进公司合理评价干部的有序、有效的制度

我们要坚定不移地继续推行任职资格管理制度。只有这样才能改变过去的评价蒙估状态。才会使有贡献、有责任心的人尽快成长起来。激励机制要有利于公司核心竞争力战略的全面展开，也要有利于近期核心竞争力的不断增长。

区别一个干部是不是一个好干部，是不是忠臣，标准有四个：第一，你有没有敬业精神，对工作是否认真，改进了，还能改进吗？还能再改进吗？这就是你的工作敬业精神。第二，你有没有献身精神，不要斤斤计较，我们的价值评价体系不可能做到绝对公平。第三点和第四点，就是要有责任心和使命感。

5. 不盲目创新才能缩小庞大的机关

总的原则是我们一定要压缩机关，为什么？因为我们建设了IT。当我们公司组织体系和流程体系建设起来的时候，就不要这么多的高级别干部，方丈就少了。

"小改进、大奖励"是我们长期坚持不懈的改良方针。

6. 规范化管理本身已含监控，它的目的是有效、快速的服务业务需要

我们要继续坚持业务为主导，会计为监督的宏观管理方法与体系的建设。什么叫业务为主导，就是要敢于创造和引导需求，取得"机会窗"的利润。也要善于抓住机会，缩小差距，使公司同步于世界而得以生存。什么叫会计为监督，就是为保障业务实现提供规范化的财经服务，规范化就可以快捷、准确和有序，使账务维护成本低。

7. 面对变革要有一颗平常心，要有承受变革的心理素质

什么是变革？就是利益的重新分配。利益重新分配是大事，不是

小事。这时候必须有一个强有力的管理机构，才能进行利益的重新分配，改革才能运行。在改革的过程中，从利益分配的旧平衡逐步走向新的利益分配平衡。这种平衡的循环过程，是促使企业核心竞争力提升与效益增长的必须。IT是什么？IT就是裁员、裁员、再裁员。以电子流来替代人工的操作，以降低运作成本，增强企业竞争力。

我们现在正在扩张，还有许多新岗位，大家要赶快去占领这些新岗位，以免被裁掉。不管是对干部还是普通员工，内部流动很重要。

8. 模板化是所有员工快速管理进步的法宝

一个新员工，看懂模板，会按模板来做，就已经国际化、职业化。清晰流程，重复运行的流程，工作一定要模板化。抓住主要的模板建设，又使相关的模板的流程连结起来，才会使IT成为现实。

9. 华为的危机以及萎缩、破产是一定会到来的

IT业的冬天对别的公司来说不一定是冬天，而对华为可能是冬天。我们还太嫩，我们公司经过十年的顺利发展没有经历过挫折，不经过挫折，就不知道如何走向正确道路。

危机的到来是不知不觉地，我认为所有的员工都不能站在自己的角度立场想问题。如果说你们没有宽广的胸怀，就不可能正确对待变革。如果你不能正确对待变革，抵制变革，公司就会死亡。在改革过程中，很多变革总会触动某些员工的一些利益和矛盾，希望大家不要发牢骚，说怪话，特别是我们的干部要自律，不要传播小道消息。

沉舟侧畔千帆过，病树前头万木春。网络股的暴跌，必将对两三年后的建设预期产生影响，那时制造业就惯性进入了收缩。眼前的繁荣是前几年网络股大涨的惯性结果。记住一句话："物极必反"，这一场网络设备供应的冬天，也会像它热得人们不理解一样，冷得出奇。没有预见，没有预防，就会冻死。那时，谁有棉衣，谁就活下来了。

数字不是全部，精彩才是人生！

我在现场听任老板这场著名的讲话，印象最深刻的是任正非对合作方的重视。当时华为自己的生产线已严重开工不足，到了只有 1/3 的工人上班的地步，但是任正非还指示在华为的冬天要多派单给华为的外加工厂，优先保障外加工厂的订单。这样在春天来临时华为才会有合作伙伴，这是任正非在冬天里给大家的真信心。

"华为的冬天"被很多公司引用做检讨，但遗憾的是多数公司最高管理层没有公开自照检讨，让基层对照检讨，结果当然没有用。华为的冬天，是老板带头公开检讨，立即纠错，这样才会有意义和作用。

让明白事的人快速决策

华为的冬天最主要的原因是任正非的决策失误。华为公司高管层长期以来形成依赖老板的惯性思维，很少主动思考战略方向的选择与战略机会的把握，只扮演坚定不移的执行者。一人决策万人执行，效率很高，但风险巨大，因而必须改变，否则危及公司的存亡。

任正非决心立即纠正错误，彻底进行权力下放，革掉自己！

2004 年任正非找到美世咨询公司帮助华为建立组织架构，咨询顾问发现华为还没有中枢机构——最高决策机构，觉得不可思议；高层只是空任命，也不运作，美世咨询公司提出来要建立 EMT（Executive Management Team，经营管理团队）决策机制及高级管理团队。在咨询顾问的建议和帮助下华为组建了面向重大机会点的集体决策机制 EMT。EMT 由负责不同方向的九名高管组成，属常设的决策机构。EMT 之下，有 5 大产品线：固网、移动、传输、业务与软件、数据通信。产品线内本领域的新产品决策由产品线的最高决策机构 IPMT 自行决策，公司级的新机会点或重大决策由公司级集体决策机构 EMT 集体讨论决策。EMT 是公司经营，提高客户满意度的最高责任机构，对公司的战略与客户、变革与运作、人力资源、财经等方面的重大问题、关键问题做出决策。

由于 EMT 主任要跨越老板，组织包括董事长、副董事长在内的九名高管团队进行决策，一开始 EMT 成立时居然没有哪位高管敢担任。任正非不愿意担任 EMT 主任，主任这个职位后来由八位高管轮流。

轮值制度，平衡了华为公司各方面的矛盾，使公司得以均衡成长。轮值的好处是，每位轮值者，在一段时间里，担负了公司 COO 的职责，不仅要处理日常事务，而且要为高层会议准备起草文件，大大地锻炼了他们的能力。

2011 年 1 月 15 日，华为开始实行董事会领导下的轮值 CEO 制度，轮值 CEO 在轮值期间作为公司经营管理以及危机管理的最高责任人，对公司生存发展负责。轮值 CEO 负责召集和主持公司 EMT 会议。在日常管理决策过程中，对履行职责的情况及时向董事会成员、监事会成员通报。轮值 CEO 由三名副董事长轮流担任，轮值期为六个月，依次循环。EMT 下放，使华为的每个运营中心拥有自己的 EMT 团队。

华为共有 13 名董事，他们在华为的董事会会议上拥有平等投票权。三位轮值 CEO 对决策的影响力更大，因为他们还分管着负责公司政策设计的委员会。郭平担任华为财经委员会的主任，胡厚崑担任人力资源委员会主任，徐直军担任战略与发展委员会主任。任正非依旧保留 CEO 的职务，他有权否决董事会的决定。但是，任正非没有权力提出具体政策建议，不过他可以与其他管理人员交流看法。

任正非认为，轮值 CEO 三人比"将公司的成功系于一人，败也是这一人"的制度要好。华为的轮值 CEO 是由一个小团队组成，由于和而不同，能操纵企业不断地快速适应环境的变化；他们的决策是集体做出的，避免了个人过分偏执带来的公司僵化；同时可以规避意外风险带来的公司运作的不确定性。

相信这是一个痛苦的过程，战无不胜的 IT 教父承认自己重大决策失误，并采取决策权力下放的果断措施。这在很多视企业为儿子的企业家身上，很难看到。任正非这一次做得果断而坚决。

权力下放的集体决策机制的确立，使华为公司不能像过去一样给老板一个人汇报完就可以了，在决策上不能像过去一样地快捷，但也使华为公司再也没有出现过类似 PHS、CDMA 等手机项目上的重大决策失误，避免了由老板个人视野和误判带来的风险。

有的老板长期停留在自己去做市场把控关键客户关系的阶段，自己还是场上主力球员；进步一点的老板不上场踢球了，改做教练做决策，把持公司的大事小事。老板自己长期处于执行层的一线，或者业务决策的一线，危害很大：老板不仅成为公司技术和市场的瓶颈，而且也成为管理体系建立的最大阻力。这样企业管理体系很难建设起来，也培养不起人才，使事业发展空间受限。

任正非有智慧地选择了退出决策的一把手，教练也让高管团队去做，转而做企业精神领袖，通过管理咨询项目推动体系建设督促业务决策者，坚决地将业务决策权力下放。

企业发展的高度取决于老板的胸怀，企业纠正错误的深度取决于老板改正错误的深度。

"帝国"崩塌前收到的处处是好消息

进入 2017 年以来，任正非开始了一连串廉洁自律、艰苦奋斗的紧张行动：

1月3日，华为网站公开了总裁办 001 号邮件，转发"少些浮躁，深入纵深"及评论，将华为员工的抱怨公开，如"吹得多、干得少，不解决客户问题""唯上、唯 KPI 而不以客户为中心"。

1月17日，任正非和华为公司董事长孙亚芳带领华为高层和管理者进行了宣誓，宣示内容包括：不迎来送往，不贪污受贿，不动用公司资源，不说假话，不捂盖子等。

1月23日，华为在网站上公开了任正非签发的总裁办邮件"十六条军规"，内容直击人心。生怕 2016 年中国最杰出的网红任正非的公开签发电邮影响还不够大，华为网站还公开向网友征集对"十六条军规"的讨论建议，对优秀建议的网友每人奖励华为 Matebook 一台。

1月24日，鸡年喜庆的微信朋友圈却流传着"任正非怒吼不过年了！"的文章，这源自年前任正非与客户服务部等部门开会时发现被忽悠了！

在这场精心组织的座谈会上，任正非发现发言可分为三类。

第一种，邀功求赏型。花90%的时间来总结业绩，只有10%的内容来谈以一个不痛不痒的问题，然后草草结束。

第二种，指鹿为马型。说存在的问题很严重，客户意见很大，为什么呢？因为他们给客户提供了很多服务，客户自己都没有事干了，所以意见很大。

第三种，避实务虚型。"人工智能"讲了好几遍，"云"讲了好几层，貌似已经探索到最尖端的前沿科技，但就是不讲实实在在的工作做得怎么样。

2016年10月28日晚间，华为在深圳总部举办了一场"出征磨砺赢未来"研发将士出征大会，宣布2000名华为高级研发人员和专家将奔赴欧洲、东南亚、中东、美洲、非洲等地，配合一线的市场团队挖掘市场。任正非在出征大会上以"春江水暖鸭先知，不破楼兰誓不还"为题讲话。

不过，2017年1月华为就公开披露有干部紧急为下属升级，顶替自己出征的调包事件，所谓上有政策，下有对策。

这也许是华为公开向全公司及网友征集"十六条军规"讨论建议的背景。

（1）商业模式永远在变，唯一不变的是以真心换真金。

（2）如果你的声音没人重视，那是因为你离客户不够近。

（3）只要作战需要，造炮弹的也可以成为一个好炮手。

（4）永远不要低估比你努力的人，因为你很快就需要追赶他（她）了。

（5）胶片文化让你浮在半空，深入现场才是脚踏实地。

（6）那个反对你的声音可能说出了成败的关键。

（7）如果你觉得主管错了，请告诉他（她）。

（8）讨好领导的最好方式，就是把工作做好。

（9）逢迎上级1小时，不如服务客户1分钟。

（10）如果你想跟人站队，请站在客户那队。

（11）忙着站队的结果只能是掉队。

（12）不要因为小圈子，而失去了大家庭！

（13）简单粗暴就像一堵无形的墙把你和他人隔开，你永远看不到墙那边的真实情况。

（14）大喊大叫的人只适合当啦啦队，真正有本事的人都在场上呢。

（15）最简单的是讲真话，最难的也是。

（16）你越试图掩盖问题，就越暴露你是问题。

（17）造假比诚实更辛苦，你永远需要用新的造假来掩盖上一个造假。

（18）公司机密跟你的灵魂永远是打包出卖的。

（19）从事第二职业的，请加倍努力，因为它将很快成为你唯一的职业。

（20）在大数据时代，任何以权谋私、贪污腐败都会留下痕迹。

（21）所有想要一夜暴富的人，最终都一贫如洗。

其实，关于任正非带着高级副总裁进行自律宣言的仪式已经开展了十年，2006年9月29日，华为举行了首次"EMT自律宣言"宣誓大会，并将宣誓活动制度化开展至今。

宣誓内容如下。

（1）我绝不搞迎来送往，不给上级送礼，不当面赞扬上级，把精力放在为客户服务上。

（2）我绝不动用公司资源，也不能占用工作时间，为上级或其家属办私事。遇非办不可的特殊情况，应申报并由受益人支付相关费用。

（3）我绝不说假话，不捂盖子，不评价不了解的情况，不传播不实之词，有意见直接与当事人沟通或报告上级，更不能侵犯他人隐私。

（4）我们认真阅读文件、理解指令。主管的责任是胜利，不是简单的服从。主管尽职尽责的标准是通过激发部属的积极性、主动性、创造性去获取胜利。

（5）我们反对官僚主义，反对不作为，反对发牢骚讲怪话。对矛盾不回避，对困难不躲闪，积极探索，努力作为，勇于担当。

（6）我们反对文山会海，反对繁文缛节。学会复杂问题简单化，六百字以内说清一个重大问题。

（7）我绝不偷窃，绝不私费公报，绝不贪污受贿，绝不造假，我们也绝不允许我们当中任何人这样做，要爱护自身人格。

（8）我们绝不允许跟人站队的不良行为在华为形成风气。个人应通过努力工作、创造价值去争取机会。

2013年任正非提出"干部八条"，要求在华为干部中广泛学习。

（1）不断自我超越，这是不被淘汰的唯一保障。学习力即"学力"比学历更重要。

（2）执行工作和执行任务要能够圆满地完成，就是"执行力"。

（3）自己为提升组织绩效要贡献心力。

（4）要有能力"讲"明白，"写"清楚，"听"进去。

（5）自己要对事情注入创意，对人不歧视，对弱势团体爱护。

（6）遵守个人伦理规范与企业社会责任，并且我们要有道德勇气说 NO。

（7）不论工作或生活，都要节约能源。

（8）终身学习变成终身实践。只有终身学习才不会落伍。

"帝国"崩塌之前往往企业是公司一片好、一片喝彩、一片对的好消息，原因是厚厚的官僚层挡住了视线，让企业看不到市场面临的竞争压力，已经显露出的各种危机苗头，企业反应迟缓无法适应快速变化的外部市场。

任正非总结说："没有什么能阻挡我们前进的步伐，唯有我们内部的惰怠与腐败。要杜绝腐败，惰怠就是一种最广泛、最有害的腐败，人人皆有可能为之，不要以为与己无关。置公司于死地的就是这种成功以后的惰怠。"

为此，华为公司最近几年还正式发布了"管理者的18条惰怠行为"，轮值CEO徐直军亲自给出了说明。

（1）安于现状，不思进取。对于管理者而言，你敢不敢于去挑战新的领域？敢不敢于去挑战新的难题？敢不敢于有所追求？如果是不敢的话，就是安于现状的表现，也是不思进取的表现。

（2）明哲保身，怕得罪人。有的管理者，什么事情心里都清楚，什么事情都讲得头头是道，但就是不敢站出来说话、反馈问题，或者不敢去推动，怕得罪周边，怕得罪领导，还怕得罪下属。

（3）以领导为核心，不以客户为中心。现在公司最深恶痛绝的就是做胶片。有些主管在给上级做汇报前，为了做一个汇报胶片，不知道要召集自己的下属开多少次会。

为了美化、格式好看，而浪费下属和你自己大量的时间，这是不增值的。

（4）推卸责任。最习惯的是先找别人的问题，不找自己的问题；还有一种情况，就是老担心别人做不好，不担心自己做不好。现在很多人，很习惯去讲一大堆别人的问题，从来不讲自己的问题。

（5）发现问题不找根本原因。出了问题后整个过程中就是投诉，就是指责，却不知道到底是什么原因。

相当多的管理者，养成了一个非常不好的习惯，出了什么事情，打个电话"你搞定"；上级领导问他"这个问题你抓了没"，他说"抓了"。

只是打了一个电话，或者批示一下，这样怎么能够把事情搞透彻，怎么能够找到解决办法？怎么能真正解决问题？

（6）只顾部门局部利益没有整体利益。有些主管为了自己的部门利益，明明知道影响公司利益，明明知道公司的想法和要求，却在下面想方设法，花了很多时间、精力去搞他的小九九。

（7）不敢淘汰惰怠员工，不敢拉开差距。搞"平均主义"，其实主管对他的下属有没有惰怠的很清楚，就是拉不下面子去处理，尤其是对老员工，有些还是自己的老领导或老同事，更拉不下面子。

（8）经常抱怨流程有问题，从来不推动流程改进。很多人就只抱怨，而且最后都成了口头禅，动不动流程很多、流程很长、流程阻碍了发展，但从来不去推动流程的改进，从来不指出哪里流程多了，哪个流程长了，哪个流程有问题。

（9）不敢接受新挑战，不愿意离开舒适区。不想去新领域，不敢接受挑战。

（10）不敢为被冤枉的员工说话。有的主管怕为被冤枉的员工说句公道话，因为说了，可能就会被公司"戴帽子"。

（11）只做二传手，不做过滤器。有很多主管只做二传手，不做过滤器。任何地方来了事，他立即就传下去了，不管这个事情该不该做、要不要做，反正不是自己亲自做，这样一来就让下属苦不堪言，不能聚焦工作。

（12）热衷于讨论存在的问题，从不去解决问题。很多主管讨论存在问题的时候，都是洋洋洒洒的，能道出具体问题来，但从不去解决问题。无论是潜规则还是流程问题，或者是现在政策执行上存在的问题。

（13）只顾指标不顾目标。一些主管只关注KPI的完成，但不知道KPI完成得很好是为了什么。

（14）把成绩透支在本任期，把问题留给下一任。只关注当期不关注长期，只关注现在不关注未来，只关注仗打得漂亮，而忽视组织能力、流程优化、人员能力提升等长远的事。

（15）只报喜不报忧，不敢暴露问题。捂盖子现象不能说少，无论是写总结还是做述职，讲起成绩、经验来头头是道，问题和不足则一笔带过。

（16）不开放进取，不主动学习，业务能力下降。有一部分干部凭着经验做事，走的是"经验主义"的老路。

（17）不敢决策，不当责，把责任推给公司。

（18）只对过程负责，不对结果负责。

有些主管只关注"我做了呀"，但不管"做的结果如何"。只对过程负责，不对结果负责，就会形式主义，很容易把事情复杂化，把动作做得很优美，效果却不好。

现在全社会都在学习华为，但是官僚主义是否在华为也存在呢？当然，而且盛行。否则任正非就不会时时发出华为危机论，徐直军就不会提出反官僚，从现实的华为管理层总结出的管理者的18条惰怠行为。事实上，华为不仅存在官僚，而且存在腐败。2014年有上百名涉嫌腐败的华为员工，主动上交的受贿款过亿元。

不过，华为创业30年来一直坚持批评与自我批评，长期聘请外部咨询顾问给企业挑毛病，找问题。任正非一度盛赞：能把华为高管说得恼羞成怒的是真老师。

提出"华为应该向我们学习"夜郎自大型的企业更是比比皆是，高管集体沉迷于过往的成功和成绩，早已看不到企业的问题与局限，对市场环境的变化已成温水煮青蛙般麻木，对竞争对手视而不见，更缺少励心图志、改革求发展的意愿。

做企业是一场长跑，持久战，在这条漫长而又时时充满激烈竞争的创业路上，人很难自己看到自己的不足和缺陷，唯有谦虚学习，擅于请教他人，在外脑、外力的帮助下方能带领团队将这条艰辛的马拉松长路坚持下去。

有的领导自我膨胀，凡事还在靠感觉、靠一时的灵感，这样的领导往往很难在这条漫长的竞争马拉松路上时刻保持领先。企业的发展取决于最短板，而不是最长板。事实上，一个人的进步都是如此复杂，更何况一个团队一个组织由众多的人构成，想要在激烈的竞争中时时取胜更是涉及的点、线、面都十分宽泛，而稍有不慎就会全盘皆输。

但是，任正非及时就华为干部中出现的问题进行整风，不断升级为的三令五申却也挡不住华为的干部"前赴后继"。从2013年的"干部八条"，升级为2016年年底的"十六条军规"，实际是华为官僚主义不断扩大演变的真实写照。就华为自身披露的数据，2014年有上百名涉嫌腐败的华为员工，主动上交的受贿款过亿元。

华为，早已是位于中国员工平均收入最高之列的企业，却频频发生从高到低皆有参与的贪腐官僚事件，这像企业的癌细胞一样，却无法通过加薪激励，或每日强调军规的简单形式很快消除，大企业病去如抽丝。

理论上"客户满意度至上""用户体验至上"这件的天条和规则，实际上却与企业内部追求利润最大化的财务标准所冲突。当冲突发生时，现官不如现管，自然是财务数字是否达标决定奖金，奖金预期决定当下的行为。

企业如果不强调公司发财、员工发财，不强调利润和财报导向这种赚钱文化更容易客观衡量干部是否称职外，还能用什么牵引企业和员工？

在公司内网和外部社交网络影响已无法可分的世界中，任正非已无法控制公司的形象，一个错误、一项规定、一次讲话，一切在社交网络上都会迅速地被传播为人所知。企业如何去影响员工，特别是当华为员工已达17万人，这不是靠几位副总裁一起宣誓廉洁自律所能达到的。

卓越的企业家，就像任正非那样，懂得吸纳管理咨询顾问外部的观点和专业力量，通过主动引入企业的啄木鸟——管理咨询顾问，帮助健全管理体系，时时革新激活组织，避免企业陷入官僚和创新乏力、对外部变化麻木的危险境地，这样才能让企业创新十足地活着，在竞争中立于不败之地，成为发展的常青树。

小结

成功的企业要警惕被自满和傲慢摧毁！行业之间的界限正在迅速模糊，这会让企业遭遇意想不到的竞争，那些像神一样迅速出现的对手可能是过去闻所未闻的。骄傲自大，已看不到商机和竞争对手时，企业的冬天就必然到来。行业发展规律更新淘汰赛，竞争是如此惨烈，巨人倒下时身上还有温度。企业里的每个人都在高效地工作，但是结局可能是大家一起抱团落伍于时代，然后一起被裁掉；市场份额第一又怎么样，下一步可能面临断崖式地坠落。创新快速的年代，没有哪家企业能坚守固有的竞争优势和市场地位。

| 第 17 章 |

最好的防守是进攻

引言

从1988年开始到2001年,华为锐意进取繁荣发展了十多年,结果一夜回到解放前,华为需要重新开启新长征,拾起曾经的必胜之大杀器:那就是主动进攻更多的创新、更大幅度的创新,而不是裹足不前。不创新才是企业真正最大的风险!华为公司需要新的增长点、新机会点,需要提振销售和士气的新产品,重新回到华为创业期的起点:贴近客户需求,走到行业的前面大胆地创新,勇于置之死地而后生。

为什么叫业务与软件部而不是软件部

1996年时任天津市邮电管理局长王晓初在一次跟任正非座谈时提到一个电信业务需求:大学扩招,独生子女都纷纷上大学,存在大量的打电话需求。安装在每一间大学宿舍里,大学电话设备的费用可以由电信投资,学生买卡作为通信费。同时,校方和学生宿舍管理方,可以通过话费获得一定的分成作为回报。王晓初把这项业务定为"校园卡"。

华为对此业务需求非常重视，1997年年初，承载着校园卡软件功能的华为C&C08交换机在天津几所大学顺利开通，受到学生的好评。校园卡业务作为天津市电信局获得经济和社会评价双丰收的电信增值业务，在全国电信局的业务评比中排名靠前。王晓初在通信业里走红，此后一路高升到运营商集团总裁职位。

华为将天津校园卡作为电信增值业务的样板，向全国电信局客户推广，邀请全国各地的电信局人员到天津参观学习，组织现场讨论会，进行经济效益分析。很快这项业务在全国走红，杭州、重庆、成都、昆明、上海、北京、合肥……校园卡成为全国电信局争相开通的一项面向细分市场满足市场需求的增值业务。

华为交换机产品线快速捕捉机会，快速提供有竞争力的业务，以点到面撬动需求，并迅速在全国推广开，这其实是一种国外厂家，国内竞争对手都无法企及的核心能力。

1995年，深圳市五洲宾馆要新修一座楼，整体的通信需求超过1000门电话分机，传统的用户小交换机已难以满足其通信需求。CENTREX功能当时的很多程控交换机都已具备，但是他们不具备的是酒店用户的特殊需求，酒店用户除了有短号需求外，还需要有独立的电话管理功能，包括计费和话务统计，及在酒店前台的电脑上操作管理和话务员功能等。

这种需要定制的个性化业务需求越多，对华为就越有利，因为国外竞争对手是无法像华为一样能快速开发响应的。华为以此为契机，提出在深圳电信网上再架一层"商业网"的概念。深圳市商业网主要面向企业用户，提供CENTREX虚拟小交换机，及ISDN数据传真业务等增值业务。

深圳商业网的提出，迎合了深圳市电信局开始走向细分用户市场，通过增值业务拉动用户需求提升收入的转型。而五星级酒店五洲宾馆代表着深圳商业网最复杂功能的通信案例，成为深圳商业网的样板点。

1997年起，华为开始在全国推广天津校园卡及深圳五洲宾馆CENTREX

这两个典型业务应用为代表的"商业网",势如破竹,攻克多个大城市。如广州标志性的五星级酒店白天鹅酒店,华为跟广州电信一同做出令其满意的有针对性通信方案后,广州商业网启动;北京京都信苑宾馆开通华为 CENTREX 的酒店业务后,北京集团用户网启动。

华为的 C&C08 交换机也因此强势进入各大城市。先进去一根钉子,立足高端,实现事实上的入围,再谋求通过服务和产品优势,逐步渗透在城市各区占据点。最终通过 C&C08 交换机不断进行主动性的业务和性能指标、容量的升级,拉动在城市交换机型的升级换代需求。

走到行业的前面去,推动客户的运营模式、商业模式的发展,牵引客户需求,和客户一同创新,提出有针对性的个性化的业务,快速技术实现,从而给客户带来价值提升,这些都是华为交换机成功最重要的经验。

校园卡、CENTREX 虚拟网业务,不仅仅帮助电信局推出了新的电信业务,更重要的是实现了一种商业模式的改变,产生了一种新的运营模式,即电信局集中托管由原来学校、酒店、企业等单位用户自行出资建设的通信设备,转变为由电信局提供租赁服务的同时提供新的业务。

在新业务提出和实现上,华为除了交换机外还有两条腿在走路。一条是新业务,一条是智能网。1995 年华为中研部成立时,同时成立了新业务部、智能网部。

这两个部门的成立都是顺应了整个电信网从提供基础语音通信,向多种新业务方向发展以拉动电信消费的趋势。华为新业务部呼叫中心在全国排第一。智能网是借助先进的七号信令网和大型集中式数据库的支持,将网络交换功能与控制功能分离,把电话网中原来各个交换机的新业务集中到新设的功能部件——智能网业务控制点上,原有的交换机仅完成基本的接续功能。1997 年华为智能网部开通中国自主研发的第一个智能网——山东智能网。

在华为当时的内部组织运作模式上,新业务部、智能网部均采取在华为总部由少数人员向全国推广,没有深入到各省办事处的业务与产品推广队伍,而交换机产品部却是从地市开始做起的，在主要地市都有很强的队伍建设以推广交换机的产品和业务。

华为的交换机在过去几年间与国外强大竞争对手和国内竞争对手作战的过程中，形成了很强的从战略到执行层落地的配合：商业网推广牵引客户运营模式和商业模式的发展，再与客户深度合作，由增值业务牵引产品入围，然后再逐步渗透扩大份额。形成商业模式和运营模式创新样板之后，专业化的运营推广队伍宣传在全国造势高举高打，继而通过采取灵活有效的战术和扎根地市的运营团队深根落地。

1999年小网通成立，主推纯宽带的建设模式，可以快速向写字楼等商业企业提供宽带业务。这给电信局带来极大的竞争威胁。华为交换机将宽带业务拉入商业网的概念，开始向主要大城市推广宽窄带一体化的商业网综合业务与综合建设思路，受到电信运营商的高度关注。

这反映出与电信运营商运营痛点相结合的业务和技术才会受到客户欢迎。这是全球技术发展的重要趋势：技术早已不是单独发展，而是与运营和商业模式紧密相交在一起，需要整体把握客户痛点才能做对技术。1999年我在《华为人》报上发表了"从技术工程师到创造气候的技术商人"的文章，总结出技术创新需要走到客户行业的前面去，通过洞察客户的痛点，推动新的商业模式、运营模式，帮助客户创造价值的角度去进行产品和技术的创新，要勇于创造技术应用的大环境和气候，而不能只满足于被动做技术实现。

1999年，华为凭借神州行预付费业务承建了中国移动的移动智能网，网上用户一年发展到近千万人。智能网跨越各地复杂的机型和网络环境，全国统一提供新业务的技术实现能力获得完美应用。这一项业务给华为带来了丰厚的利润，是亏损多年的无线网络设备远远不能及的。新业务不仅拉动了网络设备的销售，也为华为获得丰厚的利润。

华为的冬天迫切需要新的发展引擎，2000年在常务副总裁徐直军的建议下，新业务部与智能网部合并，成立业务与软件部，以统一分散在交换、智能网、新业务各部的软件和业务资源，整合华为的业务提供能力统一进行业务规划与实现产品的规划。我从交换机业务部空降到业务与软件部，成为新成立部门的总工，这是华为第一次破天荒的产品线之间的高管空降。

之所以把"业务"两个字放首位，是因为在华为1996~1999年快速突破竞争对手防线和市场需求不足等种种困境中，深切体会到以业务牵引新的价值实现和新的商业模式，带动技术发展的重要性。没有单纯地叫"软件"部，是因为华为在艰难发展历程中感受到：华为在软件领域的竞争对手其实很多，软件只是实现手段，关键还是能否给客户带来新的业务、新的商业模式。华为的业务与软件部需要走到时代的前面去，仔细研究客户的需求痛点，从运营模式和商业模式创新的角度去创造新的业务牵引客户需求。

软件技术本身可以有多种实现方式，最重要的是商业模式的创新、对客户价值模式的体现，以及运营方式相紧密结合。创新业务是首要的，其次才是软件实现方式。

华为业务与软件部成立后，在各省办事处建设了本地业务与产品的推广团队，实现了业务与产品的组织落地。在华为的冬天2001~2003年间，新成立的业务与软件部，成为华为内部创新的火车头，点燃在华为冬天里的一把火。

我在研究和观察国内外最新技术走势时，注意到移动数据业务正在成为吸引运营商客户的新机会点。当时到华为参观的中国移动高层副总裁李跃、总工李默芳、广东移动总工等，都不愿意再听华为无线产品线汇报的小基站、3G产品介绍，而当我介绍移动增值业务时，他们的眼睛一亮，听讲时间从预先的10分钟扩到60分钟，两个小时后仍兴趣盎然。

显然，唯有移动数据业务才能推动GSM的发展，这已是移动运营商的共识。2000年12月，中国移动正式推出了移动互联网业务品牌——"移动梦网Monternet"。2001年11月广东移动发布移动数据业务品牌——动感地带。

我和业务与软件部研发负责人方惟一于2001年年底代表业务与软件部向

主要公司领导徐直军做了汇报，建议立即成立移动数据业务产品部。这一建议获得批准。1995～2001年，这是业务与软件部第一次站在国际前列，与国外竞争对手同时间在中国推出创新业务。移动数据业务获得进入2001年华为公司十大新机会点。

2002年7月，全球GSM大会在北京举行，我作为主讲嘉宾代表华为公司演讲。可运营、可管理、可盈利移动数据业务运营的观点，获得与会者的认同。这次大会得到国内运营商和媒体的广泛关注，中国通信网以"数据业务推动GSM"为题做了重点的报道，我关于移动数据业务的演讲在其中被大幅刊登。

华为业务与软件部承建了广东移动的动感地带业务，动感地带开创了移动语音话费与移动数据业务打包捆绑销售的模式，吸引了年轻人的热情参与，此后逐步向全国推广，成为一项各地都采用的基本业务。这种创新的收费模式，极大地推动了移动数据增值业务在年轻消费者端的普及。动感地带业务一经推出，在广东的用户就超过了500万，接近总用户数的1/6，增幅迅猛。广东移动通过周杰伦代言为这一品牌进行"文化建设"，提高用户忠诚度；另一方面继续在这一用户群内，拓展短信、游戏、上网等数据业务的比重。动感地带开通两年移动数据业务占总收入的10%，成为广东移动非常成功的一项新业务。

华为业务与软件部成立后还带火了一项业务：彩铃，全国的彩铃业务主要由华为的移动智能网承建。

华为业务与软件部成立后，无论是在运营商总部还是各省市办事处都迅速发展起推广业务与软件的专职队伍，跟各地运营商交流密度和频次加大，与运营商捆绑共同推广业务的模式加深，这对在全国拉动业务需求，业务迅速向全国的推广普及起到重要作用。

2001～2003年华为的冬天，我在全国各地做了上百场移动增值业务等贴近客户运营和新业务的演讲，常常一周飞四个城市演讲，受到了各地运营商客户的广泛关注。

2002年年初，业务与软件部获得任正非同意新上的业务，还有OSS运营支撑系统。这个产品由华为智能网领军人物张来发组织预研，之前曾多次向任正非汇报但未获得立项通过。2002年由我以面向运营商解决方案，提供可运营可盈利可管理的3G全网解决方案，帮助运营商发展运营的思路，重新向华为公司高层汇报获得通过。

2002年10月，在北京通信展期间我组织了华为OSS全系列运营解决方案的发布会，以期望引起公司内外的重视。华为高层徐直军参会并发言，不过来者寥寥，20多人的发布会现场没坐满。华为各级领导都还没有体会到OSS这个运营支撑产品对华为公司的意义。

从1993年进入运营商市场到2002年年底，华为主要为运营商做设备，并没有深入到运营层面，华为智能网、新业务、交换机发展的主要是增值业务，所以在新建一张3G网络时，华为无法站在客户的角度从运营商商务管理层、业务管理层、网络管理层提出全面的解决方案，无法提供一个一站式管理的运营管理系统，这会导致运营商在新上3G网络时面临大量运营管理方面的问题，开通业务缓慢。

运营商面临着更为激烈和更深层次的国际国内竞争，电信行业已由追求规模与速度的扩张型发展时期，进入以追求企业效益、竞争力为核心的崭新阶段。如何提高网络的经营、管理和服务水平，成为运营商赢得竞争的关键。运营支撑系统在通信网上具有提升运营商客户服务能力、业务动作能力、产品开发能力、资源管理能力、打造核心竞争力等重要意义。华为出击运营商运营管理系统OSS领域，是华为公司战略转型的一个标志，即从传统的设备制造商转向设备制造与服务结合，从单一产品到面向运营商可运营可管理的解决方案商转型。华为可以向运营商提供的运营管理系统涉及客服、营业、客户管理、计费、账务、结算、大客户管理、资源管理、信令监测、经营分析等全方位、多层次的需求。

2002年年初，华为智能网产品荣获国务院颁布的"国家科技一等奖"，这是信息软件产品这些年来获得的技术领域最高奖项。2002年在信息产业部与国家统计局发布的"中国软件产业百强"华为位居榜首，从此就再也没有下过榜首的位置。

AIS是泰国一家电信运营商，1999年英拉曾担任这家公司的副总裁。1999年，AIS主要竞争对手DTAC已经占据了泰国移动市场45%以上的份额。AIS要迅速超越竞争对手，必须采用在技术方案和商业模式上都能形成较大差异化的业务。华为泰国业务与软件产品部推出预付费卡业务，这项业务主要针对泰国旅客众多的经济特点。英拉曾留学美国，本来倾向于采购爱立信等欧美发达国家的设备，但是华为预付费等各项移动增值业务方案可以为AIS战胜竞争对手，创造新的运营模式，英拉最终选择了华为。

华为业务与软件部在两个多月的时间里完成了设备的安装，推出了预付费业务吸引了大量的用户。随后，又陆续推出了移动彩铃业务和小额博彩业务，用户人数每天增长10000人以上，AIS不到五个月就收回投资，创造了泰国电信运营史上的一个奇迹。AIS也由此取代DTAC成为泰国第一大移动运营商，股票市值从泰国股市迅速飙升至第一。因业绩卓越，2002年英拉被任命为AIS总裁。2011年英拉当选泰国总理。

华为从来不是一个单纯的软件服务商，而是聚焦电信业务发展，站在客户运营角度提供新的增值业务，从运营和商业模式角度创新带动客户价值提升。华为业务与软件部的名称时时提醒着该部门做软件开发的中心是什么，那就是一定要在结合运营、商业模式创新的基础上快速发展领先的增值业务给客户带来价值提升。

否决了六年的手机十分钟决策上

2002年7月底，业务与软件部获得中国移动一个重要业务彩信业务网关的订单。

在业务增长乏力之时，中国移动在 2002 年年初宣布 10 月正式在全国开通彩信业务。由于中国移动的网络早已被爱立信、诺基亚、摩托罗拉几家瓜分完，华为 GSM 网络在中国移动网上应用极少，类似主网上的大事通常都没有华为无线的菜。爱立信在广东省的一次扩容就是 500 亿元，华为 GSM 也只能干看多年。

爱立信、诺基亚、摩托罗拉都是从终端到网络设备的整网解决方案，包括增值业务提供。这次原本华为没有参与的机会，但是随着开通的倒计时开始，爱立信、诺基亚两家开始跟中国移动叫板，称只能在其覆盖的网络和自己的手机侧开通，而不能跨网开通。这意味着，中国移动无法实现全网开通彩信业务！

此时中国移动主动想起华为来，业务与软件部 2001～2002 年开展的一系列移动增值业务的宣传令中国移动的高层印象深刻。华为业务与软件部提出的可运营、可管理、可盈利移动数据业务运营，对应的设备是独立联网的彩信网关，这样可以与爱立信、诺基亚等各家的 GSM 设备对接，与不同的终端手机对接实现全网开通新功能。

国外厂家爱立信、诺基亚只关心自己的利益是否最大化，不关心中国移动的全网开通，这给华为带来了机会。

接到订单已是 2002 年年中，离 10 月 1 日全网开通彩信业务只有 4 个月时间。业务与软件部年轻的研发人员发挥了华为的老传统，几十人空降北京移动的机房，开始睡机房现场开发及与其他公司设备对接调试。

这个过程最痛苦的是与手机终端侧的对接调试。

当时彩信手机只有松下的 GD88，诺基亚的一款滑盖机，还有爱立信的一款手机，它们都是大牌厂家，对接测试的配合度很差，它们的研发都主要在国外，调测过程缓慢而痛苦。

2002 年 9 月 30 日，我在机房现场用松下和爱立信的手机测试通过了彩信业务，邀请现场所有的研发人员吃小肥羊火锅以示庆贺。那天晚上，大家都很兴奋地在畅想若干年后怎么向未来的后代讲述这件亲身参与的中国通信史上的大事。事实上，这次中国移动全网开通彩信业务也是全球第一。之前彩信业务只是在欧洲少数局部地区有过开通。

2002年国庆节我到移动营业厅看到彩信业务旺盛的销售情况：中国移动各营业厅，消费者排队上百米只为抢购一部能收发彩信的手机，松下GD88、诺基亚的彩信手机都卖到8000多元，一机难求。当晚我就开始给公司最高层写报告，建议华为公司立即做可以支持移动数据增值业务的2.5G和3G的手机终端。

2.5G、3G时代移动增值业务与终端产品密不可分，华为公司没有手机终端，网络侧的业务做得再好，未来在全网开通时也会遇到诸多困难，就像这次彩信业务。

2002年10月底，北京国际通信展开幕。我在负责给公司高层领导介绍整个通信展体现的技术新趋势时，把之前准备的华为要尽快立项做3G手机的材料边走边说了一路。的确，整个通信展会成了2.5G、3G手机终端的秀场。已没有客户关心系统侧网络设备技术，注意的焦点都在手机终端展示的新业务上：SK集团展示的车载定位系统，摩托罗拉展示的手机游戏，西门子、松下、诺基亚也纷纷展示的手机终端新品彩屏照相手机等。

通信展后我就收到徐直军命令：准备一份给任老板的正式手机立项汇报材料。

在准备材料期间，我当时同时在3G业务小组，受邀请参加了一次任正非亲自召集的对无线产品线的讨论会。会上当任正非让大家畅所欲言时，我忍不住大声说：华为的3G设备只能卖一次，但是消费者一年会换好几部3G手机，中国有好几亿手机消费者。华为应该尽快立项3G手机！否则会失去巨大的市场机会。

我还是太嫩了，所谓的畅所欲言，并不是百无禁忌。任正非一听，啪地、很响地拍桌子说：华为公司不做手机这个事，已早有定论，谁又在胡说八道！谁再胡说，谁下岗！

任正非的声音洪亮，话一出来，立即就没有人敢吱声了。

我心想：自己可能要被离职了。先把手机立项的材料做好再离职。

伴君如伴虎，一心为公司考虑说真话未必会得到欣赏，有时老板心情不好还会带来灾祸，想做事的人要有承受委屈的心态。2001年年底，虽然任正非当众就三大决策错误认了错，但是没有下文说要做。这个事就卡在这里，成为公司内忌讳的话题。

手机立项的材料做了整整一个多月，我整整封闭在会议室里憋了一个多月。最后这份材料，还是从2.5G、3G业务对移动通信的带动，"摩托罗拉、诺基亚、爱立信以手机终端业务带动网络设备的销售，通过网络设备的技术优势，推动手机终端销售获得巨额利润"的分析出发。

国外厂家这种网络设备与手机联动的做法，已经严重影响了中国移动运营商在全网快速推出增值业务的速度。正如彩信业务所经历的，8000多元的彩信业务终端阻碍了移动增值业务向普通大众的普及。中国移动已经意识到能提供吸引消费者的业务和外观的手机终端是运营商的重要利润来源，在日本运营商就是通过与NEC手机终端厂家捆绑的方式推出2.5G和3G业务，这对拉动移动业务消费有很大的促进作用。

2002年年底，华为公司正式召开手机终端的立项讨论会。这次会是徐直军跟任正非约好的，参会的人有任正非叫来的纪平，也有徐直军叫来的无线业务部的彭智平、李承军，业务与软件部的我。如此具有历史意义重要的会议，总共只有几个人参加。

汇报材料是我主笔，下午开会，我中午没来得及吃饭，还在紧张地修改材料，一抬头发现快迟到了，就匆忙端着笔记本从华电二楼的办公室跑向一楼。华电一楼左边是一排会议室，右边是任正非的办公室，方便任正非经常过去开会。

我端着笔记本冲到一楼会议室，忘记了外面有一层玻璃门，差点撞上门。这时一个熟悉的声音传过来：不要急。然后一个人微笑着帮忙刷卡开了玻璃门，我冲进去坐到小间会议室里，才想起刚刚给开门的是任老板！

华为的冬天过后，任正非带头开展自我批评，及时地纠正错误，不再固执地坚持己见。虽然脾气还是很大，但是他能及时地调整自己。让老板为说过的每一句不妥的话主动道歉是很困难的事，不过任正非还是人情味很浓的老板，会在其他场合用微笑的方式缓和。

我对着准备一个多月的材料缓缓讲下来。开会之前有点紧张，前几天刚挨过骂，但是经过了任正非亲自开玻璃门的待遇，也就很放松了。房间里的几位大佬都没有说话，大家都知道任正非一直反对做手机，所以每个人也都紧张地不敢再说什么。

没想到汇报后任正非情绪和缓地说了两句话，第一句是：纪平，拿出10亿元来做手机！（当时纪平负责财务）第二句是：为什么中兴GSM手机没有做好，亏损了好几年，你们要想清楚。做手机跟做系统设备不一样，做法和打法都不同，华为公司要专门成立独立的终端公司做手机，独立运作！你们几位筹划一下怎么搞。

中兴GSM手机亏损的事我之前没有考虑过，也不知怎么回答。大家都提着一颗心紧张地听任正非指示。

华为手机历史上最重要的一次会，就这样很简短地、波澜不惊地开完了！

事后我回想，2003年华为处于深冬，公司的净利润也就10亿元，任正非这次真的想好要做手机了，将这一年的全部净利润押上做预算，放手一搏。这就是华为公司令竞争对手胆寒之处，要做一个新产品，就押上全部去做，只许成功不能失败，不像很多公司小打小闹地先小投入试一试，而浅尝辄止的尝试心态往往做不好产品。

会议结束后，很快公司电子公告栏出来了任命：华为公司手机终端筹划组，组长徐直军，组员有我、李承军、黄朝文，还有一位采购部的代表组员，一位售后服务部的代表组员。

华为公司手机立项的事是我这几个月在推动和写材料，同时我还是业务与软件产品部的总工、运营商解决方案部的副部长,在 3G 业务小组里任职,是移动数据业务规划组组长……身兼数职,于是我每天在几个办公大楼不同的办公室和不同主题的会议室里穿梭,白天开会,晚上写材料到两三点钟。

李承军,当时负责 CDMA450 固定台,这个任命出来后,无线产品线立即就顺势成立了手机研发部,李承军成为正式的手机研发部负责人。

黄朝文,当时是中国移动总部的华为公司系统部负责人,这次手机立项原计划是针对配合中国移动 2.5G、3G 业务的开展而做的,一开始规划的是做 2.5G 和 3G 的手机。这也是中国移动所乐见的,中国移动希望华为这样有 3G 技术能力的中国企业做 2.5G 和 3G 手机,以便能尽快推广移动数据业务,拉动市场。

按华为传统的打法,先从技术规范参与入手。黄朝文很快安排了我跟中国移动手机终端部门人员交流,向他们通报了华为计划做承载移动数据增值业务 2.5G、3G 手机的计划,受到了支持。中国移动主动提出,鉴于移动数据增值业务受困于手机终端的混乱,所以在中国移动内专门成立了规范组织,以推动中国移动对手机终端的掌控。这次会议后很快两位无线工程师参与到中国移动的手机规范制定工作中。

由于华为公司毫无 GPRS 2.5G 手机的积累,彩信手机的价格虽然在爱立信的降价带动下,降到了 3000 元左右,但是评估认为此时进入还是有获利空间,当然重要的是打出华为的品牌。于是手机终端筹划组就联系了 NEC、摩托罗拉谈合作,谈贴牌合作。摩托罗拉当时是手机界的老大,不理华为。NEC 知道华为的实力,没有立即拒绝,一轮一轮地、又是北京、上海、深圳地谈判,拖了华为几个月,最后抛出一个 2000 多元的合作价,这个价格基本没有钱赚。

华为当时气很盛,所以就否定了。现在想想 NEC 当时肯同意,其实也是很好地在中国市场打出华为手机品牌的机会。不过之前跟日本企业没有合作成功的愉快经历,日本公司总是绕了一大圈最后委婉地拒绝你,浪费时间不说,还不会让你沾到什么好处，人家倒是刺探了一堆的情报。

所以华为进入 2.5G 彩信手机已不太可能。

华为公司唯有快速自主研发出 3G 手机这一条路！

我带 NEC 手机部的日本技术负责人参观华为公司生产线时，NEC 的人员很惊讶：华为生产线的能力已可达到全日本的 30 名左右。华为坂田新基地已经实现了仓储和分拣无人化作业，保证物料的先进先出和准确的存储期限控制，库存数据正确率达 100%。同时 WMS 与 ERP 系统集成，实现实时数据交换，保证物流信息的实时可视化。华为的工厂是德国公司帮助设计的，华为研发的成功离不开包括仓库这样的生产管理等各个方面细节的杰出管理。

与此同时，无线业务部在 2003 年年初正式启动了 3G 手机以及 3G 手机芯片的研发。无线业务部等这一天已好久，一见到华为终端公司筹划组的任命，就知道任老板同意做手机了，于是立即把之前北京、深圳、上海做 U1 的人合起来，在深圳无线成立了手机研发部。在高通的芯片上开发 CDMA450M、1800M 手机，固定台也在做，同时启动 3G 手机芯片的研发。

华为 CDMA450 手机后来找到一家韩国的设计公司做 OEM 合作，结果出了大量的质量问题，最终华为也只能靠自主研发才能做高品质优性能的手机。

华为的 3G 手机芯片原来是想找日本的松下等公司合作，那时正是 2003 年春 SARS 期间，日本合作方不能来中国谈判。手机终端公司筹划组开通中国电信昂贵的会议电视开会，断断续续开了几个小时，花了不菲的会议电视费，最终是别人不愿意。

找了好几家，最终欧洲的英飞凌同意跟华为公司合作做 3G 芯片，双方为此各投入 2000 万美元。

在华为手机终端公司筹划期间，我还主笔了给时任国务院总理李鹏的申请手机牌照的报告。1997 年信产部主动希望华为做手机，被任正非拒绝了。到了 2003 年谁家有手机牌照，给别人贴牌一部就可以赚好几十元。这份报告写得有点艰难,最终落脚点在华为有自主研发的 3G 和芯片技术上。

由于信息产业部当时评估国内的手机厂家数量太多,华为 2005 年才获得在中国生产和销售手机的许可。

技术领域无法长期存在投机者

2003 年 11 月,华为公司正式成立了终端公司,徐直军是第一任终端公司总裁。当时可以销售的产品除了在西藏获得应用的 CDMA450 固定台以外,就是 PHS 小灵通手机。

由于 2000~2003 年 UT 斯达康靠 PHS 小灵通赚足了钱,就开始投入 3G、软交换、宽带、传输,给华为主力产品 3G、软交换等带来极大的压力。

UT 斯达康还大举挖华为的人才,其间发生了著名的沪科事件。3 名前华为公司传输部技术人员于 2001 年 7 月底先后提出辞职申请,离开华为公司自主创业,在上海注册成立了上海沪科科技有限公司,研发新一代多业务光传输系统,与华为已投入数亿元研发经费的 SDH 光传输技术形成竞争之势。此后 UT 斯达康收购该公司资产,3 名技术人员成为 UT 斯达康的员工。2002 年 10 月,华为报案启动法律诉讼。

但是 UT 斯达康除了小灵通之外,其他产品都不行,小灵通的销售额占到总销售额的 80% 以上。2003 年年中任正非决定华为要尽快纠正错误,同时进入 PHS 系统设备和手机市场,迅速拉低 UT 斯达康的利润。纠正三大错误,先拿 PHS 祭旗!

无线业务部与终端公司很快联手攻破 PHS 技术,一部华为 PHS 手机的出货价被拉到 300 多元,是日本京瓷手机模块方案的批发价,而此前 PHS 手机的销售价曾达到 2000 多元。这一策略极大地拉低了 PHS 的手机价格,对已占据市场 60% 以上份额的 UT 斯达康是直接打击。UT 斯达康的毛利润大幅下滑,股价大跌。在小灵通发展的初期,终端设备主要由生产小灵通系统设备的

UT斯达康、中兴、朗讯三大厂商配套提供，其中UT斯达康占60%份额处于垄断状态。2000年9月，各厂商采纳了中兴公司提出的建议，小灵通实现了终端设备的互联互通，PHS终端与系统间的空中接口完全开放。在统一的标准下，小灵通终端市场向更多的生产厂商敞开了准入的大门，小灵通终端生产的技术门槛降得很低。截至2003年年底，市场上的小灵通终端已经达到了100多种，小灵通终端的生产厂商扩展为包括华为、金鹏、厦新、康佳、金正、步步高等在内的几十家企业。

经过2004年全年在PHS市场上的惨烈价格战，而中国市场的3G牌照又遥遥无期，2005年UT斯达康被迫停止之前已投资了十多亿元的WCDMA，收缩战线。而海外运营商普遍对PHS技术的未来不抱信心，单凭UT斯达康一家主推很难形成气候。所以UT斯达康在海外推广PHS没有再形成类似中国市场的火热局面。

UT斯达康存在典型的机会主义，没有像华为较早形成严谨的管理体系可以多点开花，可以支撑无线长期的亏损不放弃，更没有像高通形成强有力的、牵引全球的最新通信技术能力，造成持续的垄断。在主力产品竞争加剧时没能及时搞出新技术，形成公司新主力业务，PHS以外的产品缺少核心竞争力和持续参与竞争的能力，所以很容易被竞争对手群殴打下来。机会主义者的成功，来得太容易，容易飘飘然，忽视行业发展趋势和竞争对手的快速反击。技术市场的竞争是一场长跑，打败UT斯达康的，其实不是华为，而是它自己！

从单一产品到面向客户的解决方案

1999年，华为的交换机、接入网、传输、智能网等产品在国内的市场份额影响力均进入第一名。但很快由于IT泡沫破灭，国内电信网投资大量萎缩，及华为自身在无线上的三大失误，导致公司面临客户需求萎缩的状态。表面是外部环境的影响，深层次的是华为公司从上到下陷入对客户真实需求的麻木。

具体表现在：技术专家高高在上，听不到客户的声音；以自己的产品优势为重，强行引导客户需求，听不进客户的意见；听到了表象，没有抓住实质；对客户的意见缺乏分析和过滤，在没有搞懂客户真实需求之前，一味满足，搞得研发疲于奔命地加班开发，很多功能在客户处却没有使用。

由于华为之前强调的都是单产品的销售额和市场份额，大家重视的是抢项目，毫不忌讳产品之间做了可替代的功能，这导致产品之间的交叉冲突已越来越多，闭着眼睛盲目创新严重。

CDMA市场高通向客户提供以业务为牵引的整网解决方案，能让运营商迅速开通先进的业务；而高通在其中有所为有所不为，开放技术的做法获得中国联通、韩国SK、日本、美国、欧洲等多个运营商的高度认可，代表着一个重要的技术趋势。UT斯达康在推广PHS过程中通过整网解决方案，并提供运营推广和品牌宣传等针对客户的运营方案，也受到明显的市场认可。

华为要改变在无线、宽带等新领域的落后局面，需要真正实现用心聆听客户需求，建立一支能聆听和理解客户需求的高素质复合型人才的队伍，华为公司需要回到以客户为中心，急客户之所急、想客户之所想的创新轨道上来。针对客户需求提出能对客户产生价值的解决方案，解决方案中的产品可能多数不是自己研发生产的产品，也可能大量是否定自己过去的全新产品形态。解决方案需要突破自我，勇于否定自我，完全以客户为导向，才能捕捉到真正的机会点和需求。

强推自己优势产品技术的做法早已经落伍，在理解和熟悉客户网络及技术的基础上，洞察客户痛点和需求，深入参与客户的运营模式、商业模式、发展战略的创新，视野要能看到客户前面去，才能有效挖掘到新的发展机会，提出贴近客户的创新。

这些体会都是我在任业务与软件部做总工期间，在与运营商客户交流中深深体会到的。推业务与软件，其实是在推解决方案，面向客户的能带来新的运营和新的商业模式的解决方案。像过去一味推自己的产品，是没有人感兴趣的。我一年做上百场业务与软件解决方案演讲，因为演讲着眼于对客户的价值提升，着眼于推动商业模式的改变，所以每一次都深受运营商高层的好评，屡次被邀请做运营商高层的座上宾。

整个公司针对业务与软件部的开发需求就占了一半以上，有时一个月甚至创下近千条来自各个方面的需求。研发每天响应需求都忙不过来但却经常被投诉响应不及时，不能清楚地看到需求的来源和处理关闭情况，也不清楚哪些是有价值的大需求。在我的建议和推动下，华为公司上线了"客户需求电子流"，以便能统计需求的来源和处理情况。但是推动一段时间却又发现：真正来自市场一线反馈的客户需求少而又少，有价值的需求从电子流上来的几乎没有。销售人员虽然天天直面客户，但是根本没有能力和意愿反馈客户需求。

研发在迷茫，下一个版本做什么？新产品需求来自何方？不断创新的活水在哪里？

对新需求的捕捉、判定和推动处理不能再以一种偶然获得的不确定为基础。专业的人才队伍缺失，完全靠员工自觉，在销售额至上的氛围下是很难建立系统化的需求收集能力的。其实很多时候去问客户，客户也搞不清楚他的需求是什么。需求的捕捉不仅需要有专门的人，而且需要有水平、有综合知识面的人才。

在我的建议下，华为公司在各产品线成立了需求副总工的职位，以建立更专业和高阶的人才队伍，以更高的视角关注客户的需求，主动发掘客户需求捕捉机会，不遗漏需求和机会。2001年《华为人》报刊登了我的文章"关注客户需求，我们做的有多少"，里面提出："关注客户需求，尤其要关注客户由于使用我们的产品和服务所产生的困扰，所付的代价。关注客户需求，要注意不要把时间用在喜欢我们的客户身上，而应主动去找对我们不满意、对明天最有见解、最挑剔的客户沟通。"

我基于以上这些感受，向公司高层多次书面陈述华为公司需要尽快成立以客户需求为导向，而不是以自己产品为中心，面向客户需求的运营商解决方案部，详述了行业的变化趋势和华为固守自拉自唱产品面临的严峻挑战。这份提案得到了华为公司高层的重视。在徐直军的推动下，2002年华为公司成立运营商解决方案部。

运营商解决方案部的定位明确，面向运营商客户，以客户需求为导向做解决方案，提供给运营商能带来价值推动的运营和商业模式为重心的解决方案，而不是一味强推华为已有的产品。对华为内部，运营商解决方案部是站在客户角度，向公司内部输入客户的需求，反推公司应该面向客户需求去规划和发展的新产品、新业务，有所为有所不为，以实现双赢及多赢。

2002年年底，业务与软件部进入OSS运营支撑系统、移动数据增值业务，2003年年底，手机终端公司的成立，以及运营商解决方案部的成立，填补了华为无线解决方案的死穴，从此华为无线开始走向胜利的道路，使华为面向运营商的需求能够提供全网端到端的解决方案和业务。

我因在华为的冬天多次推动新机会点、新产品规划、新商业模式、新组织变革，而获得公司的创新规划金奖。

2004年2月9日，巴基斯坦电信公司对外宣布，选择华为为其战略合作伙伴，由其独家承载覆盖巴基斯坦全境的"大灵通"CDMA网络，提供全网解决方案。虽然华为投入数亿研发的CDMA450没有在中国得到广泛应用，却造就了华为海外市场无线的成功。

INQUAM是一家总部设在英国的中等规模的跨国移动运营商，在了解到很多度假者抱怨在葡萄牙无法接听CDMA电话后，开始筹划在葡萄牙建设CDMA网络的方案。但是朗讯、北电和摩托罗拉的报价远远超出了预算。就在INQUAM决定放弃CDMA的网络投资方案时，高通听到这个消息，急忙找到了INQUAM的高层推荐了华为，并且给了INQUAM非常优惠的商务承诺。华为随后给出的端到端的网络解决方案令INQUAM极为震惊：报价是三家北美电信巨头的1/3，CDMA设备可以实现同步国际漫游、多媒体视频聊天、DO、PTT、无线公话等多种移动增值业务。INQUAM 用华为的 CDMA 端到端解决方案在葡萄牙开通了欧洲第一个 CDMA 商业网络，在预期内实现盈利且收回投资，华为也在欧洲树立了一个重要的样板点，并顺势将 CDMA 产品打入了亚洲、非洲、南美和北美等地区的 30 多个国家。

2004 年全年华为无线终端实现全球 29 亿元销售额，发货近 500 万部，华为 PHS 手机全年完成销售 300 万部。华为终端产品已经进入全球 30 多个国家。华为 CDMA450 产品成为 2004 年度全球最大的厂家。

到 2004 年年底华为终端业务部已有 1600 余人，产品覆盖 WCDMA、PHS、CDMA450/800/1900、GSM/GPRS 等，成为配套无线产品线提供全网解决方案的有力支撑。整个 2004 年是华为无线 CDMA450 在全球大发展年：华为 CDMA450 连续攻克巴基斯坦、沙特、白俄罗斯、阿塞拜疆、也门、阿尔及利亚、格鲁吉亚、印度尼西亚、巴基斯坦、乌兹别克斯坦、埃塞俄比亚、俄罗斯等国家和地区，带动 CDMA450 系统网络设备加手机终端的火热销售，CDMA450 手机终端累计销售超过 200 万部，市场需求强烈。

2006 年 7 月 23 日，华为向乌兹别克斯坦"科伊诺"公司赠送的手机组装生产线项目已进入实施阶段。华为赠送一条年产 1 万~2 万部 CDMA450 标准的手机组装生产线，总价值 100 多万美元。生产线投产后，乌兹别克斯坦从华为进口手机配件进行组装生产和销售。这背后也有华为 CDMA450 系统网络设备在该国大获全胜的解决方案的胜利。

2006 年 8 月，苏丹代表处在投标一个移动通信网络项目时没有中标。在分析会上，苏丹代表处总结出以下导致失利的原因。

部门各自为政，相互之间沟通不畅信息不共享，各部门对客户的承诺不一致；客户接口涉及多个部门的人员，关系复杂。在与客户接触时，每个人只关心自己负责领域的一亩三分地，导致客户需求的遗漏，解决方案不能满足客户要求，交付能力也不能使人满意；对于客户的需求，更多的是被动的响应，难以主动把握客户深层次的需求。

在一次客户召集的网络分析会上，华为共去了七八个人，每个人都向客户解释各自领域的问题。客户的 CTO 当场抱怨："我们要的不是一张数通网，不是一张核心网，更不是一张交钥匙工程的网，我们要的是一张可运营的电信网！"

苏丹代表处决定打破产品的楚河汉界，以客户为中心，协同客户关系、解决方案、交付与服务，甚至商务合同、融资回款等部门，组建针对特定客户（群）项目的核心管理团队，实现客户接口归一化，更好帮助客户商业成功。

苏丹办事处以客户经理（AR）、解决方案专家（SR）、交付专家/经理（FR）为核心组建项目管理团队，形成面向客户的以项目为中心的一线作战单元，从点对点被动响应客户到面对面主动对接客户，以便深入准确全面理解客户需求。

"三人同心，其利断金"。苏丹办事处就把这种项目核心管理团队称之为"铁三角"。2007年苏丹办事处通过铁三角模式获得苏丹电信在塞内加尔的移动通信网络项目。事实证明：有解决方案专家做技术总成的铁三角作战单元，有效地提升了客户的信任，较深地理解了客户需求。其后，华为在全公司推广并完善"铁三角模式"。

运营商解决方案部的成立顺应了新的技术趋势，在华为内部发展迅速，从起初的只有十几位人员，发展到从运营商总部到海内外每个办事处都有运营商解决方案部的人员，形成扎根落地到一线客户侧的强铁三角配合作战的小分队，为华为的市场和技术发展均起到极大支撑作用。运营商解决方案部的成立及在一线组织的落地，弥补了华为公司长期以来缺失的市场洞察和机会捕捉能力，以客户的角度思考审视行业和技术趋势及运作模式的组织。

到 2006 年 8 月全球市场华为的 CDMA450 系统设备市场份额就占到了 67% 以上。从单一产品到面向客户的解决方案整体端到端地提供，华为无线产品线从之前由于任正非本人的违背技术趋势、决策失误导致迟迟发展不起来，到后来老板本人及时纠正错误把业务决策权让位给明白事的人，华为公司顺应技术潮流，无线产品线才得以在全球火热发展，整个过程中的教训值得深思。

为技术商用主动购买样板局

1998～2000年，无线产品线用了两年的时间完成了WCDMA产品从公式到模型仿真到关键技术验证。2000年，上海金茂大厦开始WCDMA大会战，深圳、北京、上海等上千研发人员汇集六楼，开始终端、基站、控制器等8个全新设备的联调。

2001年华为WCDMA网络设备打出第一个电话，华为成为全球少数几家能提供WCDMA设备的厂家。但此后进入漫长的等待时期。中国3G牌照迟迟不发，一年、两年、三年，三年颗粒无收。上千研发人员的队伍每等一天，就要多支出300多万元。在华为冬天最艰难的时刻，任正非也没有动摇对WCDMA的持续投入和必胜的信心。

2004年，全球3G进入快速发展时期。截至2004年9月底，全球有38个WCDMA网络进入商用。WCDMA网络建设大规模展开，全球共有27个WCDMA商用网络开通，其中26个在欧洲，爱立信拿下20多张WCDMA的商用网络，成为第一批WCDMA商用的主体与大赢家。

2004年年初，华为研发投入达40多亿元的WCDMA仍处于实验局阶段，没有地方获得商业应用。华为WCDMA迟迟不能商用，面临将贻误WCDMA在全球建设的机会。华为WCDMA晚一天商用，还影响到3G牌照的发放。

不能再等了！华为决心买两个商用样板点开局。

香港移动运营商SUNDAY虽然只有60万用户，但是却拥有一张稀缺的WCDMA的3G牌照。同时香港也属于发达地区，拥有很高影响力。

2013年12月18日，华为技术有限公司与香港移动运营商SUNDAY举行新闻发布会联合宣布：华为将作为SUNDAY 3G网络与业务设备独家供应商，与SUNDAY合作共建香港WCDMA 3G网络，覆盖全香港（包括香港岛、九龙、新界以及各离岛）地区。根据合作协议，华为将为SUNDAY提供全套的、端到端的 WCDMA 解决方案，包括从 WCDMA 的无线基站系统、核心网，到 3G 移动智能网、3G 移动数据业务管理平台和 3G 移动数据业务和应用，同时也将提供 3G 手机终端。华为公司承接了整个网络项目的端到端 Turnkey 解决方案，其中 WCDMA 网络，华为公司将提供基于 3GPP R4 协议结构的全套 WCDMA 网元产品，核心网基于软交换架构，同时支持 WCDMA R4/R99、GSM 以及 TD-SCDMA。

如果华为没有及时在 2002 年年底从单一产品转向面向运营商的整网解决方案，特别是面向运营商的语音增值业务到移动数据业务的提供和 OSS 运营支撑系统，3G 手机终端在内的端到端的解决方案提供，这样的订单是签订不下来的。

SUNDAY 集团与华为公司将共同合作以在港推进 3G 服务，并有望于 2004 年年底达到商用的程度。为了配合 3G 业务运营，特别是 3G 的数据业务运营，香港 SUNDAY 决定建设新一代的 3G 业务支撑系统，为 3G 语音、多媒体、视频、下载、位置、PTT 等全方位的 3G 业务提供全方位的业务支撑和保障。SUNDAY 方面表示，非常愿意在 3G 设备合作的基础上再一次就 3G 的业务支撑领域和华为进行合作，同时也表示，相信华为的 3G 运营支撑系统一定可以促进 SUNDAY 3G 业务的蓬勃发展。

华为的 3G 运营支撑系统包含了 Mediation、Rating、Billing、Inventory、AR、PRM、CRM、Customer Care 等业务部件，涵盖了从前台业务受理、客户接触、市场销售到后台的采集、批价、工单处理、呼叫控制等全流程端到端的各个环节。在业务上支持了话音、短信、彩信、流量、内容等 3G 网络的业务特性，是一个真正意义上 3G 支撑系统，也是国内厂家在 3G 运营支撑领域的首次正式商用。

SUNDAY 与华为就 3G 网络订下三年供应合约，根据协议，华为为其指定承包商，负责设计、制造、付运及安装相关设备和服务以及全面集成现有网络和 3G 网络。

方案和技术的满足只是一部分，SUNDAY 不仅缺少建设 3G 网络的钱还需要华为协助！华为要向 SUNDAY 提供 5 亿港元的贷款以偿还现有供应商贷款及银行贷款。SUNNY 对华为的采购金额为 8.59 亿港元，这笔钱由华为向 SUNDAY 提供同等价值的设备供应信贷。以上的两笔钱，华为要对 SUNNY 提供为期七年半的贷款。SUNDAY 集团将向华为提供一篮子抵押，包括集团 8 家主要附属公司所有资产、收入及股份，由电讯管理局向 SUNDAY 发放的 2G 及 3G 移动电话服务牌照。

合作随后变味：由于贷款到期却无力还款，SUNDAY 不得不指定华为为其 3G 网独家设备供应商，而华为则将价值 12.08 亿港元的 3G 设备无定期地赊销给 SUNDAY。

华为拿下了对方的资产，但同时也成为这个 3G 网的实际买单人。SUNDAY 将 3G 牌照抵押给华为的同时，还要求华为提供 2004~2010 年的 3G 履约保证书信贷，即代表 SUNDAY 向香港电信管理局预付 3G 牌照使用费。这样，为了尚未入账的 3G 回报，华为为 SUNDAY 付出了 17.08 亿港元之巨额贷款。

为巩固在 SUNDAY 的 3G 网络独家供应商及总承包商地位，2004 年 5 月 11 日，华为在 2 月持有 SUNDAY 股票基础上，增持 433.6 万股 SUNDAY 股份，在 SUNDAY 的持股量由 6.96% 升至 7.11%，6 月 21 日又上调至 9.91%，成为 SUNDAY 的第二大股东。

2004 年 11 月 12 日，华为与汇丰等香港 9 家银行签署总值 3.6 亿美元贷款协议，用这些资金加快开拓国际市场的步伐。2005 年 10 月，李嘉诚的儿子李泽楷收购电讯盈科并私有化 SUNDAY，在收购之前为取得作为第二大股东的华为的支持，电讯盈科出资 SUNDAY 提前将其对华为的借款还清。

华为花大笔钱在香港购买的商用局机会，前期虽然支出不菲但后期回报颇丰。华为也因此取得了香港银行界的认可和财力支持，汇丰银行成为华为重要的融资渠道。

整个过程中华为用香港的资金，贷款给香港的运营商作为购买华为设备的资金，同时逢低吸纳了其股份成为第二大股东，最后因华为领先的技术实现为其增值，实现了贷款完全回收的同时股票的收益。如果没有华为的领先的 3G 成功使只空有一张 3G 牌照的 SUNDAY 脱胎换骨，具有很强的竞争力和发展潜力，电讯盈科怎么会花大价钱收购只有当时 80 万用户的 SUNDAY 呢？

2002 年年初，王家定孤身一人，坐着公交车在中东几个酋长国之间来回奔波拜访客户。经过一次次拜访、交流，客户为华为的诚意所打动，4 月初，Etisalat 邀请华为参与其 WCDMA 实验局的招标。同时被邀标的还有 7 家国际公司，都是其长期合作伙伴。华为反复集体讨论、修改答标书，所表现的诚意打动了 Etisalat，从投标的 8 家电信巨头中脱颖而出，成为被邀请开实验局的三厂家之一。

2002 年 10 月中旬设备到现场，正在过冬的华为拿出不菲的人力财力物力来开 3G 的实验局，压力很大，同时如果在实验局实施过程中效果不佳，无法商用，前期的费用就会全部打水漂。

2003 年 4 月传来一个不利消息：Etisalat 移动智能网项目最后时刻投标失败。这对项目组人员打击很大，移动智能网作为华为的拳头产品，都无法撬开阿联酋电信市场的大门，那么，这个 3G 实验局意义何在？

2003 年 6 月，任正非顶着六月的骄阳到阿联酋 3G 实验局考查，下飞机第一件事就是去实验局看设备，向客户机房人员了解问题。并召集开局人员开民主会找问题，遍访客户决策层表示诚意。

地区部总裁丁少华在迪拜组织召开了 3G 商用局项目开工会，针对自身及友商进行详细的 SWOT 分析，以此制定了对 Etisalat 工作的 "1st" 原则，即一流的解决方案、成功的实验局（Successful Trial）和值得信赖的合作伙伴（Trusted Partner）。并启动了 "111" 工程，这是一个树状图，大目标 "年底前拿到 3G 商用合同" 是树干，11 个关键子目标构成了树枝，包括客户关系、投标、实验局、研发等，每个树枝又包含若干树叶，即要达成子目标必须完成的各项工作，都有专人负责。项目组每天召开会议，每天解决一个具体问题。大家认识到，只要每一片"树叶"存在的问题都不漏过，合同就不会丢，这棵大树也才能枝叶茂盛。在 Etisalat 随后发起的 MVI（多厂家互连互通）测试中，开局组兄弟们积极分析和反馈测试中的问题，研发总部在最短时间内予以解决，使华为在 MVI 测试中表现优异，为客户在技术上信赖华为埋下了伏笔。

提前一步想客户之所想，成为全面赢得客户信任的又一转折点。2003 年 10 月相继有日内瓦展和海湾 Gitex 信息展，市场是业务与服务的先导，利用展览帮 Etisalat 做 3G 的市场宣传，无疑会加快项目决策，同时也能促进客户关系。在范淼的精心策划与组织下，华为主动向 Etisalat 表示愿意全力协助其参展并宣传 3G 业务，客户乐意接受并派人配合。日内瓦展开展前，范淼及公司展览调机人员提前抵达，通宵达旦调测设备，帮客户搭建展台，宁可牺牲自己展台利益也要全力保证 Etisalat 的 3G 演示效果。

在展会上华为员工以 Etisalat 员工的身份邀请各国的业界伙伴参观其展台，为其年底在中东及阿拉伯国家率先推出商用 3G 服务打下了坚实的基础，获得 Etisalat 高层的高度赞赏与认同。

竞争对手得知华为的行动后，也提出在协助 Etisalat 展示 3G 业务的请求，意图与华为进行技术对比。华为在短短十天内就将展览所需设备运抵现场（原为友商实验局所覆盖区域），并以最快速度连接开通。展前不久，客户提出增加手机点播电视的演示功能，前后方马上行动起来，又是短短十多天就将此功能成功开发出来。展览开幕前两天，华为开局人员为保证设备稳定运行，每天只休息四个小时。最终由于华为产品提供的展示业务丰富，覆盖效果好，客户放弃了采用两家设备进行展览的计划，所有展示业务全部在华为设备上完成。

Etisalat 这两次展览都取得了空前的成功，华为 3G 设备的优良品质及稳定性得到全面体现，工程师们的技术能力、敬业精神和服务质量也得到了客户的高度认同。展会结束后，客户专门设宴，答谢华为工程师的优良表现，双方因此也建立起了深厚的友谊。

正是由于 3G 项目组和公司上下的共同努力，华为在 Etisalat 移动部门建立起了从普通工程师到高层的广泛客户关系，华为 3G 产品的强大实力得到了客户的全面认同。2003 年 10 月，华为第一个被客户邀请进行 3G 谈判。在商务上，有几家国际公司以低价竞标，有的出价甚至只有华为的一半。但是在优秀的技术表现支撑下，华为本着不卑不亢的态度，有技巧地与客户进行多轮诚恳的商务和技术谈判，最终"高价中标"！

2003 年 12 月 24 日，阿联酋电信 Etisalat 宣布由华为独家承建的阿联酋电信 WCDMA 3G 网络正式投入商用，这是全球第一个 R4 商用项目。这是继 12 月 18 日宣布与香港移动运营商 SUNDAY 合作建设覆盖全香港的 WCDMA 3G 网络之后，华为在 3G 领域的第一个正式投入商用的 WCDMA 3G 网络。

华为在全球发展小国战略的胜利：通过在小国商用新产品新解决方案，取得样板经验后再到大国大市场规模应用。在华为的市场版图里没有市场大小的区分，一样重视，小市场可以作为新产品和技术的商用首发地，成为华为的研发和技术重要出处、练兵场。

2004 年 6 月，陈海军通过荷兰邮政电信部门的熟人第一次与荷兰的小运营商 Telfort 接触上。交流过程中了解到 Telfort 在 2000 年 7 月就拿到 3G 牌照，却迟迟没有开展 3G 服务，主要原因有两点：一是担心无法开展有针对性的 3G 应用，二是因为荷兰是欧洲人口密度最大的国家之一，安装新的基站和射频设备必须经过所在建筑物业主的同意，需要支付的费用甚至比设备本身的价值都要高很多。

一个月后，华为解决方案部人员和 Telfort 进行了第一次 3G 业务的交流。

两个月后，华为解决方案部与 Telfort 共同制订了端到端的 3G 业务的商业计划。

三个月后，华为无线产品线总裁余承东带领产品线经过多次讨论后，正式向 Telfort 提交了一套为其量身定做的分布式基站方案。

华为和 Telfort 合作成立了移动创新中心，专门研究在荷兰市场适合推出哪些移动服务项目。华为提出了分布式基站的解决方案，将基站分为 BBU（基带处理单元）和 RRU（远端射频单元）两个分离的部分。让两个部分可以直接安装到运营商原来的机柜当中或者安装到靠近天线的抱杆或者墙面上。这样，Telefort 有 90% 以上的站点都可以利用原有的站点，总体拥有成本比常规的方案节省了 1/3。这款分布式基站体积减小到原来的 1/10，重量减小到 1/15，所有部件都可以手拎到现场，被业界称为架构型的颠覆性创新。

2004 年年底，Telfort 经过对华为中国香港地区、阿联酋的 WCDMA 3G 样板点现场参观之后，将其 WCAMA 的 3G 订单给了华为。2005 年 6 月，仅半年的时间，华为和 Telfort 完成了首次 HSDPA 的商用演示。这次演示采用了内置高通芯片的华为终端公司研发的 HSDPA 商用数据卡。通过笔记本电脑点播高清晰度的视频节目，下载速率高达 1.4Mbps。

华为还为 KPN/Telfort 提供广泛的传输及全 IP 核心网设备，以及融合计费解决方案，提供通用及规则驱动的批价引擎让电信资费可灵活配置，为推出新业务大大缩短了上市时间。采用以用户为中心的数据模型，并提供统一的用户视图，可以实施个性化的营销策略，提高了业务量。同时支持预付费和后付费用户，并采用开放的、模块化的系统架构，从而降低了系统建设成本和运营成本。

如果 2003 年华为没有及时花大价钱为自己在我国香港地区、中东买 WCDMA 商用样板点，形成样板效益，就没有后面在欧洲 WCDMA 的胜利。

华为的 WCDMA 做得如此艰苦，每一个商用局点都历经千辛万苦，都必须再有一次大跨步的超越竞争对手的技术创新才能突破。

华为为什么每年还要请咨询顾问

翻看《华为人》报，故人一一浮现眼前，诸多惊人的新发现：有一些当年的华为干将，一年前还在《华为人》报上发表信誓旦旦的忠诚话语，但是很快就已成华为叛将。不仅成为华为公司的竞争对手，而且精心做出华为十大危机的宣传单，在华为的客户和华为骨干员工中散发，攻击华为公司攻击自己曾经呕心沥血参与研发的产品。

还有一些《华为人》报上发表信誓旦旦的忠诚话语的高层干部，徇私舞弊，发展亲属暗中与华为公司发生交易，从中牟利。还有的人不惜以身试法，做假账贪污……2006年，华为公司公开从上到下清理关联交易。几乎每一年都有被华为起诉的人员。

企业里没有所谓最可靠的人！无论曾经多么意气风发的少年，随着企业快速发展带来的"都是自己功劳"的骄傲，会渗透进组织，让每个人都或多或少沾染上懈怠、官僚、骄傲、自私、贪婪的习性。很多明明看上去是对的，也很简单的事就是执行不下去。而很多明明是错误的东西，从上到下看得顺眼麻木后居然可以畅行无阻多年。

在以销售数字为核心KPI的体系下，各级领导看重的是抢项目抢订单。公司山头文化泛滥，各个山头都在忙着抢功，抢业绩，抢权力。任正非曾说："1997年后，公司内部的思想混乱，主义林立，各路诸侯都显示出他们的实力，公司往何处去，不得要领。"

华为公司里每个人，从上到下，包括任正非本人，跟远大的理想和目标对照都有很大问题：能力的局限、懈怠、官僚无处不在。在成功的光环下，人出于位置、利益、视野的原因，很难看到自己的问题；光凭企业内部的人自行去解决，会彼此之间冲突连连；局部性地让干部上上下下，无法体系化地解决根本问题。

任正非很清醒地认识到组织的能力边界，个人的有限性，亲自走出去请进来，请外部咨询顾问来帮助搭建管理体系，以克服企业的各种问题。

当外部咨询顾问尖锐地批评华为的企业文化时，从上到下都震惊：华为公司等级森严，缺乏团队文化，导致试图通过组织调整来解决问题，结果人员调整频频的问题仍然存在；部门之间存在着隐形墙，本位主义严重……

一直以来，华为人以"胜则举杯相庆，败则拼死相救"的团队文化而自豪，而咨询顾问却说：华为部门之间合作缺乏。华为人以每天比拼加班到晚上12点之后的艰苦奋斗为自豪，但是咨询顾问却尖锐地指出：反复在做无用功、效率低下。当时甚至出现过协调做一件事情，人们往往不是看事情本身，而是看协调人或发起人是谁。很多小事情，都需要老板层面大动肝火后，自上而下地推动才能执行下去，导致效率低下。

细节是魔鬼，但是很多中国企业对管理体系和流程的理解，包括华为曾经都以为自己知道得差不多就可以了，很少去思考是否精准，具体行出来几分，是否落实到每个细节，如何持续地执行下去。知道道理、理论、别人的样板是一回事，能在企业里从上到下持续地行出来却是另一回事。此外，不同的历史时期和发展阶段，面临的内部外部环境不同，需要的管理体系不同，并不是可以持守一个公式就可吃老本到底。

华为所有的变革都是任正非放手由外部咨询顾问主导做顶层设计，华为成立人数不菲的变革执行团队配合咨询顾问推进流程体系的落地建设，这包括品质体系、华为虚拟股权激励方案、任职资格体系、组织架构、薪酬体系、研发管理流程、销售体系及分配机制、全球化、供应链管理、财务系统、生产管理、市场管理、客户满意度、华为手机业务品牌营销等。

变革往往有两种情况，一种是企业在发展中主动地变革，另一种是企业遇到大挫折被动变革。华为公司的变革都是在发展不错的情况下主动开展的，变革已成为企业常态。华为的变革突出特点是全面，在各个部门都有通过外部管理咨询推动改善工作的情况，不存死角。

"危机的到来是不知不觉的，我认为所有的员工都不能站在自己的角度立场想问题。如果你们没有宽广的胸怀，就不可能正确对待变革。如果你不能正确对待变革，抵制变革，公司就会死亡。"任正非多次在企业内部推动变革。

在变革初期，"动了别人的奶酪"，触动老员工的利益，遇到很大很多的阻力。任正非作为公司的一把手，亲自参与，鼎力支持："让阻挠变革者离开。不能让那些自以为比专家还聪明的人进入变革的执行团队，要削足适履，而不是向反对变革的人妥协，然后把那些很有能力但反对变革的人，坚决果断调离跟变革相关的部门。"

请外部咨询顾问来变革，好像是否定了自己，否定了在职高管，在很多公司咨询顾问会被高管和员工孤立，动不动被不了解公司情况、行业不同之类的理由质疑。任正非是一个敢于否定自己的人，将过去的成绩视而不见。

任正非曾说过："企业家在这个企业没有太大作用的时候，就是这个企业最有生命的时候。华为公司什么都不会剩下，就剩下管理。"

我们处在IT业变化极快的十倍速时代，这个世界上唯一不变的就是变化。我们稍有迟疑，就失之千里。故步自封，拒绝批评，忸忸怩怩，就不只千里了。我们是为面子而走向失败，走向死亡，还是丢掉面子，丢掉错误，迎头赶上呢？

在互联网时代，技术进步比较容易，而管理进步比较难，难就难在管理的变革，触及的都是人的利益。企业间的竞争，说穿了是管理竞争。如果对方是持续不断的管理进步，而华为不改进的话，就必定衰亡。

在管理上，需要别人带着我们走路，就像一个小孩，需要靠保姆、靠幼儿园的老师带着走路一样。华为公司要有勇气去削足适履。所谓'削足适履'，不是坏事，而是与国际接轨。我们引进了一双美国新鞋，刚穿总会夹脚。我们一时又不知如何使它变成中国布鞋。如果我们把美国鞋开几个洞，那么这样的管理体系我们也不敢用。因此，在一段时间我们必须削足适履。

引进世界领先企业的先进管理体系，坚持'先僵化，后优化，再固化'的原则，坚持'小改进，大奖励；大建议，只鼓励'的原则，持续地推行管理变革。我们一定要真正理解人家上百年积累的经验，一定要先搞明白人家的整体管理框架，为什么是这样的体系。刚才知道一点点，就发表议论，其实就是干扰了向别人学习。

曾经有一个伟大的企业家说过他成功的经验，就是聆听。我们公司有许多小聪明，常哗众取宠，一知半解就提些意见，我们把他们赶出了变革管理小组，我们用7~8年时间听IBM顾问怎么说，成功地引进了他们的先进管理。

我们切忌产生中国版本、华为版本的幻想。引进要先僵化，后优化，还要注意固化。在当前两三年之内以理解消化为主，两三年后，有适当的改进。"

2004年在华为IPD变革告一段落时，IBM顾问发现PDT产品的成立缺少了输入部门。在华为销售额、项目至上的激励和文化牵引下，没有形成常规的流程部门和人员为产品规划负全责。在IPD流程中需要做市场调研，市场规划时总找不到对应的人员。在欧洲、中国，客户已没有耐心听华为去推销产品，需要华为听懂客户未来的想法，站在商业模式的高度和战略高度上帮助客户去做规划。对这些，华为都没有常规的部门和人员去对应，而运营商解决方案部刚成立不久，只有十几位人员，孤掌难鸣。产品规划混乱，研发部多个部门都在闭门做产品规划，缺少充分的市场调研，重复开发严重。

2002年，华为成立了Marketing部门，将战略投资、战略合作、市场需求的挖掘与分析等职能集中在一起。因缺少系统化的方法论指导，Marketing部门虽然成立起来，但是处于很少人员散打摸索状态。

中国企业最擅长成立部门，觉得成立了这个部门，有个负责人就可以了。全然不管如何去精细化运作，不明白是流程推动部门的成立，而不是部门推动流程的成立。结果经常成立一堆的部门，立了一堆的负责人，却是乱哄哄一团职责不清，搞了一堆无法走出部门的断头流程，最终达不到效果，又寄希望于换人。走马灯地换了不少负责人仍然没有运作起来，却耽误了时机，企业与业界最佳实践差距越来越大。

2004年，IBM顾问将客观的看法和评估报到任正非处。IBM顾问的建议，引起任正非的高度重视，华为公司需要尽快建立起面向机会点、面向客户需求、面向产品规划、牵引研发和销售的"大脑"来。在IBM的建议下散落在华为公司内部所有研发、行销的解决方案，产品规划，战略规划职能的部门全部划归 Marketing 部门，然后以新的流程体系重新决定组织架构和部门的设置。

华为公司成立以来，大多数人才都是刚毕业的学生成长起来的，擅长的是执行，不擅长战略思考和牵引，Marketing 部门成立了两年却是华为公司的短板弱项，甚至都没有人才愿意去。显然这需要整合能力很强的猛将才能把资源调动起来，按咨询顾问的要求做到位。2004 年，任正非亲点徐直军正式负责 Marketing 部门。徐直军则向任正非要了一个在全公司范围调人权：Marketing 可以在全公司范围内要人，其他部门必须放人。

在徐直军的强力推动下，Marketing 人丁兴旺起来，建立了从总部到地区部的组织体系，实现了从空军和导弹部队，并派出精锐部队到一线当特种兵。

不过也有很多研发经理不适应 Marketing 的工作：带研发团队是指挥成百上千人的大兵团作战，到了 Marketing 则成了只带几人或十几人，整天找多个部门沟通做说服工作，心理落差大。

徐直军向 IBM 咨询顾问求助，启动了 MM、CDP、MPP、RDP、OR 等以 Marketing 为龙头的多个流程的咨询项目。这一系列的流程的启动约定了 Marketing 部门运作的大量细节：具体怎么做，如何与其他部门对接，如何协调与其他部门的关系，人才的来源与人才的素质模型，如何解决 Marketing 的输出质量不依赖于某个人才。其中以 MM 市场管理流程最为核心。

市场管理是一套系统的方法，用于对广泛的机会进行选择收缩，制订出一套以市场为中心的、能够带来最佳业务成果的战略与计划。市场管理流程是华为公司核心流程之一，它运用严格、规范的方法对市场走势及客户的要求及需求进行分析，创建合理的市场细分规则，对要投资和取得领先地位的细分市场进行选择和优先级排序，从而制定可执行的业务活动。通过从业务流程的角度定义确保市场营销取得成功需要执行的活动，制定可盈利、可执行的业务计划和驱动新产品包的开发，此流程能够使公司或产品线的各项举措成功地付诸实施。

市场管理 MM 流程是 IPD 流程的上游流程，包括组合策略和路标制定、制定任务书、启动 IPD 流程。MM 流程最主要的输出是要回答：我们现在在哪里？我们向哪里进发？我们如何到达目的地？我们是否做得对？

MM 流程的主要角色是 PMT，即组合管理团队，与 PDT 类似，PMT 是跨部门团队。PMT 的组成：主任、业务规划、市场分析、需求管理、解决方案管理、大客户 Marketing 代表、区域 Marketing 代表、国内/国外销售部代表、预测、定价、技术规划、预算/损益、技术服务、订单履行/制造/采购、HR、OPS、执行秘书。

OR 是 Offering Requirement 的缩写，产品包需求流程，华为在 IBM 顾问指导下开展的咨询项目树立的流程，其目的是：统一需求管理；主动收集需求，准确把握市场机会点；降低紧急需求比重，提升版本交付质量（见图 17-1）。

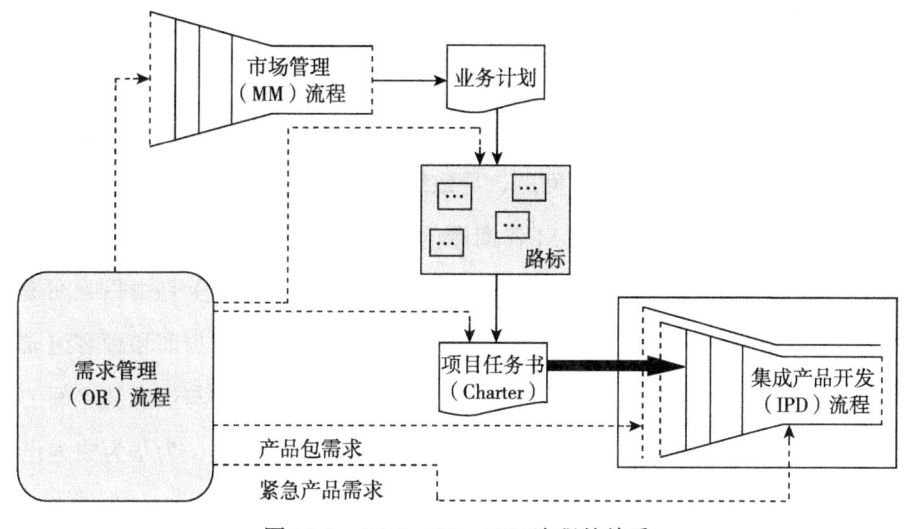

图 17-1　MM、OR、IPD 流程的关系

Marketing 部门在管理咨询顾问的帮助下实际运作起来后，有效地将研发的前端——需求和路标控制住。Marketing 通过与客户的密切互动，切实甄别紧急需求，尽可能减少产品开发后期的需求变动和计划变更，减少软硬件废弃版本、减少废弃特性，提高版本管理的效率，减少产品的开发维护成本，最终

减少客户的运维成本。

2006年以来，华为在欧洲大客户的突破，公司整体产品与解决方案竞争力的提升，行业创新品牌的树立和提升，国际运作模式的接轨，都与咨询顾问建立起来的Marketing流程体系密切相关，受益于IBM的咨询顾问。

IBM顾问团队在1999年的调研报告中指出，华为的供应链管理水平与领先的跨国公司相比，存在很大差距。

（1）华为的订单及时交货率只有50%，行业领先的跨国公司的平均水平为94%。

（2）华为的库存周转率只有3.6次/年，跨国公司平均库存周转率为9.4次/年。

（3）华为的订单履行周期长达20~25天，跨国公司平均水平约为10天。

顾问指出：华为的供应链管理仅仅发挥了20%的效率，存在很大提升空间。华为供应链管理效率的低下，反映了中国制造企业的"通病"。尽管中国企业十分注重降低制造成本，但注意力却只集中在制造环节本身，而很少关注制造环节以外的成本与效率的问题，导致综合运营成本经常处于失控状态。

1999年11月，华为在IBM咨询顾问的帮助下启动了ISC集成产品供应链的管理咨询。ISC（Integrated Supply Chain，集成供应链）是由相互间提供原材料、零部件、产品、服务的供应商、厂家、分销商、零售商和顾客组成的网络。现在已不是企业和企业之间的单个竞争，而是供应链与供应链之间的群体竞争。设计和建立以客户为中心、成本最低的集成供应链，为华为成为世界级企业打下良好的基础。

2007年年初，华为公司总裁任正非亲自给IBM CEO 彭明盛写了封信，希望效仿IBM的财务管理模式进行转型。此后，华为公司在IBM咨询顾问帮助下正式启动了IFS（集成财务转型）项目。与此同时，IBM正式把华为公司升级为事业部客户——在其全球几十家事业部客户中，华为是唯一一家中国企业。华为从1998年起这些年累计在跟IBM的各种合作中付出了20亿元，经过多年的咨询推动，华为的账务核算已经实现了全球7×24小时循环结账机制。

2009年，华为启动了贴近客户的组织、从线索到回款LTC端到端流程、从市场到线索MTL等多个端到端的流程的管理咨询，解决了从市场线索到机会点及投标回款的闭环。

铁打的营盘流水的兵，华为流水的不仅是兵还有将，而铁打的营盘就是华为不断打造的管理体系。华为过冬，一方面是人才流失严重，另一方面华为向海外派驻了大量人员，但是在咨询顾问帮助下迅速建立起的管理体系，有效克服了人才流动给组织带来的业务波动，摆脱了华为对人才的依赖。

在咨询顾问介入之前，华为没有跨部门的结构化流程，各部门都有自己的流程，山头主义严重，马路警察各管一段，跨部门的合作困难。每一个部门都想要充分发挥自己的作用，实现本部门的利益，而不是从整体出发，满足整个组织及客户的需要。

咨询顾问直接向老板汇报，置身于企业内部利益之外，可以站在公正立场下给出客观的建议。咨询顾问通过关注公司整体发展指标：客户满意度、人均效率，而不是每个部门的领导的位置和地盘，推动各部门能围绕整个公司核心目标进行调整。由外部咨询顾问客观评估，重新界定各个平行管理部门的职能，才能使组织的整体运行处于动态最优，最大限度地满足客户的价值期望。

咨询顾问指出华为存在以下问题。战略模糊：没有清晰的战略，也没有制定战略的责任主体，缺少决策机制往往是要等老板一人决策；新产品缺乏创新：与竞争对手相比同质化严重，研发管理混乱，研发人均效益是思科和IBM的1/6和1/3，开发周期是业界最佳水平的两倍以上，客户满意度低，产品经常出故障，质量远低于国外竞争对手，可维护性差，用户界面不友好，产品版本混乱，新产品得不到市场认可，质量不稳定，不符合市场需求；组织架构：一线需求/承诺混乱，无法匹配顶级大T客户，没有关注客户需求的责任主体；高端市场：突破困难，销售人员不愿意做难度高的事，不愿卖高端产品；解决方案的落地缺少相应资源；考核指标：简单地以销售额为考核指标。

在管理咨询顾问的帮助下，通过持续渐进的管理变革，华为的管理从之前的马路警察各管一段的"段到段"，走向以"面向客户满意度"和"基于市场的创新"两个业务流为核心的、"端到端"的拉通公司所有部门统一的流程和数字化管理体系，实现了职业化、国际化，达到业界最佳的运作水平。

华为所有的变革、组织调整都是在外部管理咨询顾问的帮助下实现的。企业上了一定的年头，甚至有的初创企业，也会沾染上大企业病，如同一个人上了年龄，高血压会如影随形。靠外部咨询顾问推动，内外相结合，不断地更新组织、先人一步地建立更先进的管理体系，是华为持续发展，越过冬天的成功法宝。

任正非不断通过引入外部咨询顾问，17年引入十多项外部的咨询项目推动公司内部的变革，健全公司管理体系实现人均效率的提升，成为国际领先的科技企业，企业年收入从90亿元做到5300亿元。

华为的竞争对手爱立信在17年间则换掉了四位CEO，寄希望于某个集大任为一身的英雄，但没有能扭转被华为一步步赶超的趋势。诺基亚在无法自身实现变革和转型时，引入美国原微软高管作CEO，结果不仅没有挽救诺基亚手机业务，反而一刀切将诺基亚手机全盘卖给微软，导致20000多诺基亚工程师被裁员，诺基亚手机两年时间从王者之师降到起点。这充分说明，CEO或个别高管不能带来公司整体业务的持续创新持续发展，但是在外部管理咨询顾问帮助下建立与时俱进的管理体系，可以摆脱人的因素实现业务的持续增长。

2001~2003年是华为的冬天，企业停止发展，但是任正非并没有将企业停止发展的过错怪到管理咨询上，而是客观看到：正是公司和任正非身上的种种问题才导致华为的冬天，华为唯有在管理咨询顾问的帮助下加快管理体系的构建，才能走向兴旺。在华为冬天财务最困难的时期，华为不仅没有停掉管理咨询，反而开展了更多。这些管理咨询项目帮助华为过冬起到了重要作用。华为进入高速增长之后，任正非并没有骄傲自满，反而进一步加强了管理咨询的项目力度和密度，每年都聘请了大量的管理咨询顾问持续改善管理。

华为成立 30 年来，多数年份用于管理咨询的费用达到销售收入的 2%，累计花费超过 300 亿元的管理咨询费，成为中国引入培训咨询最多的企业，IPD 只是华为吃过的管理咨询 100 个包子中的一个。世上没有包治百病、一药管终生的灵丹妙药，管理的提升需要长期的积累、大量细节的打磨，咨询顾问的作用，就是从各个角度以客观、严峻的视角给华为挑毛病，帮助改善华为的管理。华为直到今天都处于每一天不断改善的过程中。

置之死地而后生

从客户角度出发、满足客户需求往往和作为公司的财务属性追求利润最大化相违背，但是创新往往需要完全从客户需求出发，置之死地而后生。

1998 年，华为开始基于下一代网络 NGN 主动式产品预研，下一代电信网络有两种演进策略：核心是 ATM 方式（基于电信的高可靠传输），和 IP 模式（基于互联网的简单传输）的软交换。

由于华为 C&C08 机 128 模块巨大成功（成为全球指标第一的电路交换机），以及华为在 ATM 交换机技术上相对有优势，华为主推演进模式 C&C08 iNet，它基于 128 模块，电路交换模块换成 ATM 核心交换机。

2001 年，花费两年多时间数百人开发出的新一代综合交换机 iNet，得到的却是市场的全面否定：客户根本不允许产品入网！被全面否定的原因是偏离客户需求，盲目自信，自我为中心，在跟客户交流时一味引导自己的模式，积极反对基于 IP 模式的软交换，甚至对客户的决策进行抨击。华为在核心网上面临寒冬，任正非无数次去北京也仍然得不到一个开实验局的机会，在坂田基地做实验的要求也得不到同意。偏离客户需求，故步自封，自我为中心付出了沉重的代价。

痛定思痛，2001 年华为开始在印度研究所开发基于服务器的 Softswitch

软交换，新平台全面基于IP，一切从头开始，从研发操作系统、数据库到通信机制等。2002年开发团队从核心网、平台部门、中研部挑出十几位不同背景的高级专家，在高培中心封闭研讨架构模型设计。一周后达成共识，要推倒重来，重新设计的体系至少能支持未来五年的发展需要。

2003年，华为的软交换平台渐渐成形，支持百万级大容量分布式技术，电信级高可靠架构，全IP交换。2004年以来华为软交换连续多年成为全球软交换市场第一名，重新占据市场领先位置。

但是2007年，竞争对手又在推刀片架构的新平台。姚戈宇从维护部回到研发部开始第二代软交换平台的研发，这次产品线集体决策，以面向未来思考现在的方案选择，一步到位，用新的架构，而不是交付起来更容易和安全的旧架构。

新的平台方案需要用Linux替换自研的操作系统，Linux包有1G多，安装一个单板需要四五个小时，系统加载需要20分钟；插拔网卡需要重启，无法满足电信即插即用的需要；引入业界先进的数据库替换自研数据库，升级倒换时长不可控，新的操作维护架构，问题定位需要日志量大，问题定位需要开车用硬盘送日志……

虽然每天面临上百项问题，但是团队没有退后回到老架构，而是迎头而上，从瘦身Linux系统开始实现了操作系统40秒在线加载、内核黑匣子、支持热插拔、高精度定时器等，打造了第一个公司级的电信Linux操作系统。同时还联合服务器厂商一起解决升级效率及各种小概率出现的死机等。

2011年，IT行业云计算开始兴起，云化平台的需求开始产生。华为第二代软交换的平台竞争力仍遥遥领先，但是团队还是决定重新巨大投入主动革自己命。

2012年年初，华为在瑞典研究所启动了平台云化架构技术研究，相关概念得到了客户的认可，并愿意联合创新。2012年10月，欧洲标准组织出台NFV网络功能虚拟化。

华为第三代平台云化平台正式启动商用版本开发，采取了最彻底的分层云化方案，完成了 I/P 层分离架构、自动化部署等一系列关键方案和架构的突破。

2013 年 3 月，华为和欧洲运营商一起完成了世界上第一个云化 PoC 概念的验证。2014 年 10 月，华为构建的全世界第一个基于虚拟 NFV 架构商用，华为再次凭借顶尖的技术突破全球主要运营商。但是华为核心网并没有止步于此，运营商网络仅仅进行 NFV 是不够的，2015 年华为又开始用云化的理念对网络功能及软件架构进行优化重构，实现向 Cloud Native 电信网络的发展。华为云核心网基于云化架构，从初始就按照 Cloud Native 理念进行产品和解决方案设计，实现了 N-way、跨 DC 部署、基于 KPI 的主动故障预防和恢复等创新实践。在 2016 年 9 月新加坡举行的 5G 亚洲峰会上，华为云核心网 NFV 解决方案凭借在 Cloud Native 架构、商用进展以及面向未来网络演进等方面的领先能力及卓越表现，荣获"最佳 NFV/SDN 解决方案（Best NFV/SDN Solution）"奖。华为已与 Vodafone、DT 等多家业界顶级运营商展开了 Cloud Native 相关的战略合作和联合创新。

就这样，华为核心网软交换，从失败后绝地反击，在一次次主动地自我革命中牢牢占住世界第一的位置。

华为在 GSM 上投入了十几亿元的研发经费，数千员工为之付出了心血、努力、汗水和泪水。1998 年，华为就获得了全套入网许可证，但打拼了八年，在国内无线市场上连成本都收不回来。2G 时代已经错过了，但华为没有喘息，在 3G 上又展开了更大规模开拓，每年近十亿元的研发投入，坚持了七八年，因为收不回成本，不得不到海外寻找生存的空间。

在资金缺乏、竞争激烈的独联体市场，华为人忍辱负重、默默耕耘了十年，从获得第一单 38 美元的合同起，集小成多，到 2008 年销售额 13 亿美元。在要求严格的欧洲市场，经历三年的认证，终于成为英国电信重要合作伙伴；在第一个 WCDMA 的局为获得中东 Etisalat 运营商的认可，华为员工冒着室外 60 度的高温进行现场作业，长达数月；经过两年多的坚持不懈，终于开通了全球第一个 3G 商用局。

2005 年，用了十余年的时间，华为无线销售收入首次突破了 50 亿美元，与通信巨头的差距从相差 200 倍缩小到只有好几倍。但是不到一年时间里，业界几次大的兼并：爱立信兼并马可尼，阿尔卡特与朗讯合并，诺基亚与西门子合并，一下子使已经缩小的差距又陡然拉大。

爱立信等行业巨头亦加大投入，不断推出新产品，从成本、性能、功能等各方面对华为进行阻击。2004 年和 2005 年，全球 GSM 和 CDMA 用户价格平均每年下滑 44%。

华为 GSM 因基站成本高，产品性能、可服务性不能满足高端市场要求频频丢单，经过十年发展却仍不具备核心竞争力。

"定位决定地位，过去 GSM 长期定位于二三流的目标，结果做成了三四流的产品，真正打败我们的是自己。追求的高度决定最后的结局，要做就做第一！" 无线产品线总裁余承东、GSM 负责人何刚带领大家痛定思痛，启动了自我革命：用一块单板，集成多个模块（电源、功放、滤波器），并保证所有的指标要求。在此之前没有一个厂商有能力做到如此高集成度并保证指标要求。

大道至简，将一个机柜变成一块板，把冗余的特性砍掉，才能实现对客户部署综合成本最低的目标。具体在实现上，简单、简单再简单，能用一个电阻的地方绝不用两个，能合并的功能就合并，能取消的就取消，经过一轮一轮的优化、合并、删减，再通过多次的功放小型号、电源小型化，各个模块达到了极致的简单和小型化，最后终于实现了一个机柜多个模块变一块板的方案。通过提前储备关键技术，突破常规开发模式，优化开发流程，集中优势资源全力投入等，六个月完成新双密度基站从立项到市场的交付。

曾经机柜后琳琅满目的模块群变成了清爽的一块板，凭借这样强大的竞争力，2007 年华为 GSM 产品线首次突破了中国移动省会城市，从农村步入了中心城市。2008 年突破了德国 O2 运营商，打破了爱立信不可战胜的神话。这块新双密载频模块，成为无线首个盈利 200 亿元的产品。

自我革命收获了客户的掌声和订单，无线产品线进一步坚定自我革命做一流产品的道路。

2007 年以前，全球 GSM 系统都采用单载波技术，在扩载波时需要增加新的载频模块，机柜空间，相应的设备供电，为运营商带来成本和费用的大幅增加。无线产品线决定全力突破 GSM 多载波技术，调集了双密载频模块的项目组核心成员吕劲松等，以及俄罗斯研究所的专家，开始了技术预研。

项目一开始陷入僵局，技术原理不支持，实践上也没有可借鉴的对象，多载波系统的互调指标涉及前向链路、PA、反馈通道、算法等各个环节，各部分和接口的指标都无法量化，设计无法进行下去……项目组采取分阶段攀登的策略，第一阶段先做小带宽，试试水，第二阶段再扩展带宽，第三阶段设计成载频模块，进行系统指标测试。技术难关在艰难中爬坡。

2007 年 2 月，无线接到前方传回的需求——沃达丰希望华为提供一种解决方案，帮助其 GSM 网络向 3G 平滑演进。

2007 年 4 月，上海金桥软件园会议室。华为与沃达丰召开 MIC 的 PRM 合作会议，万飚代表无线产品线主持会议。双方正式确定该创新项目立项，命名为"SingleRAN"，意为以单一接入网，实现不同制式的融合部署、平滑演进。SingleRAN 解决方案的突出优势是：以统一的基站、统一的基站控制器、统一的运维管理、统一的站点解决方案，支持运营商在多制式、多网络下的融合部署、平滑演进与高效运营。

对该项目，反对的声音众多，大部分人员认为 GSM 多载波技术非常困难，1% 的成功概率只代表理论上的一种可能性，真正转产品，实现上量，希望太渺茫，这样的投入不值得！

产品线决策层余承东、万飚最后仍决定，倾无线产品线之全力压强投入，攻克难关，成就 SingleRAN 解决方案。"要想彻底改变 2G 时代起起伏伏的被动局面，必须要有革命性的产品和解决方案"。

看材料、看数据，一次次更改前向和反馈链路设计、优化功放设计，重新投板；一次次优化 DPD 算法，再去验证测试；从一次次失败中找出差异数据，从数据中比对找出对最终指标的影响……

半年，又半年，最后一个互调 10dBc 的指标经历了团队四个多月的努力，终于互调指标 70dBc 的难关被全面突破。历经一年半时间，2007 年年底，上海研究所陆家嘴软件园 903 实验室，吕劲松联合华为俄罗斯研究所算法专家，终于突破了 GSM 多载波技术。

几个月后，沃达丰五个子网的 CTO 和集团无线主管抵达实验室，亲自参与测试确认。"太意外了！你们是第一个能达到这个技术水平的设备商！"沃达丰肯定了华为 GSM 多载波技术预研的成功。无线产品线摘得无线通信技术皇冠上的"明珠"，很快，以此技术为基石的 SingleRAN 解决方案问世，通过复杂的数学算法实验单一基站，将 2G、3G、4G 及未来所有制式融合在一起，大大降低了运营商的投入成本。

SingleRAN 解决方案主要是从融合、绿色、宽带、演进四个方面帮助客户降低网络部署成本、提升运维效率，同时实现各种技术制式间的高效协同，能使运营商实现从端到端的运维高度来考虑网络发展。

2008 年，在德国 Telefonica O2 项目中，华为无线成功交付业界第一个 GSM 和 UMTS 融合的 SingleRAN 网络，支持 GSM、UMTS 多种制式的多模基站（MBTS），作为第一代 SingleRAN 产品发往欧洲。华为 SingleRAN 建网理念和具体产品不断赢得了包括沃达丰、德国电信、法国电信、西班牙电信、TeliaSonera、Telenor 和比利时电信在内的跨国运营商的认可。这是一场移动通信行业的革命，一举奠定了华为无线的优势地位。

华为无线终于打破多年僵局，从跟随者成为领导者。2010 年华为无线订货额突破 104 亿美元，无线收入份额跃居全球第二。截至 2010 年第四季度，华为已经在全球部署超过 80 个 SingleRAN 网络，得到欧洲运营商的规模采用。

小结

业务运营能力、解决方案能力早已与核心技术能力融为一体,成为全球重要技术趋势。小打小闹的微创新根本改变不了企业的命运,机会主义者在竞争中只能抢一时之先,而无法长期立住。第一名和第三名,最好和还不错,结果往往相差很远。在技术长跑的马拉松赛中,第三名根本没有胜出的可能性,经常被替换,而曾经的第一名也面临着新的技术和商业模式的颠覆,所谓的船票、门票也不一定能走到终点。唯有贴近客户需求、顺应技术潮流,从技术根本上做置之死地而后生的大幅度创新,推动行业商业模式和自身运营模式的改变,才有可能在领先中生存下来。必须时刻保持警醒!如果没有持续性地一次次对自身技术和对行业规则的颠覆,就无法突破重围实现逆袭。

| 第六篇 |

创新是革自己的命

RESEARCH & DEVELOPMENT
OF HUAWEI

| 第 18 章 |

靠缝隙市场养活自己

引言

2003年年底，华为比较晚地进入手机终端领域，CDMA竞争激烈，而GSM更是红海一片，WCDMA还远未到来。华为终端在数据卡缝隙市场上实现了有效的差异化竞争，总成本领先，创新不断，成为全球第一，靠缝隙市场养活自己。华为手机的起步从系统设备的配套开始，走运营商定制的路子，成为最容易的活法。但历史证明这是一条不归路，唯有创新才能走出红海竞争。

手机终端多年靠小小的数据卡养活

3G带给消费者带来的全新体验很多，插入到笔记本中的3G数据卡，提供高速上网业务成为WCDMA发展初期最火热的应用。

3G手机涉及到需要芯片厂商、屏幕供应商等研发和供货支持，外观与时尚潮流相关，手机的续航时间受电池供应商能力的影响，量产又涉及模具工艺等问题，这导致研发和生产周期比较长，资金要求量大。相比手机，数据卡的产品形态相对简单，主要提供上网通道，对无线协议的技术能力要求比较高。而这恰恰是华为在无线领域积累多年的优势。

最重要的是诺基亚、爱立信等大牌手机终端厂家没有把小小的数据卡放在眼里，认为数据卡除了芯片就没什么了，技术含量不高。这就给华为留下一个重要的细分市场。

2004年11月，华为终端在香港发布WCDMA/GPRS双模手机U626，WCDMA单模手机U326。

2004年12月初，华为终端WCDMA/GPRS数据卡E600在香港数码通正式销售，受到欢迎。华为接到了香港地区运营商Smartone的采购订单，掘到3G数据卡市场"第一桶金"。

2005年上半年，华为WCDMA手机与数据卡进入了欧洲主流运营商采购名单。同时，凭借数据卡这个小产品突破沃达丰，合作提供数据卡定制产品E618、E620、E220等。

仅2005年一年，华为终端就推出近十款数据卡，产品形态丰富，具有数据卡、调制解调器等多种形态，覆盖HSDPA、WCDMA、EDGE、GPRS、CDMA 2000 1x/1xEV DO等多种制式如E612、E620、CDMA数据卡EC321和USB Modem产品EC325等。其中华为HSDPA USB Modem E220不仅适用于便携机，还适用于台式。

对数据卡这个竞争对手眼中的小产品，华为终端采取了精品策略，聚焦外观设计和差异化技术，华为数据卡轻盈小巧，在外观和各项技术指标都优于竞争对手。

过去的数据上网卡都需要安装使用软件，每次启动时要输入密码，不是很方便，而华为将数据卡改为即插即用，初次使用自动安装软件，之后一键登陆，傻瓜式的设计令华为终端崭露头角。其中E220数据卡出货量很大，全球销量高达900万部，引爆了全球这种即插即用上网卡的流行热潮。

早期的数据卡需要通过一条Cable线连接电脑，使用过程会感到不方便。

为保证客户有更好的体验，在华为 USB 接口数据卡上市后，华为又推出旋转方式的无线上网卡，第一个不需要 Cable 线的上网卡，体积更为轻巧简便。2008 年，这款创新的旋转方式的无线上网卡被 GSMA 授予最佳移动宽带设备奖，这是首个中国企业获得该奖项。

2009 年，华为推出了 WiFi 连接的无线上网卡 E5 产品，这款产品可以同时支持 5 款终端上网：iPad、iTouch、PSP、便携机等。

集成三模、四模、五模提供超高速跨各种网络制式，华为数据卡上的创新，发挥了华为在无线通信射频和拥有各种协议技术的优势，一度独步天下。

2005 年，华为 UMTS/HSDPA 数据卡产品凭借"技术领先、产品优质、型号齐全、快速交付"陆续进入沃达丰、和记、Telefonica、T-Mobile 等全球一流运营商采购名单。

2007 年，华为数据卡获得 IF 大奖，2008 年获德国红点奖，E510 是华为发布全球首款具有移动电视功能的 3.5G 数据卡。华为 E510 作为全球首款最小最薄的 2M HSUPA 终端，支持 DVB-T 和 DVB-H，具有移动电视功能，上行速率可达 HSUPA4.5M（见图 18-1）。连接 E510 的电脑能够直接接收电视信号，且画面流畅清晰，效果可与电视机相媲美。便携机和 PC 机均可适用。

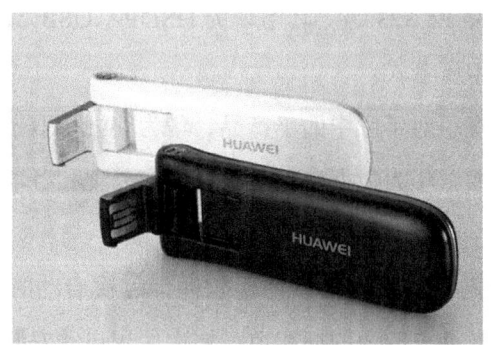

图 18-1　华为 E510 数据卡支持移动电视功能

2005 年，华为无线终端业务销售收入超过 43 亿元，出货量超过 1000 万部，其中 CDMA 手机出货量超过 300 万部；UMTS、HSDPA 数据卡服务欧洲运营商；PHS 市场累计占有率达 13%。

由于 CDMA 手机、PHS 手机都与中兴等强劲竞争手机竞争激烈，华为手机终端在大多数的时间里都靠 3G 数据卡在养活，一个 3G 数据卡的利润有数百元，远高于只有几十元利润的手机产品。

欧洲 3G 数据卡市场随着 3G 网络的铺开从 2006 年开始发展起来，开始是 OPTION、SIERRA、NOVATEL 等几家国际品牌占据比较领先的位置，他们渐渐受到华为的压力。

华为的老对手中兴通讯从 1998 年就开始研发和生产手机，2002 年将手机列为公司三大核心业务重点发力。基于在 PHS、CDMA、GSM 手机上都具有数年的研发和生产积累，2007 年中兴通讯已成为年出货量过千万部中国第一大手机公司。中兴通讯很快关注到刚刚成立三年就在欧洲 CDMA、3G、数据卡市场取得突破的华为终端，特别关注到数据卡是养活刚起步的华为终端公司的主要利润来源。为抢占市场于 2007 年中兴开始掀起对华为数据卡的价格战，其策略是通过低价上规模打掉华为数据卡的价格，就可以打掉华为终端的利润来源，让华为终端公司陷入资金困境。

表面上挑战的是中兴通讯，但实际上背后坐庄的是高通。中兴通讯 1998 年就选择高通 CDMA 阵营，与高通紧密合作研发 CDMA 基站和手机产品。在中国联通 2001~2003 年 CDMA 三期招标中，中兴通讯成为最大的赢家，CDMA 主设备进入联通 15 个省，同时 CDMA 手机终端也规模进入联通市场，中兴通讯成为中国 CDMA 第一大厂商。

2004 年推出 WCDMA HSDPA 芯片的高通，在 2005 年、2006 年经过华为的规模化商用试点后，急需扩大规模。高通需要通过中兴通讯、华为两大中国公司在欧洲的内斗，进一步挤压掉竞争对手，迅速扩大规模实现其完全垄断 3G 芯片市场的战略目标。

原欧洲数据卡销售冠军 Option 在 2006 年曾一度占据 72% 的市场份额，2007 年直线下滑至 27%。2007 年市场的价格战已不是 10%，而是 40%、50%

地向下降。华为的数据卡全部基于高通的基带解决方案，在市场降价放量的同时，两家公司每年都要重谈商务。2007年后，华为数据卡芯片经常断货，而中兴通讯却能正常发货，这导致华为频频丢单给中兴。背后的原因是高通对中兴通讯采取优先支持策略。

因芯片供不上频频丢单，让华为终端下决心采购一定要有"双供应商"战略。但是全球3G基带芯片只有高通一家，所以华为必须要尽快突破基带芯片。2007年年底，华为无线产品线的老将王劲从欧洲空降回上海，负责在上海成立跨终端公司和海思两大部门的无线芯片研发部，海思Balong（基带）芯片立项，首要目标是突破WCDMA数据卡芯片。2009年，无线芯片研发部开发出WCDMA数据卡芯片，从性能、成本、发货速度上都支撑了华为数据卡成为全球第一。

2009年全球数据卡销售量在8000万部左右，华为数据卡的出货量高达3500万部（2005年和2006年两年的出货量只有150万部），中兴大概为2000万部，两者共占近70%份额。在欧洲，仅华为数据卡市场占有率就超过了70%。按每部数据卡50元的利润，3500万部出货量给华为终端带来的利润就高达17亿元。

在世界经济出现疲软的2009年，华为数据卡应用于全球315个运营商网络，覆盖133个国家和地区，发货6000万部。表18-1为ABI的数据：2005～2010年无线上网卡全球市场份额，华为从2007年就连续成为数据卡全球的第一名，2010年华为已达全球份额46.8%。

表 18-1　无线上网卡全球市场份额

无线上网卡全球市场份额：2005～2010 年							
厂家	份额	2005	2006	2007	2008	2009	2010
华为	(%)			38.5	45.3	50.9	46.8
中兴	(%)	0.0	0.0	8.4	21.8	26.3	27.2
苹果	(%)						5.3
爱数	(%)						3.5
司亚乐无线	(%)	16.4	22.4	13.4	9.2	4.6	3.4

(续)

无线上网卡全球市场份额：2005~2010年							
厂家	份额	2005	2006	2007	2008	2009	2010
诺华达无线	(%)	25.1	25.1	13.5	6.5	4.8	3.0
英特尔	(%)					1.0	2.5
爱立信	(%)	0.0	0.0	0.0	1.6	2.1	1.5
高通	(%)	0.0	0.0	0.0	1.2	1.2	1.0
Option	(%)	31.9	38.0	13.4	7.5	3.0	0.8
C-motech	(%)	0.0	0.0	2.9	1.2	0.7	0.4
索尼爱立信	(%)	20.6	8.1	1.9	1.1	0.0	0.0
其他	(%)	6.0	6.4	8.0	4.7	5.5	4.8
总计	(%)	100.0	100.0	100.0	100.0	100.0	100.0

资料来源：ABI Research.

Option 是欧洲唯一一家无线网卡、USB 闪存和嵌入式笔记本上网模块厂商，2010 年 6 月，Option 申请欧盟就曾对中国数据卡发起反倾销和保障措施两项调查，其中主要涉及华为和中兴两家企业，这两家中国移动设备企业已经在欧盟占据了数据卡市场 90% 的份额。该案也是欧盟首次对中国出口的同一产品同时进行反倾销、反补贴和保障措施三种调查。

2010 年 10 月，华为宣布与比利时无线网络设备厂商 Option 正式签署协议：华为将在通信市场与该公司开展研发合作，并将在比利时成立了一个研发中心。华为还同意购买 Option 的连接管理器软件授权，第一年的授权费为 2700 万欧元（约合 3768 万美元）。此外，华为同意以 800 万欧元（约合 1105 万美元）收购 Option 半导体公司 M4S 全部流通股。在达成协议后，Option 申请撤销投诉，欧盟停止了"三反"调查。

2010 年 6 月，中兴拿下英国数据卡市场 60% 份额；2011 年 4 月 28 日，华为在德国、法国和匈牙利对中兴通讯提起法律诉讼，指控其侵犯有关数据卡和 LTE 技术的一系列专利，并且未经华为许可，在数据卡产品上非法使用华为的注册商标。2013 年 3 月华为败诉。此案件标志华为中兴多年的竞争从市场层面转向专利竞争。此后双方都加大了在手机终端领域专利的投入。

2012年5月，欧盟认为中兴和华为因收受非法政府补贴后在欧洲以低于成本的价格销售数据卡产品。倘欧盟判定中国的行为属违法，华为和中兴可能需支付惩罚性的欧盟关税。

但两天后爱立信出面公开反对欧盟称："爱立信是自由贸易的强烈支持者，我们不赞成这种单边的措施，欧盟打击中国具体公司的行为可能将引发恶性循环。"爱立信占全球及中国WCDMA设备的三成左右，中国已成为全球WCDMA的最大市场，爱立信反对欧盟对华为中兴的制裁，主要担心自己成为中国与欧盟之间展开贸易战的牺牲品。同时华为拿出证据证明自己对外融资不超过现金流的15%，没有政府补贴。之后欧盟撤销调查。

给一个初创产品线带来丰厚利润和品牌影响力的未必是技术最先进、最复杂的产品，华为数据卡这个产品就是鲜活案例。做产品一定要深透做极致，具有全球领先优势，要消化掉每一个细节的成本和技术及供应链、市场需求，才能做到全球市场最大化。因为竞争对手时时盯着你。当群狼竞逐时，先前的优势会很快丧失。成本战，供应链战，技术升级战，知识产权战，国家之间的贸易战，各种形态的竞争会突然出现，打得人措手不及。最后的胜者一定是拥有多种优势，消化掉其间所有技术、知识产权、成本、供应链细节，贴近客户做到极致的公司。

白牌定制手机之困局

手机是消费品，外观时尚需要消费者买单，同时手机需要很高的无线通信技术，特别是通信协议，制式众多，复杂如GSM/CDMA/CDMA2000/GPRS/WCDMA，多种模式如双模、三模、五模，给手机研发带来远比普通消费品更高的技术难度。一款手机的研发费用上千万元，生产费用过亿元，这都导致了手机的高门槛。因此，手机厂商在2004年前都是具有一定资金规模的大企业在做，手机的价格也比较高，通常在2000元以上。

但是手机高研发门槛的局面被台湾的联发科打破，掀开了中国手机红海大战的序幕。

1999年，联发科还只是一家研发光盘存储技术和DVD芯片的厂商，2001年，联发科CEO蔡明介全身心投入手机芯片研发，将手机芯片作为公司优先级最高的项目到处挖人投技术。2003年，联发科首颗手机芯片问世，但没有手机厂商愿意投入巨资去研发基于其芯片的手机。2004年，蔡明介与正崴集团董事长郭台强合资成立手机设计公司达智，达智按照手机厂商的要求为其设计手机相关硬件，这样才大幅降低了手机的研发门槛。

同时，联发科了解到大陆手机用户对于MP3和调频收音机的使用频率相当高，便整合了一整套的多媒体解决方案放入到手机设计中。这样联发科开创了芯片企业里的一个新模式：走差异化功能道路，为手机厂商提供一站式软硬件设计集成服务。

联发科在主板内整合进多媒体系统、基带芯片，提供屏幕和摄像头配套的厂商，整个BOM价格清单、技术解决方案与自己研发的操作系统。手机厂商只需要买其整套解决方案，套个壳生产即可。原来需要一年研发周期、上千万元研发投入的手机，用联发科的方案只需要三个月就能结束研发投入生产。研发周期和资金大幅降低。

很快深圳华强北市场就形成了以联发科为核心的白牌机产业链，有专门抄大牌手机厂家如诺基亚、爱立信手机外观，大批量生产的外壳模具厂，正规设计生产300元的手机外壳，在华强北不到30元随便买。还有专门在香港买入联发科芯片及主要电子件，再用各种手段蚂蚁搬家式地带入华强北或正规进口，再在附近找个贴片厂生产出手机主板，提供从资金到物流和技术供应链一站式服务的方案公司。

2004年起，全国涌现上万家大大小小的手机公司，大多数从事白牌手机，即没有品牌，或打着别家牌照。市场上手机的利润迅速从过去的数百元降到十几元,甚至几元钱。手机单价从2000元以上,迅速拉低至三四百元的出货价。华强北黑手机、山寨手机模式:不问是否侵权,照抄摩托罗拉、诺基亚等大牌手机外观,跟大牌手机同步推出产品,价格却是其1/10。同时通过大音量、内置流行歌曲走有限的差异化路线。

国产大手机厂商多数从2004～2005年起在一片红海大战中,迅速衰落。击败他们的既有联发科培养起来的华强北蚂蚁雄兵,也有靠每年过亿销量在供应链上拥有优势的诺基亚。诺基亚为占据全球头号手机厂商的地位,还每年跟运营商合作推两三百元零售价的超低端机跑量,把低端市场封掉。

华为手机终端起步于华为的冬天,缺少资金,华为没有给终端公司品牌推广的专门费用,在国内外巨头压制下的终端公司却要设法养活自己,给整个华为集团公司交管理运营费。

于是,华为和中兴都在2005年中双双进入了欧洲运营商的白牌定制机市场,一度找到了一条中国手机的生存之道:运营商定制!

从2005年以来,中兴通讯手机年销量从1200万部跨越到2006年的1600万部、再到2007年的3106万部,销量跃居全球第六名,实现了三年"三级跳"。

2006年2月16日,沃达丰与华为签订五年全球3G手机战略合作协议。2006年9月,双方联合发布第一款由华为定制的"沃达丰"品牌3G手机V710,这款手机在上市9个月内销售80万部,帮助沃达丰快速发展了用户,拉动了华为与沃达丰的关系,让终端公司在华为公司内部找到了立足之地。

全球市场,特别是日本、美国和西欧等很多成熟市场,70%～80%的手机都由运营商定制,全球移动用户超过了30亿,按照45亿这样一个潜在移动用户、每年1/3的换机率和70%的定制手机量计算,几年内定制手机的潜在年销量将超过10亿部。即便是在中国,客户高中低端分布广泛、客户选择极其多元化的市场,2007年定制手机比例也达到了19.8%,约占1/5。

运营商定制的好处不言而喻:市场上推什么样的手机,运营商说了算,同时可以通过运营商广泛的渠道迅速实现销售,减少了市场调研和营销成本支出。更重要的是 2005 年随着 3G 网络在欧洲市场的规模建设，运营为了推广 3G 网络，对 3G 手机有送话费和数据业务的高额补助，相当于消费者零元购买了运营商的合约机。这对消费者有很大的促销作用。

华为、中兴唯一做好的就是按运营商要求研发生产其所要的定制生产手机，而不用考虑对渠道和消费者的营销的费用和运作，省钱省心。由于运营商采购的量大，通过白牌定制机，华为、中兴也可以迅速在手机上起量。

白牌定制手机让华为中兴通讯将手机这种本来是 ToC 消费者的产品，做成了 ToB 的大客户。华为和中兴通讯几乎同时启动 TOP100 的大运营商聚焦战略：全球前 100 名移动运营商的 2006 年的运营收入就超过 9610 亿英镑，占据全球市场的 80% 以上，而其中的 TOP20 就高达 6250 亿英镑，超过其中的 65%。

但是跟运营商做白牌定制机的缺陷随着时间的推移也逐渐显现出来：运营商的需求，多是便宜、多款式，对质量和功能要求不高。

更重要的是运营商几乎就一条线：招标，价低者胜，让华为、中兴等厂家在相互拼搏中坐收渔翁之利。在 2009 年之前，华为、中兴的供应链几乎趋同：芯片、屏幕、电池供应商，不同项目之间唯一的区别是看哪家愿意这次捆绑网络系统设备送手机利润，在价格战中赢得一丝薄利。

由于把市场渠道和市场营销全部拱手让给运营商，华为、中兴手机渐渐失去市场嗅觉和运营能力。一旦运营商取消手机补贴，减少对手机的采购量，无疑就会面临市场骤减，大量库仓的灭顶之灾。在联发科的推动下，高通也跟进提供类似的参考设计，定制机的门槛越来越低，进入者大幅增多，附加值越来越低。华为、中兴白牌定制手机均陷入仅是存活状态，利润率极低，但是仍陷于有销量又不舍得放弃的怪圈。

曾差点作为富士康卖掉

在成立不到六年的时间里，华三的营业额从 6 亿元人民币（2003 年）增长到了近 100 亿元人民币（2008 年），年复合增长率达 15 倍。2006 年 11 月，华为将自己所拥有的华三股份 49% 作价 8.8 亿美元全部卖给 3COM。

2006 年 6 月 6 日，华为收购李一男创立的港湾，也收购了港湾在路由器交换机等核心研发资产和人才。

2006 年任正非一进一出。

2007 年 11 月，思科董事长兼 CEO 钱伯斯第六次访华，他宣布将会在 3～5 年内在中国投入 160 亿美元的重大赌注，引发了华为对 IP 交换机、路由器及安全、存储产品的重视。

华为卖掉子公司和业务，并不意味着完全放弃这个领域。只是歇一歇，过几年协议期结束后，以华为已经形成的研发能力再重新进入这个领域。

2008 年 3 月，华为与软件巨头赛门铁克成立了合资公司华为赛门铁克（华赛），至此华为已完成了跟思科和华三对抗的产品布局：网络、安全、视频、存储。显然大机会来临时，华为需要更多的资金投入到这个领域。

2007 年，华为公司负债较 2006 年增长 47.4%，总量增加 22.9 亿美元；应收账款相对 2006 年增长 54.5%，高于收入增长；现金流占收入比下降 12.9%；应收账款上升到公司总资产的 50% 以上，存在较大资金回笼压力。华为营业利润率已从 2003 年的 19% 下降到了 2007 年的 7%，净利润率则从 14% 下降到了 5%。

2007 年，华为手机终端年复合增长 72%，但是投入巨大利润微薄。数据卡，利润开始大幅下滑；CDMA 手机市场集中在仅有的几个市场；WCDMA 手机量太少难以支撑销量。这些都导致华为在手机业务方面风险加大。华为手机除 WCDMA 为自主研发外，其他制式手机主要采取整机采购、设计外包、委托代工的方式。在竞标运营商项目中，华为不时将终端与设备打包销售，甚至自己将参与者众多的手机终端利润打掉，以增进整体方案的价格竞争力。

手机终端是华为非主营业务，经济不景气时适合卖掉的资产。

2008 年 5 月，华为向包括贝恩资本、黑石集团和 KKR 等五家私募股权基金发出竞购邀请，出售至少 49% 的股权，要求其在 6 月 23 日前提交非约束性竞购报价。这也是华为分拆上市的尝试，摩根士丹利作为华为的咨询团队参与到此次收购，而贝恩资本及 Silver Lake Partners 两家的咨询团队分别来自摩根大通、瑞银及德意志银行三家投行。

华为公开的手机终端公司 2007 年的销售收益为 26 亿美元，占华为各项业务 2007 年销售总额的 16.4%，其中 70% 来自海外市场，净利润 4 亿美元。华为的终端业务包括手机、移动宽带（数据卡）、固网终端（固定台）、融合终端及视讯终端 5 个产品线，其中手机仅占销售总收入的 42%。移动宽带、固网终端、XDSL MODEM、3G 网关都处于全球第一份额。

从另一角度看，此时并不是卖手机终端的好时机。经济低迷消费者购买力降低，原材料价格上涨导致生产成本上涨，手机行业面临着价格及成本的双重压力，占有全球手机业 40% 份额的诺基亚公司的股价也已经累计下跌了 36%。

在投资机构分析师的眼中，华为终端公司是专门从事为沃达丰等公司进行代工手机生产的，跟富士康相似。由于 2007 年前半年的利润同比下降 56%，富士康的股价不断下跌，其市盈率也由 6 月份的 10 倍降至 8 倍左右。

按华为目标价位，手机终端公司以至少 40 亿美元的价格出售，这是其 2007 年净利润的 10 倍。但是如果比照富士康的市盈率，则只有 32 亿美元。

2008 年 9 月 15 日，美国第四大投资银行雷曼兄弟公司申请破产保护，第三大投资银行美林证券公司被美国银行收购。受此影响，纽约股市三大股指 15 日巨幅下挫，创下 9.11 事件以来的最大单日跌幅。美国金融危机宣告开始，美国各大投资基金处于资金紧张收缩状态。

2008 年 9 月 27 日，经过数轮竞价后，仅剩下贝恩资本和银湖两家股权私募基金进入最后的竞价，但这两家公司的最后报价，均与华为的心理预期有差距，出价均仅为华为预期的 3/4。

华尔街的动荡，不仅影响着这笔近 40 亿美元规模交易的走向，也停止了华为首次谋求分拆上市的路。

2008年10月华为公开表示：受瞬间恶化的全球金融走势影响，暂停出售终端部门股权。

在技术方面和趋势上，华为多年来处于跟随状态，为运营商定制网络和手机终端，远未实现领先的业务牵引商业模式的改变，处于后知后觉的状态。华为庆幸金融危机没有将终端公司廉价出售，不过，这也反映出华为在技术战略上还远没有像苹果公司这样的眼界，华为还是一家典型的后发制人的中国企业。但是华为的后发制人基于不断完善和更新的管理体系，所以华为总能不断地纠正错误，革自己的命。

小结

企业常常会陷入一种销售陷阱，即表面上有销量但却不赚钱的状态。销售部、生产部、采购部、研发部都很高兴，因为有销量就有忙碌和加人手、加工资的理由。但是企业是否已经陷入红海？完全靠低成本竞争，是否失去了创造独特附加值和品牌效应的能力？不具备核心竞争力的繁荣往往是表面的繁荣，是昙花一现，因为别人会用更低的价格来替代你。

| 第 19 章 |

从运营商到消费者,从 B2B 到 B2C

引言

从 2011 年到 2013 年,华为通过三年的时间不断地调整战略与组织变革,三年实现了 10 倍的发展,成为全球第三大智能手机公司。三年时间实现线上渠道销售和公开市场渠道销售占 80%,运营商渠道销售只占 20%,成为一家典型的 B2C 公司。华为实现了手机品牌与利润的双收获,成功创立了全球发展最快的互联网手机品牌荣耀。

华为通过自我革新与再创业,在新的业务领域全面突破,是传统企业向互联网转型的成功案例。面对外部环境快速响应,华为及时调整战略和组织,主动寻找与竞争对手的 PK 战机,并在此过程中实现快速突破,这些都值得许多依靠老业务和渠道、无法成功转型的传统企业借鉴。

如何打破没有优势还要竞争的格局

2010 年 2 月春节期间,在西班牙巴塞罗那世界移动通信大会(MWC2010)上,华为终端部门董事长郭平向外界表示,华为可能再次尝试剥离生产手机和数据卡的终端部门并上市。2008年，华为终端公司销售额为40亿美元，2009年为50亿美元左右，2010年计划营收60亿美元，同比增长20%，增速从之前的70%下降放缓。

2005~2008年郭平接管华为终端公司，2008年陈朝晖接替郭平上任，但在2009年又换成陶景文。华为终端公司管理层人员波动频繁。终端业务已经在华为总体营收中的比重达到了20%，但显然任正非及华为高管层当时对华为终端下一步的发展方向不明。

2010年6月8日凌晨1点，苹果CEO史蒂夫·乔布斯发布了全新的iPhone第四代手机，型号为iPhone 4。iPhone 4在功能上远超iPhone 3GS，升级之处多达百项。刚上市的iPhone4立马成为手机玩家心目中最潮的装备。iPhone4 16GB机型4999元，32GB机型5999元，在手机市场上，iPhone4的价格毫无任何优势可言，但依旧销量喜人。国内市场，中国联通抢到了iPhone4的"独卖权"，并于2010年9月25日正式发售。开卖后买家的反应只能用疯狂形容，各售卖点排起了长龙，各报刊竞相登载相关新闻，首日便创下了60000部的惊人销售纪录。

回顾苹果iPhone手机发展历史：2005年启动研发，2007年6月29 iPhone 2G上市，2007年总销量300万部；2008年7月11日iPhone 3G上市，2008年总销量440万部；2009年6月9日iPhone 3GS上市，2009年总销量2510万部；2010年6月8日iPhone4上市，2010年总销量4660万部。

从2007年6月29日至2010年12月，苹果公司的iPhone系列智能手机全球累计销量已超过9000万部，平均每部iPhone手机有150美元以上的利润。苹果公司一跃成为全球盈利最好的公司。

在2009年智能手机的排名上，三星还是垫底，连前五名都挤不进去。三星在智能手机上的突然发力是在2010年。2010年4月，三星董事长李健熙亲自下令在韩国水原市成立智能手机特别研发工作小组。2010年6月，短短两个月后，三星就推出第一款安卓系统智能手机Galaxy S。在之后四个月内这款机在全球狂卖了500万部，相当于每个月出货量都超过百万部，逼近HTC所有机种的总和。三星凭借一款手机瓦解HTC机海战术，四个月卖500万部，成安卓智能手机新霸主。

3G带来产业机会窗，苹果开启了移动终端产业变革，全球智能终端市场迅猛发展，智能手机业务成为IT厂商、电信企业、甚至互联网企业竞相进入的战略产业。美国市场研究公司IDC7日公布的统计资料显示，2010年全球智能手机出货量达3.026亿部，较前一年猛增74.4%。其中安卓手机带来的大幅销量增长，使得智能手机市场整体不断扩大。三星凭借其安卓系统的手机终端，出货量增至4倍以上，排名从前十跃居全球第四。

然而，2010年在苹果和三星高歌猛进之时，华为手机终端正处于青黄不接的状态下。2007年3月和4月华为数据卡在欧洲还卖2000元人民币左右，但是一年后2008年5月出货价已变成500元人民币，一年的时间销售价陡然下跌数倍，从利润丰厚被打到略有盈利。2010年，华为数据卡在欧洲只能卖20多欧元，只有薄利。

2010年，中兴手机终端进行市场调整，将规模增长放在第一位，利润率在大幅下滑的同时，规模增长很快，给华为手机终端造成了很大压力。华为数据卡利润被打下来后，手机业务已得不到足够的利润支撑市场和研发投入。华为终端公司靠数据卡单一产品线养活的辉煌历史已难以持续，逼迫华为终端必须寻找到新的突破口。

不过2010年华为的手机终端业务也产生了一些新的亮点。

2003年安迪·鲁宾（Andy Rubin）成立Android公司，2005年8月由谷歌收购注资。2007年11月，谷歌与84家硬件制造商、软件开发商及电信营运商组建开放手机联盟共同研发改良Android系统。随后，谷歌以Apache开源许可证的授权方式，发布了Android的源代码。第一部Android智能手机发布于2008年10月。

华为成为国内最早加入安卓手机开放联盟的公司之一，2009年2月，华为在西班牙的"世界移动通信大会"上首次展示了其首款 Android 智能手机，这也是国内第一家。

2010年，华为手机终端还推出了全球首个支持 HSPA＋网络（最高的下行 21Mbps，相比较 3G 的速度更快，性能更好，技术更先进，已被列为 4G 网络的一个标准）的智能手机华为 U8800，全球首款 Android2.2 普及型智能手机 IDEOS。华为终端经过近两年的努力，也终于研发出 1000 元的智能手机。

不过，2010年相比起 4660 万部出货量的苹果和三星，华为智能手机仅 500 万部出货量，华为智能手机不仅市场份额忽略不计，在公司内部跟功能机比也占比极低。

2010年，华为终端公司走在一个不进则退的路口上，规模正在往上走，遇到很大挑战。以前规模小的时候，华为手机终端打游击战，做细分市场运营商定制，容易打胜仗。但 2010 年规模大到一定程度面临要打大规模战役的情况，而对手也逐渐变成行业领袖，迷失了未来发展方向。

华为终端公司在公司内部协调各种资源极为困难，有不少华为终端的人员感觉部门之间的合作是被迫的。在苹果快速通过芯片设计和软件、生态优势流行全球时，华为终端公司却上上下下感受到公司内部协同作战能力太差，协调难度太大，公司内部缺少强有力的组织推动及大平台的支撑等问题。

这是任正非 2010 年发出的切身感受：巴塞罗那世界移动通信大会，有人拿华为的手机，但接不进华为的云？在华为内部，怎么会连不通呢？

还有些终端产品在华为公司处于内部几个部门都在开发相互打架状态：销售人员在西欧，发现有些终端不单单是终端公司在开发，华为网络侧也在开发，华为软件公司也在开发。比如 IPTV 机顶盒，几个部门在市场上冲突；还有固网终端中的 PON 终端，ADSL 网关未来演进方向就是 PON，当被客户发现华为公司内部在打架，客户也不理解……

在前有苹果、三星，后有中兴通讯十余年在手机终端领域的持续投入和积累，华为手机终端陷入了不知未来发展方向，从内到外的迷茫状态。以下是

2010年年底华为手机终端内部发出的各种迷茫的声音。

华为是做运营商系统设备配套的，比较低调，对内对外都低调。在华为手机终端产品的品牌传播工作中，终端公司的人经常会遇到一些宣传红线，比如不能用明星代言，不能在新闻、财经类的报刊上做广告。终端是一个时尚的、不断创新的产品，华为终端公司是不是可以突破这些红线？

华为销售人员在推华为的产品尤其是手机产品时，用的是华为品牌，这样会和公司传统的运营商2B业务的推广和宣传策略有些冲突。如何处理？

手机终端的销售渠道单一，几乎全部通过运营商定制的渠道销售，作为消费电子，非常重要的是渠道建设。华为终端在渠道建设的总体规划和举措是什么？

华为面向全球的地区部是华为产品在当地的销售平台，但是，实际运作时像目前地区营销平台的地总KPI考核指标里面，手机终端产品这块只占不到10%，华为手机终端做成怎么样，对他来说并不太在意。但是与此同时这几年华为手机终端每年给华为大平台交不少管理运作费，包括付给平台的平台费用，每年占销售收入的三个多点（华为手机终端产品的研发投入也才这点）。怎样让华为公司大平台能够发挥作用来支撑终端业务的发展？

2003年年底华为手机终端公司成立是作为华为网络技术系统配套，经过七年的发展，终端公司在整个华为集团的地位仍没有一个新的定位。终端公司是整个华为集团不可或缺的一部分，还是只能作为一个配套的产品线存在？如何与大平台配合起来？华为公司对于手机终端未来的期望是什么？

华为手机终端希望取得的行业里的位置是什么？

相比华为积累了20年的运营商网络设备，华为终端起步晚，失败多，因为华为手机的竞争对手是苹果等全球最顶尖的科技企业。而做华为运营商网络设备的经历20多年历史，连诺基亚、爱立信都已经不是对手了，所以胜利多。无论从对华为公司的利润贡献，还是绩效考核上看，终端公司的人员都无法跟运营商网络设备的待遇相提并论。在华为公司大平台干部成长起来后，成为地区部的副总裁、总裁,通道很顺畅。而手机终端公司却很少有流动输出到华为其他部门成为大领导的,华为手机终端公司人员职业发展通道是什么?

研发和创新投入不足,如移动宽带(数据卡)近几年呈爆发式增长,取得了不错的市场份额,但是跟竞争对手的产品同质化竞争越来越厉害。如何才能确保手机终端在低利润率下、低销量下的研发投入?

华为终端公司新人很多,如何去传承华为文化核心价值观,更好地支撑终端业务发展?

华为手机终端要不要参与恶性价格竞争,是不是要做出调整?

全世界大的终端公司只有苹果和华为没有自己的生产能力,华为一直没有自己的生产能力,未来做到1亿部、2亿部、3亿部,是不是还是这个策略继续下去?

过去七年华为集团给终端公司设了严格的库存指标,以前华为手机终端业务只是试一试,不要有大的风险就行。在终端消费品这个行业,库存永远伴随它的成长。但现在要进攻了,对库存的要求有没有新的改变?

华为手机终端要做到产品区域化、民族化、本土化,最大的困难就是全球众多区域国家,去做区域内容整合的时候,华为公司没有一个很好的平台去支撑,如何才能实现?

手机是最靠近消费者的产品,难度比较大,不容易做好。做消费品是做人的生意,华为公司以前擅长做系统设备对人性的理解还不够深,华为公司做手机怎么样做得和别的公司不一样,而且要成功?

华为手机终端如何弯道超车,打败前有的三星后有的中兴?

从销售角度来看,华为手机终端面对两类客户,一类是运营商转售,一类是公开市场上的合作伙伴。本着低作堰的态度,华为手机终端的水流向合作伙伴,如何确保有效流动?手机终端的商业模式、交易模式在不断更新,也像水一样在流动,华为手机终端公司以及整个交付平台应怎么以一个规则的确定性应对结果的不确定性?

在手机产业链里面，品牌厂商可以通过品牌对产品进行增值，同时没有品牌的厂商可以通过工厂降低产品的成本，从而获得低成本的竞争力，目前华为手机终端两者都不具备，以后往那个方向走？华为高层要求手机终端要时尚化，但在实际操作中，所有手机立项中最常用的词汇就是"超低价""超底价""超低端"，这样的指导思想，怎样时尚化？华为手机既没有成本优势，也没有技术优势，夹在其中，是处于危险的境地。如何走出这个境地？

终端公司在商业模式上、基础能力提升上以及分配机制上，华为公司的管理层有没有做变革和优化的决心和计划？

华为内部围绕华为手机终端何去何从产生各种激烈争论，但是大家也都看到了苹果在全球高价位仍然引起的热销带来的巨大机会：苹果公司依靠iPhone两年一款的精品销售策略，推动苹果公司销售额和利润增长惊人。苹果四年做了四款手机，做成超过2600亿美元的公司市值，成为全球最值钱的公司和全球科技企业领军。

苹果、三星在智能手机上的快速成功引起了华为管理层的求变之心。

华为手机转型的重要会议

2010年12月3日，任正非组织召开了一次高级座谈会，徐直军、郭平、陶景文、邓飚、万飚、余承东，以及华为手机终端公司200多名核心骨干（包括电话连线）等参加。

这次座谈会最终定的主题为做事要霸气，做人要谦卑，要按消费品的规律，敢于追求最大的增长和胜利。

在这次会议上，任正非对终端业务重新进行了定位，包括在华为公司内部手机终端公司的定位，以及在手机行业的定位。明确了终端公司在华为内部具有三分天下的重要战略地位，已经与运营商管道业务、企业网并列成为公司三大核心业务。同时，在树立品牌方向给之前缩手缩脚受各种内部传统思维的终端公司松了绑：要勇于按消费品的规律办事，改变了华为过去不做品牌，花大价钱做品牌管理、研究消费者心理、进行产品规划的策略。

任正非提醒华为高层和手机终端公司的骨干，华为要在手机终端领域做全球第一是需要漫长的时间积累十年甚至更长，应准确地认清自己做好阶段性的目标定位。同时，应大幅提升在手机终端上的研发和品牌投入，至少在预算和投入上胜过竞争对手。

为打破部门墙避免在ICT融合的过程中业务和产品的交叉，华为在2010年已开启了解决方案来整合相关联的产品群，需求代替技术或产品的划分，实现围绕客户需求整合关联产品群推出解决方案的变革：管道解决方案、企业业务解决方案、消费品解决方案。华为公司通过资源整合形成统一的大平台，围绕四个营运中心，以面向客户的运营中心为中心（管道，企业业务，消费品，其他）提供支撑，以支持其快速增长。这样四个运营中心的划分实际上解决了过去七年来华为手机终端在华为公司内部得到的支持不足和资源不够的问题，让手机终端业务能与运营商管道——主营业务获得同等的资源支持。

华为手机的生产，任正非指示需要在保持核心生产能力的基础上进行外包合作，恢复短薄精小的制造能力，找日韩专家向日韩学习。哪里成本最低就在哪儿制造，在低成本的地方制造。

任正非从华为手机终端成立的第一天起就强调要避免手机终关发展的两个死结：一个是内部腐败，一个是库存，这点坚决不妥协。

关于华为手机终端如实面对未来进行变革，进行商业模式的创新和技术的创新，任正非并不能在这次会议上给出神丹妙药，而是把创新的难问题交给在座的高管和业务骨干。同时提出以三星、苹果为榜样学习，包括向中国本土的竞争对手中兴解读和学习。

把自己做好了，何愁哪一天不争第一！任正非不是乔布斯，不能立即回答哪款产品让华为成为第一，他只是把团队的注意力拉回到自身的组织和管理体系建设，通过明确尚处弱小的华为手机终端业务作为公司的三大战略主航道拔高地位，调整组织形态加大战略投入，确保比竞争对手投入更多。提升自己的竞争能力是最重要的。

在迷茫混乱局面下，任正非反复强调：华为手机终端要实际改变自己，要从内部因素改变，首先要改变内部分配机制和外部分配机制。内部分配机制上强调终端公司应该是低工资、高奖励，正确的利益分配机制。不改革分配机制，就没有梦想。手机终端业务发展得不够好的原因还是激励机制有问题，不干活的拿得并不少，拼命冲的人拿得并不多，没有一个合理的激励机制。加强利益分享机制的建设，向世界上利益分享机制做得最好的苹果学习。没有正确的分配机制和利益转换机制，打不下世界来，要建立一个共赢的基础。

强调领导的职责就是扛着炸药包，一定要创造出成绩来，只有在成绩面前，才有弟兄们的利益和地位。要立足自己培养选拔干部，干部是打上来的。终端公司要敢于使用新人，中基层干部要以会做事的人为中心。

在华为终端公司陷入迷茫之际，任正非强调：敢于胜利才能善于胜利。战争一定要胜利。要朝着怎么胜利去思考战略。

任正非通过组织数百人中高层的讨论迅速统一了思想，为大家指明了前进的方向。

选对人做统帅是所有事业的前提

华为终端公司面临重大机会与挑战，面临前有"白匪"后有"皇军"的危险局面，在巨大的压力面前重新立帅刻不容缓。

余承东在会议上发言虽不多，但是却根据如何执行任正非的指示做了誓要背水一战与终端公司共存亡的讲话："老板说的对需求的理解能力和构筑产品的能力，就看我们的水平了。大家整个团队心态要开放，敢于创新。在这点上老板批评我不是很谦虚，我确实不够谦虚。我想我们无线和爱立信比，不谦虚地说，我们有一年的优势。在终端领域，我们敢不敢喊出来，大家一起打拼，团队打拼。要有执行力，没有执行力，都是瞎扯淡，部门之间要协同作战。这几天参加了终端 BP 的研讨，感觉工作是离散性的，各干各的，没有清晰的战斗方向，没有形成合力。没有执行力就是空谈，我们要有执行力。大家对市场分析要敏锐，希望比竞争对手站得更高，看得更远，看得更深。我们想要超越，打赢同城对手是最低的目标。打不赢，超不过他们，终端 CMO 我就做不了了，平台的 CMO 也做不了了。我已深刻地理解这点，我们努力去做到这点。大家有什么想法都可以提出来，我们要先谋定而后动。我们明年要推明星机型，如果没有很好用的东西，手机送给大家，大家都扔了。什么时候大家把 iPhone 扔了，用我们的东西？能不能做到这点，要靠我们团队的努力，我们努力行动。"

余承东在日常工作中所展示出的倔强、不畏强手的勇气、超强执行力、必须赢的决心给大家留下了深刻印象。

在此混乱局面，不是拼理论，而是拼执行力拼勇气需要敢拼的精神。有些"不讲道理"，甚至"偏执"，但充满"斗士"精神的余承东，恰恰最有可能是整合现有华为终端庞大团队的强势领导者。

会议结束后，2011 年年初在华为公司内部以偏执、好打硬仗、功绩卓著同时在无线、市场、研发都资历深厚的 CMO 余承东被立起来负责终端公司，华为高层深知当下华为手机的被动局面非偏执狂不可逆转局面。而余承东是最合适人选。

（1）勇于啃硬骨头立大目标。余承东嘴里没有第四名，要做就做前三名，而且瞄准第一名。而华为很多已经处于混日子做表面文章的干部，遇到困难只会向后缩，在提目标时习惯性地举出很多难度为团队降目标、降标准。而余承东却不断带着团队挑战最难的目标，选择最大的目标。每次签 KPI 时余承东的队伍里都有好多人下课、降薪，但是大家也尝到了最后大胜利的甜美。

（2）长跑型选手。余承东，1993 年加入华为，历任 3G 产品总监、无线产品行销副总裁、无线产品线总裁、欧洲片区总裁、战略与 Marketing 体系总裁等。

余承东从 1997 年开始带领研发团队做 WCDMA，2004 年开第一个商用局，到 2008 年带领华为 WCDMA 全球领先，经历了长达十年的艰苦寂寞。这期间有很多人觉得做 WCDMA 总是失败，看不到曙光，就换部门或离职放弃了。但余承东始终坚持带着团队向着标杆不停地跑。

华为终端要成为全球数一数二，也需要要重新瞄准苹果三星发展十多年，因此新的手机终端领军人物必须要有跑长路的恒心和耐力，能耐得住寂寞。

（3）不怕失败，不畏强手。华为在 WCDMA 领域遇到的都是世界上第一名爱立信这样的顶级竞争对手，华为起步晚，整体技术曾落后多年，在市场上十多年处于被竞争对手压着打的被动局面，发展历程异常艰难。余承东作为团队领军人物，表现出很强的心理承受能力。除了在逆境中抗打击的能力，而且还有不断地寻找机会超越对手的敏锐。

（4）组织资源的能力。余承东作为无线产品线的元老级人物，调动资源能力很强。随着华为 WCDMA 在欧洲取得胜利，曾经在无线产品线的研发人员也都成长为身经百战骁勇善战的各级骨干。余承东作为标杆做手机终端，有助于吸引更多无线领域的骨干进入华为手机终端。

（5）偏执狂，不达目的誓不罢休。当年 GSM、WCDMA 屡败屡战，需要华为公司持续地进行各种资源支持从研发到市场，余承东保持持续努力状态。哪怕有一丝可能性，也不放弃，余承东会持续打电话跟进到底，直到做成为止。

余承东坚持要做第四代基站（Single RAN），要把 GSM、UMT、SLT 等诸多技术集成在一起。技术的风险巨大，而且成本很高，大规模的投入一旦达不到市场预期，华为可能几年都难以翻身，在公司内部遇到很大阻力。但这也是华为超越爱立信的唯一机会。余承东调动起各级部门全力投入，最终华为无线完成这惊人一跳。

"这么多年，在华为人的心中只有第一，没有第二。在我手里，华为终端要么做没了，要么做上去，没有第三条路！"余承东就任时，抛下一句狠话。

是否应赔本赚吆喝地做大规模

2011年9月是华为手机终端公司被小米压着打了一个月的最憋闷的时间，2011年8月16日，小米1发布，8月17日"小米手机"百度指数为473 298，9月5日小米手机1预订销售，34小时内预订30万部。

小米开创的中国互联网手机的第一，招招都打到华为这样传统手机厂商的七寸。红火的销量和惊人的传播口碑，更是给华为终端带来了巨大的冲击。不按传统招法出招，令华为无所适从。是否立即跟进？能否跟进得上？一时间在华为公司内外都议论纷纷。

小米1的高配低价：1.5GHz高通双核处理器、4英寸夏普触摸屏、1930 mAh大容量电池，才1999元人民币，据分析规模发货的硬件成本在200美元左右，也就是在1200~1300元人民币之间。

但是这样的高配低价却深受大众的疯狂追捧，成立刚过一年从未做过手机的小米手机立即跃进为中国国内第一。

小米手机从MIUI操作系统入手吸引用户，号称云服务赚钱，击中了华为的软肋。华为缺少MIUI针对发烧友的深入定制，以及缺少几十万发烧友论坛和云服务，华为如何快速整合资源追赶？

雷军公布宣称："互联网公司最终盈利点是通过服务赚钱，不是通过硬件"。与卖出多少部手机相比，小米更关注由于发售这款手机所带来的轰动效应，吸引更多的用户来自己的网站注册，通过给予小米号码同时，让其也成为MIUI手机操作系统和米聊的粉丝与用户。

当时国内约有30万用户正在使用MIUI操作系统，雷军对此表示，发烧友是真正的意见领袖，只有他们喜欢，一款手机"才可以真正走向大众"。

销售渠道上，没有渠道历史包袱的小米手机开创了只通过电商渠道销售，厂商与消费者直接互动的模式，当时主打运营商渠道的华为是否要跟进？跟进意味着会与占90%销售额的运营商渠道进行左右手互博，影响有着20多年积累的运营商关系。同时还可能带来价格上的失控。

小米手机只通过自己的网站销售的模式，却可以最大限度地砍掉渠道成本，将30%多的中间成本砍掉，直接让利给消费者，达到通过高配低价迅速扩大销量和树立高性价比品牌的目的。

小米颠覆了整个手机行业，一时间把包括华为在内的手机厂商都打懵了。面对这样的新生事物，华为要不要快速跟进？跟进的策略是什么？

以消费者为本而不再以运营商为本

三星电子在2011年10月宣布，第三季度智能手机的出货量达到2000万部，单季出货量超过苹果。

2011年12月15日，华为EMT重新确立了对华为手机终端针对全球主要市场的未来发展战略，组织与人才、激励、解决方案与产品、销售模式、渠道与品牌原则。

在战略上特别明确两点：华为发展终端要追求盈利，必须以活下去为基础，不能仅追求规模和全球排名。华为手机发展路标要以最终消费者需求为导向，而不是以运营商需求为导向。

未来华为终端的发展战略的总纲为：华为终端产业竞争力的起点和终点，都是源自最终消费者。华为终端要围绕着一个硬件平台，多个OS，一个中间件，一个UI的技术战略发展。品牌的核心是诚信。

1. 战略

（1）华为终端产业竞争力的起点和终点，都是源自最终消费者。手机的客户是最终消费者，电信运营商只是华为手机重要销售渠道之一。手机发展路标要以最终消费者需求为导向，而不是以运营商需求为导向。

（2）华为发展终端要追求盈利，必须以活下去为基础，不能仅追求规模和全球排名。不切实际地追求规模，会让华为终端产业穿上红舞鞋，可能出现大的经营风险。

（3）勇敢地进入主航道、主潮流，弄潮但不赌博，要吃正态分布的中间部分。和美国主流公司合作，特别是在美国市场要加强与高通、谷歌、微软等的合作。终端市场机会多，诱惑多，终端战略首先要回答的问题不是取什么，而是舍什么，一定要不断增强战略集中度。战略的制定和执行不能脱节，战略达成共识后要能长期贯彻下去，要体现到资源配置上。

（4）智能手机是终端中最大的市场空间、机会和机遇，要首先抓住智能手机实施突破，突破后横向展开，最终面向所有的屏提供解决方案。

（5）坚持端云协同，构筑面向消费者的解决方案及核心竞争优势；坚持端管协同，增强差异化和相对竞争优势。

（6）质量是终端成长和发展的基础，终端要在确保质量的基础上发展。坚持从紧的库存管理，防范经营风险。

2. 组织、人才、激励

（1）发展华为终端业务要在思维、文化和组织方面进行积极转变。要摆脱运营商网络思维，不要把运营商网络20多年构筑的成功基础作为起点，要立足终端的现状和现实，脚踏实地地构筑ID、系统架构、平台和基本能力；同时开放平台，集成社会上的创新平台。

（2）终端管理团队及整个组织要实现人才多元性和文化多元性。要相信专业的力量，广泛吸引各方面人才，尤其在工业设计、消费心理研究、营销创新、美学等方面要充分学习行业先进经验、吸收专业人才。

（3）终端公司要坚持"低固定、高弹性"的激励方式，根据自己的业务节奏和终端行业规律，建立更加灵活的及时激励制度。待遇上敢于拉开差距，以贡献来给予激励，以事业发展留住人才。

3. 解决方案与产品

（1）要融入时尚社会中去，博采众长，从各个领域（时尚、美学、服饰、奢侈品、沙龙等）中学习、领悟消费者的需求和发展方向，打造满足消费者需求的产品和应用。

（2）华为终端要以用户体验为中心，以体验设计领先为目标，要把体验设计、外观设计和研发实现分离，以用户体验来牵引产品研发和实现，不能由于研发无法实现而牺牲用户体验与外观设计。

（3）华为终端要围绕着一个硬件平台、多个OS、一个中间件、一个UI的技术战略发展。一个硬件平台是指终极的归一化，要摆脱目前硬件平台过多的问题。要用"一个硬件平台"的愿景，以终为始，牵引在硬件技术方面的进步，引导设计与开发逐步逼迫目标。终端公司要尽快形成未来3～5年可量化的硬件平台收敛目标和策略，实现华为未来在硬件方面业界竞争力第一的战略目标。

（4）产业伙伴是终端公司的核心能力之一，华为终端要以开放及共建相对竞争优势的心态与核心伙伴合作，创造共赢。

（5）华为从现在开始要对终端操作系统进行投入，做好技术储备。

华为做终端操作系统的目的不是为了少交IPR费用，主要有两个目的：一是确保安全的供应，在恶性情况发生下依然能确保华为终端业务的基本正常开展；二是实现价值，提升客户体验和华为竞争力。华为发展终端OS应以中国为根据地，在华为具有相当的销量（如在中国市场发货超过5000万部）时，华为可考虑根据情况是否推出自有操作系统的终端并打造基于自有操作系统的生态链。

4. 销售模式、渠道与品牌

（1）要按照区域市场特点务实地设计销售模式。在美国、日本、欧洲等地运营商处于主导地位，要继续以运营商为主渠道开展业务并持续建设华为终端品牌。在金砖四国等开放渠道占主导的市场，要有策略有重点地逐步发展渠道和电子商务的销售模式。

（2）无论是运营商转售、社会渠道还是电子商务，华为都要提升手机的议价能力，核心在品牌。只有在最终消费者中建立了华为手机的品牌，消费者愿意购买和使用华为手机,构筑在手机上的价值才能发挥出来。

(3)要选择一些大国建立华为手机品牌。品牌的核心是诚信。

战略明确,组织调整及时,带来的是生产力的大释放:2010年华为仅有500万部智能手机的出货。2011年迅猛增至2000万部,增长达到数倍。2012年余承东立下了军令状:在2011年完成2000万部的基础上,2012年华为必须完成6000万部智能手机的任务,实现规模、品牌、利润的大跨越。

分家是为资源到位能及时跟上

2011年年底,华为将旗下所有面向消费者的业务如手机、其他终端设备、互联网以及面向消费者的芯片业务(主要由海思承担)整合在一起,组成了消费者BG(Business Group),冲劲十足的余承东担任CEO(见图19-1)。

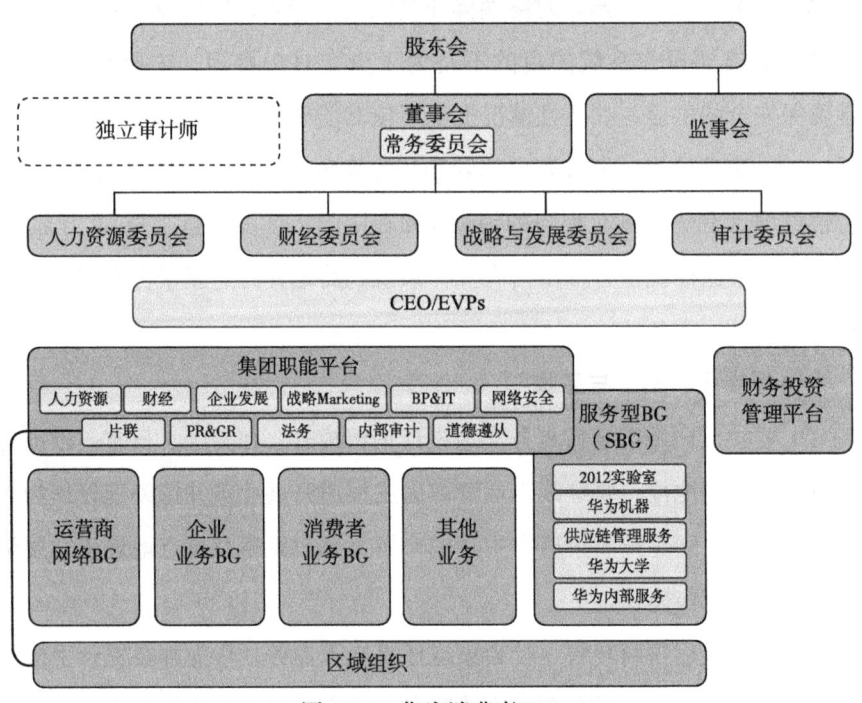

图19-1 华为消费者BG

三大运营中心BG包括运营商、企业网、消费者；各BG是面向客户的端到端的运营责任中心，对公司的有效增长和效益提升承担责任，对经营目标的达成和本BG的客户满意负责。华为公司各BG分别设置EMT负责本BG业务的管理，BG EMT主任由BG CEO担任。

BG不是一个特指的部门，而是指一个业务集团，每个BG之下有分成很多BU（Business Unit，经营单元）。事业群机制就是把企业内公共资源平台化，从而让每个独立事业群更加专注自己的领域，提高公司资源效率。

区域组织是华为区域经营中心（分为地区、国家、代表处），负责位于区域的各项资源、能力的建设和有效利用。目标与客户建立更紧密的联系和伙伴关系。

职能平台是聚焦业务的支撑、服务和监管的平台（分为16个职能模块），向前方提供及时准确有效的服务，在充分向前方授权的同时，加强监管。

人力资源委员会是华为组织、人才、激励和文化等组织核心管理要素的综合管理和提升者。进行人力资源管理关键政策和重大变革的制定、决策以及执行监管，支撑业务发展。

战略与发展委员会是公司战略发展方向的思考者、建议者和执行的推动者。通过洞察行业、技术及客户需求的变化趋势，寻找公司的发展机会和路径；对产业投资、技术、商业模式和变革的宏观管理，实现公司持续有效增长。

财经委员会是华为企业价值的综合管理者，对经营活动、投资活动和企业风险进行宏观管控，使公司在机会牵引与资源驱动之间达到动态平衡，实现公司长期有效增长。

审计委员会在董事会授权范围内履行内部控制的监督职责。包括对内控体系、内外部审计、公司流程以及法律法规和商业行为准则遵从的监督。

消费者BG向下继续划分为终端公司、终端云业务部、消费者芯片（海思一部分）三部分。终端公司又划分为手机、MBB（移动宽带业务，主要是上网卡等)、家庭终端等三块 BU 业务。

关于这次分家,华为的轮值 CEO 徐直军做了很好的说明:"消费品的做法与我们面向运营商的做法,差别大了,人家天天盯着的是消费群体,我们都是些工程师背景,是做 B2B 的,要真正转成以消费者的需求为导向,难呀!我们工程师经常做出一个产品,自己觉得好,好得很,但是消费者怎么不买;有时候看到一个机器觉得不好,但是为什么这个机器卖得很好呢?这个我们是需要付学费的。但是华为公司历史上都是付学费过来的。我们公司管理层没有一个人有管理过公司的经验,每一天都是新的。业务上也是。我们现在还是运营商思维,希望将来有一天我们的高层团队,管企业的说管企业的话,管消费者的说管消费者的话,管运营商的说管运营商的话。三块业务的起点不一样:运营商市场我们已经在业界构筑了我们的地位;企业业务处于创业期,管法就完全不同;消费者业务的对象都不同了。"

消费者 BG 由华为原有的手机终端公司、互联网业务部、手机应用商店、云计算终端设计部、海思手机芯片部整合而成,体现华为手机的几个发展方向:聚焦手机芯片核心技术、互联网业务的深入发展、手机的云计算、手机应用商店生态链的打造、操作系统的定制与开发。

通过设立与运营商 BG 平起平坐的消费者 BG,同时注入芯片和云业务部门,在公司层面极大提升了手机终端业务在公司的战略地位和话语权。消费者 BG 在应对快速变化的 B2C 市场时,具有更高的灵活自主权。之前终端公司在人力资源、财经、战略与发展、审计都受到四大委员会监管比较多的监管和掣肘。松绑有助于加强对智能手机的投入,以适应 B2C 业务的急速扩张。作为传统的"云管端"公司,华为意识到随着智能手机的发展,终端正在承载越来越多的云业务,并通过管道与之相连接。华为必须从内部提高"端"的地位,以真正实现"端管云"布局。

终端云业务部和消费者芯片部门需要围绕终端公司来运作,划到消费者业务 BG 可以更好地支持手机产品的统一规划。

小米的手机，就叫"小米"！每次听到就给人一种有趣，好玩，轻松易记的感觉。小米对产品的定义，都有着广告和传播学的研究。但是华为之前的手机产品却经常以一长串数字标明型号，如C8500、C8600、C8650，过去华为在给手机命名的时候，在意的是"自己"，在意的是华为这个"企业"，而不是消费者。完全不考虑消费者是否易记，会否给宣传和传播造成障碍。这正是华为在面对终端消费者心态表现出的问题，华为手机还是秉承着以前做运营商的心态。

消费者BG成立后，人们惊讶地从华为开始围绕消费者为中心的改变。一位年轻充满朝气的女性张晓云被任命为华为的首席聆听官，她的角色职责主要是跟消费者沟通，获得产品的反馈，在各种社交媒体上了解消费者对自家公司品牌看法、评价、吐槽等。

人们对华为成立消费者BG出现的新名词"首席聆听官"非常好奇，这也是中国企业首次公开采用。

学会倾听消费者的声音是华为手机转型启航的第一步！

从主动PK小米走红到领跑中国互联网手机

2011年年底，跟随小米的互联网营销策略，华为将荣耀打造成互联网手机子品牌。余承东最早意识到，小米互联网方式做智能手机，对传统手机制造、销售模式造成颠覆性冲击。而传统手机制造商高层绝大多数人当时并未看到这趋势，而且认为小米所谓的用互联网思维，是营销和作秀，是一个小众市场。

2011年8月16日，雷军发布小米1在社交网络微博上的迅速走热，引起了余承东的关注和快速跟进。与小米1的发布相距仅12小时，余承东凌晨在微博上"透露"华为与小米用同样高通新款芯片硬件配置的手机于10月初大批量上市（见图19-2）。

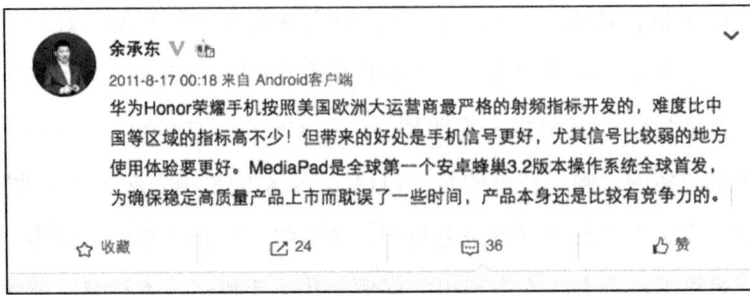

图 19-2 余承东微博

借助小米手机发布的热度，余承东 12 小时内挑起的华为荣耀手机也迅速走红。接下去的一个月内，余承东通过不断在微博上剧透：在 Neocore 图形跑分软件中跑出了 60.6FPS 的分数。微博上各种晒与小米 PK 的华为荣耀手机的整机外观的小道新闻不断，跟小米同配置却售价 1888 元的价格传言引起了不少机友的注意。

针对余承东的各种发货情况剧透"华为 Honor 荣耀虽然安排在今年 10 月初上市，但会在 9 月底之前启动内部购机"，激起了小米董事长雷军公开发话："第一批小米手机将在 10 月 20 日之前发货，北京地区用户次日即可入手。"华为荣耀与小米激烈死磕迅速走红社交网络。

这是在社交网络上习惯了沉默寡言的华为公司高管第一次"以其人之道还治其人之身"的方式贴身 PK 网络红人和网络热度最高的产品，以达到借势走红的社交媒体玩法。

2011 年 9 月，中国手机界只有小米手机和华为荣耀手机两款迅速热销的手机，雷军和余承东两位迅速走热的手机明星红人。比较有意思的是，雷军和余承东都是正式进入手机界时间不长的"新人"，此时余承东除华为手机终端公司董事长外还兼任华为公司的 CMO。网络媒体也不断地在比较雷军和余承东的求学和职业经历。

2012 年 3 月，华为手机终端自己的电子商城于 3 月 18 日正式发布，华为是中国传统手机制造商中第一个推出自己电子商城的公司。在互联网电商渠道方面，华为做了很好的尝试，比如 Ascend D1、荣耀四核这些手机就完全放在华为商城卖，把电商渠道与传统线下渠道做了区分。

借助互联网渠道进入电商渠道是华为终端销售从 2012 年开始启动渠道变革的关键性举措，随着荣耀互联网品牌手机的打造和在社交媒体上不断地与小米话题营销，华为电商品牌迅速蹿红，华为手机在电商渠道的销量也不断走高。通过 D1、荣耀四核、华为 MATE、荣耀 3、华为秘盒等机型的成功上市运作，华为电商团队积累了丰富的实战经验。从品牌、产品、渠道、营销到团队建设，华为已具备成熟的电商运营能力。

2013 年 12 月 16 日，华为消费者 BG 经过了两年的互联网洗礼，正式宣布：荣耀为华为终端独立运作，荣耀成为华为的互联网品牌，成立独立互联网品牌、产品规划与运营的事业部，无线产品线创立期的元老刘江峰任总裁。荣耀事业部迅速发布了荣耀 3C 和荣耀 3X，直面小米红米和米 3，和小米进行面对面的厮杀。

2014 年上半年，华为电商渠道出货量在中国区的占比已经超过 30%，销售额占比超过 40%，2014 年下半年，电商渠道占比超过 50%，荣耀迅速成长为真正可以与小米抗衡的电商品牌。

2014 年起华为运营商渠道的占比缩减至 20%，社会渠道和电商渠道则占比在 80% 左右。相比之下，严重依赖运营商渠道的联想手机在 2015 年、2016 年都面临着因运营商补贴大幅下降而导致的业绩大幅滑坡，对消费者中高端品牌迟迟无法树立的严重问题。

荣耀的互联网营销打破了原来互联网界普遍采取的饥饿营销、PK 大战，将互联网营销上升到一个高度，提出了"勇敢做自己""笨鸟先飞"等营销理念，通过高晓松传播情怀，各行各业的优秀人士传播平凡岗位做最佳的爱国以及正向理念。通过互联网社区论坛等线上和校园线下的方式影响到粉丝和用户，让年轻人有归属感。

在荣耀的产品规划上华为从产品布局上做到：小米有的荣耀有，小米还没推的荣耀先推，小米要干的荣耀一起干。逐步把主动权掌握到自己的手里，也扰乱了对手的布局。2014年12月发布的荣耀6凭借自主研发的强大的华为芯片组，成为全球首款商用CAT6 4G网络手机，华为独有的智电2.0软硬件一体化省电技术和五大降功耗解决方案，有效省电30%，将更加耗电的4G手机的续航能力提升到全新高度，普通用户使用时间2.8天以上。荣耀6发布后在国内极度火爆，3个月狂销超200万部。荣耀手机从跟随小米跨越到领跑中国互联网手机品牌，并成为中国互联网手机品牌中唯一赚钱的品牌。而曾经喧嚣一时的大可乐等互联网品牌，因为缺少核心竞争力等而迅速消失。

"急行军"华为互联网品牌手机荣耀，2014年销量2000万部，销售额24亿美元。2015上半年荣耀手机销售量超2000万部，提前完成了全年目标。与此同时，小米因战略迷失，供应链短缺等因素，在市场升级为4G手机、指纹手机的一连串升级赛中落伍，极致、专注的口碑营销落为空谈。

华为不是一家运营互联网起家的公司，不具备互联网基因，但是这不妨碍荣耀手机成为中国最成功的互联网手机。战略上重视互联网这样新生态新事务，战术上迅速出击，组织上给予充分的自由度和保障，先学会跟随再超越和领先。那些资深具备互联网基因的公司如百度、阿里、微软、谷歌、亚马逊做手机都告失败，他们虽然懂互联网、精通软件，但是不懂做手机需要踏踏实实地一步步积累综合核心竞争力。互联网手机追求专一、极致、以粉丝为中心的理念没有错，问题在于他们自己做不到，不能像华为踏踏实实地去付出去执行，而且有强大的管理体系和组织保障确保快速执行到位。

没有人能够记住世界第二，只能记住第一

2012年3月9日，华为终端董事长余承东的一条微博，被转发了4000多次，评论5000多条。余承东公开宣称："最近被那些盲从的跟风者搞火了，我在此不谦虚说一次，我们今年年底明年年初将推出一款比iPhone5要强大很多

的旗舰手机！无论外观、客户体验和性能，尤其内在性能上！"

华为能做出比 iPhone5 强大得多的手机？！这在当时看上去有点天方夜谭，所以一时间擅长微博吹牛"余大嘴"的称号在华为内外迅速叫开。

2012 年华为启动"最"字产品战略，通过首发全球"最"高外观和性能指标的明星手机直线拉升品牌。

2012 年 1 月 9 日早晨 8 点，华为在拉斯维加斯 CES 消费电子正式开幕前，举办了其新款智能手机 Ascend P1 的发布会，这是本届 CES 展上首场发布会。"最薄"机身、"最快"双核、"最高"节电……这款号称全球"最薄、最快、最省电"的智能手机 Ascend P1，被《PC World》推选为 CES 十大热门智能手机之首，其 6.68 毫米的机身厚度成为十足的亮点。

华为手机从默默无闻一夜进入全球前十名的大热机型。

2012 年 2 月巴塞罗那世界移动通信大会前期，一条爆料火红各大论坛：华为终端 boss 余承东微博爆料，华为即将在巴展上推出的手机是全球最高规格档次的，而且还保证其他公司不可能超越，厉害吗？

这一次华为的确是礌堡了世界：华为 Ascend Dquad，这款配置了华为自主设计四核芯片的智能手机，以创造多项世界纪录在 MWC 上脱颖而出。搭载了世界速度最快、体积最小、发热最低的四核移动设备处理器，世界最窄、最紧凑设计的 4.5 寸屏智能手机，同样电池容量却能延长 30% 使用时间的最省电的智能手机之一，语音通话最清晰的智能手机。其中四核芯片为华为自主研发设计。

这一系列世界之最，开启了华为向全球彰显了其在智能手机技术的非凡实力。

华为手机通过产品发力产品领先迅速步入全球前列，通过全球一流水准的用户体验设计和自主研发芯片设计两个抓手，打造全球领先的人气机型拉动品牌，成为华为手机消费者品牌提升的核心战略。

2013 年 2 月，华为发布全球首部支持 LTE Cat4 的智能手机 Ascend P2。

2013年6月18日，华为旗舰智能手机Ascend P6在伦敦发布，P6采用了6.18毫米的超薄一体机身设计，是当时全球最薄智能手机。全金属机身，背壳采用瑞士名表金属工艺，质感和手感都非常出色。凭借P6超薄纤美的设计，华为的品牌美誉度大幅度拉升，P6的销售达到400万部，产品成功攻破了2688元的中端价位。仅2013年不足半年的销售时间，P6在中国区售出近300万部，贡献整个中国区利润的七八成。P6实现了成功的中端手机市场和品牌的突围，对华为具有战略意义，成功地将华为的品牌形象大幅度拉升，与小米拉开差距。

2014年5月，华为P7发布，双面玻璃轻薄机身5英寸。P7继承了P系列纤薄的特性，采用了双面玻璃，硬件进行了全面升级。国内定价2888元，相比于P6价格提高了200元，获得美誉的同时销售获得大幅提升，达到700万部，成功使华为巩固了中端智能手机的阵地！

2014年9月13日，华为Ascend Mate 7手机开售，高配版售价高达3699元，开启了华为向中高端市场的突围。不到半天，全国超过一千家销售门店均脱销一空。上市之初售价一度超过4000元，良好反响超出想象，国际市场和国内市场普遍断货。Mate7"一触解锁"和"指纹支付"均属全球首次亮相，全金属机身搭载罕见的按压式指纹传感器，为Mate7实现全球首发功能的这些芯片全是华为自己研发设计的。

仅Mate7一个单产品的营收，就超过了小米手机2014年全年销量6112万部一半所创造的营收和利润。

全球品牌资讯公司Interband自2000年起每年都会发布全球最佳品牌榜（Best Global Brands），该排行榜基于品牌价值，主要有三个衡量标准：品牌的业绩表现、品牌影响力以及品牌保障公司持续收入的能力。2014年10月，华为进入Best Global Brands前100，排名第94名，成为首家进入百强的中国公司。2016年度全球最佳品牌榜，华为超越蒂凡尼、肯德基升至第72位，也是继Facebook（增值48%）和Adobe（增值21%）之后IT企业中增值最快的品牌（增值18%）。

2014年，相关时尚媒体评选的中国高端奢侈品品牌，华为Mate7名列其中。精品战略不断提升创新，打破看似不可能的各项技术极限；在营销策略上加强精准定位，以最低的投入做到做大的影响，充分重视互联网营销。2012年起华为的重点机型都主要在互联网渠道传播和销售，重点、高端产品将全部由电商平台来操盘。

华为手机帝国起飞的引擎是巨大的投入

2012年，华为年终奖总额达到125亿元，同比增长了38%。而华为总裁任正非却给多位管理层颁发了一个特别的奖项——"零起飞奖"，获奖人员包括消费者BG董事长余承东等五名高管，这意味着这五名高管今年的年终奖为零。

"零奖金"的主要原因是消费者BG和企业业务BG两位CEO因为没有达到年初的个人承诺。余承东等人主动放弃了高额奖金。（余承东2012年年初立下的军令状：在2011年完成2000万部智能手机销售目标的基础上，2012年华为必须完成6000万部智能手机的任务。）

为了实现华为手机向中高端的品牌聚焦和利润目标，余承东在2012年砍掉了3000万部不赚钱的功能手机，以保证一定的利润水平。2013年余承东砍掉了80%的运营商定制手机。

"零起飞奖"则表达了华为董事会对于余承东工作的认可、鞭策、鼓励和期许，余承东上任以来华为手机取得的飞跃是有目共睹的。2012年恰逢中国首架舰载战斗机歼-15在辽宁号上首次起飞成功，任正非就选用了歼-15战斗机模型作为零起飞奖的奖品赠予余承东。

2012年华为消费者终端实现手机发货量5200万部，其中智能手机发货量3200万部，同比增长60%，华为终端2012年的净利润增长80%以上。

余承东回顾 2012 年的转型："当华为从白牌厂商向自有品牌转型，很多人就说华为手机要死掉了，一个欧洲运营商砍掉了华为所有的订单，但我们活下来了；当华为从功能手机向智能手机转型，又有很多人说华为要死了，但我们不仅没有死掉，还活得很健康。"

在因为砍掉运营商定制手机，在华为内部激起很大争议，余承东不得不在 2012~2013 年每半年面临一次下岗呼声中一遍遍地讲华为手机的精品战略，"除非是把我撤掉了，不然我就一定会坚持下去"。

"在 2012 年，华为终端以消费者为中心，实现了公司发展的三个重大转变：从传统 B2B 业务模式向 B2C 模式的转变，从 ODM 到 OEM 华为品牌的转变，产品从中低端拓展到中高端。华为终端的这种努力已经初现成效，在欧洲等高端市场已大量销售华为品牌手机。"余承东回顾。

2016 年，华为智能手机发货 1.39 亿部，同比增长 29%，销售收入 1798 亿元，同比增长 44%。实现高端产品突破：P9 发货量突破 1200 万部大关，成为首个发货量破千万的旗舰机，Mate9 发货突破 500 万部。

"未来 3~5 年，我们必定是全球市场能存活下来的 2 到 3 家手机厂商之一，也是中国市场能活下来的一两家主流手机厂商之一，而且会活得越来越好。"

华为手机帝国正在"起飞"……

2012 年，华为手机的研发费用接近 9 亿元，超过总营收的 10%，仅 2012 年招聘的研发人员就达 5000 人，到 2012 年年初华为手机研发人员已达到 8000 人左右。同时期中国其他大型手机厂商研发人员最多的酷派也不过 1000 多人，多数手机公司研发人员在 200~300 人。同时海思芯片也快速聚集了数千名手机芯片研发队伍。

2012 年华为针对终端产品在全球的营销费用高达 2 亿美元，之后每年投入都在加大。

华为在战略机会点上的压强投入是取得转型胜利的保障。依照华为的惯例，每年会将10%~15%的收入投入研发，而其中手机终端最近几年均达到了15%左右的比例。华为终端销售收入2012年达484亿元，2013年达570亿元，2014年达751亿元，2015年达1291亿元，即2013年、2014年、2015年的手机研发费用达到72亿元、85亿元、112亿元，而2016年华为手机研发费用高达193亿元。

华为在坚持精品战略的同时，投入巨资和人力打造精品。如P6手机终端组建了有史以来最高层面的运作小组和运作机制，该项目的研发人数史无前例地超过了1000人，2012实验室也囊括其中。Mate7产品总监李小龙带领上千工程师的研发团队投入巨大心血，一直奔跑在追求极致的路上：为0.1毫米的尺寸改结构，为0.01%的潜在失效改版面设计。

P7的研发费用高达4000万~5000万美元，其他诸如平台顾问以及海思芯片的投入亦耗费惊人。在项目立项前，工程师们甚至就已花费约四个月的时间做堆叠实验，如此反复，最终才确认P7的产品核心卖点。

华为已开始布局未来智能型手机的关键技术，诸如感测器、人工智能（AI）、情境智能（Ambient Intelligence，AmI）、物联网（IoT）平台、生物辨识、物品辨识、虚拟实境（VR）、扩增实境（AR）、以及3D扫描等技术。华为终端2016年投入研发兼顾沉浸式体验、能源创新、隐私安全等多方面技术。围绕手机终端华为已经在全球建立了16个研发中心，包括在时尚之都巴黎设有美学研究中心、在全球设计中心伦敦设有设计研究所、在数学家最多的俄罗斯设有算法研究中心、在日本设有小型化设计和质量控制研究中心。华为美国研究所则以射频、操作系统、芯片、软件、大数据等为主要研究方向，并且在硅谷专门建立了创新中心，欧洲研究所则主要以5G为主要研究方向。

在华为手机旗舰机研发中心上海研究所，拥有手机厂商中最大最全的电磁兼容实验室，6000部真实终端的大话务量实验室，最先进的音频实验室等8大网络/终端实验室，一部华为手机背后，是全球强大的研发中心和实验设施在保障其品质。华为拥有目前手机厂商中最大最全的电磁兼容实验室，实验室长 21.7 米，宽 13.6 米，高 8.5 米，屏蔽主体为一体化金属屏蔽结构，能够将外部信号衰减到原来的百亿分之一，主要完成手机、大型基站等无线设备的电磁兼容检测。华为手机所经受的信号检测就不是其他厂家做能完成的，华为手机信号是最强的。

核心竞争力制胜

在华为通过打造精品机型起飞的过程中，一个重要的因素是对核心竞争力的打造。华为自主研发的手机芯片是其制胜的重要武器。手机芯片在很大程度上决定一款智能手机的体验是否流畅，性能指标如何。芯片成为决定手机优劣的关键。

从 2012 年华为发布的首款高端机 Ascend D1 开始，华为发布的旗舰机型均为自家研发的海思芯片，对华为高端机的差异化战略起到有力的支撑作用。

首先是对首发时间点的支持。小米 2011 年 8 月份凭借最先发布高通的双核芯片而获得高度曝光，之后这一战略被众手机厂家学会，加上高通要平衡跟各厂家的关系，小米的首发优势不再，任何一家手机厂家都无法做到像华为一样依靠自家与高通可以一较高下的芯片技术而实现首发。

如 P6 的成功一部分的原因是采用了海思芯片。P6 于 2013 年 6 月份上市，而相似性能参数竞争对手的新品则滞后三个月，于 9 月份发布。究其原因在于后者需要高通芯片的平台，因而受制约。华为通过应用自己设计的芯片的优势，可以自己掌握上市节奏。

在产品性能指标和差异化特性上，海思芯片的强大能力为华为手机提供了独一无二的差异化的竞争优势。华为每一款高端精品手机后面都有海思芯片的身影，而海思芯片一步步技术的提升也推动着华为手机的超越同行。

华为可以通过首发具有差异性指标和局部优势的芯片的手机，而实现压制竞争对手进行新品发布，打乱竞争对手的产品发布节奏，以及在发货上占据优势，从而实现领跑。

2012年2月，华为首创热力的Ascend Dquad，配置了华为自主设计四核芯片，创造了多项世界纪录：世界速度最快、体积最小、发热最低。

2013年年初，华为发布的D2基于自身海思的芯片技术，支持包括TDD/FDD/TD-SCDMA/WCDMA/GSM在内的五模十频，支持4G最高速率。

2014年6月，华为发布了4G的八核处理器Kirin 920麒麟芯片，整体性能跟高通最强的4G芯片骁龙805同步，这款芯片在中国手机芯片的历史上具有极高的地位，号称是中国手机芯片界的弯路超越之作，中国芯片与高通有了"PK"的地位。高通处理器不集成基带芯片，还要另外配备。麒麟920全球首款单芯片集成了音频芯片、视频芯片、ISP，集成全球第一款LTE Cat.6的Balong720基带，不需要再另配基带芯片。麒麟920芯片整合了华为的LTE Advance通信模块，支持TD-LTE、FDD-LTE、TD-SCDMA、WCDMA、GSM五种网络制式，真正做到了一枚芯片，兼容目前主流网络。

麒麟920应用于荣耀6，使荣耀6成为全球第一款支持LTE Cat.6（4G最快速度）的手机，为荣耀在2014年超越小米成就年度互联网手机旗舰机打下坚实基础。在跑分环节，荣耀6轻松达到了3.8万多分，这个分数高于采用高通骁龙801四核处理器的国际厂商的旗舰级产品。

2014年9月4日，海思发布超八核麒麟925芯片，搭载于华为mate7、荣耀6Plus。其中支持Mate7成为爆款的指纹识别等功能的芯片均由华为自行研发设计。Mate 7大受欢迎的是其通信能力极佳、超长的续航、不发热和良好的指纹体验等功能。麒麟925芯片采用了i3协处理器架构，日常使用中多数情况下手机是低负载运行，在低负载的时候只有i3协处理器运行，这样大幅降低了功耗而提高了续航。大电池加上麒麟925的big.LITTLE架构再加上系统的优化，使Mate 7的续航表现非常优异，在性能和功耗上取得了很好的平衡。

麒麟925内部的八个核心构造采用了最新的big.LITTLEGT架构，由四个A7核心、四个A15核心及一个i3协处理器组成，四个A15核心主频为

1.8GHz，适合在性能场景下开启，比如游戏、运行大型应用，但这四个核心是耗电大户，并带来发热问题。在运行一些小应用或是仅需要点亮屏幕的时候，A7核心开始工作，能维持低能耗与低热量。

对比iPhone5s、三星S5与Mate7录制视频时的温度，由于麒麟925能很好地控制功耗，在录制视频时Mate7几乎没有发热。Mate7绝大部分被金属材质覆盖，金属材质最易导热，会将发热表现扩大化，但在日常使用中，也没有感到Mate7有发热情况。

为了提高指纹解锁的运算效率，团队经过反复优化使指纹解锁的时间小于1秒。华为手机上的指纹功能还可以黑屏解锁、接听电话、关闭闹钟；在拍照界面可以有拍照、解锁、文件加密、应用加密、访客模式、支付宝合作的支付加密、第三方支付等多种玩法。

在Mate7产品总监、华为智能手机产品线副总裁李小龙、Mate7芯片规划负责人周晨及上研所研发团队的努力下，Mate7搭载了按压式指纹传感器，"一触解锁"和"指纹支付"，这是首次在国产手机中同时实现的。

在指纹区轻轻一触，不到1秒便将屏幕解锁，与iPhone6相比，Mate7少了Home键唤醒屏幕这一步骤，指纹解锁速度超过iPhone6。而三星的滑动式解锁识别率较低而且不够便捷，HTC的指纹识别甚至爆出安全性问题。小米迟于华为一年多的时间才推出指纹识别手机。这是华为手机2014年之后将小米远远超越的重要原因之一。

Mate7还具有计步器等可穿戴设备的功能，这主要源于麒麟925芯片中的i3处理器，作为传感器管理核心，i3可以管理计步器等所用的核心部件就是传感器——陀螺仪、气压计、GPS等，及时将传感器收集到的信息传给手机。

2015年11月，麒麟950 SoC发布，主频2.3GHz，16nm FinFET Plus工艺，开始采用自研的ISP模块，并集成在SoC中，综合性能飙至第一，凭借性能优势和工艺优势，赢了高通差不多半年的时间差。麒麟950应用在华为旗下的Mate 8、荣耀8等手机上，拉开了竞争对手与华为手机的差距。

自研的海思 ISP 模块使得华为可以从底层来优化照片的处理：图片的锐化、降噪、优化色彩、相位、激光、反差等混合对焦运算以及提供对于双摄像头支持等，对于拍照影响重大。从 P9 呈现出漂亮的样张开始，华为已经跻身全球手机拍照的第一阵营。根据专业相机评测网站 DXOMARK 公布的最新的数据显示，华为 P10 的拍照成绩为 87 分，超过 86 分的 iPhone7。

华为在 2015 年先于所有厂商与台积电进行合作，推出首款基于 16nm FinFET 工艺、可全功能运行的 32 核 4 位 Cortex-A57 架构网络处理器——麒麟 950 处理器，这也是业界第一款采用 16nm FinFET 工艺的移动处理器。而 2015 年由于高通 835 采取了 10nm 冒险不成熟的制程，导致骁龙 835 处理器的手机一年的时间无法面世，让热捧骁龙 835 处理器的手机厂商只能 PPT 手机发布，无法实现最新功能手机的量产。

2016 年 2 月，美国芯片权威杂志最新评定，华为海思芯片超越苹果名列全球芯片设计第六名。

2016 年 10 月，海思发布麒麟 960 处理器，被美国科技媒体 Android Authority 评选为"2016 年最佳安卓手机处理器"，力压高通和三星的芯片。

从处理器的利用效率和功耗上来说，麒麟 960 在处理高负载任务和低负载任务时，比高通 821 可以更有效地调用多个高性能核新和低功耗核心，做好大小核智能搭配与协同，以获取更高的性能，并有效降低功耗。麒麟 960 的 CPU 性能提升的同时，功耗进一步降低，比高通 821、三星猎户座 8890 两款处理器核心领先一代。

GPU 核心方面，高通 821 主频 653MHz 性能强劲；三星主频仅有 650MHz，麒麟 960 主频高达 900MHz，将 GPU 的短板补齐，图像处理性能得到飞跃式进步。此外，麒麟 960 比三星 8890 性能提升 40% 但功耗却降低 20%，使华为手机相比三星手机可以长时间玩游戏且不发热，实现高性能与长续航的功效。

外媒 Android Authority 选取了搭载麒麟 960 的华为 Mate 9、搭载高通 821 的 Google Pixel 和搭载猎户座 8890 的三星 S7 等手机进行测试，CPU 跑分榜中，麒麟960位居第一。测试结果显示，不论是单核性能，还是多核性能，麒麟960都非常强悍，排在第一位。在性能测试上，麒麟960的GPU的进步幅度相当大，在某些方面已经领先高通820。在续航对比上，坚持长续航与高性能的麒麟960在续航环节取得明显的夺冠优势，华为Mate 9成为续航第一、功耗最低的安卓手机。正常连续打开8款日常应用来说，搭载麒麟960的华为Mate 9，凭借28秒的成绩拿到第一；iPhone 7 Plus则用了36秒，而三星S7 edge足足用了1分多钟，差距明显。

从起初时的一败涂地，再到麒麟910、920、930时代的能用、好用，逐渐被消费者认可，麒麟芯片历经坎坷，百折不挠，2015年开始麒麟950、960综合性能盲测指标超过iPhone。

手机芯片是华为花大资源不畏惧短期失败也要长期坚持加大投入的核心能力和战略制高点。

2009年，海思首款手机芯片——Hi3611（K3V1）推出，但由于产品不是很成熟并未商用。

2012年，海思K3V2芯片发布，40nm制程，1.5GHz主频四核，用在了华为D2、P2、Mate 1和P6手机上，为首次应用华为自家手机上的芯片。因40nm制程落后和GPU兼容性不好，最终体验不理想。但是余承东还是顶着一片骂声坚持推动采用海思自研芯片，用上量应用的方式支持海思芯片的发展。

2012～2013年华为手机顶着自研手机芯片发热、某些指标跑分低等压力，耐住了寂寞，不为求一时的业绩，全力支持自主研发芯片，从2011年起不断加大手机芯片上的自主研发投入，实现了在手机领域的凸起优势。华为推出四核处理器、八核处理器，采用16nm制程、自研ISP，华为手机主打拍照与安全和续航，麒麟处理器为华为手机每一步都踩对了节点和抓住了用户的痛点，从领先高通两三个月到领先一年，为华为手机赢得了宝贵的先机。麒麟芯片和华为手机相互促进，在短短五年时间双双获得成功。

华为在自主研发手机芯片的人才和资金上不计成本地投入，对麒麟芯片的扶持不遗余力。麒麟 920 的研发经费就高达 2 亿美元，是国家 15 年里对龙芯资金投入总额的 1.7 倍。此外，华为手机芯片重金挖人、全球招贤，在美国硅谷（全球芯片设计中心）、圣迭戈（高通研发总部）、达拉斯（TI 研发总部）等欧美主要芯片公司聚集地设立研发中心吸引人才，在国内北京、上海、深圳都设立有手机芯片研发部门，大量引入优秀人才，在人才的数量上也数倍于其他芯片设计公司，形成了近万人的工程师研发队伍。

快速引入顶尖人才让短板成为长板

在给运营商定制手机时代，华为的手机通常又笨又大，而且基于不同运营商的选择，一堆风格迥异的手机让人很难从外观上分辨出是华为一家出品。华为手机确立以消费者为核心后，首先要按消费品的规律办事，改变的是外观设计理念，实现令人印象深刻的全球独一无二的设计，通过产品形象的提升改变品牌形象。大部分用户对消费品的期待基本一致——设计卓越、功能强大以及高性价比。手机是一个全球市场，消费者能接触到来自全球的品牌，消费者的品味越来越刁钻。

外观 ID 设计，是华为迅速发展的另一个核心竞争力。而这一核心竞争力的打造是华为迅速在全球建立起由业界最优秀设计师组建的顶级设计团队快速形成的。

2010 国际大公司首席设计师范文迪于 2010 年加盟华为，在此之前，他还担任国际设计公司 VanBerlo Strategy+Design 的首席执行官，操刀过宝马等产品的设计。到 2012 年华为形成了以英国为核心的设计中心，有近 300 名员工，还在美国、日本和欧洲等地开设了相应的工作室。

2012 年，曾在三星集团负责了十年的手机工业设计的金峻绪（Joonsuh Kim）加入华为。他曾在另一家家喻户晓的消费者电子产品公司 LG 效力。三星、LG 杰出的外观设计帮助这两家公司在欧美消费品市场流行，占据较大市场份额。

"工业设计不是艺术。设计是艺术与科学之间的平衡。有名的设计师服务于小众口味,而我们要为大多数人的需求负责。"金峻绪带领着 200 位设计师团队分成若干设计小组,他们为华为手机的国际化品味负责。他认为:手机在商业上成功的设计归结于两条,一是针对目标消费者设计出正确的产品,二是技术在那一年已经准备好了。显然华为手机正沿着这条正确的行业道路快速急行。

世人都知道苹果的外观设计无人可超越,苹果的外观设计师乔纳森早年在英国求学,并在英国从事外观设计,英国事实上是外观设计的重要发源地。2012 年年初,华为在全球设计中心伦敦设有设计研究所,从一个专门面向欧洲的移动终端设计中心发展到支持全球手机设计的中心。这为华为在欧洲大量引入国际顶尖的外观设计师打下了良好的基础。

巴黎是全球艺术与时尚中心,拥有丰富的创新和设计资源,2015 年 3 月 12 日,华为在巴黎开设了全球第一家美学研究中心,并从奢侈品、汽车、3D 设计等不同领域挖来了 10 名来自法国和欧洲的设计师。巴黎美学研究中心在华为全球范围创新发展中扮演重要角色,他们的研究成果直接应用在华为的智能手机和其他智能终端上。华为在 2015 年发布的第二代智能手环 TalkBand B2,以及 P8、P9 等手机新产品的设计灵感都是来自此处。

2012 年,曾在摩托罗拉工作了七年的 Dennis Poon 加入华为成为 UI 负责人,此前他曾任摩托罗拉北京 UI 团队负责人、Philips Design 高级交互设计咨询师、SWAT Design 创始人、Icon Medialab 流程指导、IDEO 交互设计师等。"华为 Emotion UI 的设计正是基于用户的角度出发,本着便捷用户操作的理念,做最率直的手机 UI 设计。"这是 Dennis Poon 所致力的。

2015 年 10 月,前苹果创意总监 Abigail Sarah Brody 女士加盟华为。Abigail 担任华为消费者 BG 首席用户体验设计师,负责用户界面设计工作。Abigail 曾任 eBay 全球设计副总裁,2001~2011 年曾担任苹果公司创意总监,参与多款划时代产品的研发和设计。华为期待 Abigail 率领的团队能让华为用户体验设计水平实现质的飞越，全面提升华为终端产品的用户体验。

与此同时，华为消费者 BG 在美国设置用户体验设计工作室，并同国内设计团队形成协同。

手机公开市场的渠道本也是华为的短板，但是华为通过群体引入原诺基亚销售负责人、三星中国区负责人，形成外部专业人士占 1/3 的格局，带动了团队的整体专业素质提升。

关于华为勇于在手机上加大投入特别是人才投入，任正非有如下精彩论述：我们投入还不够，还没有完全能把握人类社会发展的机会点。苹果公司很有钱，但是太保守了；华为没有钱，却装成有钱人一样疯狂投资。如果苹果公司不敢投钱，就只能跟着我们，华为就会变得像苹果公司一样有钱。

华为转型成功的根本原因还是华为公司舍得做大手笔的投入，正如 2011 年 10 月 18 日任正非的讲话："我认为近两年智能手机上的数量增长可能会非常迅猛，有可能以排山倒海之势扩大。所以明年我们在智能手机的投入上应该有个正确的估计，如果我们对智能手机的发展势头估计不足，明年我们投入智能手机的资源不够的话，我们又丢失了一个巨大的市场机会。"

小结

定位定战略统一思想，压倒性资源投入确保投入先胜于竞争对手；人才为先，特别是擅打硬仗的领军人才为先；瞄准利润最丰厚的中高端，坚持精品战略；致力打造核心竞争力，通过迅速引入业界专业人士将短板快速转化为长板；快速跟进互联网营销；通过加大组织保障围绕精品战略及互联网品牌的树立；不跟随价格战，确保利润健康发展，走自己的路……这些都是华为手机终端成功实现转型的宝贵经验。

创新首先是敢攀登险峰，革自己的命！

鸣　　谢

　　1997年就认识的原华为同事王劲于2014年7月去世、2015年李仪去世，感谢王劲、李仪曾给我的帮助，《华为研发》一书中有他们在华为工作经历和体会的介绍。

　　感谢持续帮助我的几位老师和新结识的伙伴，在他们的帮助下，我感受到人生的真正价值：我们都是这世间的寄居客，在世上的每一天都要做光做盐，成为别人生命中美好的祝福。

　　感谢母亲，快80岁了仍然热爱工作、酷爱学习，热情帮助别人，最近一年学会使用电脑看病办公。

　　感谢先生对我的忍耐，及共同的进步。

　　感谢前华为人慈善捐助基金的各位项目负责人及捐助者，非常高兴看到我们捐助的山区学生是祖宗八代中唯一的高中生，有的还上了大学。这个基金会是华为文化精神的传承。

　　感谢堪萨斯城密苏里大学管理学院全球创新与创业系教授孙黎，波士顿马萨诸塞州大学管理学院终身教授Raymond，腾讯美国西雅图AI实验室负责人俞栋博士，感谢惠顿学院的Min-Dong Paul Lee教授，感谢堪萨斯大学的Tailan Chi终身教授及赵征教授，他们在美国企业管理及创新上给予我较多启示。感谢清华大学战略新兴产业研究中心吴金希教授在产业创新理论上给予的较多启示。

感谢电子科技大学,具有宽松的学习氛围,能让学生广泛涉猎各学科知识。

感谢闻洁老师、周学军为《华为研发》第1版付出了很多心血。感谢胡汝扬、陈国龙、姜岩、杨杰、陈硕、陈安虎、彭扬、寿枫、张震、汤圣平、孙洪军、禹渭华、钱昱、杨芹、李智泉、徐海翔、叶高英、林祖伦、冉启钧、李小峰等朋友为本书写作和顺利出版所做出的贡献。感谢著名律师陈秋芬女士为本书提供的专业法律支持,以及多年来对我的帮助;感谢过去和现在一直关心和支持我的朋友们,你们的鼓励和帮助让我充满了感恩与激情。以上人员均参与了本书的编写工作。

我还要感谢机械工业出版社华章分社的领导和编辑,他们对管理书籍的坚守让本书得以顺利出版。

张利华

参 考 文 献

[1] 《华为人》编辑部 . 华为文摘 [EB/OL]. http://xinsheng.huawei.com.

[2] 刘平 . 刘平日志 [EB/OL]. http://wwwexhwren.com/space.php?uid=1362&do=blog&view=me.

[3] 高亮 . 这个代码用我的名字命名 [EB/OL]. (2016-09-06). 华为人，http://xinsheng.huawei.com/cn/index.php?app=forum&mod=Detail&act=index&id=3156847/.

[4] 吴建国，冀勇庆 . 华为的世界 [M]. 北京：中信出版社，2006.

[5] 米周，尹生 . 中兴通讯 [M]. 北京：当代中国出版社，2005.

[6] 胡红卫 . 研发困局 [M]. 北京：电子工业出版社，2009.

[7] 孙丽 . 思科与华为之争 [M]. 北京：中国言实出版社，2003.

[8] 张贯京 . 华为四张脸 [M]. 北京：百花出版社，2007.

[9] 陈康宁 . 十六年前走进华为 [EB/OL]. (2004-04-14). http://wdzokokok.blog.163.com/blog/static/37144955200952894445866/.

[10] 施莉莉 . 安圣电气出售记 [EB/OL]. (2006-03-13). http://www.boraid.com/article/49/49045_1.asp.

[11] 孙洪军 . 激情代表一切 [EB/OL]. http://www.exhwren.com/space.php?uid=1354&do=blog&id=456.

[12] 孙昌旭 . 二十年回顾：中国通信企业从小作坊到世界强人 [J]. 国际电子商情，2005（9）.

[13] 李小龙 . 华为 Mate7 是怎样炼成的 [EB/OL]. (2014-11-10). http://news.163.com/14/1110/05/AALSON2700014AED.html.

[14] 铁流 . 华为发布麒麟 960 能扳倒三星吗 [EB/OL]. (2016-10-19). 观察者，http://www.guancha.cn/tieliu/2016_10_19_377695.shtml.

[15] 马秋月 . 华为企业 BG 中国区年复合增长率超 35% [EB/OL]. (2016-03-10). 飞象网，http://mobile.cctime.com/html/2016-3-10/1146629.htm.

[16] 罗亮 . 手机芯片市场加速洗牌 [EB/OL]. (2014-06-04). 新浪科技，http://tech.sina.com.cn/it/2014-06-04/04469416021.shtml.

[17] 陈广成. 三大网络操作系统对比：华为 VRP 超过思科 IOS [EB/OL]. (2012-10-11). ZDnet，http://www.c114.net/news/47/a721613.html.

[18] 无线网络业务部. 打开机遇之门的钥匙 [EB/OL]. (2013-08-01). 华为人，http://app.huawei.com/paper/newspaper/newsPaperPage.do?method=showSelNewsInfo&cateId=5701&pageId=6661&infoId=11642&sortId=1&commentLanguage=1&search_result=1.

[19] 姚弋宇. 从泥坑中爬起来 [EB/OL]. (2016-08-16). 华为人，http://app.huawei.com/paper/newspaper/newsPaperPage.do?method=showNewHwrPaperInfo&sortId=1&newsInfo=33075&search_result=1.

[20] 《华为人》记者. 阿联酋 3G 项目"高价中标"的背后 [EB/OL]. (2004-05-15). 华为人，http://app.huawei.com/paper/newspaper/newsPaperPage.do?method=showSelNewsInfo&cateId=8490&pageId=9936&infoId=19509&sortId=1&commentLanguage=1&search_result=1.

[21] 洪宇平. 一杯咖啡吸收宇宙"热"量 [EB/OL]. (2016-11-29). 华为人，http://app.huawei.com/paper/newspaper/newsPaperPage.do?method=showNewHwrPaperInfo&sortId=1&newsInfo=33994&search_result=1.

[22] 木艮. 铁三角是如何炼成的 [EB/OL]. (2015-07-01). 华为人，http://app.huawei.com/paper/newspaper/newsBookCateInfo.do?method=showDigestInfo&infoId=13118&sortId=8&search_result=2.

[23] 移动通信网记者. 爱立信的故事 [EB/OL]. (2016-10-15). http://www.mscbsc.com/viewnews-2249417.html.

[24] 谢丽容. 高通创始人谈大公司如何在激烈竞争中持续领先 [EB/OL]. (2016-12-22). 财经网，http://yuanchuang.caijing.com.cn/2016/1222/4215552.shtml.

后　　记

解读《华为研发》背后的故事——第1章真诚打动客户加盟

男人投靠男人的原因是什么？而且自己的事业经营得也不差！

1987年年底只有几个人的华为成立，而此时40多岁的陈康宁也在重庆创业经营一家通信工厂和数字通信研究所。

北京邮电学院毕业的陈康宁，又在重庆电信局工作过，因此在重庆的创业还是顺风顺水。

任正非是怎么让陈康宁发自内心地信服、舍掉一切地加入呢？看看以下《华为研发》中的历史纪录就可知晓。

（1）"1987年年底任正非在重庆开拓单位用户市场，经朋友推荐，和陈康宁第一次见面。初次见面，陈康宁就觉得任正非为人真诚、直率。"

（2）"凡购买华为产品的，可以无条件退货，退货的客人和购货的客人一样受欢迎。"

"任正非一回到深圳，就立即给陈康宁发来了成箱的交换机手册及其他资料。"

用两个词来形容：厚道！有远见！

常见的是老板对送来钱的客人笑脸相迎，对要求退货的客人则大动肝火，对合作伙伴机关算尽。

势利、短见的人显然无法做大事业。

（3）"华为公司为了代理商维护和保修方便，除维修备件外，还多发了一套小交换机，代理商维修时就在这台小交换机上测试或取电路板，最后还可将这台小交换机及坏的电路板全部返回深圳。

陈康宁装了几台华为公司发过来的机器后，越发觉得华为公司处处为代理商着想，是个与众不同的公司。华为公司一心为代理商着想，也保证了客户的售后服务质量，这些都是当时销售同类产品的其他公司做不到的。虽然华为在当时的通信领域还是一个不知名的小公司，但华为的诚信和优质服务，让陈康宁成为了华为的铁杆代理商。"

1987年年底华为只有几个人，公司也没有钱，但是诚信和优质的服务，一心为合作伙伴着想、一心为客户着想的理念，这些帮助任正非很快脱颖而出。

那时华为没有高深的研发，仅仅靠诚信和优质的服务。

只有几个人，但迅速扩大了事业。

任正非曾说过他自己，养猪也会成为养猪状元。

做普通代理商，本来毫无特殊优势的任正非，通过处处为代理商着想，通过诚信和优质的服务而塑造了与众不同的优势，扩大了事业的版图。

帮助客户实现价值，成就客户，一直是华为的核心价值观。从华为只有几个人，成立只有两三个月，没有钱时开始。

公司应树立正确的价值观。是无论在什么情况下都坚持和实现价值观重要，还是快快地无论用什么手段赚钱重要？

对于多数人和公司来说，快快地赚钱都是放在第一位的。有的老板说：公司现在小，赚钱第一位。等赚到了钱，公司大了，再搞什么原则、价值观。

公司小的时候，就是无原则地赚钱为最高原则！

这个顺序颠倒了！

先有成就客户，诚信，先为客户着想，先为合作伙伴着想，公司才会有立足之地，才会有铁杆的客户有铁杆的合作伙伴帮助发展。

所以，华为不是赚钱最快的企业，但是是活得最长久的企业。

（4）"车开了，陈康宁坐在车上，看到任正非沿着路边一步一步地走回家。客户和陪同客户的员工坐车，总经理走路，这一幕令陈康宁终身难忘。"

这是什么呢？勤奋！

任正非一直说，天道酬勤！如今 70 多岁的任正非还奔走在海外最艰苦的地区，慰问坚守一线的员工；还去了海拔 6000 多米的青藏高原慰问技术服务人员……

有这样以身作则、勤奋的老板，下面的队伍怎么还敢懈怠呢？

（5）"这意味着任正非早上五点多就得出发，晚上最多只休息了四个小时。任正非对客户如此热情和诚挚，令所有在场的客户都非常感动。"

过去了 20 年，陈康宁仍对当时打动他的一幕记忆犹新，他后来说这个客户也成了华为多年的铁杆客户。

热情和诚挚到令所有人都非常感动。

有很多人是看在钱的份上，是商人的热情，但是在任正非身上却毫无这样的做作。

（6）"不仅是在只有一辆车的时候，就是在已经有很多辆车之后，华为公司最好的车也都是为客户服务，而不是为老板服务的。一直到 1997 年年底，华为已经做到几十亿元的销售额，任正非都是一个人走半个多小时的路上下班。后来，华为基地离任正非住的地方远了，任正非也是自己买车，自己开车上下班，从未私用过公司的车。"

有人后来问过任正非，怎么把华为的事业做得这么大，任正非想了想说："我不自私！"

男人最软弱的一幕，是自私！

所以，公司里最高一层最大的办公室，通常是老板的，这样才能显示出老板的高瞻远瞩和气派。但是，往往事与愿违。高瞻远瞩的应该是企业事业的规划，而不是老板办公室的高度；气派的应该是事业的版图，而不是老板的办公室。

搬到坂田后（华为销售额达 100 亿元后），任正非很长的时间办公都在华电楼一楼角落的一间小小的办公室里。

至于车，经常遇到开着公司花几百万买的豪车出行，却对员工的待遇格外吝啬的老板。

人心都是肉长的，老板是怎么样的人，不是他嘴上怎么说的，员工会从这些细小的事上感受。你怎么待他，他怎么待你。

关于不自私，还不仅仅体现在办公室和开的车这些小细节上，还体现在公司股份这样的大事上。

华为从一开始六个人创业时起，就是股权分散。后面随着新进的骨干，全员持股不断地稀释股份。任正非本人虽然一直是最大自然股东，但是从创立之日起就不是绝对控股。长期维持不到 2% 股份的状态。

华为很早就开始采取让重要职位持有相对高股份的原则，不断向老股东回购股份稀释股份。这里面涉及的全是利益。但每次任正非都是带头被稀释股份，正是因为老大的无私才会得到众人的响应。否则就会陷入无休止的纷争，企业在利益上无论怎么分，都很难绝对公平。老大的无私、自我牺牲、公平公正，才能以德服人，做好利益分配。

厚道、有远见、勤奋、热情和诚挚到令所有人都非常感动，无私、勇于自我牺牲……这些就是在华为只有几个人时候，任正非把事业发展起来的高贵品质。

总有高管对我说：我们现在是小公司，我现在只有几个人，等我手下有成千上万，我也知道怎么做个完美的企业家，这些我都懂……

事实上，在公司只有几个人的时候，在公司一无所有的时候，在老板身上体现出的真诚、诚信、无私、厚道，才能帮助他的事业发展到千军万马，而不是反过来！

还有的老板对我说，我也很厚道，也很无私，也很……抱歉，这不是你说，你认为，需要别人都这样认为。

（7）英雄兮兮相惜。虽然是同年龄的中年男人，虽然都是创业的人，虽然华为只有几个人，虽然在通信圈北邮毕业出身、在重庆电信局工作过的陈康宁远比非电信出身的任正非更资深和有人脉，但是陈康宁在任正非身上看到的是常人所没有的高尚品格。这让他愿意放下自己的小事业，加入华为，与任正非一同创造大事业。

企业到底要吸引什么样的人才加入？

1996年我到华为第一次面试时，中研部一位头发花白的老同志跟我聊了很久，考查了我很久跟技术水平无关的东西：理想，情商，沟通能力……

企业需要吸引的是能跟企业一共奋斗的人，这样才能激情传染。

公司前十位的员工的工作激情、能力水平，直接影响到能否吸引前一百位的人才；而前一百位人才的工作激情对后1000位人才的素质和激情产生直接影响。

1989～2009年，陈康宁在华为工作了20年，期间他的职位一直向下走，从生产部副经理、办事处主任，一路被否定下滑到总务处负责人、安全部总监、行政管理部副总监……

并不是他做销售、做生产业绩不好，相反，北京邮电学院毕业又在电信局任过职，还下海创过业的陈康宁在每个职位上业绩都很好。特别是在陈康宁负责创业期华为的销售，华为只是代理销售，销售额和市场也做得出类拔萃。

做市场销售，高奖金，多光鲜，是能让大家看到整个公司都是销售部养活的职位……行政服务是什么？安全管理是什么？

那些都是让人看不到业绩的，也没有功劳，但是出一点差错就会是大事件的职位。

一家公司高薪或者高提成、高奖金招聘销售总监、副总经理，一定有人愿意应聘。而招聘什么安全管理、行政管理之类的，如果没有市场销售或研发的高薪酬和高资奖金待遇，估计就没有人愿意去了。

这就是所谓企业，不能光看浮在海面上的冰山一角，而要看海水下都是什么人在运作。

销售做得好，并不是销售总监一个人、一个部门强就可以的，而是公司所有部门都要有长足的发展。

但是很多公司身居要职的人常有幻觉：数钱的财务部觉得公司的资产增长是本部门的功劳，签单的销售部觉得单是自己签的，本部门本人是签单的决定因素。

企业里，不能光看聚光灯下的副总裁是谁，而要看在企业里做保姆般苦活累活、不会见光、上不了台面的是谁？

在跟陈老师的交谈中，我只是听他讲往事，他从没有上纲上线地歌颂什么。但是我能深深地感受到：任正非无私的高贵品质对他有深深的影响，令他折服。因此，任正非对他每一次职位（越调整离光鲜的销售额越远）的安排，他都无怨无悔无条件地服从，他深深地理解企业里这些不上台面、保姆般苦活累活的重要性。

而华为很早就开始干部轮岗制：无论你做得有多好，三年一调岗。无论研发干部还是市场一线的干部，这是铁律。

华为的这条铁律，在华为行得通，华为有超强的执行力，这跟陈康宁这样前十位的销售主管以身作则地带头换离关键职位有很大关系。

到这个层面上，不是金钱，而是内心的认可。

任正非不是因为华为做大、公司有钱了，才有了无私、诚信，而恰恰是在初创只有几个人的华为，任正非就是凭"厚道、有远见、勤奋、热情和诚挚到令所有人都非常感动，无私、勇于自我牺牲"发展起事业的版图的。

公正、公平、无私，这是卓越企业家人格的基础。在这个基础上，才能让下面的人愿意同样无私、自我牺牲。

上梁正了，下梁才不会歪，企业的楼才建得高！

先人后事，先做正人，才能做好事。事都是人才做的！

（8）安全感。陈康宁从1987年年底初次接触任正非，到1990年年初正式加入华为，其间从华为的普通代理，做到铁杆代理，到愿意放下重庆自己的公司事业，离开重庆南下深圳投奔任正非，共同创业。

这一年半的时间，也是华为创业一年半的时间，是华为人最少、最没钱的时候，但是这一年半的时间，让陈康宁感到了任正非品德的高尚，做事业的远见。这里面最重要的是带给陈康宁的安全感！

有很多的老板，对待人才第一次见面是开着宝马亲自迎送，彻夜长谈，不出三个月蜜月期就换了面孔，冷眼相待。所以，空降干部往往三个月就离开，最多一年为限。

陈康宁经过一年半的接触和考察，深刻体会到任正非表现出的品格，不是几个月，而是能长期持守的。所以他放下一切加入华为，认为跟随任正非才能做大事业，而且任正非不会亏负他！

陈康宁也是英雄，也真有眼光，事实证明，他对任正非这个人的看法是正确的，所以他在华为工作了20多年，直到快70岁才退休。

同样，对华为的咨询顾问，任正非也保持着一日为师终生为师的谦虚态度，华为的咨询顾问经常是被其他咨询顾问推荐来的，所以从几个人发展到现在几千名咨询顾问，而有的咨询顾问也在华为工作了20多年！

小富凭智，大富靠德！这是立在华为员工培训中心前的一块石碑！

德，是任正非能把华为从几个人、2万元起家，做到17万人、5200亿元的基础。

只有德，才能吸引到真正优秀和有德的人才，才能有铁杆的员工和铁杆的客户，铁杆的合作伙伴。

事业做大才可能有坚实的基础。否则只是在沙子上起高楼，楼随时会垮，也不可能有多高！